先知的智慧 152

科學奇門遁甲

陸飛帆著

龍 吟 文 化 事 業

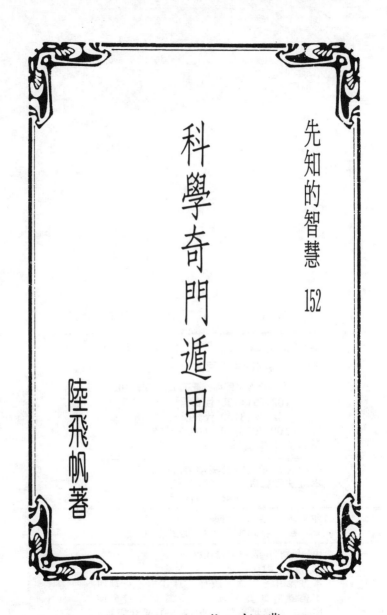

科學奇門遁甲　　陸飛帆著　　定價 280 元

龍吟文化事業股份有限公司／出版
希代書版有限公司／總代理
地址：台北市內湖區新民路 174 巷 15 號 10F
電話：(02)7911198(代表線)
　　　(02)7943180(代表線)
FAX：(02)7955824・(02)7955825
發行人：朱寶龍

行政院新聞局版台業字 0779號
本社法律顧問：梁開天律師
　　　　　　　蕭雄淋律師

印刷者：傑泰印刷廠
地　址：台北市萬大路 322 巷 20 號

中華民國 76 年 12 月希代版
1995年6月第1版

向本社郵購請用帳號0017944-1(希代書版)

Printed in Taiwan

目錄

壹　何謂奇門遁甲

「人皆養子望聰明，我被聰明誤一生。」北宋之大文豪，名列唐宋八大家之一的蘇東坡，就是以此祝其兒子，蓋在古代，最怕才華洋溢；比皇帝聰明的人，若不能收斂其才，往往是腦袋搬家。尤其，懂得五術中之奇門遁甲的人，更是可憐，凡懂此術——格殺勿論。因爲此術可以使自己起死回生，使對手陷於萬劫不復之地。昔日張良、諸葛武侯及劉伯溫等，都是以此術攻城掠地，成就其主公之霸業。能習此術之人有限，因之，至今吾人對此術只有一層神秘感覺，而無法多加了解，也是這個道理。

「功蓋三分國，名成八陣圖；江流石不轉，遺恨失吞吳。」這是盛唐詩人杜甫對武侯的讚歎。八陣圖即是依據奇門遁甲原理排設，據說劉備兵敗入川，東吳大將陸遜領兵追至，入於陣中，祇見亂石數堆，幾轉之後，卻走不出來，後來幸好是諸葛亮的岳父仁慈，領其出陣，否則就要餓死在陣中，這就是奇門遁甲的威力。

史上記載，黃帝造指南車，就是現在的指南針，依地球磁場而指向南北，因地有靜電，故能感應，奇門遁甲就是一種電氣學的原理。把我們的雙手摩擦，能產生熱，以及靜電。鍼灸治病，也是一種靜電原理，人體本身有靜電，依各人體質而有各種不同頻率之靜電，而地球南北極磁場的靜電，入於萬物之中，如山、地、水、土、草、木等均有其靜電存在，而這種靜電原理的存在，跟人體會有感應，又因地球時時刻刻在轉，所以靜電也時時刻刻有動靜，有時好，有時壞，這種靜電力，共可細分八大種，即依八方位而定，這八方位即是易經中的八卦方位，如圖一所示（方位中的北方在下面）

圖中之八門：休生傷杜景死驚開，即是指電氣對人體所會產生的八種感應，大致上，休、生、景、開四門是吉利，其餘爲凶。而九宮即指圖中之方陣，從1順數至23456789再回到1。這個方陣就是遁甲的原九宮，無論直橫相加均等於15，而九宮各星的飛行路線，就是一幅簡單的電子路線圖，然而各宮均依節氣時辰而變，即年有年盤，日有日盤，月有月盤，時有時盤，例如72年是陰八局，八星入中宮，所成方陣即如圖一。

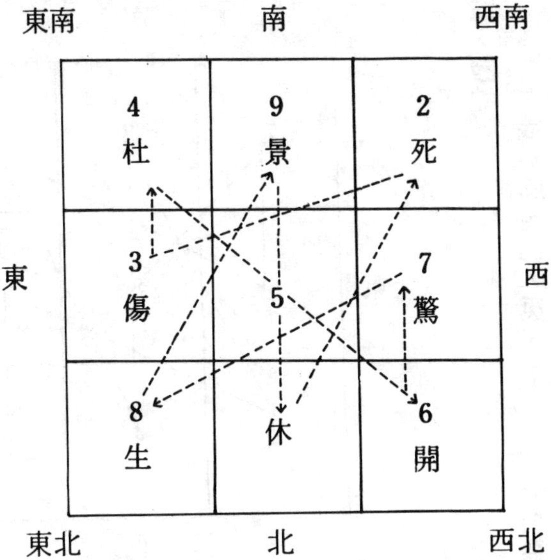

（圖　一）

奇門遁甲就是一種電氣學，圖二一種高度的方陣學，如圖二表示即指九星在民國七十二年的方位。另外，遁甲盤中尚有十干（一說九干），天盤地盤，八神，六儀，三奇等。現分示如下：

一、九宮：即指大方格，每一宮各有一數。

二、八卦：依洛書所示，坎一、坤二、震三、巽四、乾六、兌七、艮八、離九。

三、九星：即指天蓬、天芮、天冲、天輔、天禽、天心、天柱、天任、天英，

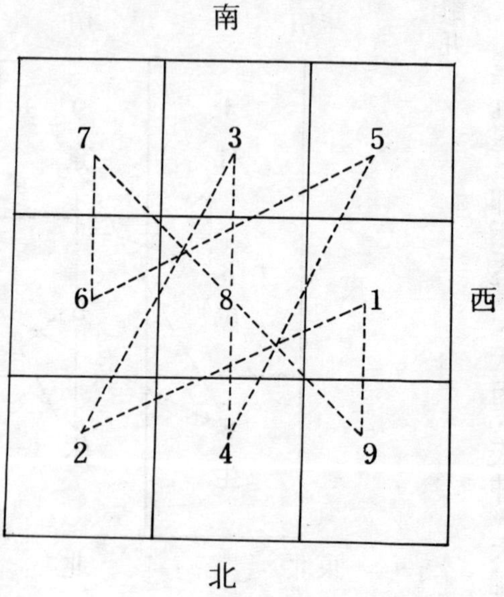

（圖　二）

依洛書在九宮內變動。

四、八門：即指休、生、傷、杜、景、死、驚、開，接後天八卦方位，在圓周上變動。

五、八神：又分為陽遁、陰遁。

陽遁：直符、螣蛇、太陰、六合、勾陳、朱雀、九地、九天。

陰遁：直符、九天、九地、朱雀、勾陳、六合、太陰、螣蛇。

六、六儀：戊、己、庚、辛、壬、癸稱為六儀。

七、三奇：日奇乙。月奇丙。星奇丁。

東南　　　　南　　　　西南

辛 禽 二 乙 杜 合	己 蓬 七 辛 景 險	癸 沖 九 己 死 蛇
乙 輔 一 戊 傷 陳	仇 三 丙 心	丁 任 五 癸 驚 府
戊 英 六 壬 生 雀	壬 芮 八 庚 休 地	庚 柱 四 丁 開 天

東（左）　西（右）

東北　　　　北　　　　西北

（壬戌年癸丑月陰三局）

（圖三）

以上即為奇門遁甲構成要素。奇門遁甲的應用即是將以上各星、各宮、門，依節氣安於方陣盤上，而取吉利方位應用。例如民國72年元月依農曆為壬戌年十二月癸丑。

可排演出遁甲盤如圖三。

此圖即爲一完整月盤，由盤中可知西北方位之開門中有庚丁配四星，九天及天柱星，爲上好吉位，西方則宮中五黃煞不吉，西南則爲死門，亦不吉，取西北方位爲大利，（各宮星門吉凶配置法當在往後介紹。）應用法則如下：

如欲搬家，則取西北方位，例如住在台北市圓環，則在此月搬到延平北路五段社子附近爲大吉。因社子在圓環西北方。但如果住家已經固定了，如住在圓環，而買新房子在東南方永康街附近。東南爲禽，辛乙等凶星，不利。則可另排日盤，找出一個東南方位月盤爲吉宮之日，則仍可用之。如欲旅行，則西北大利，住在花蓮可往宜蘭方面旅遊大吉，不會有不利之凶事發生。吾人往往見車禍凶事等，有些人能避免，雖不知奇門遁甲之方位原理，但可說是一種巧合，因每人每天出門，各有其方位，而好的方位可以使你逢凶化吉，壞的方位可以使你凶禍加強。如日本侵略我國，希特勒發動世界大戰失敗，都是犯了方位學的凶事。且方位學之電氣原理，有其中和之道，故小人邪派，往往未能深入其道，而遭失敗。今市面上不少黃曆之書，所排之遁甲圖，神煞一大堆，且錯誤百出，這乃三合派的迷信之說。眞正的奇門遁甲，是每個方位均能用，只是用的時候不一樣而已，此與三合派的死方位不同。例如三合派提到明年癸亥年大利南北，不利西方。卻不知這不過是年盤，只要是月盤、日盤吉利，仍是可用。地球每天每時每刻都在動。同樣吉凶方位也是每天每時都在動，豈可以默守死規？奇門遁甲就是要排出所需要的月、日、時之吉利方位，取而用之，逢凶化吉。敝人研究五術十四年，於奇門遁甲方面成有天地二卷，爲三元派之玄空電氣方位心法。今後將以破除迷信心理，發揚中國國粹之學術，以最科學方法，將奇門遁甲應用於科學、電腦、人生，：：：等，毫無保留公開於社會，望每個人都會排演，都會運用，逢凶化吉，不使這個「八陣圖」，只是吾人心中的一樣神秘東西而已。

※注：圖三盤中之東北方位六縣，生門英星戊壬盤，亦爲大吉之方位，仍可用之，用法跟本文說法一樣。至於定方位法，須以指北針爲準，當在下面章節詳細介紹。

貳　奇門遁甲地卷

遁甲盤排演法

奇門遁甲共分天地二書或二卷。天卷指的是高度心靈超能力運用法。要習天書必須先練氣，要使自己的神靈元氣無時無刻的集中，沒有絲毫的雜念，或絲毫邪念之心方能運用自如，而練氣不是一時一刻之事，故在此先介紹地卷之遁甲盤排演運用法。一般說來只學會了地卷，就足以受益一生了。當然，可能的話，筆者當把天卷也介紹出來。

奇門遁甲排演程序

排演遁甲盤，通常是依照下面程式：

1. 先查好要排演時辰的干支。例如要排演民國七十二年的遁甲盤，則要先查萬年曆，得知該年是癸亥年。
2. 定出陰局或陽局。

民國55年丙午年陰七局

九宮星　九天星　天盤　地盤　八門　八神

乙 柱 六 辛 死 蛇	壬 冲 二 丙 驚 符	辛 禽 四 亥 開 天
丁 心 五 壬 景 陰	庚 七 庚 任	丙 蓬 九 戊 休 地
己 芮 一 乙 杜 合	戊 輔 三 丁 傷 陳	癸 英 八 己 生 雀

（圖　四）

3. 排出地盤。
4. 排出天盤。
5. 排出九宮星。
6. 排出八門。
7. 排出九天星。
8. 排出八神。

例如圖四中以民國五五年爲例，可由萬年曆查出干支爲丙午年。排出完整陰七局各宮中之要素皆如圖四所述，其餘類推。

至於萬年曆的用法，市面上坊間都有。大致上，奇門遁甲對過去事情並無多大用處，而其應用效驗以生活中的「現在時刻」最需要，即月盤、日盤、時盤，而年盤少用。年盤通常只用來占卜命運，因此萬年曆的購買，通常以本年的黃曆書即可。市面上黃曆書很多，隨便那一樣都行，因爲我們只想以黃曆書來察出月、日干支，以玆應用而已。至於時的推法，則須要解釋一番。爲使大家都能了解，筆者也把干支推法一併介紹。

例如求民國七十二年陽曆五月二日上午九點的干支。

首先我們一定要了解民國七十二年的干支是癸亥。這個無論那一本黃曆及萬年曆都記載很清楚，不再詳述。主要的是月的推法，在這裏所要注意就是要把陽曆換算成陰曆，這在萬年曆及黃曆上都有對照，如果手上沒有的話，可以翻翻家中今年月曆，就可知道陽曆五月二日就是農曆的三月二十日，日干支庚寅也記載得很清楚了。在這裡要注意的就是月干支的求法，依奇門遁甲節氣循環，每年分爲二十四個節氣，每二個節氣管一個月，而且每個月不是剛好在初一開始，可能在初五至初十之間。節氣如下所示：

正月建寅立春雨水
二月建卯驚蟄春分
三月建辰清明穀雨
四月建巳立夏小滿
五月建午芒種夏至
六月建未小暑大暑
七月建申立秋處暑
八月建酉白露秋分

九月建戌寒露霜降
十月建亥立冬小雪
十一月建子大雪冬至
十二月建丑小寒大寒

例如上述的國曆五月二日查出是陰曆三月廿日。在黃曆上或萬年曆上可查出三月廿日是在穀雨後立夏前的這段日子中間。可以知道是屬於三月，月支爲辰。因爲從清明後到立夏前的日子，都屬於三月。月支爲辰。又如國曆五月八日，陰曆爲三月二十六日，節氣已過立夏，故應爲四月，月支爲巳，不能算是三月份了。

月支有了，接著要推月干及時的干支。可依下面二圖推出。

下圖爲求月干之圖，例如前例之陰曆三月廿日屬於三月，月支辰，而年爲癸亥年，則看月支三月辰與年干癸交會點爲丙辰，可知三月干支爲丙辰。四月則爲丁巳，其餘類推。

癸	戊	壬	丁	辛	丙	庚	乙	己	甲	年	月
寅	甲	寅	壬	寅	庚	寅	戊	寅	丙	寅	一
卯	乙	卯	癸	卯	辛	卯	己	卯	丁	卯	二
辰	丙	辰	甲	辰	壬	辰	庚	辰	戊	辰	三
巳	丁	巳	乙	巳	癸	巳	辛	巳	己	巳	四
午	戊	午	丙	午	甲	午	壬	午	庚	午	五
未	己	未	丁	未	乙	未	癸	未	辛	未	六
申	庚	申	戊	申	丙	申	甲	申	壬	申	七
酉	辛	酉	己	酉	丁	酉	乙	酉	癸	酉	八
戌	壬	戌	庚	戌	戊	戌	丙	戌	甲	戌	九
亥	癸	亥	辛	亥	己	亥	丁	亥	乙	亥	十
子	甲	子	壬	子	庚	子	戊	子	丙	子	十一
丑	乙	丑	癸	丑	辛	丑	己	丑	丁	丑	十二

遁年起月圖

（圖五）

戊癸	丁壬	丙辛	乙庚	甲己	日	時
子壬	子庚	子戊	子丙	子甲	子	11－1
丑癸	丑辛	丑己	丑丁	丑乙	丑	1－3
寅甲	寅壬	寅庚	寅戊	寅丙	寅	3－5
卯乙	卯癸	卯辛	卯己	卯丁	卯	5－7
辰丙	辰甲	辰壬	辰庚	辰戊	辰	7－9
巳丁	巳乙	巳癸	巳辛	巳己	巳	9－11
午戊	午丙	午甲	午壬	午庚	午	11－1
未己	未丁	未乙	未癸	未辛	未	1－3
申庚	申戊	申丙	申甲	申壬	申	3－5
酉辛	酉己	酉丁	酉乙	酉癸	酉	5－7
戌壬	戌庚	戌戊	戌丙	戌甲	戌	7－9
亥癸	亥辛	亥己	亥丁	亥乙	亥	9－11

遁 日 起 時 圖

（圖 六）

上圖爲起時干圖，例如前例之民國七十二年國曆五月二日上午九點。我們已經對照出爲陰曆三月廿日，可以排出年干支爲癸亥，月干支依圖五排出爲丙辰，日干支經查黃曆或萬年曆爲庚寅，至於時干支則依圖六，上午九點應爲巳時，日干爲庚，巳時與庚的交會點爲己巳，時干支即爲己巳時，至此則可列出如下：

民國七十二年國曆五月二日上午九點爲陰曆三月廿日。干支爲：

癸亥　年
丙辰　月
庚寅　日
己巳　時

（圖七之一）

又如民國七十二年國曆五月八日下午三點半則可查出爲陰曆三月廿六日。依法推出干支如下：

癸亥　年
丁巳　月
丙申　日
丙申　時

（圖七之二）

以上介紹即爲推干支法則。中國的五術中，無論命、卜、相、醫、山，都必須要以干支爲基礎，所以會排干支，是學習五術最基本的條件，不可分會。

定局

干支的求法會了，接著就是定局。首先要知道的就是「天道左旋」，地球不停的由西向東轉，成爲逆時的公轉。因此，根據陰逆陽順的道理，公轉只有一個方向，影響波及，所以年盤及月盤，就只存在陰局，而沒有陽局。而日盤及時盤卻有陰局及陽局，因地球除了公轉外，尙有自轉，自轉產生白晝與夜晚，所以有陰陽局產生。在這裏不得不佩服古人了，他們雖不懂得地球公自轉原理，但卻能配合出如此巧妙的遁甲循環原理。

定時定法

奇門遁甲是依易經中的方陣原理，配合九宮八卦而成之，故可以一定法則循之，茲爲方便讀者，特排出公式如下：

1.（民國紀元＋1）÷9之餘數按（圖七）換成正數＝局數

2.－（西曆紀元－2）÷9之餘數按（圖七）換成正數＝局數

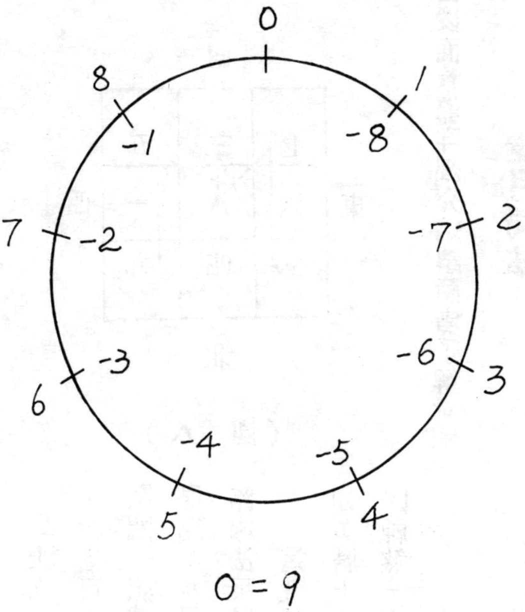

（圖　七）

例如：民國 72 年局數：
　　－（ 72＋1 ）÷ 9 ＝ 8 ……－ 1
　　－ 1 爲陰八局

換算西曆：－（ 1983－2 ）÷ 9＝220……－ 1
　　同樣爲陰八局

上面介紹為年的求局法，並以72年為例，讀者可以在黃曆上看到，第一頁上有一個圓圈，記載今年八白入中宮，就是因為今年局為陰八局，其餘各數依第一章提到九宮星路線法可以代入如圖八：

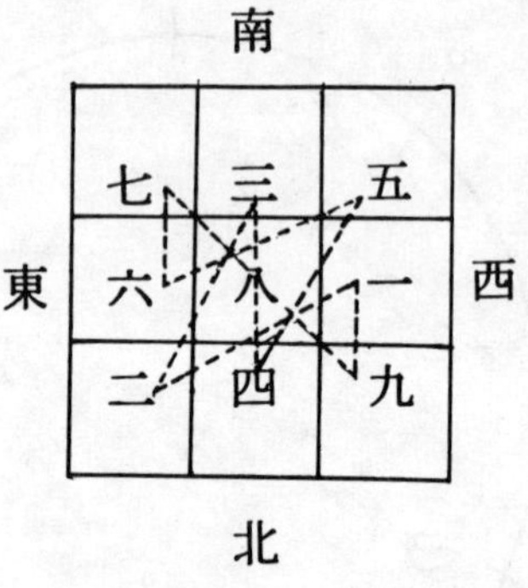

（圖　八）

這就是民國72年的九星方陣，至於是否如黃曆上所記載大利南北，不利西方，且吉凶神煞一大堆，答案是否定的，這個問題將在後面章節詳細介紹讓讀者了解。

定月局法

月盤同樣是陰局，求法如下：

月盤及年盤，在奇門遁甲中比較少用，為了方便讀者，不列公式，因公式複雜不實用，而列出幾個較近的月份局數，其餘則可類推，因為奇門遁甲應用在現在最有效，讀者只要知道民國72年的陰曆三月是陰二局，以後從三月到十二月都是陰二局，亦即每一陰局管十個月，月爲陰遁，逆數，可以推到明年七十三年正月到十月是陰一局，而今年七十二年三月前十個月就是陰四局，如圖九所示：

本圖之月以陰曆為主，是指前面提到節氣推法的月建

十個月管一局	局數
民國 71 年 5 月～72 年 2 月	陰三局
民國 72 年 3 月～72 年 12 月	陰二局
民國 73 年正月～73 年 10 月	陰一局
民國 73 年 11 月～74 年 8 月	陰九局
民國 74 年 9 月～75 年 6 月	陰八局

75年7月—76年4月	陰七
5月 77 2月	六
3月 78 12月	五
78 1月 79 10月	四
79 11月 80.8月	三
80 9月 81.6	二
81 7 82.4	一
82.5 83.2	九
83.3 84.12	八

(圖九)

月局的求法，已如上述，現再解釋日盤及時盤的求法。由於日盤及時盤有陰陽局之分；因此，也比較複雜，但卻是最常用到的。陰遁與陽遁的分法，是以每年的冬至爲分界。也就是說在冬至以後至次年夏至這段日子爲陽遁局數；夏至以後至冬至爲陰遁局數。日盤與時盤均同。

至於日盤及時盤的公式，由於太複雜，而且不實用，代入公式反而慢，所以筆者把自己綜合研究的資料，以圖解來說明，希望能讓各位讀者都能融會貫通。

如圖十、圖十一即爲日時盤的圖解。在這裡所要注意的，就是年有分上元、中元、下元，月、日、時也有所分別，這都是爲了方便查局而設，年、月在前面介紹的求局法，可以不管上元或中、下元，至於日時盤則必須用到。

圖十即爲日盤局的求法，茲解釋如下：

㈠陰遁：

1. 60甲子以內三圈爲陰遁局數，用阿拉伯數字表示。
2. 由內而外，順時針方向旋轉。
3. 內起第一圈，上元甲子局數，由夏至最近之甲子日起共六十日，甲子日爲9局，乙丑日爲8局。

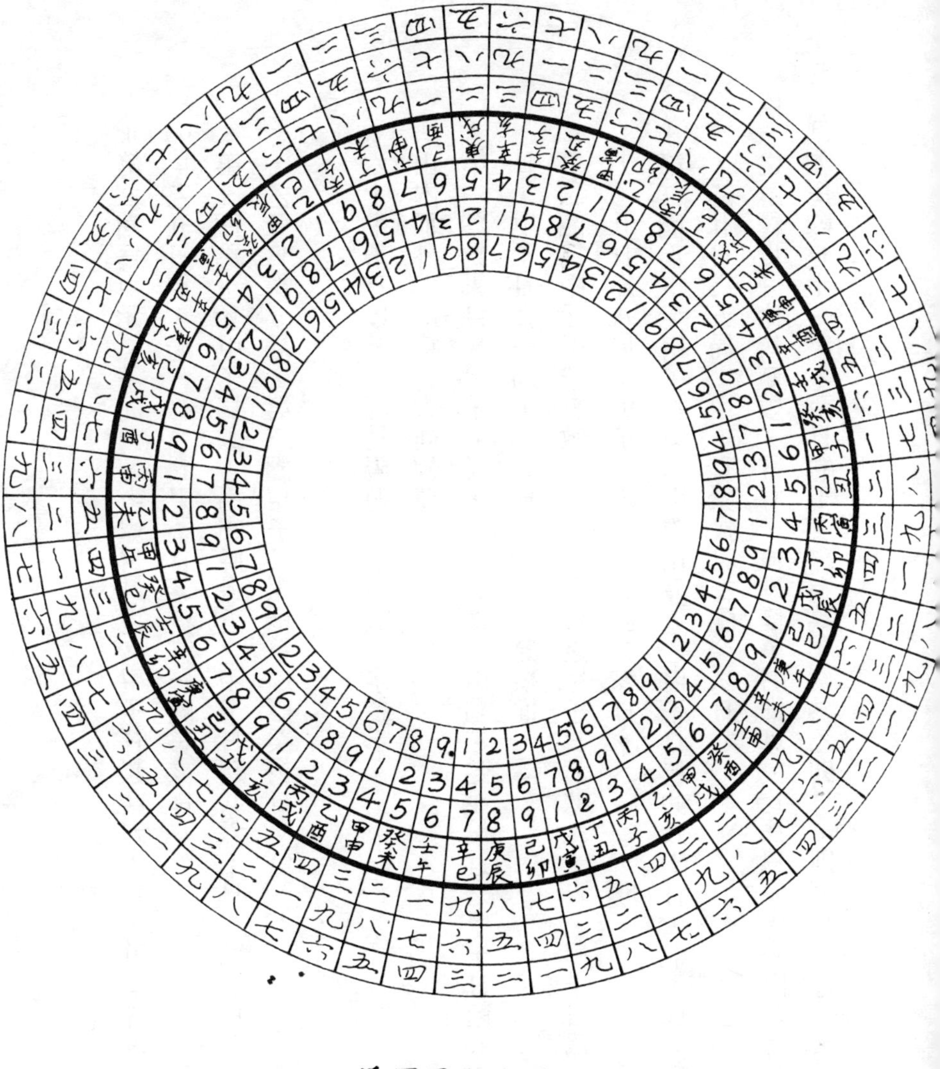

遁甲日盤求局圖

（圖 十）

4.第二圈爲中元甲子局數，由處暑最近之甲子日起共六十日，甲子日爲3局，乙丑日爲2局，第二圈甲子日緊接第一圈癸亥日。

5.第三圈爲下元甲子局數，由霜降最近之甲子日起共六十日，甲子日爲6局，乙丑日爲5局，第三圈甲子日緊接第二圈癸亥日。

(二)陽遁：

1.六十甲子日以外三圈爲陽遁，用中國數字表示。

2.由內而外，順時針方向旋轉。

3.第一圈爲緊接60甲子上元，甲子局數，由前年冬至最近之甲子日起共六十日，甲子日爲一局，乙丑日爲二局，餘類推。

4.第二圈爲中元甲子日數，由雨水最近之甲子日起共六十日，甲子日爲七局，乙丑日爲八局；甲子日緊接第一圈癸亥日。

5.第三圈爲下元甲子日數，由穀雨最近之甲子日起共六十日，甲子日爲四局，乙丑日爲五局，甲子日緊接第二圈癸亥日。

以上之解釋也許比較痲煩，另有一種最簡單的推算，此法只要先查出冬至日的干支，例如民國七十一年冬至日的干支經查萬年曆爲乙卯日，則可知道這一天是陽七局，以後的日子順推，直到第二次遇到己卯日就爲第二圈的陽四局，第三次己卯日爲陽一局。依此方法，就非常方便實用了。又例如要查民國七十二年國曆一月廿一日，經查萬年曆或黃曆可知道爲農曆十二月八日，干支爲己酉，則從前一年冬至己卯日爲陽七局順數至己卯日爲陽一局。

陰遁的求法也一樣，只要先查出夏至日的干支，例如民國七十二年夏至日的干支爲辛巳日，則由內圈查出辛巳日的第一圈爲陰一局，以後依九八七六推下去。這是比較簡便的方法。

時盤的求法：

時盤的求法，同樣有陰陽局之分，和日盤相同，在此介紹公式，不用圖表，因爲公式比較方便：

例如求民國七十二年國曆正月二十七日亥時時盤局數？

解：正月二十七日爲陰曆十二月十四日。陽遁，大寒節氣。最近節氣之十二月初八爲己酉日。由初八至十四日亥時共有 $7 \times 12 = 84$ 時支。

又如求民國七十二年國曆二月十六日申時局數？

解：國曆二月十六日爲陰曆正月初四日，立春節氣，最近立春之日爲陰曆十二月廿陽遁公式：

$$\frac{A}{10}+節氣值-1-9B=局數$$

式中 $0<局數\leqq 9$

$B=\{0,1,2,3\}$

A：從交節氣前後最近之甲日或己日子時開時計算時支總數。

$\frac{A}{10}$中遇小數則進1，無小數不進位，節氣值可由（圖十一）查知。

陰遁公式：

$$-\left(\frac{A}{10}-節氣代換值-1-9B\right)=局數對應值$$

$0<1局數對應值1\leqq 9$

節氣代換值須先由（圖 十一）求出節氣值，再對照（圖十二）換成負數。

最後算出局數對應值再照（圖 十二）換爲正數即爲局數。

節氣代換值表

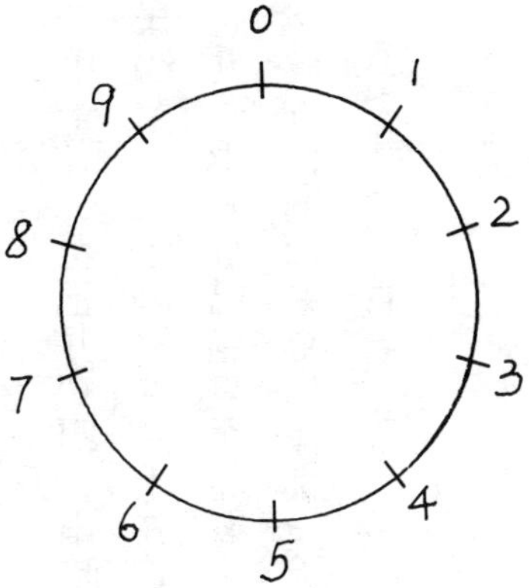

（圖 十二）

節氣值表

6 5 4 芒小立 種滿夏	8 9 7 夏小大 至暑暑	2 1 9 立處白 秋暑露
5 4 3 穀清春 雨明分		7 6 5 秋寒霜 分露降
1 9 8 驚雨立 蟄水春	3 2 1 大小冬 寒寒至	6 5 4 立小大 冬雪雪

（圖十一）

陽遁公式：

$\frac{84}{10}+3-1-9B$

$=18\cdot41+2-9B$

$=9+2-9B$

$=11-9B$

$0<11-9B\leqq9$

只有 1 可以代入 B

$11-9=2$

所以爲陽二局

三日甲子日，至正月初四日申時共有 $11\times12+9=141$ 時支。

又如求民國七十二年國曆九月十五日未時局數？

解：國曆九月十五日已過夏至節氣，所以用陰遁，為陰曆八月初九日，屬於白露節氣。最近白露節氣為白露前一天之八月初二已亥日，至八月初九日未時共有：

$12\times7+8=92$ 時支。

陽遁公式：

$\frac{141}{10}+8-1-9B$

$=114\cdot11+7-9B$

$=15+7-9B$

$=22-9B$

$0<22-9B\leqq9$

$B=\{0,1,2,3\}$

所以只有2能代入

$22-9\times2=4$

所以為陽四局

陰遁公式：

$-\left(\frac{92}{10}-(-1)-1-9B\right)$

$=-\left(\left|9\cdot2\right|+1-1-9B\right)$

$=-(10-9B)$

因為 $0<\left|10-9B\right|\leqq9$

$B=\{0,1,2,3\}$

所以只有1能代入B得結果為

$-(10-9\times1)=-1$

-1 查圖十二知 -1 為9，所以為陰九局。

再求民國七十二年國曆十月七日午時之局數？

解：國曆十月七日爲陰曆九月初三日，屬秋分節氣，最近秋之日子爲前一天八月十七日甲寅日，至九月初三日午時共有 $12 \times 14 + 7 = 175$ 時支。

陽遁公式：

$$-\left(\frac{175}{10}-(-3)-1-9B\right)$$

$$=-\left(\left|17.5\right|+3-1-9B\right)$$

$$=-(18+2-9B)$$

$$=-(20-9B)$$

$$0<\left|20-9B\right|\leqq 9$$

$$B=\{0, 1, 2, 3\}$$

只有2能代入B

所以 $-(20-9\times 2)$

$=-2$

-2 查圖十二對照爲8

所以爲陰八局。

以上爲時盤局數求法，也許麻煩一點，但讀者諸君如果能試著演算幾次，就可以熟練了。而且，時盤應用在生意、商業、外交等日常生活上很重要，不可不學，而此推算法，是很科學的方陣結合應用，不會很複雜。

奇門遁甲是一門很高的方陣數學原理，筆者在這裡所介紹的求年、月、日、時局數的方法，都是筆者十幾年來的心血結晶，去蕪存菁，把最科學的方法，最實用的方法介紹給各位。

在這裡所介紹的各種圖表，公式演算法，都是最科學的，而定局是奇門遁甲的基礎，定局是麻煩了一點，但只要學會定局，以後的推演，就很簡單了，讓我再以科學的精神，來一一剖析奇門遁甲個中奧秘。

定地盤定法：

陰陽局的求法已在上章介紹。再來就是定地盤。奇門遁甲中在此有兩種說法，一種就是用十干，即甲乙丙丁戊己庚辛壬癸，利用十干，在九宮上順序飛動，但必須有一干閒置不用，有時甲，有時乙……

這種排法將因爲地盤上年、月、日、時、陰陽局不同，而產生很複雜的變化，甚至有時沒有辦法排出遁甲盤。這種方法，如無好的程序，遁甲盤出入必大，筆者以往曾試用過，發覺無法發揮眞正的效力。目前坊間上這類遁甲盤的書很多，都是排好盤，讓讀者依著萬年曆去查，但這種書並沒有介紹如何去排，而且這類書的遁甲盤，無一定的科學方陣原理，都是日文版再經過翻譯，筆者覺得很可笑，五術神機，奇門遁甲乃中國人的國粹，卻要讓日本人來介紹，並且書中解釋不清，留了太多的疑問，若誤用之反而有害無利，這是筆者親身的血淚經驗，特別在此向讀者說明。

現在介紹三元派玄空神機的遁甲盤原理。根據諸葛亮奇門遁甲統宗大全，以及劉伯溫奇門遁甲天地書上記載，遁甲有六符頭，爲十天干中之戊己庚辛壬癸，以此六符頭，定出一切，遁甲所重在於三奇主帥，三奇即日中精華日奇屬天干乙，月中精華月奇屬天干丙，群星精華星奇天干丁，故乙丙丁三奇循六符頭而遁出九宮，而甲則爲六甲旬首，旬首入甲戊同宮，遁入六符頭，故甲干不用，遇甲則以符頭代之。

辛	乙	己
庚	壬	丁
丙	戊	癸

陽一局

（圖十三）

由此可以了解，十干中只用了九干，而甲是不用，這與一般的甲干加入，造成很多矛盾的遁甲排法是不同的。

至於排法如下：

陽局：以戊己庚辛壬癸丁丙乙爲順序。

陰局：以戊乙丙丁癸壬辛庚己

丁	庚	壬
癸	丙	戊
己	辛	乙

七　陽

戊	癸	丙
乙	己	辛
壬	丁	庚

四　陽

辛	乙	己
庚	壬	丁
丙	戊	癸

一　陽

癸	己	辛
壬	丁	乙
戊	庚	丙

八　陽

乙	壬	丁
丙	戊	庚
辛	癸	己

五　陽

庚	丙	戊
己	辛	癸
丁	乙	壬

二　陽

壬	戊	庚
辛	癸	丙
乙	己	丁

九　陽

丙	辛	癸
丁	乙	己
庚	壬	戊

六　陽

己	丁	乙
戊	庚	壬
癸	丙	辛

三　陽

（圖　十四）

圖十四為陽遁九局地盤的全圖。讀者可以發現，都是依戊己庚辛壬癸丁丙乙的程序，順著九宮路線而排定，是一個很有規則的方陣順序。

辛	丙	癸
壬	庚	戊
乙	丁	己

七　陽

戊	壬	庚
己	乙	丁
癸	辛	丙

四　陰

丁	己	乙
丙	癸	辛
庚	戊	壬

一　陰

壬	乙	丁
癸	辛	己
戊	丙	庚

八　陰

己	癸	辛
庚	戊	丙
丁	壬	乙

五　陰

丙	庚	戊
乙	丁	壬
辛	己	癸

二　陰

癸	戊	丙
丁	壬	庚
己	乙	辛

九　陰

庚	丁	壬
辛	己	乙
丙	癸	戊

六　陰

乙	辛	己
戊	丙	癸
壬	庚	丁

三　陰

（圖　十五）

圖十五為陰遁九局地盤的排演合圖，也是依九宮路線進而排定，只是順序是戊乙丙丁癸壬辛庚乙，剛好和陽局相反，是一個和圖十四相反的對應方陣。

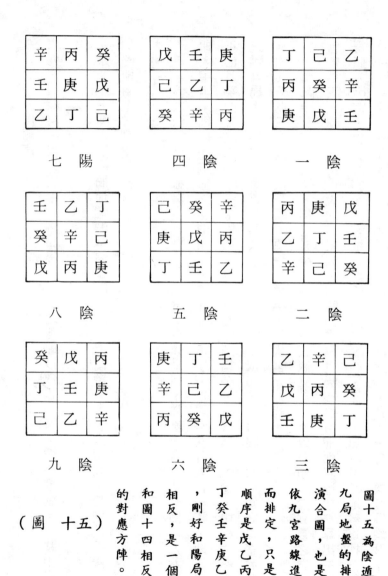

爲順序。

依九宮路線圖，代入宮中，例如陽一局，地盤即以戊起一宮，順序飛動。如圖十三：

圖十三即爲陽一局地盤的排演順序，爲了方便讀者，省去時間，特別把陰陽九局的地盤全部列出於此。

天盤定法：

天盤求法，以地盤爲主，再看所求時刻符頭爲何，從坎一宮順時所佈之，若符頭入中宮，則依節氣佈之。例如求民國五十六年丁未年國曆五月九日未時，即丁未年巳月癸酉日己未時。己未依圖十六，可知符頭爲癸，時盤爲陽九局，由圖十四知道陽九局中宮爲癸，所以符頭入中宮，入中宮須依節氣，由圖十七可知立夏寄於四宮，其干爲壬，以壬代符頭，順時針旋轉，從坎宮一佈起。

如圖十七可知道丁未年巳月癸酉日己未時正值立夏，所以符頭入於立夏之宮，宮數爲四。圖十八則爲天地盤成圖，本時刻爲陽九局（可由前面時盤求法算出），符頭入中宮，寄於四宮，四宮地盤爲壬，以壬開始，從一宮順時針將地盤重抄一遍，即爲天盤。中宮爲同樣。又如求民國七十二年國曆正月廿一日，換算爲陰曆十二月初八己酉日，大寒節氣，為陽一局，己酉查圖十六知符頭為戊，從戊於一宮順時針佈起，剛好天地同盤，如圖十九所示。此為符頭不在中宮之例。

符頭	戊	己	庚	辛	壬	癸
旬首	甲子	甲戌	甲申	甲午	甲辰	甲寅
干支	乙丑	乙亥	乙酉	乙未	乙巳	乙卯
	丙寅	丙子	丙戌	丙申	丙午	丙辰
	丁卯	丁丑	丁亥	丁酉	丁未	丁巳
	戊辰	戊寅	戊子	戊戌	戊申	戊午
	己巳	己卯	己丑	己亥	己酉	己未
	庚午	庚辰	庚寅	庚子	庚戌	庚申
	辛未	辛巳	辛卯	辛丑	辛亥	辛酉
	壬申	壬午	壬辰	壬寅	壬子	壬戌
	癸酉	癸未	癸巳	癸卯	癸丑	癸亥

遁守符頭表

（圖　十六）

定門：

地盤，天地盤已定，接著是定門，定門法則如下：

地盤符頭，設在a宮（a＝1，2，3……9）

由圖二十查得基

		九		
四	立夏 小滿 芒種	大暑 小暑 夏至	白露 處暑 立秋	二
三	春分 清明 穀雨	中宮 五	霜降 寒露 秋分	七
八	立春 雨水 驚蟄	冬至 小寒 大寒	大雪 小雪 立冬	六
		一		

（圖　十七）

丙 壬	丁 戊	己 庚
庚 辛	癸 癸	乙 丙
戊 乙	壬 己	辛 丁

（圖　十八）

陽一局

辛 辛	乙 乙	己 己
庚 庚	壬 壬	丁 丁
丙 丙	戊坎 一 戊宮	癸 癸

（圖　十九）

陽九局

4 杜	9 景	2 死
3 傷	5	7 驚
8 生	1 休	6 開

入門原位圖

（圖　二十）

本門爲Aa門，將旬首的支，從a宮開始計數，陽順陰逆，至所用時刻的支，設落在a'宮，（a'＝1，2，3，……9）以a'宮爲Aa門，其餘依休生傷杜景死驚開的秩序，順時針方向塡入九宮周圍的八宮，即所求的八門，若符頭在中宮，則年盤與月盤即爲基本八門，日盤與時盤依節氣寄宮。Aa宮Aa門亦名直使。例如：

求民國七十二年癸亥年八門？

解：年爲陰遁，依公式－{（72＋1）÷9}＝8……－1 由圖七知爲陰八局。再由圖十六查知癸亥符頭爲癸，癸在陰八局中之三宮，對照圖二十知基本門爲Aa傷門。再由旬首支寅對數，由3逆推，計從寅、卯、辰、巳……亥，爲3、2、1、9……3爲止，所以以3宮爲傷門順時針塡入休、生、傷、杜、景、死、驚、開、得八門如圖二十一所示，本例剛好是與原八門同位。

又如求民國七十二年國曆正月廿一日己酉日八門。此爲陽遁，依照前面方法求出爲陽一局，己酉符頭爲壬，寄中宮，時爲大寒節氣，以一宮戊代符頭，則休門爲基本門Aa，由己酉旬首區算起，從1計算，經辰、巳、午、未…酉，陽遁順數，即1、2、3、……至6爲止，所以從6宮佈休門，順時針佈下八門如圖二十二。

上面介紹八門求法，所求得基本門即稱爲直使，如七十二年癸亥之基本門爲休

丁 4 壬杜	己 9 乙景	庚 2 丁死
乙 3 癸傷	辛 5 辛	丙 7 己驚
壬 8 戊生	癸 1 丙休	戊 6 庚開

（圖　二十一）

辛 4 年辛	乙 9 乙死	己 2 己驚
庚 3 庚杜	壬 5 壬	丁 7 丁開
丙 8 丙傷	戊 1 戊生	癸 6 癸休

（圖　二十二）

陽　一　局

門，直使即爲休門。下面再介紹直符的求法，即九星定位。

求九天星法：

求九天星的方法，需看所用年、月、日、時的宮頭在地盤之位，在圖二十三向sinn（n 1，2，3，……9，）

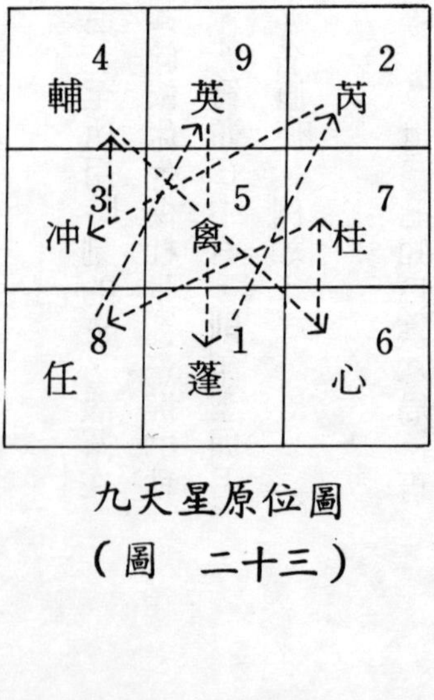

九天星原位圖

（圖　二十三）

向星Sn，將Sn飛至所用年月日時之干所在之n宮，依蓬、芮、沖、輔、禽、心、柱、任、英的秩序，順塡入九宮，是爲求九天星，而n宮之Sn星即爲直符。例如前面求民國七十二年癸亥之九星，癸亥年爲陰八局，符頭爲癸，在地盤之n3宮，爲沖星，沖星即爲直符，再看癸亥年天干爲癸，在地盤也是n3宮，所以從n3宮依路線圖，從沖星塡起，依照蓬芮沖輔禽心柱任英順序塡入，剛好是和原位圖一樣，如圖二十四。

（圖　二十四）

丁 輔 壬 4	己 英 乙 9	庚 芮 丁 2
乙 沖 癸 3	辛 禽 辛 5	丙 柱 己 7
壬 任 戊 8	癸 蓬 丙 1	戊 心 庚 6

癸亥年直符：沖星

（圖　二十五）

辛 柱 辛 4	乙 沖 乙 9	己 禽 己 2
庚 心 庚 3	壬 任 壬 5	丁 蓬 丁 7
丙 芮 丙 8	戊 輔 戊 1	癸 英 癸 6

民國七十二年國曆正月廿一日己酉日陽一局

直符：禽星

又如求民國七十二年國曆一月廿一日己酉日，農曆十二月初八日爲陽一局，己酉符頭在中宮，爲n5宮之禽星，而己酉日干己在地盤2宮，所以禽星在2宮，順佈之即爲九星方位。如圖二十五。本九星求法無陰陽遁之分。

八神求法：

八神求法有陰陽遁之分，如圖二十六。

（圖　二十六）

陽遁	陰遁
符蛇陰合陳雀地天	符天地雀陳合陰蛇

八神中符神所在之宮，即爲地盤上所用年、月、日、時之天干所同之宮，依圖二十六次序塡入。

例如前面二例佈法，即圖二十七，圖二十八。

圖二十七中癸亥年，癸在地盤中n3宮，所以從n3宮佈符神，順時針爲陰遁，按符、天、地、雀、陳、合、陰、蛇順序塡入。

圖二十八中爲己酉日，天干己在地盤n2宮，所以從n2宮佈符神，順時針爲

陽遁，按符、蛇、陰、合、陳、雀、地、天塡入即爲八神。

八神的求法會了，只剩下九宮星，定出九宮星，遁甲盤就完成了。

丁 輔 壬 杜 天	己 英 乙 景 地	庚 芮 丁 死 雀
乙 冲 癸 傷 符	辛 禽 辛	丙 柱 己 驚 陳
壬 任 戊 生 死	癸 蓬 丙 休 陰	戊 心 庚 開 合

（圖二十七）亥年

辛 柱 辛 景 地	乙 冲 乙 死 天	己 禽 己 驚 符
庚 心 庚 杜 雀	壬 任 壬	丁 蓬 丁 開 蛇
丙 芮 丙 傷 陳	戊 輔 戊 生 合	癸 英 癸 休 陰

民國七十二年國曆正月廿一日酉日

（圖 二十八）

九宮星求法：

古人將來自太空的一切輻射線，凡能影響生物的生理機能及行爲的，歸爲紫白九種射線，這紫白九種射線，各有不同的磁場性質，和洛書後天八卦配合，因天體的轉動不息，佈於奇門遁甲盤中，依方陣循環原理，產生不同影響。佈奇門遁甲盤時，年盤、月盤、日盤、時盤各有法則。

(1)年盤：紫白九宮星，由局定之，如一局一在中宮，其餘各星循路線途順塡入九宮。二局則二在中宮，其餘類推。

4 綠	9 紫	2 黑
3 碧	5 黃	7 赤
8 白	1 白	6 白

九宮星原位圖

（圖　二十九）

(2)月盤：月盤求法，如圖三十，將年支與月支交會點之數字，塡入中宮，以此數字爲基準，按一、二、三、四、五、六、七、八、九順序，塡入九宮。

(3)日盤：日盤的九宮星位，由局定之，但有陰陽局之分，陽順陰逆；如陽遁一局一在中宮，二局二在中宮；陰遁則相反，一局九在中宮，二局八在中宮，其餘依法類推，

月盤九宮星換算表

年支＼月支	寅	卯	辰	巳	午	未	申	酉	戌	亥	子	丑
子午卯酉	八	七	六	五	四	三	二	一	九	八	七	六
丑未辰戌	五	四	三	二	一	九	八	七	六	五	四	三
寅申巳亥	二	一	九	八	七	六	五	四	三	二	一	九

（圖　三十）

也是依一、二、三、四、五、六、七、八、九的順序塡入。

(4)時盤：時盤同樣有陰陽遁之分，照圖三十一、圖三十二將日支與時支交會點之數字塡入中宮，惟須注意陽遁按一、二、三、四、五、六、七、八、九順序塡入，陰遁則相反按九、八、七、六、五、四、三、二、一的順序塡入九宮。

到此已經將奇門遁甲地書中所載的遁甲盤排演方式解釋一個段落。在這裡爲了讓讀者能有好的學習方針，特列出六個遁甲盤，即年、月各一個，日、時陰陽局各一個，讀者可以自行練習，再對照這六個盤，就可以知道在排演中的方法有沒有錯

時盤九宮星換算表

日支＼時支	子	丑	寅	卯	辰	巳	午	未	申	酉	戌	亥
子午卯酉	一	二	三	四	五	六	七	八	九	一	二	三
丑未辰戌	四	五	六	七	八	九	一	二	三	四	五	六
寅申巳亥	七	八	九	一	二	三	四	五	六	七	八	九

（圖　三十一）

日支＼時支	子	丑	寅	卯	辰	巳	午	未	申	酉	戌	亥
子午卯酉	九	八	七	六	五	四	三	二	一	九	八	七
丑未辰戌	六	五	四	三	二	一	九	八	七	六	五	四
寅申巳亥	三	二	一	九	八	七	六	五	四	三	二	一

（圖　三十二）

誤，或是疑問。會排奇門遁甲不難，只要讀者多加練習，自然能夠熟悉而融會貫通，像筆者通常在三分鐘以內就能排出所要用的遁甲盤。筆者所介紹給讀者諸君的是

1. 民國七十二年癸亥年：

南

	丁 輔 七 壬 杜 天	己 英 三 乙 景 地	庚 芮 五 丁 死 雀	
東	乙 冲 六 癸 傷 符	辛 禽 八 辛	丙 柱 一 己 驚 陳	西
	壬 任 二 戊 生 蛇	癸 蓬 四 丙 休 陰	戊 心 九 庚 開 合	

北

癸亥年

（陰三局）

2. 民國七十二年國曆正月，陰曆癸丑月：

南

	辛 禽 二 乙 杜 合	己 蓬 七 辛 景 陰	癸 冲 九 己 死 蛇	
東	乙 輔 一 戊 傷 陳	丙 心 三 丙	丁 任 五 癸 驚 符	西
	戊 英 六 壬 生 雀	壬 芮 八 庚 休 地	庚 柱 四 丁 開 天	

北

壬戌年癸丑月

最科學，最實用的方法，會排此法，就不用去查坊間書上的遁甲萬年曆。而且，保證是諸葛亮奇門遁甲統宗中的原盤，三元的玄空神機，在這遁甲盤上，可以斷一生

3. 民國七十二年國曆正月二十一日陰曆十二月初八己酉日：

4. 民國七十二年國曆八月二十五日陰曆七月十七日乙酉：

（陽一局）

南

	辛杜九 辛景地	乙冲五 乙死天	己禽七 己驚符	
東	庚心八 庚杜雀	壬任一 壬	丁蓬三 丁開蛇	西
	丙芮四 丙傷陳	戊輔六 戊生合	癸英二 癸休陰	

北

壬戌年癸丑月己酉日

（陰九局）

南

	己蓬八 癸傷雀	丁心四 戊杜陳	癸任六 丙景合	
東	乙英七 丁生地	壬芮九 壬	戊輔二 庚死陰	西
	辛禽三 己休天	庚柱五 乙開符	丙冲一 辛驚蛇	

北

農曆七月十七乙酉日

吉凶，占生意之吉凶，解決一切問題，無論卜生、病、食、衣、住、行、娛樂、文、武均能運用，這將在以後章節詳細介紹。

5. 民國七十二年國曆正月廿一日酉時時盤，即陰曆十二月八日己酉日癸酉時：

6. 民國七十二年國曆八月二十五日未時時盤，即陰曆七月十七日乙酉日癸未時：

（陽三局）

南

東				西
	乙 任 九 己 死 陰	壬 輔 五 丁 驚 合	辛 心 七 乙 開 陳	
東	丁 柱 八 戊 景 蛇	庚 英 一 庚	丙 芮 三 壬 休 雀	西
	己 冲 四 癸 杜 符	戊 禽 六 丙 傷 天	癸 蓬 二 辛 生 地	

北

癸丑月己酉日癸酉時

（陰九局）

南

東				西
	戊 任 三 癸 杜 符	丙 輔 七 戊 景 天	庚 心 五 丙 死 地	
東	癸 柱 四 丁 傷 蛇	壬 英 二 壬	辛 芮 九 寅 驚 雀	西
	丁 冲 八 己 生 陰	己 禽 六 乙 休 合	乙 蓬 一 年 開 陳	

北

庚申月乙酉日癸未時

茲將六個遁甲盤列出，供讀者諸君練習對照用。若有不懂，可以參考前面介紹方法，再對照這六個盤，爲可解決疑難。

１２二局，一爲年盤，一爲月盤，年、月盤均無陽局。３４爲介紹日、時盤的陰陽局各一個，供讀者排演時參考。

以上爲日盤陰陽遁各一的遁甲盤，讀者諸君可以發現陰陽遁的排法雖有不同，但卻是有它一定的法則。５６則介紹兩個陰陽遁的時盤。

參　奇門遁甲的應用

上面的章節介紹了奇門遁甲盤的排演方法，本章起即介紹應用法則。

在此我們一共要介紹

一、奇門遁甲各門、星、神的主司及吉凶用法。

二、奇門遁甲逢凶化吉法。

三、奇門遁甲的占卜方法。

四、奇門遁甲的方陣學及印相學。

五、奇門遁甲與兵法的關係。

六、奇門遁甲的氣學治病法。

七、奇門遁甲與創道修煉及武術運用。

八、奇門遁甲與氣學推命關係。

九、奇門遁甲與八字的探討。

星門吉凶論

㈠九星吉凶論

奇門遁甲中的九天星，即是前面介紹排演法中的天蓬、天芮、天冲、天輔、天禽、天心、天柱、天任、天英。

大致上，天禽星爲凶星，諸事不取，很少有例外情形，少用爲妙，這是筆者的經驗。其餘各星則與各門配合，各有其利弊。原則上，各星皆不宜配置死門，遇死門勿用。根據奇門遁甲統宗大全上記載，各星各有其主司如下：

天蓬：指奇詭的計策，於現代可解釋爲須用腦筋之事。

天任：指負擔的力量，於現代可解釋爲須用勞力之事件。

天冲：指攻擊的力量，於現代社會可解釋爲有競爭性的事情，如談生意者。

天輔：指文化、教育藝術等之事件。

天英：指能提高心情，情緒之事。
天芮：指較柔性之事，忍耐之事。
天柱：指破壞之事。
天心：指學術、心理、哲學方面之事。
天禽：本位在中宮，三元派稱爲五黃煞，勿用。

以上爲九天星之介紹，以符合現代社會的事件來解釋，用法很簡單，只要根據這類原則。例如要與人打官司，這是很傷腦筋的事情，故取天蓬星，另外天冲星也可用，天英能提高情緒也可用。當然，這不是一成不變，當須再配合八門及其他的星神同論。

(二)八門吉凶論

奇門遁甲中的八門，是和九天星同一組的，有些天星雖好，配上差的八門，就失去了效力，故八門的運用，不可不小心。

八門在遁甲中解釋爲地利如下：

休門：又名吉門，爲僞裝隱藏之地。

生門：爲資源豐富，萬事吉利之地。

傷門：爲資源短缺之地。

杜門：偃武修文的地方。

景門：平坦向陽之地方。

死門：不能生存之死地。

驚門：爲驚險阻撓之地。

開門：開展方便之地方。

以上之地利解釋乃奇門遁甲用於兵法中行軍佈陣之八門地利法，於現代社會中，綜合奇門遁甲天書可得如下吉凶之論：

休門：又名水神貪狼，求職、私事、求財、出入嫁娶等，凡事吉利。

生門：逢陰化吉之門，又名土神左輔，此門之吉利大於休門。

傷門：又名木神祿存：此門勿用，用之遇傷，災殃是非多。

杜門：又名水神文曲，此門可用宜出行謁貴，求財，勿用爲避難、遷居及衝激性較大之事情。

景門：又名火神廉貞，此門宜出行訪貴，或博戲（即娛樂）漁獵。

死門：又名土神巨門。此門只能用於出獵，但爲修道者慈悲之心，故請勿用，以積陰德。

驚門：又名金神破軍，此門不宜用之，諸事不吉，徒增心驚煩惱之事。

開門：煩又名金神武曲，此門宜上宮見貴用之大吉。

大致上，休、生、開、景四門爲吉利，其餘勿用。而吉門中，如果再比較起來，則開門最佳，次爲生、休、景門。

至於八門配合九天星之方法，可依圖三十三爲參考，通常以吉門用之，若九天星不吉，尚可用之，當然，這必須再配合天地盤、八神，九宮的參考爲基準。

由圖三十三可以知道，在選擇九天星及八門時，是以門爲主，九天星中天禽最差，勿用，八門中休生景開吉利，可配合九天星而選出吉利之配合。例如要生產則取開門天芮爲最佳組合，因生產須從腹中取出嬰兒，天芮星爲忍耐之事，故開門、天芮爲最佳組合。

㈢九宮八神吉凶論

九宮八神即指遁甲盤的九宮星，一白、二黑、三碧、四綠、五黃、六白、七赤

英	任	柱	心	禽	輔	冲	芮	蓬	九星／八門
−1	+2	+2	+2	−1	+2	+2	+2	−1	休
+2	−1	+2	+2	−1	+2	+2	−1	+2	生
−1	−1	−2	−1	−2	−1	−2	−1	−1	傷
−1	−1	−1	−2	−2	−2	−1	−1	−1	杜
−2	+1	+1	+1	−2	+1	+1	+1	−2	景
−1	−2	−1	−1	−2	−1	−1	−2	−1	死
−1	−1	−2	−1	−2	−1	−2	−1	−1	驚
+2	+2	+2	−1	−1	−1	+2	+2	+2	開

（圖　三十三）

、八白、九紫。這是指太陽輻射線，產生在地球上的九種情形。這九種情形，依節氣時刻的不同，而有所改變，但其飛動順序，一定是循前面所介紹的固定路線途而移動的。

原則上，九宮星中，除了五黃外，其餘均能用，但吉凶卻必須與八神相配合。九宮最怕五黃，又稱五黃煞，另外就是暗劍煞，即五黃煞的對宮。在奇門遁甲中，選擇方位時，首先就是要去掉五黃煞

（陽一局）

五黃煞

南

辛 柱 九 辛 景 地	乙 冲 五 乙 死 天	己 禽 七 己 驚 符
庚 心 八 庚 杜 雀	壬 一 壬 任	丁 蓬 三 丁 開 蛇
丙 芮 四 丙 傷 陳	戊 輔 六 戊 生 合	癸 英 二 癸 休 陰

西

北

暗劍煞

（圖 三十四）

及暗劍煞這兩個方位。例如前面章節提到的遁甲盤，以民國72年國曆正月廿一日，陰曆十二月初八己酉日爲例。

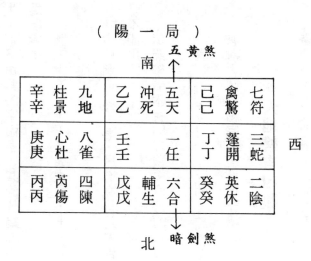

由上圖三十四可以知道，五黃煞在正南方，不管其餘星神是吉是凶，不用考慮，一定不能用；其對宮正北方即爲暗劍煞，所以南、北兩個方位不能用，這是三元派的秘法，和三合派是完全不同的。

八神即指直符，螣蛇、太陰、六合、勾陳、朱雀、九地、九天八神。直符即元首之意，爲上吉之神，惟遇五黃煞轉凶。其餘螣蛇、勾陳、朱雀爲凶神，用之會凶陰險、煩惱之事發生，這可由其名字體會，其餘皆爲吉神。至於九宮星及八神吉凶配合可依圖三十五爲參考：

圖三十五中，＋2表大吉，＋1表吉，其餘劃粗線表不能用之配置，用之大凶。

由此圖可以了解，只有直符是大吉，其餘爲吉，而五黃煞及螣蛇、勾陳、朱雀是不能用的。

依照筆者本身的經驗，直符的效力最強，再來是六合、九天、太陰、九地。亦即

直符＞六合＞九天＞太陰＞九地

宮神吉凶介紹完了，以下介紹天地盤的吉凶配置法。

㈣天地盤吉凶論

奇門遁甲的天地盤，是依天干產生。這裡介紹的遁甲盤排演，是把六甲的天干寄於六符頭，這在前面的遁甲盤排演法中即有提到。

如果在排演遁甲盤時，遇到六甲的干支，則以符頭代替排演。這和一般的遁甲

九	八	七	六	五	四	三	二	一	宮／伸
+2	+2	+2	+2		+2	+2	+2	+2	符
									蛇
+1	+1	+1	+1		+1	+1	+1	+1	陰
+1	+1	+1	+1		+1	+1	+1	+1	合
									陳
									雀
+1	+1	+1	+1		+1	+1	+1	+1	地
+1	+1	+1	+1		+1	+1	+1	+1	天

（圖　三十五）

盤以十天干爲用，是完全不同的。根據奇門遁甲天地書，奇門遁甲統宗記載，有六甲入六符頭，甲子旬中甲戊同宮記載。且奇門掌中金要訣記載：「陽遁順佈六儀（即六甲），甲子戊、甲戌己、甲申庚、甲午辛、甲辰壬、甲寅癸；逆佈三奇，星奇丁，月奇丙、日奇乙，陰遁逆佈六儀，順佈三奇。」

由以上之文字記載，可以了解，遁甲盤之九宮天地盤，應以九干爲主，這是筆者的經驗，至於以十干排出的天地盤，筆者本身未實證過，不敢妄斷。

㈤天地盤吉凶用法

奇門遁甲的天地盤中主要的在於三奇，即乙、丙、丁三奇。天盤中的選用以能用到三奇爲主。三奇中尙有專用日，例如甲乙日用乙奇，丙辛日用丙奇，丁壬日用乙奇，戊癸日用丁奇，這是最好的三奇選用日。

另外，在用三奇時須注意，須配合八門，如果無法用到好門，仍舊要舍棄不用，而以門爲主。奇門遁甲天地書上記載：「乙丙丁三奇到，而無開休生三吉門不可用，三吉門到而無三奇到，尙可用，經云：『背生向死，百戰百勝。』若事危急，則取門而舍奇。」就是這個道理。

天地盤選擇中，乙奇對生產，養病有特效。戊、己儀對求緣，婚姻有良好效果。丁奇對打官司、訪門等有好效果。另外，考試用到丁奇也能發揮更大效力。尙有各種代表如下：

乙奇：指能穩定、家宅、平衡情緒。

丙奇：指關於地位、職業、財利、事業等。

癸	壬	辛	庚	己	戊	丁	丙	乙	天　地
	x	x	+1	+1	+1	+2	+2	x	乙
	x	+1	x	x	+1	+1	x	+1	丙
	+1	+1	+1	+1	+1	+2	+2	+2	丁
+1	+1			+1		+1	+2	+1	戊
							+1	+2	己
						+1			庚
							+1		辛
					+1	+1	+1	+1	壬
									癸

天地盤吉凶表
（圖　三十六）

丁奇：指學術、文化、教育、藝術等。

戊儀：指交際、承諾、交友、郊遊、旅行。

己儀：指婚姻，吸引異性之方位。

其餘天地盤配置吉凶，可參考圖三十六：

除了配上+2，+1爲吉位外，其餘皆不利，但如果八門配置好的話，仍舊可以用。

㈥起用法則介紹

在介紹奇門遁甲的起用法則時，首先筆者要聲明的就是，本書所介紹乃是以白話文的方式解釋，去掉原文一些艱深難懂的字眼，並且將原文一些神煞類，迷信之說去掉，以最科學方式介紹出來，務期使讀者諸君均能活用。並望讀者學會奇門遁甲起用法後，以造福社會，爲人化吉之心爲主，勿用於陷害人，或貽誤群衆損及自身能量，必然危及己身。

㈦天時、地利的人和介紹

選用遁甲盤方位時，須注意各星、宮、門、神、盤的配合。要以天時、地利、人和爲基準。

何謂天時

所謂天時者，乃指奇門遁甲所用的時刻，通常以九宮星在盤內飛動爲主。

何謂地利

地利者，乃指所用的休、生、傷、杜、景、死、驚、開八門。

何謂人和

人和又稱人事，指天蓬、天芮、天冲、天輔、天禽、天心、天柱、天任、天英九種天星在遁甲盤中的方位。

關於天時、地利、人和的關係，可以圖三十七來解釋，由圖三十七可以知道，遁甲盤中的結構，人事及地利乃以八門，九星爲主，所以選擇遁甲盤方位時，應以此爲第一原則。

圖三十七中可以了解，最外層爲天時，中間一層爲人事，貫穿整個中心，聯絡八門，所以遁甲中以人事配八門爲首要。依此道理，圖中一、二、三層依三才要件，可排出數學公式，得到：

$$8!\times 8!\times 8!$$

$$=(8\times 7\times 6\times 5\times 4\times 3\times 2\times 1)$$

$$\times(8\times 7\times 6\times 5\times 4\times 3\times 2\times 1)$$

$$\times(8\times 7\times 6\times 5\times 4\times 3\times 2\times 1)$$

=65，548，320，768，000

65，548，320，768，000

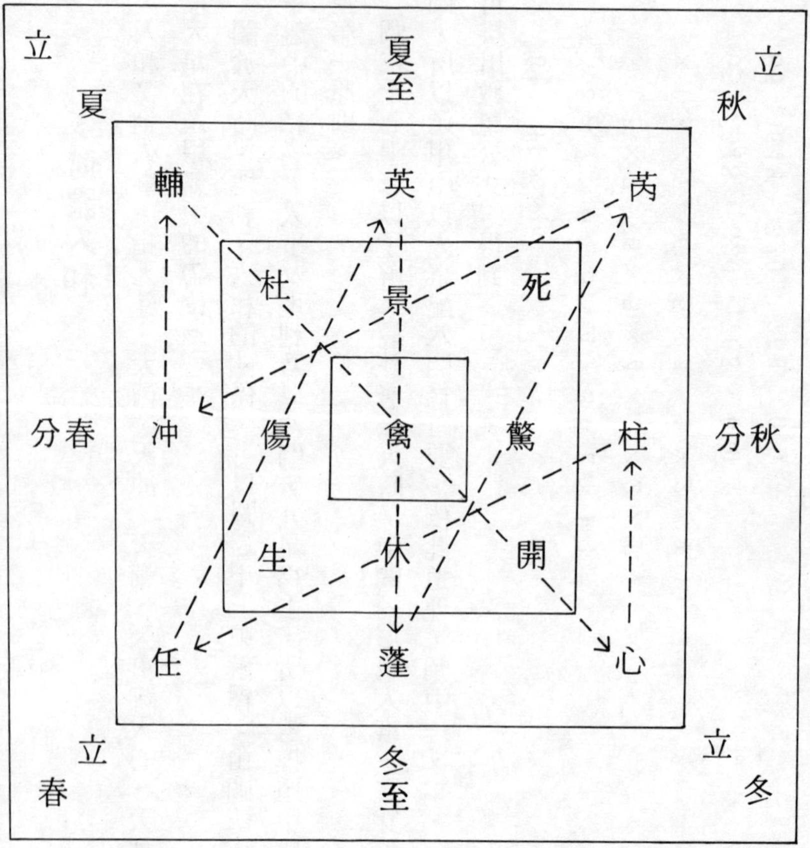

（圖　三十七）

共有六十五兆多種變化，再在人事方面，加入中宮主帥天禽，能在九宮飛動，所以又多了九種變化，可以得到 9 × 65,548,320,768,000 種變化。

孫子兵法始計篇提到：「兵者，詭道也……」又在形勢篇提到：「凡戰者，以正合，以奇勝。故善出奇者，無窮於天地，不竭於江河。……」兵法中以虛實變遷爲主，爲戰勝之道。因此，奇門遁甲有如此多種的變化，無怪乎古代之習兵法者，莫不以能得奇門遁甲爲先機。這也是造成張良、諸葛武侯、劉伯溫能戰勝揚名立萬之道。

(八) 奇門九遁介紹

奇門九遁指遁甲盤中的九種吉利星門配法，各遁各有其妙用。於奇門遁甲選吉中，是基本的常識。九遁即指天遁、地遁、人遁、神遁、鬼遁、風遁、雲遁、龍遁、虎遁。這九種情況。茲分述如下：

天遁：凡天盤丙奇，八門臨生門，地盤爲戊。

地遁：凡天盤乙奇，地盤爲己，八門臨開門。

人遁：。凡天盤丁奇，八門爲休門，八神爲太陰。

神遁：凡天盤丙奇，八門爲生門，八神爲九天。

鬼遁：凡天盤丁奇，八門爲休門，八神爲九地。

風遁：凡天盤丙奇，八門爲開門，臨東南方位；或天盤爲辛儀，八門爲休門或生門，地盤爲乙。

雲遁：凡天盤乙奇，八門爲開門，臨西南方位；或天盤乙奇，八門爲開門，地盤爲辛。

龍遁：凡天盤乙奇，八門爲休門，地盤爲癸或北方方位均可稱之。

虎遁：凡天盤乙奇，八門爲生門；或天盤辛儀，八門爲生門，臨東北方位亦可稱之。

以上爲奇門九遁的配合介紹，這九遁是選擇方位的吉格，另外尚有二吉格，即：

青龍回首格：即天盤爲戊儀，地盤爲丙奇。

飛鳥跌穴格：即天盤爲丙奇，地盤爲戊儀；或天盤丙奇，地盤乙奇。

上述之九遁及青龍、飛鳥二格，爲奇門遁甲中的吉格；另外，凶格之介紹，也是很重要，否則，誤用之反有危險。

㈨奇門八凶介紹

凶格通常以伏宮，飛宮、青龍逃走，白虎猖狂、螣蛇夭矯、朱雀投江、熒感入白，太白入熒這八格爲八凶。現分述於下：

伏宮：天盤爲庚，地盤爲戊，八神爲直符。

飛宮：天盤爲庚，日干爲午。

青龍逃走：天盤爲乙，地盤爲辛。

白虎猖狂：天盤爲辛，地盤爲乙。

螣蛇夭矯：天盤爲癸，地盤爲丁。

朱雀投江：天盤爲丁，地盤爲癸。

熒惑入白：天盤爲丙，地盤爲庚。

太白入熒：天盤爲庚，地盤爲丙。

以上是奇門八凶之格，尚有其餘凶格一大堆，但筆者本身經驗結果，發現只有這些凶格才是眞的，其餘不是，故不列入。

在此向各位讀者說明，到目前所提到吉凶門星格等用法，均是奇門遁甲地書中的記載，而未列入天書記載，若要列出天書，又須寫一本書了。然筆者研究五術十四年的心得，發覺學會了地書就已夠用了；而天書之修習，能使人有縱橫無敵之勢，蓋天書除了有破解地書死角之法，尚有靈修法，禳星法，禹步七星燈法，千里殺敵法，……這些若用之不慎，恐有傷陰德，筆者曾發誓，天書諸卷不能輕傳，以免有不利後果，但在可能範圍內，會把天書的一些修持法介紹出來，這在後面章節會提到。

到此我們已經了解了各星門宮神的主司，及配置法則了，以下章節即介紹應用到不同事件的方法。

肆　實用奇門占驗事分類

奇門遁甲的占驗中，若照原文譯出白話，有很多地方太過牽強，而且，原文中一大堆神煞類，迷信之處太多，可能是古人把三合派道理加進去的說法，再不然就是爲了避殺身之禍，故意造成遁甲排演中的死角，令後人誤用之，不能逢凶化吉，此皆爲古代帝王之私心，與現代的社會，民主的國家，完全不同。

爲了要明白介紹三元派元空玄機，讓續者諸君皆能活用，著實費了筆者不少心血。總算設計出來一套最實用、靈活的方法。以最簡單、明瞭的圖解方法，呈現在讀者諸君面前。

盤的選擇

遁甲盤的分類，共有年、月、日、時四種盤，故該選用何種盤實爲最基本之原則。一般說來，長時性，如國與國之國際間大事、出國定居，或三、五年以上業務考查，或長期性遷移，就要以年盤爲主，再選一個月盤及日盤好的方位來用。如果年盤推出爲壞的方位，就要再取出月盤及日盤最有利方位用之。通常月盤及日盤是好的方位，就可以破解年盤的壞方位了，必要時，可以再加入時盤。如果是三、兩個月的事情，剛以月盤爲主。若是三兩天，或兩個時辰以上之事，剛以日盤爲主。若是一個時辰至兩個時辰之事，則以時盤爲主。爲使讀者明瞭，茲舉數例於下：

問：茲有某君現住嘉義，欲北上租房就職，定於民國七十二年國曆正月廿日至廿五日左右北上，則方位應如何運用。

解：先查所問事項，北上謀職，爲長期性，但有空仍會回家一遊，所以非永久性，故以月盤爲主。查國曆正月廿日至廿五日正當農曆壬戌年大寒後節氣，屬農曆十二月，月干支爲癸丑，起出遁甲盤如圖三十八。

圖三十八中的選吉法，首先排出月盤，爲陰三局，首先把五黃煞及暗劍煞方位找出，由圖中可以知道五黃煞在西方，且天地盤有丁癸，爲螣蛇夭矯之凶格，對宮暗劍煞臨傷門，且爲五黃煞的電氣感應，故東方及西方都不能用，先將此二方位去掉，再依事情而定；爲遷移謀職，以地利及人事爲主，故應選用休、生、開、景四吉門中，配九天星好的組合，則可得到東北生門，北方休門，西北開門等等。而此

（陰　三　局）

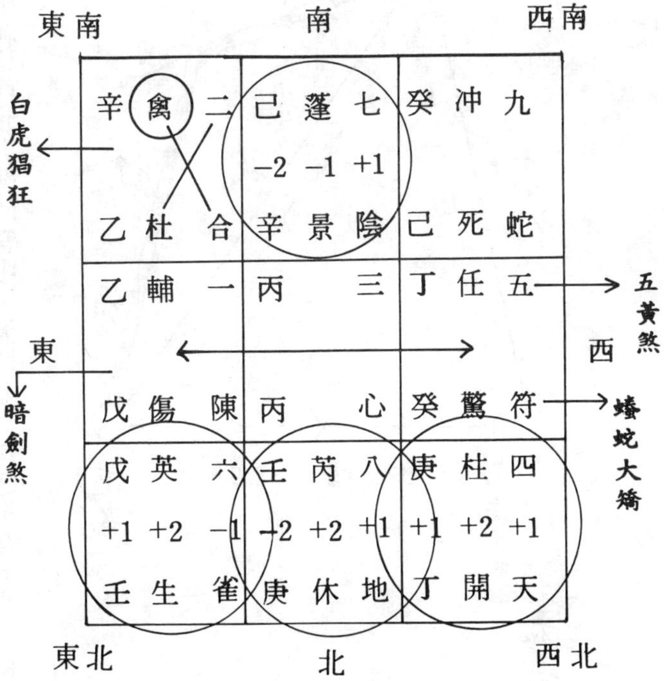

壬戌年癸丑月遁甲盤

（圖　三十八）

三門中又以西北方開門宮中，天地盤爲艮好組合，北方較差，東北方次之。可以得到最好的方位爲西北，其次爲東北，最後是北方。

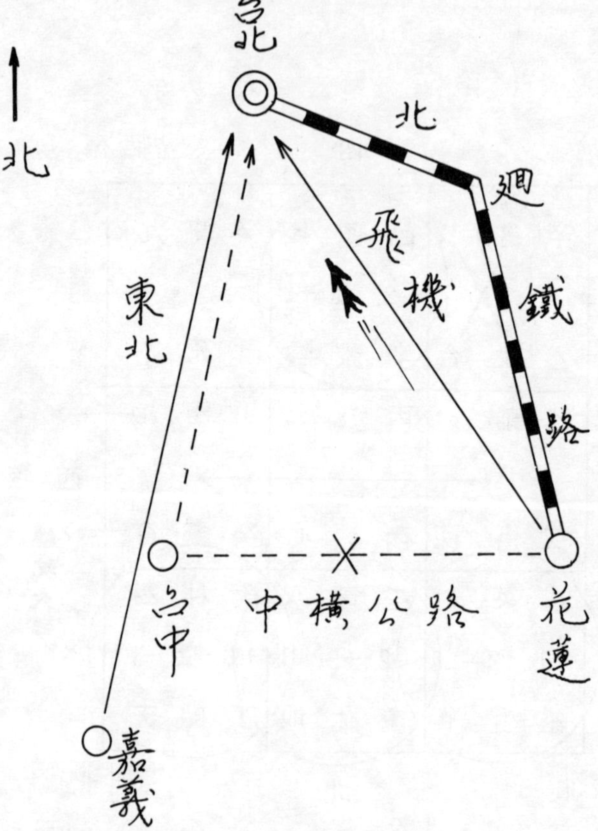

（圖　三十九）

用法有幾種，首先取出指北針，擺在台灣地圖上，定出方位，則嘉義應該在台北西南方，即台北在嘉義東北方。查圖三十八中，東北方位僅次於西北之方位，此宮中有天地盤戊壬配得吉，人事及地利爲英星配生門，天英星有提高心情、情緒之意思（見前面九星吉凶論），故此方位可以用。但比西北方開門較差一點，如果要用此方位，則可以加排一個東北方大利的日盤，於當日往東北方台北，則一切順利。若一定要用西北方，則必須在尚未交節氣大寒前，屬十一月月建，先到花蓮住幾天，等一過了大寒後屬十二月節氣，最好再多住兩天，再往西北方的台北起程，起程時因往最好的方位，故可以不看日盤，但須坐北迴鐵路或飛機爲佳，勿經中橫到台中轉台北。如圖三十九。

上例中，如只用東北方位，則再加排日盤，擇一吉利東北方位日盤用之。

本例中因北上日子須在正月廿日到廿五日，經排出各日日盤，以廿三日乃農曆干支辛亥日，東北方爲吉利，故選這一天在嘉義往台北租屋就職。見圖四十。

圖四十中爲陽三局，西方五黃煞，東方暗劍煞不用，可以判斷出只有東北方位爲惟一吉利方位，此稱八門七絕一冲天，即各方皆差，惟我方獨尊，故取此日，往東北用之大利，如此月及日均爲東北吉利，配月盤的西北方大吉，效用必然不差矣！

（陽　三　局）

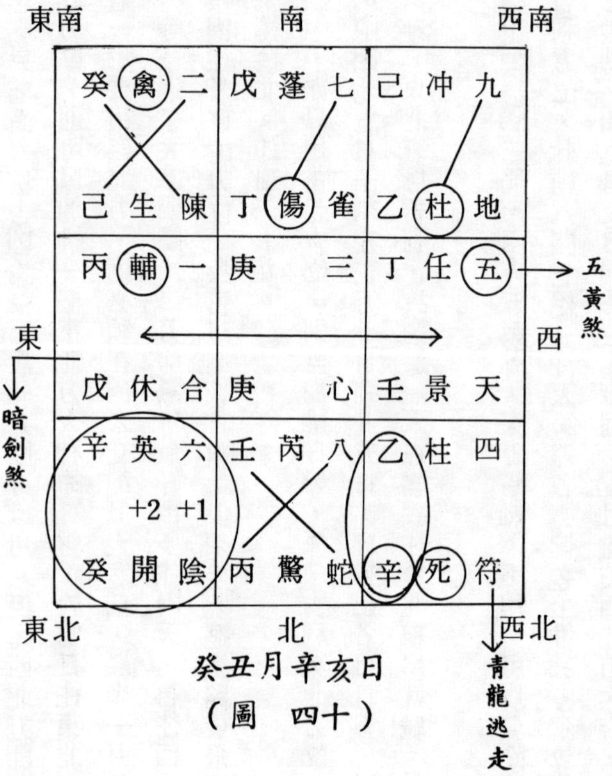

癸丑月辛亥日

（圖　四十）

生死盤的應用法

奇門遁甲的生死盤理論，是筆者獨創的名詞，所謂生盤，即指時間充裕，能讓我們起出欲往方位的好日子。如欲在一個月中取任何一兩日旅行，則可以選擇此月中，欲往方位的日盤，擇最好而用之，此謂生盤。

至於死盤，則是固定的日子或時刻，如生意上來往，對方約定了時間，正好是我方不利的方位，則應如何化解，此即稱之死盤復活盤，即死中求生法。首先先介紹死盤的運用。

㈠死盤的運用

例如今有一人，與人打民事官司，法院傳令在民國七十二年國曆三月七日下午一點開庭。因爲日期已定，可以知道方位是固定了，是死盤，現介紹運用法則。

首先我們要知道法院在當事人住宅的方位，例如住在台北市者，法院在市中心，若欲察確定方位，最好是買幅台北市地圖，對出法院與住宅的眞正方位。至於與我們打官司的對象，則不必去理會，因爲奇門遁甲是一種電氣學，亦是一種兵法學

（陽　一　局）

五黃煞 ↑

東南　　南　　西南

丁 輔 九 −1 −2 +2 辛 杜 符	癸 英 五 乙 景 蛇	戊 芮 七 己 死 陰
己 冲 八 庚 傷 天	壬 一 壬 禽	丙 柱 三 丁 驚 合
乙 任 四 +1 −1 +1 丙 生 地	辛 蓬 六 戊 休 雀	庚 心 二 −2 −1 −1 癸 開 陳

東　　　西

東北　　北　　西北

乙奇加生門為虎遁吉格

↓ 暗劍煞

（七十二年國曆三月七日陰曆正月廿三日）

甲午日，以符頭辛代甲排出八神，八門及九天星。（圖　四十一）

，對方即如敵人，其動靜虛實，除非有明顯跡象，否則是難以掌握，惟有自己先立於有利方位，則可處於不敗之地，我立於不敗之地，則靜觀敵人之動亂，此爲致勝要訣，這是孫子兵法中提到的：「善動者，動於九天之上；善藏者，藏於九地之下」的思想。

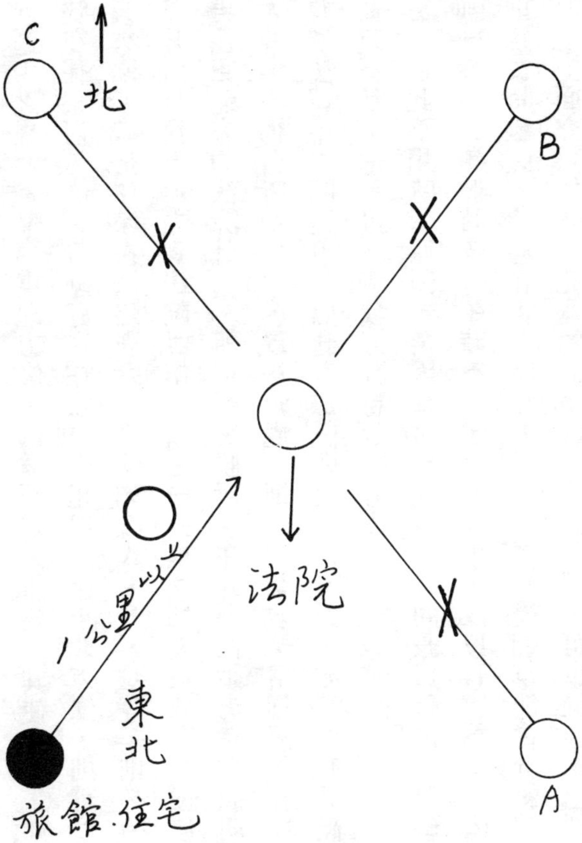

（圖　四十二）

圖四十一中，五黃煞及暗劍煞在南北方，

舍之不用，其餘死驚杜傷門不吉不用，只有東北方乙奇天盤，加地利生門，爲奇門九遁中之虎遁，又臨東北方位，爲眞正虎遁吉格，其使用法，如圖四十二，先看法院在住家何方位，若剛好在住家一公里以上之東北方位，則可以不動，在家靜候當天來臨。若是住家在法院別的方位，如圖A、B、C等，則必須在前一天，即國曆三月六日晚上，先到法院西南方以上一公里之朋友親戚家，或旅館住一晚，第二天再往東北方的法院赴庭，即可輕鬆勝訴。在此要向讀者諸君說明兩點，如果犯了重大刑案，拘留所拘禁，或軍法判處，則一切無效，這裡只能在民事官司方面，才能有辦法運用奇門遁甲，照此方法，即使我方不對，亦可以有圓滿的解決方法。若是彼方不是，則可以加速我方判勝訴的力量。

在此不用時盤原因，是因爲官司開庭，時間長短難定，如在下午一點，則須用前一個時辰午時時盤，午時不一定東北大吉，故以日盤爲主，因爲日盤好的方位，則勝於時盤的。時盤在占卜時比較常用，這在後面章節會介紹到。

上面介紹的就是死盤的活用法，依此法則，可以同樣推出別的運用法。如欲考試，訪問長上朋友，談論有利己方之事，或應徵求職，看病開刀等。

再補充一點，就是考試的應用最能發揮你最大潛力，如原本八〇分，可以考到九〇分；然非原本四〇分的程度，而可達到八〇分的階段。又如看病、開刀等，須醫生是好醫生，擇好方位才有用，否則，庸醫仍是庸醫，這些都是基本常識。

㈡活盤的運用

活盤的運用法，是比較有彈性的，可以選擇最優良的方位運用。例如某君打算在民國七十二年中的前半年，由台中搬到花蓮去住，如此就有很大彈性，因為他只要找到一個東方方位吉利月盤，如果他挑一個搬家好的星門，再找一個東方好的日盤，則吉上加吉。

又如欲得到好的運兆，則仍舊可以運用此方法。例如住在基隆的人，可以偶而挑一個日盤是南方好的方位，到南部旅行幾天；再挑一個北方是好方位的日子，回到家裡。如此則不但可以提高工作情緒，更兼有了方位運用之妙法，可說除了旅遊增廣見聞外，又得奇門電氣學的助運，眞是一舉數得。

古人嘗謂：「秀才不出門，能知天下事。」是有其道理。尤其自筆者研究五術，無論八字、子平、命、卜、醫、道等，確實是能不出門，而知天下事，用文王神卦，能占出一切所要問的未來事項。加上今日社會，是三度空間的高度發展，無論大衆傳播工具，或書刊，乃至電腦的發明，都縮短了人與人之間的距離。因此，知識若不充實，則往往會被社會淘汰。因此，實不該只將自己局限於小天地內，應該常看看外面的世界。

莊子在其所著書中，將人生哲學分爲內七篇，內七篇篇其前後有序，將高度的人生哲學一一解釋出來，而這七篇中以逍遙遊爲起頭。其意甚明，足證古人用心之艮苦。

伍　奇門遁甲占卜法

讀者也許會奇怪，奇門遁甲一般是用來選吉，如何能用來占卜。其實，奇門遁甲的威力，有如江河之浩瀚，即以筆者浸淫五術十四年多生涯中，亦只能說對奇門遁甲只了解其萬分之一而已。

本書名爲科學奇門遁甲，所要介紹的乃是創新的奇門遁甲理論。

占卜方法

一、用具：占卜的用具，可以十二支長短相同之竹籤，上書子、丑、寅、卯、辰、巳、午、未、申、酉、戌、亥十二個時辰於上，將籤置於竹筒內，目前市面上書店賣的竹製筆筒也可用。然後搖動竹筒，閉上眼睛，集中心思，心中想著所要占問的事情，然後任抽一隻，看是何支，即爲占卜之時。依此支取出時盤即爲占卜之時盤。

另一法，乃是畫一圓圈，定出子、丑、寅、卯、辰、巳、午、未、申、酉、戌、

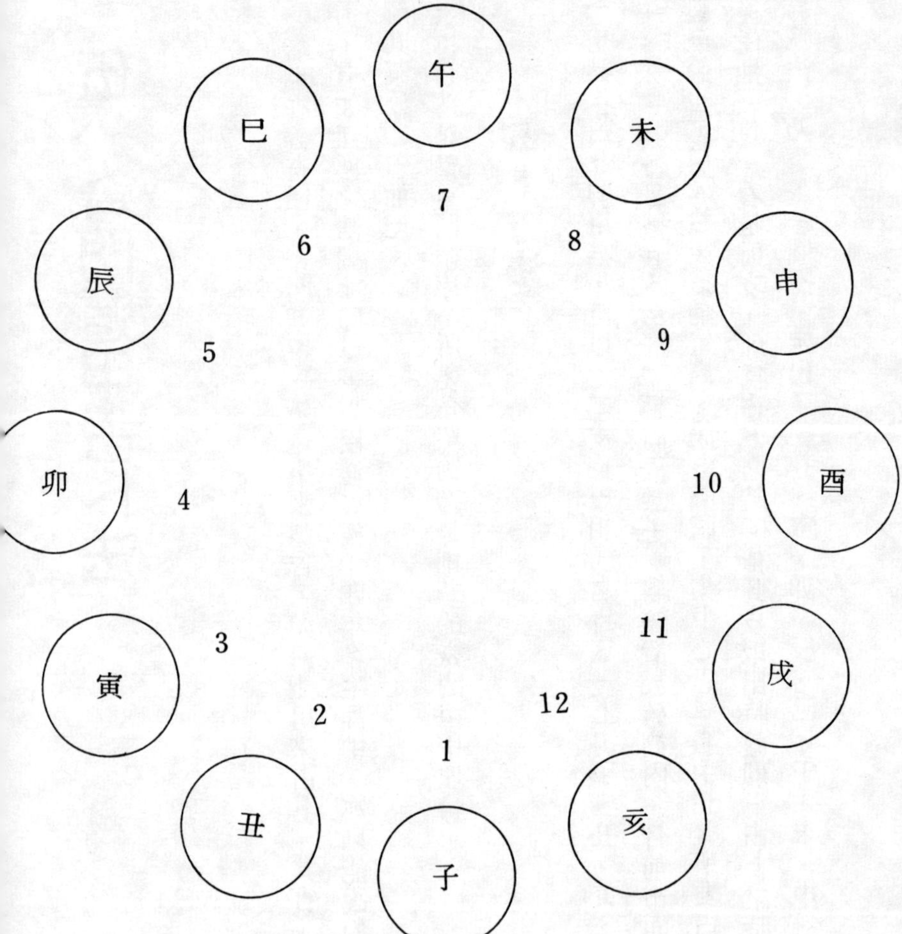

（圖　四十三）

亥十二個方位。然後取一元硬幣十二個，於其中一個貼上紅紙，然後放在雙手中，上下搖動，心中想著所要問的問題，最後將手中的硬幣，按圖四十三，依子、丑、寅、卯、辰、巳、午、未、申、酉、戌、亥的順序排列上去，然後看貼紅紙的硬幣落於何字上，即爲占卜時辰。

又有一法，令來占者任書一字，依字劃取數，不足十二者就依圖四十三上之字劃數對照，超過十二則以十二除之，看餘數爲幾而用之。

例如有一人來占，書一「機」字，共十六劃，超過十二，以十二除，得餘數四，查圖四十三對照爲卯，則以當日卯時時盤爲其占卜。

二、基本常識　基本常識即指五行生剋的基本知識，奇門遁甲中，以天地盤在占卜時最常用到，另外就是九宮的五行，以及直符，直使所落之宮。

首先要了解的是十天干的五行，在此天地盤本來只用九干，但因爲在占卜時，尙須用到占卜日的天干，所以連甲也要介紹。

十天干的屬性如下：甲乙屬木，東方。丙丁屬火，南方。戊己屬土，中央。庚辛屬金，西方。壬癸屬水，北方。其中，甲、丙、戊、庚、壬爲陽干，乙、丁、己、辛、癸爲陰干。其五行生剋如圖四十四。

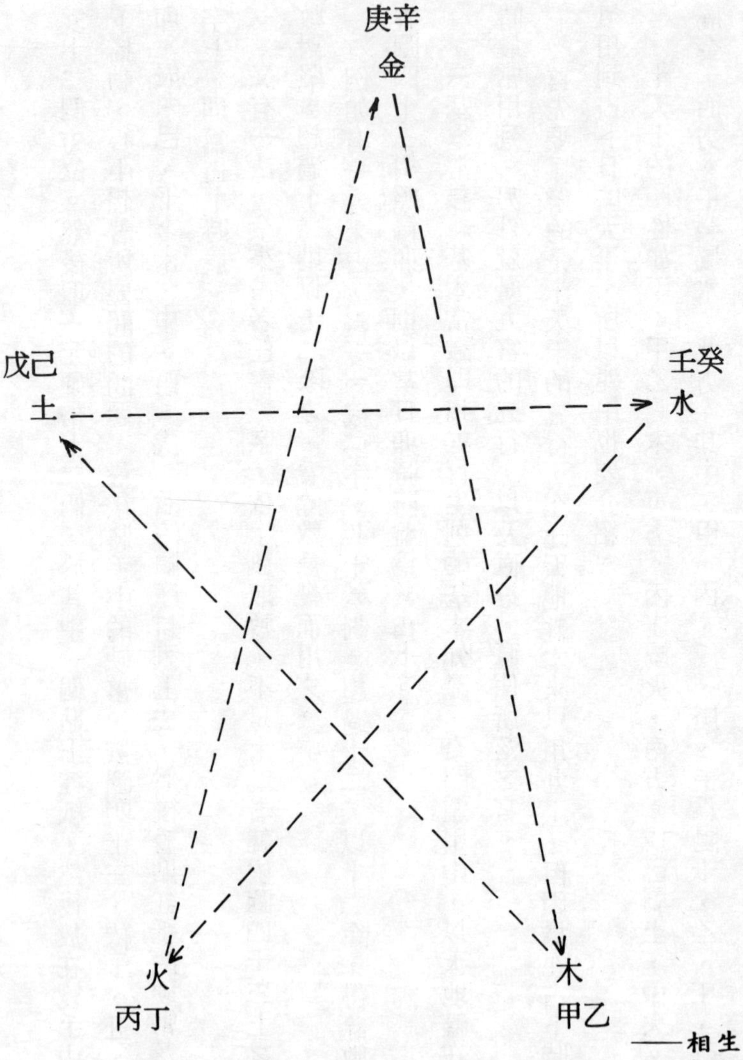

（圖　四十四）

十天干的組合，於人體即是代表手、脚各有十個指頭。這是河圖的成數，其基本生剋道理如圖四十四。

圖四十四中外圍順時針方向代表相生，從水談起，水過之地，草木能得滋潤而成長，故水生木；木能引火而燃，所以木生火；生火後，火熄成灰，入歸於土，故火生土；土中表大地一切，如山脈、土地，能藏五金之物，皆自土中挖出，所以土生金；五金遇火能熔化成液體，所以金生水，如此依次循環相生。

內圈星字形，乃相剋路線，以最簡單方法解釋，鐵釘乃五金之物，能釘入木材，所以金剋木；木能破土而長，故木剋土；土能成堤阻水，古云：「兵來將擋，水來土掩。」所以土剋水；水能熄火，故水剋火；火旺能熔金，因此火剋金，這是五行相剋原理。

另外須有的常識，就是九宮的五行屬性，見圖四十五。

圖四十五中，可以很明顯的由此方陣了解九宮的五行屬性，這是易經中的洛書圖，配合九宮八卦的方陣結合，依五行相生的路線而產生。因爲在奇門遁甲中，只用到此爲止，所以筆者就不再多介紹，等以後編寫易經的時候，再詳加解釋。

五行屬性，及天干，九宮的基本常識介紹完了，以下的章節就要介紹占卜的各種

九宮五行屬性圖

東南		南		西南
	四 陰　木 巽	九 火 離	二 陰　土 坤	
東	三 陽　木 震	五	七 陰　金 兌	西
	八 陽　土 艮	一 水 坎	六 陽　金 乾	
東北		北		西北

（圖　四十五）

判斷法了。

※注意，水火二宮無陰陽之分。

用神論

占卜奇門遁甲時，須先定用神，先得定出三盤（亦稱爲三才）。

上盤象天：即九天星。

中盤象人：即八門。

下盤象地：即九宮星。

凡占吉凶者，以九天星爲首。星剋門吉，門剋星凶。如占出行旅遊，以八門爲重。門剋宮吉，宮剋門凶。如占遷移者，則以九宮星爲用神。此乃按天、地、人三才之因事配置，而取爲用神。至於其餘用神取法，當在各占卜事驗中解釋。

㈠占心神不定吉凶

我們生活在這種緊張的社會，時常會有心情煩悶，或覺得壓力很大，或偶有異常情況，如雀鳥忽鳴，眼皮跳、心驚等。此時未知何事將至，是凶、是喜，則可占一時盤以知禍福。

占法以朱雀爲用神，看朱雀落在何宮何門，以決定事情，如在開門又有乙、丙、丁三奇之一，則主有親朋來訪，或遠方行人歸來，或主酒食之宴。若休門爲朱雀所落之宮，加三奇，則主喜事、婚姻等。若朱雀臨生門及三奇，則主得田產財物之事，或六畜興旺。若朱雀不在此三門，則落若何門，以斷吉凶，通常在景門有憂傷或小痲煩，其餘各門類推。

例如民國72年國曆正月三日，有人來占左眼皮直跳，令其任書一字得「天」字。「天」字四劃，小於十二，直接查圖四十三得占卜時爲卯時。

查萬年曆和國曆元月三日卯時干支爲陰曆十一月二十日辛卯日辛卯時，用時盤公式求出爲陽六局，如圖四十六。

圖四十六，朱雀八杜門，九星天柱，有破壞之意，且杜門勿用於遷移（詳見前面星門吉凶論），但天地盤配置不錯，故可能只有小煩惱，只要避免移居即可，方位方面往東北須小心。日期方面，天干丁日（近期）要小心。

南

東				西
	辛 冲 三 丙 死 天	癸 任 八 辛 驚 符	己 蓬 一 癸 開 蛇	
東	丙 芮 二 丁 景 地	乙 　 四 乙 　 輔	戊 心 六 己 休 陰	西
	丁 柱 七 庚 杜 雀	庚 英 九 壬 傷 陳	壬 禽 五 戊 生 合	

北

占日：辛卯日

占卜時：辛卯時

（圖　四十六）

㈡占夢之吉凶

夢乃虛實之靈感象，古云：「日有所思，夜有所夢。」往往我們在做了夢後，記憶深刻，未知吉凶，此時可占一盤解決問題。

占夢時，以八神中螣蛇爲用神，再觀螣蛇落何宮，此宮天地盤及門的關係如何。

例如前例圖四十六之占卜時盤，若欲占夢吉凶，則須看西南方之螣蛇所落之宮，此宮天地盤不能論吉，但有開門，原則上不會有凶事，可能是小煩惱而已，很快就會心情開朗。

其餘若要細推，當以宮之各星門，參考前面吉凶篇及九遁八凶等。

㈢占行人歸期

占外出行人歸期，當先明瞭出門之日爲何干，再看求出占卜時盤中生此干之宮，再看本宮地盤之干，即回家之日也。

例如今有一人於丙干日外出，天干爲丙，經求出占卜時盤如圖四十七，則由此盤推論，丙屬火，相生之五行爲木，查圖四十五知道，丙爲陽干，取陽木即震宮相生之。再看震宮中地盤之干爲戊，故可斷出天干逢此日，當爲歸期。但若此宮各星

（陽　三　局）

南

	戊 輔 四 木 己 開 陳	己 英 九 火 丁 休 雀	丁 芮 二 土 乙 生 地	
東 歸期←	癸 冲 三 陽木 (戊) 驚 合	庚 五 中央土 庚 禽	乙 柱 七 金 壬 傷 天	西
	丙 任 八 土 癸 死 陰	辛 蓬 一 水 丙 景 蛇	壬 心 六 金 辛 杜 符	

北

（壬戌日）占卜時：辛丑

（圖　四十七）

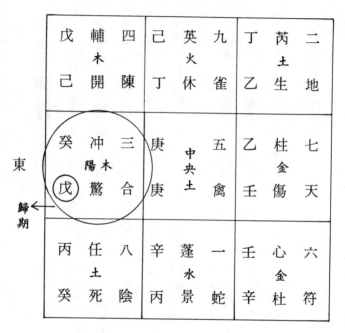

門之配置不利，則恐有阻撓之事，總須配合實際查知。

㈣占官司訴訟吉凶

打民事訴訟官司，是很傷神的，以驚、景二門爲主。看驚門氣勢如何，如驚門之宮氣旺，凶格，則爭訟不息，景門也須同時判斷。再看直符落何宮，以直符表示自己，直符宮落驚、景二門，或此二門所在之宮生直符之宮，則我勝。再以天盤之庚爲對方，庚在中宮以五行屬土論，若天盤庚在驚、景二門，或此二門之宮生助天盤庚之宮，則對方勝。但若直符之宮與天盤庚之宮同宮或二宮相生，相和，則訟不成或和解。

如圖四十七中若占訴訟，則直符落西北，屬乾宮金，天盤庚在中央屬土，驚門在東方屬木，景門在北方屬水，一爲我剋，一爲我生，金生水，金剋木。再看對方庚落中宮屬土，土生金，故知對方有求和之意。

㈤占禽鳥怪鳴

有時仰看天上之鳥，在屋旁高鳴不停，如烏鴉、飛鳥、鷹、鴿之類。此時可以占之。

占法看天禽星在何宮，以此宮論吉凶。可依鳥鳴之時刻排出時盤占之。若天禽星在中宮，則依節氣看寄何宮以論斷吉凶。

㈥占訪友

占卜訪問朋友，可以對方所住方位爲主，看此宮天地盤之五行如何，天盤爲我，地盤爲他。五行比和者必在，如天盤乙，地盤丙，木生火，則相生，必在；若再得奇門九遁奇格，則尚有美食佳餚餚以待佳客若天地盤相剋，又得八凶格，則對方不在。

㈦占傳言眞假

在現代社會上，時有傳言之事發生，時常會有「聽說」這些個事情發生，這「聽說」是眞是假，很另人費猜疑的。如「聽說要加薪了。」「聽說老王要升課長了。」「聽說這個人做了什麼事。」「聽說王先生有外遇了。」「聽說……」

一大堆的聽說，令人煩都煩死了，此時可占一盤求證。

占法以景門、朱雀爲用神。若景門所在之宮，各星天地盤爲旺，吉格，朱雀又得生助之宮，在同宮，則可信。若景門入破敗之氣，天地盤入凶格，雖朱雀同宮，或在生助之宮，則爲有心機者之謠言。若景門之宮氣勢不旺，而朱雀臨三奇，則只是誤傳，仍不可信。

(八) 占朋友來訪

有時朋友來訪，預先告知，但未知其目的，可預先占一盤作腹案。以對方所來之方位，如住在主人家東方，則看占卜時盤中之天地盤，天盤爲對方，地盤爲我。吉凶配合法如占訪友，若得八凶格，當設法不見，避之爲妙。

(九) 占疾病吉凶

占疾病時，以天芮星爲用神，指病患之本人，再看落何門宮，天芮星在生門者生，死門者死。又看屬何宮，可查圖四十五。在乾、兌二宮，即西方、西北二方，則爲氣旺不能治。在離宮，即南方，或中宮，則纏綿病榻。在震、巽二方，即東方，東南方，則不藥而癒。在坎宮，即北方，病雖纏綿，仍可治。以上之論，若遇死門，則以凶論之。

㈩占醫師優劣

有病須看醫生，但如果遇到庸醫，則凶多吉少，又如有人介紹某某「名醫」，未知是否名符其實，此時可占一盤斷之。

占醫師者，用神以天心星爲主，蓋醫者須有「仁心」方是良醫，所以以天心星爲用神。再以天盤乙奇爲論，乙奇若在中宮，則專看天心星。

若乙奇所落之宮，天地盤或九遁或青龍迴首，飛鳥跌穴之吉格，則爲良醫。如只是乙奇及天心星二者之宮爲吉配，則只能稱時醫。若乙奇、天心落凶門，休囚之氣，則爲庸醫。但不論良醫、庸醫，只要所落之宮能剋天芮星之宮，如乙奇在東方震宮，屬木，天芮在西南坤宮，屬土，則醫之仍有效。但如天芮星之宮剋天心、乙奇之宮，則即使是良醫，亦不能活命或是痊癒。

㈩㈠占病何日癒

占病癒之日，以天芮星爲用神，剋天芮落宮之干支爲癒期。例如天芮星在北方坎宮，屬水，則戊日或己日屬土之天干日子爲癒期。但如果天芮星之宮成凶格，則病難有痊癒之日子。

㈡占愛犬走失

此爲筆者依現代社會而創新之法，目下一般人喜歡養狗，有時走失了，心中之傷心有如見失愛子一般。所以筆者特設此節，以爲評斷。

占法，這是易經中配合奇門遁甲產生的。以八卦中各卦各有主象，這在以後筆者易經科學方法論中會介紹。

八卦中艮卦表犬，在遁甲盤中東北方之艮宮。看此宮之星門配合如何，即可知走失之愛犬吉凶。若得九遁奇格，則能找回，否則恐凶多吉少。

㈢占失物能否尋回

此占法，以占卜日的日干爲失主。起出占卜時的時干爲失物。看占卜日日干落何宮，及占卜時時干落何宮，以定吉凶。如占卜時時干所落之宮，乘吉格旺相，五行生助月干所落之宮，則能尋回。若爲凶格又剋日干，則無法尋回。

㈣占失物何人所盜

此占法以天蓬星及朱雀星爲用神。如天蓬或朱雀之宮，則以朱雀星爲用神，並看所落宮爲何卦位，以定何種人物所盜。如：

乾爲老人。
震爲長男，或長壯男人。
坎爲中男，或中壯男人。
艮爲少男或童子。
坤爲老婦。
巽爲長婦。
離爲中年婦人。
兌爲少婦人，或娼婦之流，或童年女子。在內爲親近之人，在外爲外人他人。

㈤占捕捉盜賊

此法用神分配如下：

一、大盜：指殺人搶劫罪性重大者，如土銀搶案李師科，及最近世華銀行運鈔車搶匪，此時以天蓬星爲用神。

二、小盜：指尋常小賊，偷盜之輩，或票據法之徒，此時以朱雀爲用神。

三、追捕者：以勾陳爲，追捕者，即警方。

四、捕獲地點：以杜門爲捕獲地點。

判斷法：

以天盤爲主，若勾陳所落宮之天盤五行剋天蓬或朱雀所落宮之天盤五行，則此盜必獲。若天蓬、朱雀所落宮之天盤五行，剋勾陳所落宮之五行，則難捉。若二者相比和，則必監守自盜，或與盜爲同謀。

如判斷出能捉到，則以杜門所臨宮之天盤爲捕獲之年或月、或日。如杜門之格爲九遁吉格，則近日必獲。若爲八凶格，則恐捕捉時會有很大損傷。

㈥占考試

占考試，這是一般青年學生們所關心的，生活在現代，考試幾乎成爲我們生活中的一部份，從小學中學以至高中聯考，到大學聯考，甚至托福、留學考，以及普考、高考等，無一不考。考試似乎也成了生活上的一個重大的壓力。因此，考試之能否及格，是考生所最關心的。此時何不事先占一盤，以了解情況，放鬆心情爲是。

占考試以天輔星爲所欲得及格之星，占日的日干爲考生。丁奇爲所考的科目，這是用神的配置。

判斷時，看天輔星在何宮五行屬性，再看是否生助丁奇所在之宮五行，若再與日干所在之宮生助比和，則必高中。若再得丁奇爲九遁吉格，爲上吉，得景門爲次吉。如月干只得丁奇或天輔星中一個生助，則僅考試及格而已。若丁奇之宮被天輔所在宮五行所剋，或丁奇爲八凶格，則不能及格。若天輔星在中宮，則考試可能不定期或延期或取消。

(十七)占小兒走失

走失了孩子，是最令家長著急的。此時的一家人，更是心腑憂之如焚。占一個盤來判斷，是有助於尋找的。

若是陽遁之盤，男以六合爲用神，女以太陰爲用神。若爲陰遁之盤，男以太陰爲用神。女以六合爲用神。看此用神所在之宮及各星門吉凶以定有無危險，依所在方位爲尋找方位。陽遁若在坎艮震巽四宮方位，爲內爲近，易尋找。在離坤兌乾四宮方位外，爲遠，必難尋，陰遁則相反。

(十八)占借貸允否

在送往迎來的生活中，萬一不幸財務上週轉不靈，不得不求助親朋，此時最好先占一盤，若有吉利，方去借貸，否則何苦徒增羞辱。

占法以欲往借方位之宮爲欲求借之人。看天盤爲何星，再看此天盤在地盤爲何宮，此宮爲借錢之家。如此二宮五行爲地盤之宮生天盤之宮，則借必允。比和者，即同一屬性，則借主必定遲疑。相剋者，則不但借不到，反遭羞辱，不去借爲妙。

(十九)占生產吉凶

此法爲判斷出生小孩兒能否成養。這是以所生的時辰排出時盤，看此時的天干寄於何宮何神，逢天蓬、朱雀爲凶，若宮犯此二神，又再得凶格凶門星等，則主生而不能養成；若有吉格且不犯此二神，再得吉利星門配置，則主長命富貴。

(二十)占懷胎是男是女

懷孕後，是男或女，往往是爭論對象，也是很有趣的一個問題，讓我們以占盤來推斷。

占法以西南方坤宮之方位爲母，以此宮之天盤看是陽干或陰干，陽爲男，陰爲女，若天禽星臨此宮則雙生。

同理亦可占生產之日，以天芮爲母星，天芮所在之宮五行剋坤宮之天盤五行，則產速。若天盤星五行生地盤星或天芮所在之宮五行，則子戀母腹，產遲。若天盤剋地盤，則母體有凶，若地盤剋天盤，則子亡。若得坤宮爲旺相氣及奇門九遁格則大吉；反之八凶格主凶。

(三)占購屋吉凶

買房子，是一件大事，尤其是薪水階級的，不可不小心。讓奇門遁甲的占卜法來決定吧！

以直符爲買主，生門爲欲購之屋，死門爲土地。生死二門得三奇或九遁吉格者，主買後發達，若生死門所落之宮五行生助直符之宮更佳。二門中不得吉格，也不生助直符宮者，則中吉；同類五行者平安。

若二門爲八凶格或星門無氣，再有宮五行剋直符所落之官，則買後破敗家財。若直符宮五行生助生死門宮五行，亦主宅產羸虧不利。

㈢占開店營商吉凶

以開門及占卜日日干落之宮爲用神。開門若旺相之氣，帶三奇或九遁奇格，且五行生助日干所落之宮五行大吉。相比和，即同類者次吉。若開門得八凶格或凶星爲配，且剋日干所落之宮者，更不利，勿開店營商爲妙。

㈢占經營貿易吉凶

奇門遁甲應用於生意之上，無往不利，如欲介紹完整，須另著專書論之，以後筆者再行介紹，目前先介紹貿易吉凶判斷法。

判斷法則，以天盤戊儀爲資本，生門爲利息。生門所落之宮得九遁奇格且生天盤戊儀所落宮之五行，則必獲大利。若二宮五行同類，則得中利。

若生門之宮剋戊儀之宮，再爲凶格，必虧損。若戊儀之宮五行，生生門宮之五行，則主加添資本，仍得利益。

㈢占交易吉凶

在生意上，往往對對方的信用難以確定，又不知道如何是好？是與其交易好，或不交易爲妙。在此介紹占卜對方有無誠意之方法。

以交易而論，占卜日的日干所落之宮爲我方。占卜時的時干所落之宮爲對方，若有經紀人，則八神中之六合星爲經紀人。

日干之落宮五行生時干之宮，則我方受益。時干宮五行生日干之宮，則對方受益。二宮比和，爲公平交易。若一宮剋另一宮，則剋人者無誠意，欺詐。六合生月干之宮，則經紀人向著我方，若六合生時干之宮，則經紀人向著對方。

㈤占合夥經營吉凶

以日干落宮爲我，時干落宮爲對方。乘吉門比和奇格吉格可以，否則不行。若有一干生助另一干，則受生之一方較吉。若一干之宮剋另一干之宮，則剋人者有欺詐之意。若租屋而開設公司，須再配合六合所落之宮判斷。

㈥占婚姻吉凶

占婚姻之法，筆者只介紹一般雙方未曾相識，有人欲從中做和，可以預先占之，是否交往有利。至於戀愛中的占法，以及如何得到愛人芳心的占法，恕筆者不能介紹。因爲對您所愛的人運用奇門遁甲，未免成了有「心機」的愛情，愛他（她）的話，就要以最大誠心及耐心去追求才是。故奇門遁甲用於戀愛之法，筆者不願介紹，這是筆者本身對「愛情」的執著及看法。

占婚姻吉凶之法，以天盤庚儀爲男家，乙奇爲女家，八神中六合爲媒約，看二宮有無吉門奇格或九遁之格。五行再得相生、比和，可成。若二宮有相剋，則不宜婚配。此時應趁著尚未有感情而分手或疏遠爲宜。

以上介紹的二十六種占卜事項，讀者或覺得似懂非懂，所以筆者特別在下章列出實例，以供讀者對照參考。

至於另有很多占卜法，如占卜行運、流年、壽夭，一生禍福，以及奇門遁甲應用於陽宅之占卜法，這些都是比較深奧的，而且解釋起來比較費力，筆者目前正在收集、整理，然後再以最簡單、實用的法則介紹給讀者諸君。

介紹下章例子之前，先要給讀者一個基本常識，那就是如果占卜出來的結果是大凶，則即使您再如何運用前面的選吉方位應用法，也是無濟於事。例如占出對方無借錢給我之意很明顯，則不必再用吉方位法了。必須對方有此意，或占出不吉不凶，用之才有效。但有一點，就是雖然結果知道了，運用方位選吉至少可以化消損失。例如占出官司必定敗訴，則運用方位之法則，可以將我方所付的賠償，減至最低。

總之，應用遁甲之占卜、選吉，總要把腦筋靈活運用，才不會將自己陷入死角。

昔日諸葛亮雖精通奇門遁甲，用於戰陣，無往不利，然而，總是天下氣運歸魏，終究無法伐魏成功，以致在五丈原殞星。

然而，以蜀國一小國，能三次伐魏，六出祈山，令魏國不勝其擾，又能以一個數十個石堆所成之八陣圖，阻斷東吳大將陸遜將軍，這一切不可不歸功於奇門遁甲的效力了。劉蜀一個小國，能鼎立三國之中，除了是諸葛亮之大功，亦是奇門遁甲的威力。諸葛武侯一死，擅奇門遁甲之人後繼乏力，蜀國也難成氣候了。

有關於奇門遁甲之故事，以及更多的證驗，筆者將在以後介紹。上面這個故事，只是讓讀者諸君了解，運用奇門遁甲的一般原則。

在判斷占卜時尚須注意的，如果所要的用神在中宮，通常是不好判斷，可能是心思不集中之故，最好再占一次或隔一二個小時後再占。並且，不可一事數占，如此就不準了。

陸　奇門遁甲占例

(一)占夢吉凶例

庚寅日有人來占問昨夜夢其兒子在外死亡，其子目前在美留學。試問此夢吉凶。

用十二支竹籤求出占卜時爲卯時，故爲庚寅日辛卯時，得時盤如圖四十八。占時盤推法，可以依照前文自行演練。占夢以螣蛇爲用神。螣蛇入於東方震宮，加芮星、休門大吉。但配八星及天地盤不利。然而沒有凶格出現，且夢子死亡，未得死門，反得休門吉利，以吉論，因此斷其子於癸日當有音訊或好消息來到。果然其子於癸日來函，言其已得學位。應癸日者，以天干爲癸之故。

（圖　四十八）

南

辛 冲 九 乙 生 陰	丙 任 五 壬 傷 合	乙 蓬 七 丁 杜 陳
癸 芮 八 丙 休 蛇	戊　　一 戊　　輔	壬 心 三 庚 景 雀
己 柱 四 辛 開 符	庚 英 六 癸 驚 天	丁 禽 二 己 死 地

東　　　　西

北

（陽五局）

占卜時：辛卯

㈡占禽鳥怪鳴例

壬寅日，凌晨丑時，忽有一隻貓頭鷹在屋前叫了三大聲。因而驚醒，占一盤以定吉凶。此時正好是冬至後節氣。

起出占卜時盤爲陽二局，如圖四十九。天禽星在中宮，依節氣寄宮，得到坎一宮。

此宮天地同盤，得天蓬加開門星，又直符在宮中，爲大吉之兆。果於當日戌時，即庚戌時，報得商場上一筆生意成交，利潤不少。應庚戌時者，庚金合去乙奇不吉之盤。

㈢占謠言眞假例

戊申日本人占問傳說銀行利率又將調整，是否正確。求出占卜時爲丙辰。如圖五十。

景門及朱雀同宮，又得天地盤吉配，又日干爲戊，屬土，生助此宮五行之金，故可信。

後不久銀行果再調整利率。

本例若日辰之干不能生助，則恐怕只爲誤傳，因天禽星在此，不能稱吉。但景

（圖 四十九）

南

東 ↓ / 西 →		
庚 輔 七 庚 傷 合	丙 英 三 丙 杜 陳	戊 芮 五 戊 景 雀
己 冲 六 己 生 陰	辛 八 辛 禽	癸 柱 一 癸 死 地
丁 任 二 丁 休 蛇	乙 蓬 四 △ ◎ ◎ 乙 開 符	壬 心 九 壬 驚 天

東　　　　西

北

（陽二局）

占卜時：辛丑

（圖 五十）

南

	庚 芮 一 辛 生 陰	辛 柱 六 乙 傷 合	乙 英 八 己 杜 陳	
東	丙 蓬 九 庚 休 蛇	壬 二 壬 冲	己 禽 四 ○ 金 丁 景 雀	西
	戊 心 五 丙 開 符	癸 任 七 戊 驚 天	丁 輔 三 癸 死 地	

北

（ 陽 一 局 ）

占卜時：丙辰

、雀同宮，天地盤吉配，又得日干戊土生之，所以論此傳言可信，這是判斷的靈活用法。

四占朋友來訪吉凶例

丁酉日有一久未碰面朋友，忽然打電話約定今晚前來會面。占一盤得圖五十一。

此友住在我家北方之位，則看盤中天地盤，天盤爲彼，地盤爲我。此盤中天盤爲壬，五行屬水，地盤爲乙，五行屬木。水生木，對方生我，是有利於我之事，果驗。

㈤占疾病凶例

己丑日有一人來占其丈夫久病，今開刀能否成功復元，求得占卜時爲庚午。占病以天芮星爲用神，圖五十二中天地盤雖不論吉，但芮星值開門，正令開刀之意，又有直符守宮，且爲東南巽木方位。故斷其開刀後當不藥而癒，可以放心開刀。果然此病患開刀後，一切順利，醫生亦認爲奇蹟，目前已出院在家療養，不用

（圖 五十一）

南

東 / 西

己 芮 七 庚 驚 陰	庚 柱 三 丙 開 合	丙 英 五 戊 休 陳
丁 蓬 六 己 死 蛇	辛 八 辛 冲	戊 禽 一 癸 生 雀
乙 心 二 丁 景 符	壬 任 四 乙 杜 天	癸 輔 九 壬 傷 地

北

（陽二局）

占卜時：丁未

（圖　五十二）

南

	乙　芮　九 　◎　◎ 庚　開　符	丁　柱　五 丙　休　蛇	己　英　七 戊　生　陰	
東	壬　蓬　八 己　驚	辛　　　一 辛　　　冲	庚　禽　三 癸　傷　合	西
	癸　心　四 丁　死　地	戊　任　六 乙　景　雀	丙　輔　二 壬　杜　陳	

北

（陽二局）

占卜時：庚午

再吃藥，天天早起運動。此爲退休某將軍占例。

㈥占醫師優劣例

乙未日有一人來占，其胃痛不癒，是否所看之醫生不適合。

求得占卜時爲丙戌，如圖五十三。

天心星落杜門，直符，天地盤不得吉配，只乙奇生門得虎遁吉格，故斷爲時醫，非良醫，且天芮之宮剋乙奇之宮，病本身也嚴重，因而勸其換醫生。

㈦占愛犬走失例

丁酉日，一人來占其愛犬走失，能否尋回。

求得占卜時爲辛亥，如圖五十四。

占愛犬走失以八卦象意，八卦中艮爲犬之象意，艮宮天地盤爲凶，且臨傷門，又值螣蛇星在，必主凶多吉少，恐入冬令進補之香肉店。

次日其人在住宅附近的垃圾堆，發現其愛犬的頭被棄置，而身體則不知去向。應次日者，天干爲戊之故。

（圖　五十三）

虎遁

東南　　　　南　　　　西南

乙 任 四 木 戊 生 地	戊 輔 九 癸 傷 天	癸 心 二 × 丙 杜 符
壬 柱 三 乙 休 雀	己 五 己 英	丙 芮 七 金 辛 景 蛇
丁 冲 八 壬 開 陳	庚 禽 一 丁 驚 合	辛 蓬 六 庚 死 陰

東　　　　　　　　　　西

東北　　　　北　　　　西北

（陽四局）

占卜時：丙戌

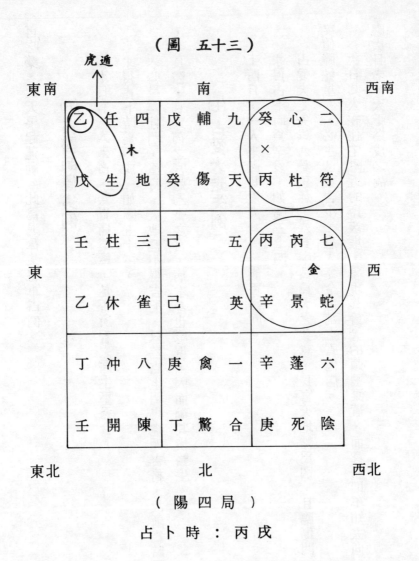

（圖　五十四）

南

東　　西

辛　禽　二 巽 丁　景　合	己　蓬　七 離 庚　死　陳	癸　冲　九 坤 壬　驚　雀
乙　輔　一 震 癸　杜　陰	丙　　　三 丙　　　心	辛　任　五 兌 戊　開　地
戊　英　六 ×　艮　× × 己　傷　蛇	壬　芮　八 坎 辛　生　符	庚　柱　四 乾 乙　休　天

北

（陽六局）

占卜時：辛亥

㈧占捕捉盜賊例

己丑日一人來占經濟罪犯鄭文彬最近能否被美國遣送回台，讓我方警方順利逮捕。起出占卜時爲壬申。

經濟犯罪，以朱雀爲用神，朱雀臨巽宮休門，休門有潛藏之意思，且有乙奇，捕捉者爲勾陳，雖臨開門，但可惜捕獲杜門在對宮相剋之，莫可奈何。可以知道，此人狡猾，善藏，一時難以逮到。如圖五十五。

九占考試吉凶例

辛卯日有一人來占大學聯考上榜否。求得占卜時爲戊子時。如圖五十六。

日干辛爲考生，落於天盤離爲火之宮，天輔星入死門，應無法上榜，但丁奇落開門且地盤得乙奇，成飛鳥跳穴吉格，可知還是考上，但可能在後幾個志願。

放榜後，此考生果然考上倒數第三個志願，自述平時不甚用功，考試時數學一科卻出奇的高分，此大可知道，丁奇主考之科目，成吉格，故能考上。

(圖　五十五)

南

	乙 英 二 ◎ ◎ 木 己 休 雀	壬 禽 七 丁 生 地	辛 柱 九 乙 傷 天	
東	丁 任 一 木 戊 開 陳	庚 三 庚 蓬	丙 冲 五 金 壬 杜 符	西
	己 輔 六 癸 驚 合	戊 心 八 丙 死 陰	癸 芮 四 辛 景 蛇	

北

(陽三局)

占卜時：壬申

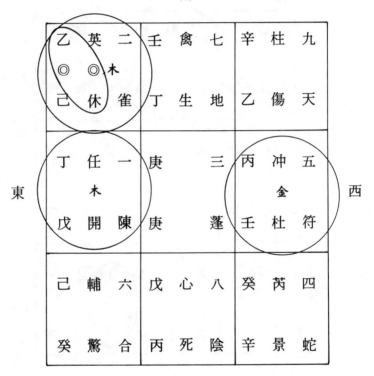

（圖　五十六）

南

東				西
	乙 心 八 丁 杜 雀	辛 芮 四 火 庚 景 地	己 輔 六 土 壬 死 天	
東	戊 禽 七 癸 傷 陳	丙 九 丙 柱	癸 英 二 戊 驚 符	西
	壬 蓬 三 己 生 合	庚 冲 五 辛 休 陰	丁 任 一 金 己 開 蛇	

北

（陽七局）

占卜時：戊子

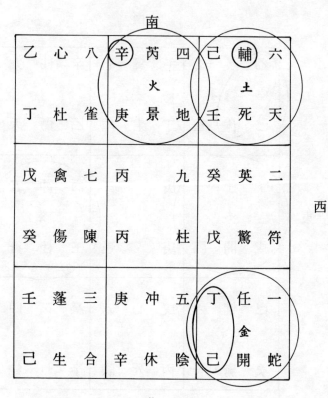

㈩ 占購屋吉凶例

癸亥日某人占欲購新屋，未知吉凶。占得時爲癸丑。

直符爲買主，生門爲屋，死門爲土地。生門及死門之天地盤雖非吉格。但卻五行生助直符之宮，可以買。但只是平常，無吉，無凶，見圖五十七。

本占之另一點須注意，即買主之直符宮中，天地盤成朱雀投江凶格，恐買主本身無力購得此屋。

後一個月買主告之，因購此屋，貸款一大堆，生活壓力很大，但尚平隱。

㈩㈠ 占合夥經營吉凶例

甲午日，來人占欲合夥開公司可否，求得占卜時爲己巳。

日干爲甲，九宮無甲，以符頭戊代替，代表我方。占卜時干爲己，爲對方。天盤戊之宮爲坎，雖臨生門，但有螣蛇星暗中爲禍，時干己所落之宮爲驚門，且剋我方，土剋水之故。故可斷能賺錢，但恐爲對方所吃，分紅不均。因而勸其自營，或另覓他人合夥爲宜。

（圖　五十七）

辛　禽　三 乙　杜　合	己　蓬　七 辛　景　陰	癸　沖　五 土 己　死　蛇
乙　輔　四 戊　傷　陳	丙　　　二 丙　　　心	丁　任　九 金 癸　驚　符
戊　英　八 土 壬　生　雀	壬　芮　六 庚　休　地	庚　柱　一 丁　開　天

→朱雀投江

（陰三局）

占卜時：癸丑

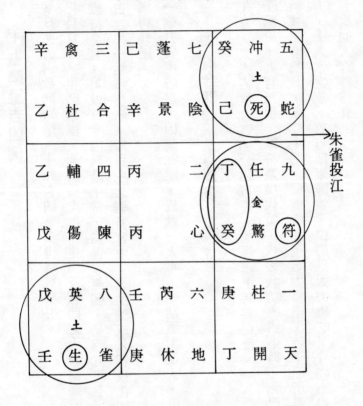

（圖　五十八）

辛 禽 五 癸 景 地	乙 蓬 九 戊 死 雀	己 沖 七 土 丙 驚 陳
庚 輔 八 丁 杜 天	壬　　四 壬　　心	丁 任 二 庚 開 合
丙 英 一 己 傷 符	戊 芮 八 ○ 水 乙 生 蛇	癸 柱 三 辛 休 陰

（ 陰九局 ）

占卜時：己巳

奇門遁甲的占卜方法，目前介紹到此一個段落。其餘未列出之列，讀者諸君當可依此類推。以後有機會，筆者當再更詳細的將占卜經驗介紹出來。上面介紹的例子，以及方法，都是配合當前現代社會所常見的問題而出。

學會了選用方位，以及占卜方法。奇門遁甲的地書所記載的重要部份，也就是這些了。另外尚有氣學推命（並非目前市面坊間翻譯日文書的那種方法）陽宅運用，以及天書部份，筆者以後再詳細介紹。

到此，地卷告一段落，下面章節起，即要介紹奇門遁甲的科學理論，以及筆者一些獨到心得。

柒　日月手札

奇門遁甲與數算方陣學

三百多年以前，德國的大數學家萊布尼茲，看了我國邵康節先生的先天易六十四卦圓圖及方圖後，認爲這是一種方陣平衡的原理，促成二進位數術的產生。萊氏後人爲了紀念祖先的發明，特地印有太極八卦的胸章，以茲慶祝，其紀念意義更是非凡。另外，美國人太空梭的研究室，也剛好是一個正八角形的八卦方位。納粹標誌採取「卍」字形的標記，都是跟我國的八卦方位，九宮數方陣，有深遠的關係。而方陣之學，又是奇門遁甲的基本。外國人已經注意到，尚用到了電腦，我們不能不急起直追了。

基本方陣介紹

易繫辭上曰：「河出圖，洛出書，聖人則之」。這裡面提到的河圖及洛書，就是一切方陣的基礎。任何方陣之學，都是由此推演出來的。

㈠ 洛書的組合

洛書的方陣，即本書所提到的九宮方陣，是最基本的方陣；又稱九宮或迷陣、方陣。據易經原文記載如下：「二、四爲肩，六、八爲足，左三右七，載九履一，五居中央。」如圖五十九。

圖五十九爲洛書原圖。其路線途徑就如一個電子的線路。其數字之結合上下左右直橫斜均爲十五。有些人會奇怪，何以會等於十五。這是因爲人體有一個大太極，就是道家及醫家，尤其鍼灸家所說的任督二脈，見圖六十。

圖六十爲人體任督二脈圖，任脈在前，爲腹，屬陰。從齦交穴到肛門會陰穴。共有二十四個穴道，爲八的倍數。

督脈在後，爲背，屬陽，共有二十八個穴道，從肛門會陰穴沿脊椎而上，過百禽穴，到鼻子，鼻子屬氣，到齦交與任脈會合，而成一個陰陽結合的小周天。一爲氣，一爲血，氣血結合，陰陽合一，爲七與八之結合。七與八之和爲十五。洛書方陣中總和十五之道理即在此。因爲洛書方陣，就是一個孕育陰陽，宇宙天道的高深

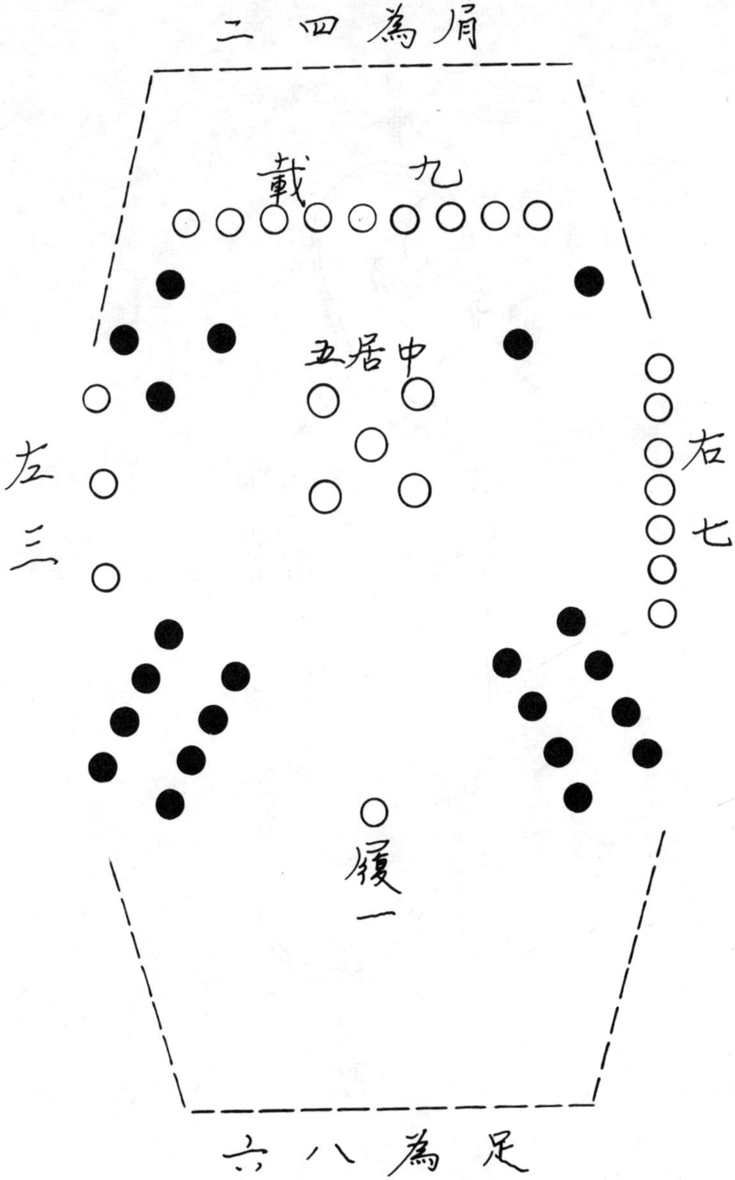

洛 書 原 貌

（圖 五十九）

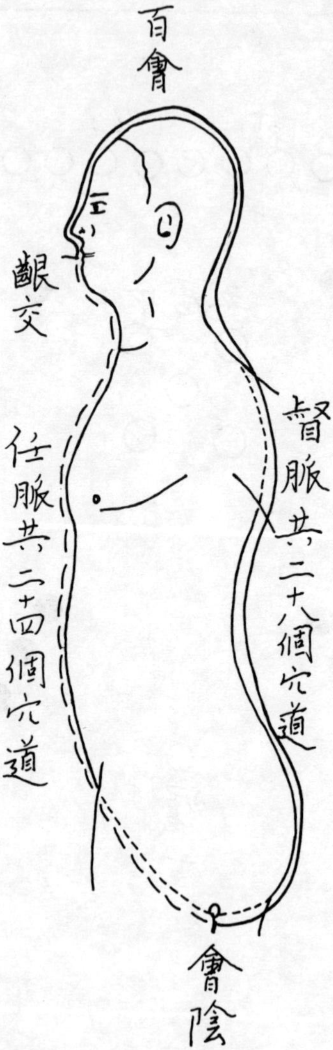

（圖　六十）

數算及科學理則。

至於其餘方陣總和求法，可以圖六十一解釋。目前這種方陣平衡法，已經被用到尖端科技如電腦、精密儀器的電路平衡儀器上。

9 個數方陣：

3 × 3 ，即 9 × 1.5 + 1.5 = 15

16 個數方陣：

4 × 4 ，即 16 × 2 + 2 = 34

25 個數方陣：

5 × 5 ，即 25 × 2.5 + 2.5 = 65

36 個數方陣：

6 × 6 ，即 36 × 3 + 3 = 111

⋮

（圖　六十一）

例如有人問你，一個121個數的方陣，其各行之總和爲多少，全部數的和是多少。

如果用外國人的方法，可能要推算二十分鐘，甚至更久還不能算出來。如果用圖六十一的方法、原則，一分鐘不到就可算出來了。

121數方陣，爲一個11×11的方陣。故其各行總和及全部總和如下：

121 為 11×11，即 $121\times5.5+5.5=671$……各行之和

$671\times11=7381$……全部總和

筆者剛才用計算機計算，只用了九秒鐘。至於計算機爲電腦二進位原理，這在「易經科學方法論」會介紹，亦爲中國人的創始。可見我們的數算法則，實不亞於西方國家。

㈡河圖的介紹

了解了洛書九宮的方陣組合原理尚不夠。還要學會河圖的原理，才能填出各格子的數字。

圖六十二爲河圖原貌，這是以十天干應人體十個手指、腳趾的方陣圖。這個河圖及前面的洛書，二者除了開方陣之祖，且爲鍼灸組合成靈龜八法的方陣鍼灸治病

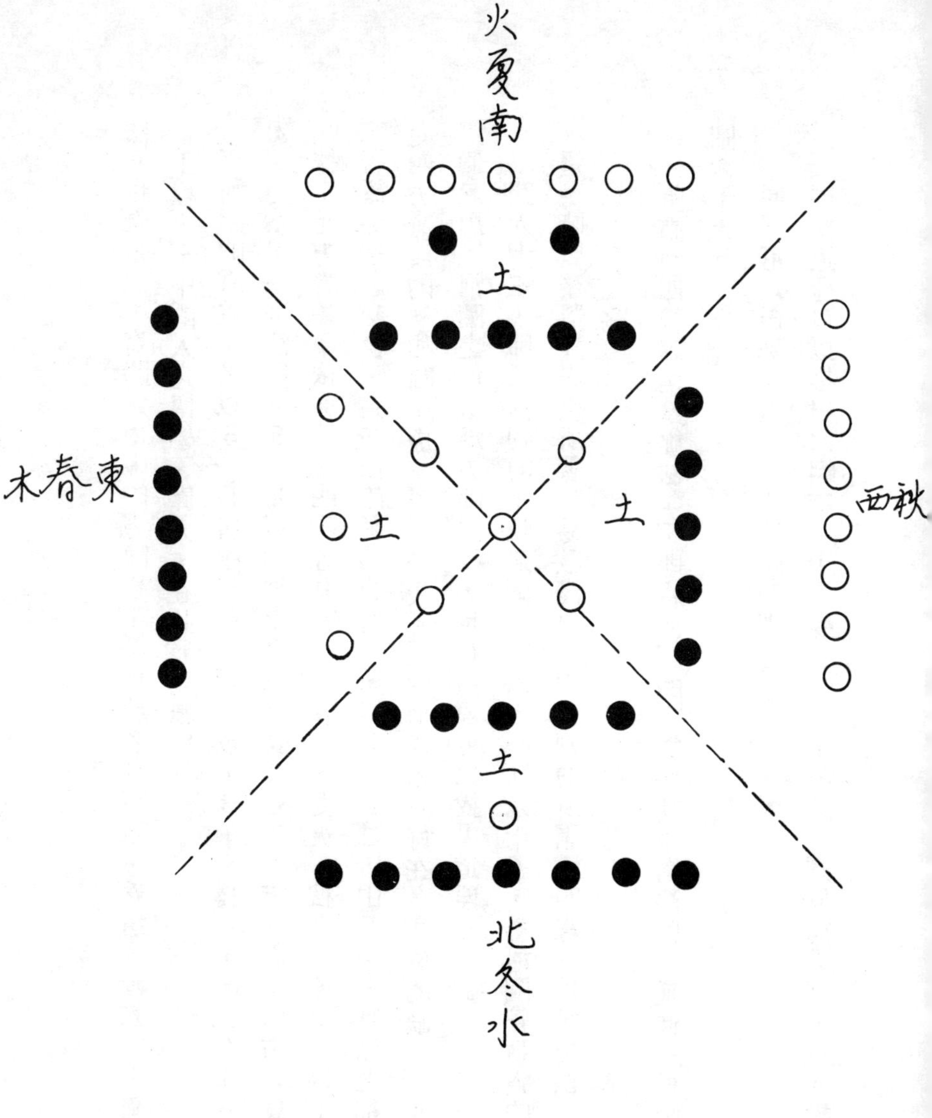

河 圖 原 貌

（圖 六十二）

法。也就是說，奇門遁甲中的方陣學，能用於各種東西，看病、數算、平衡、電腦、工程……中國人之博學、偉大，在此展露無疑。

河圖的原貌，是以5、10居中不用。連奇數1 3 7 9爲20，偶數2 4 6 8亦爲20，乃陰陽平衡法則。5、10居中爲土之意，表長夏；東方應春；南方應夏；西方應秋；北方應冬。依曆法，四季各有五行，春木、夏火、秋金、冬水，以土爲長夏，居於冬季之交會，這在西洋曆法也有。所以5、10雖居中不用，實際上卻是能夠向四方發展的。如圖中虛線所示一般。這四個虛線剛好在各方位的缺口，也暗示著這個意思。河圖之能成爲方陣之學，也在這裡可以找出道理。

圖六十三，即爲河圖的正軌道圖。圖六十四、六十五，爲河圖正軌道的反用法。這是時賢黎凱旋先生所著「易數淺說」中提到的所謂「四線等角螺旋法」的基礎。

所謂「四線等角螺旋法」，即將河圖的十數按其平衡法則，延伸一倍數字，如圖六十六。

同理可以得到圖六十七的反旋四螺線。

同樣道理可以推出八螺旋，十六螺旋的平衡軌跡，到無窮大都可以。推到八螺

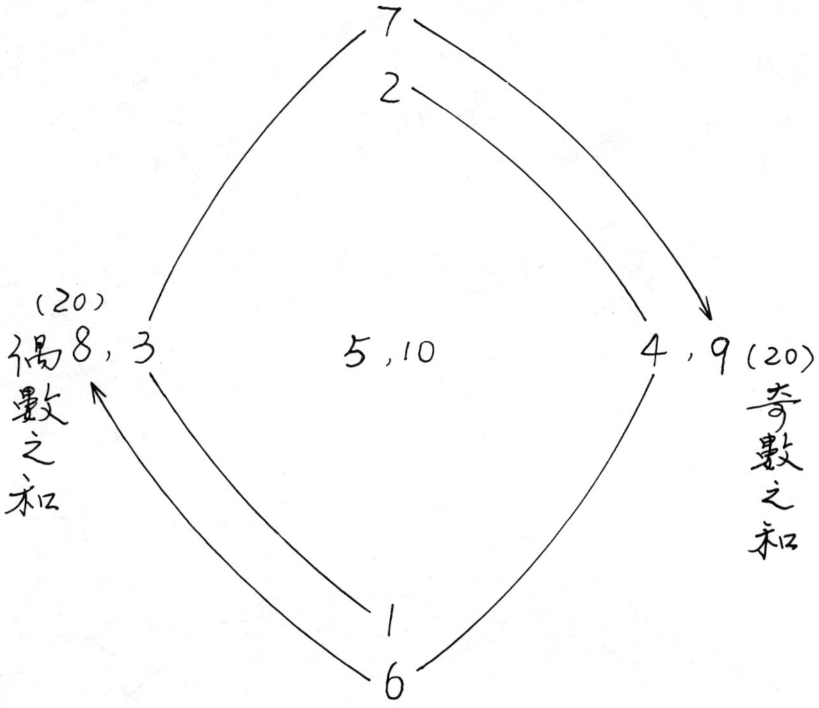

河圖正軌道圖
(圖　六十三)

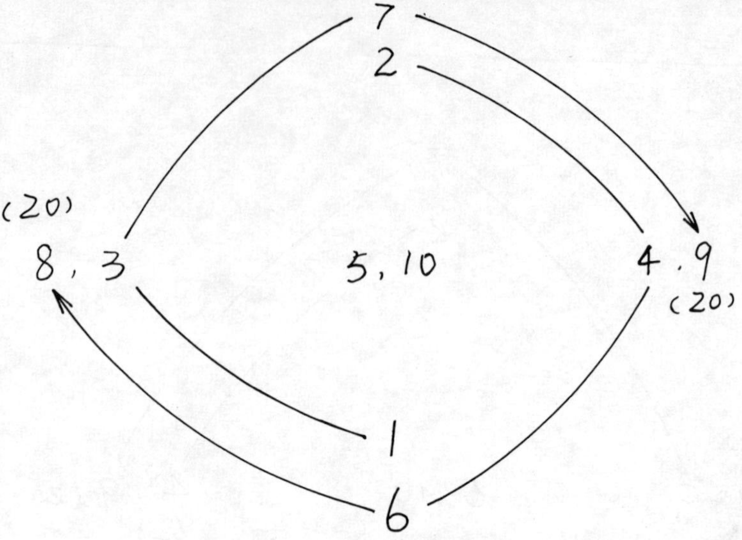

正旋一

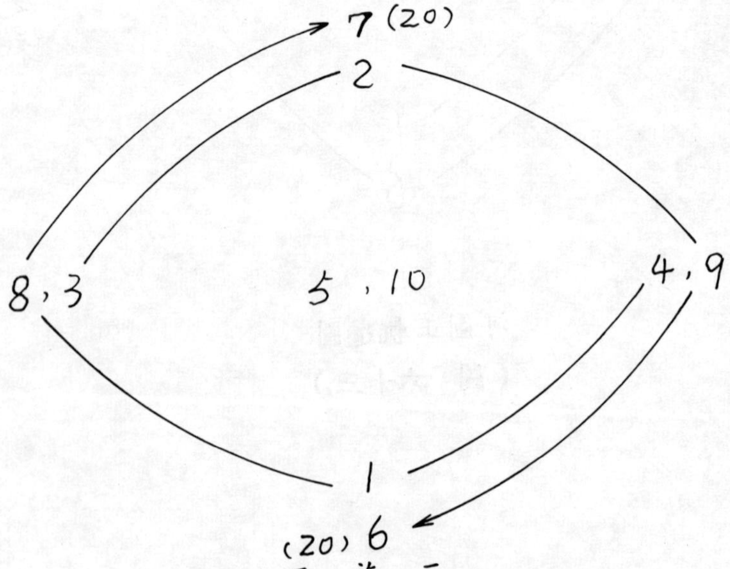

正旋二

（圖六十四）

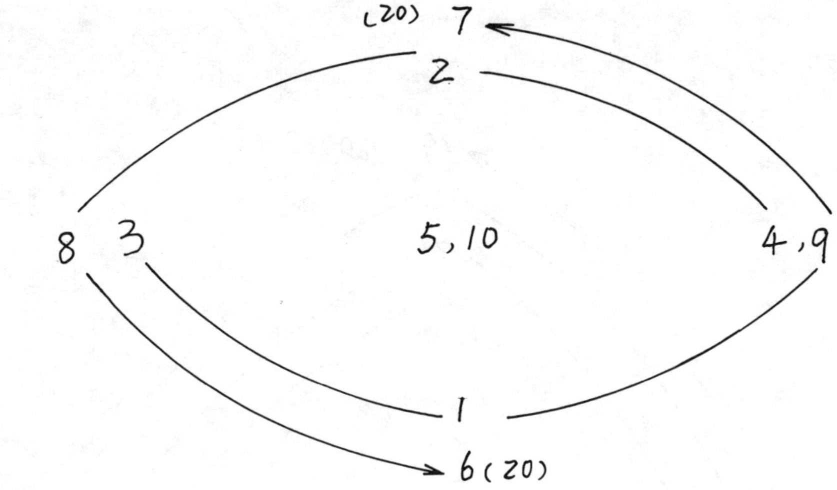

反 旋 一

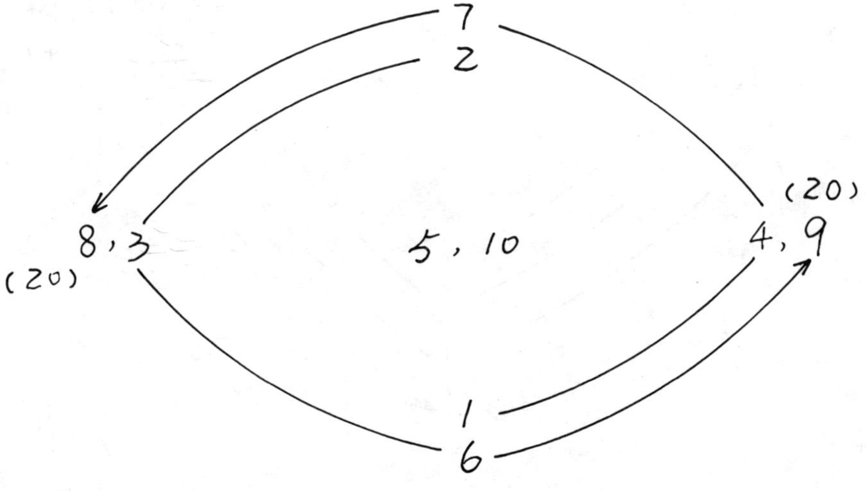

反 旋 二

（圖 六十五）

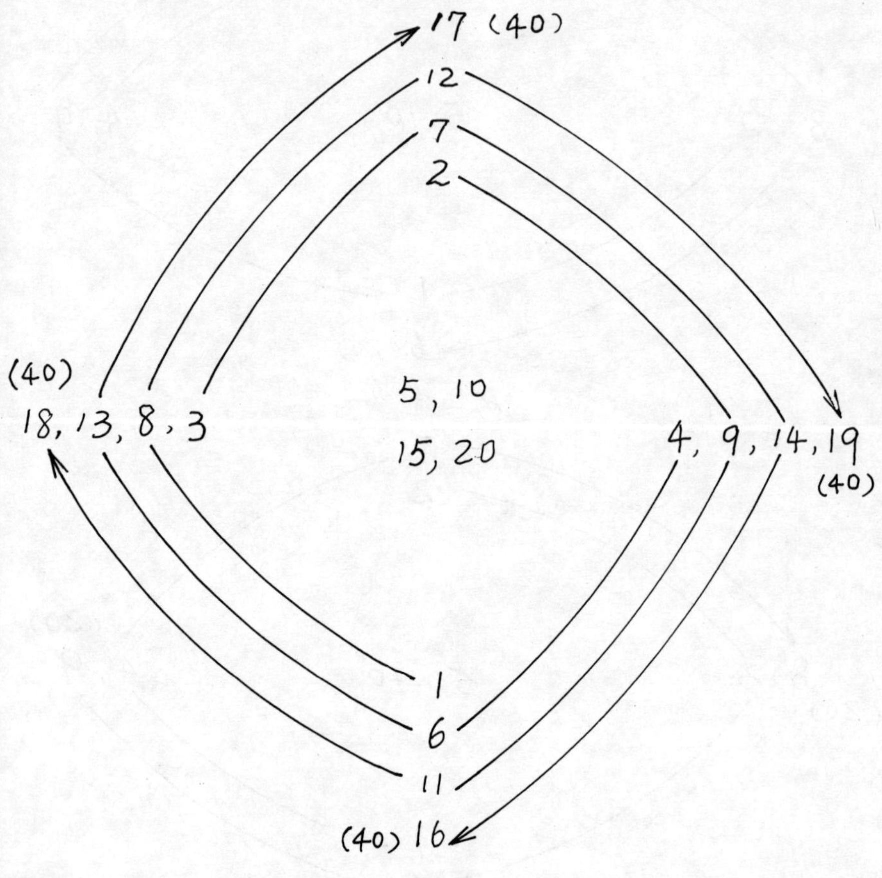

正旋四螺線

（圖　六十六）

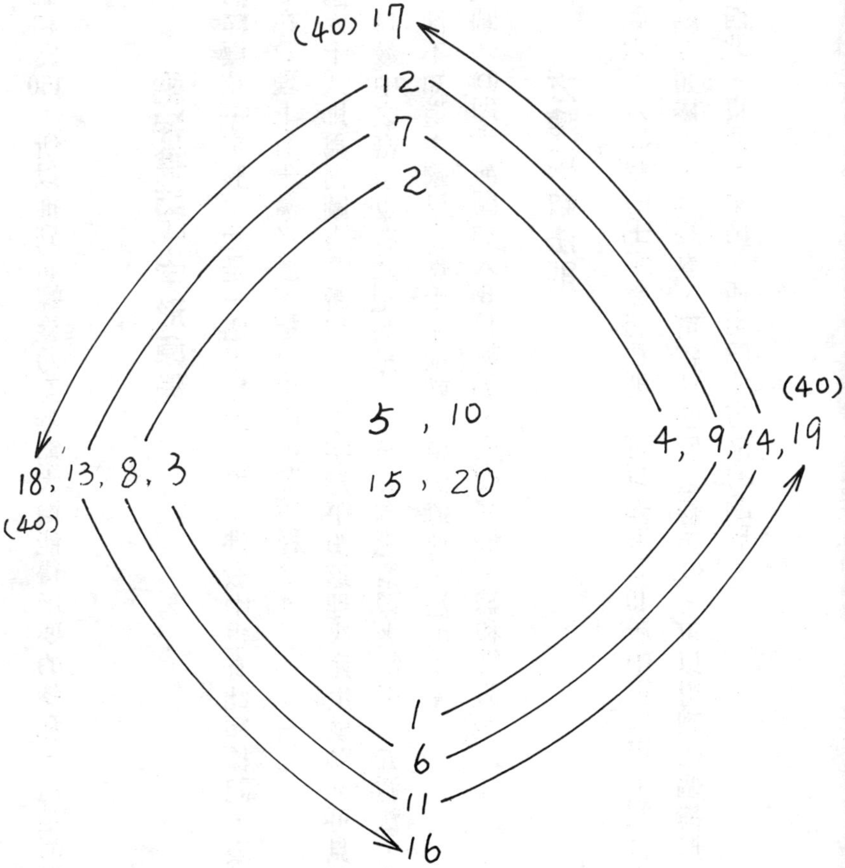

反旋四螺線

（圖　六十七）

旋時總和為160，所以推到16螺旋乃至無窮大均能得所要的總和，這是河圖方陣的基本。

納粹標誌卐字形原理

納粹標誌卐字形，乃是一個平衡的意思，佛教中也有此類標記，表示萬物平等。平等在數理上有平衡之意，這可以由河圖解釋之。

圖六十八即為河圖方陣新貌，以卍字形平衡道理來產生軌跡。可見得不只德國人有，佛教中之密宗也有此型標記，乃至日本忍術習者修習的五遁法，都有這個卍字形，卻不知道中國早在幾千年前就有這個道理、法則了。

此圖(a)(b)即為河圖加入5 10軌跡，成卍字形。總和為35。

方陣填數法則

由圖六十八(a)(b)的卐字標記法則，可以知道5 10居中可以用。配合前面圖六十二所介紹5 10屬土，為長夏，可寄於四個虛線方位，可以得到四個變形圖。即將5 10置於西北、東北、東南、西南四個方位的圖形。

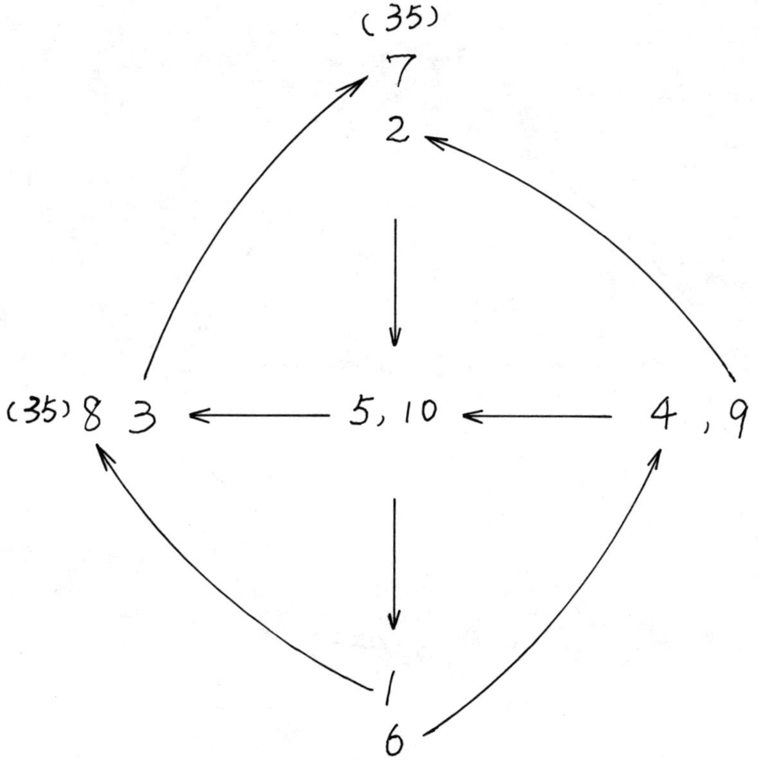

（圖　六十八）(a)

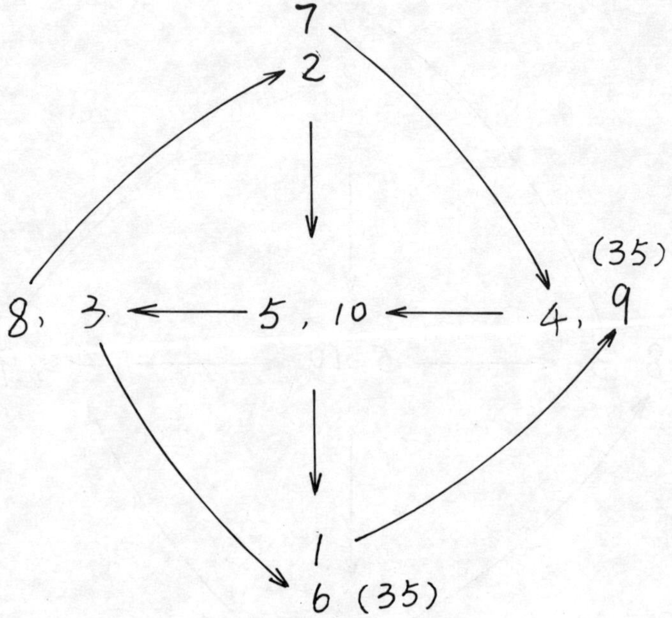

（圖　六十八）(b)

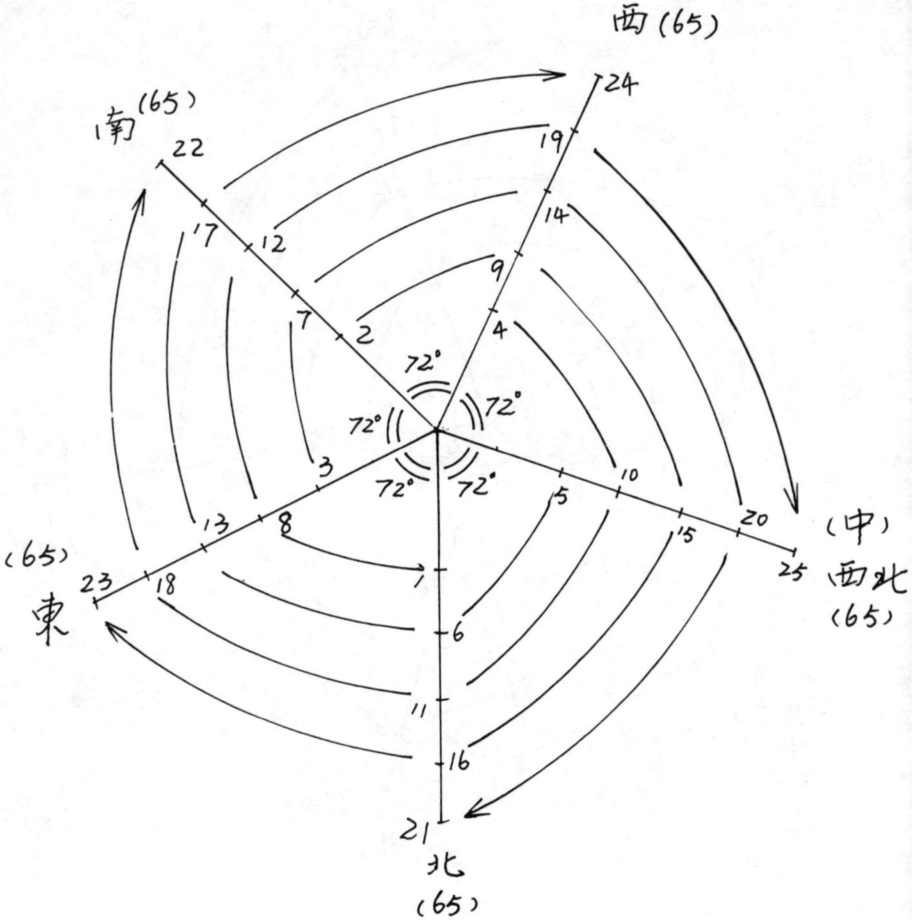

正五角五線螺旋圖

（圖　六十九）

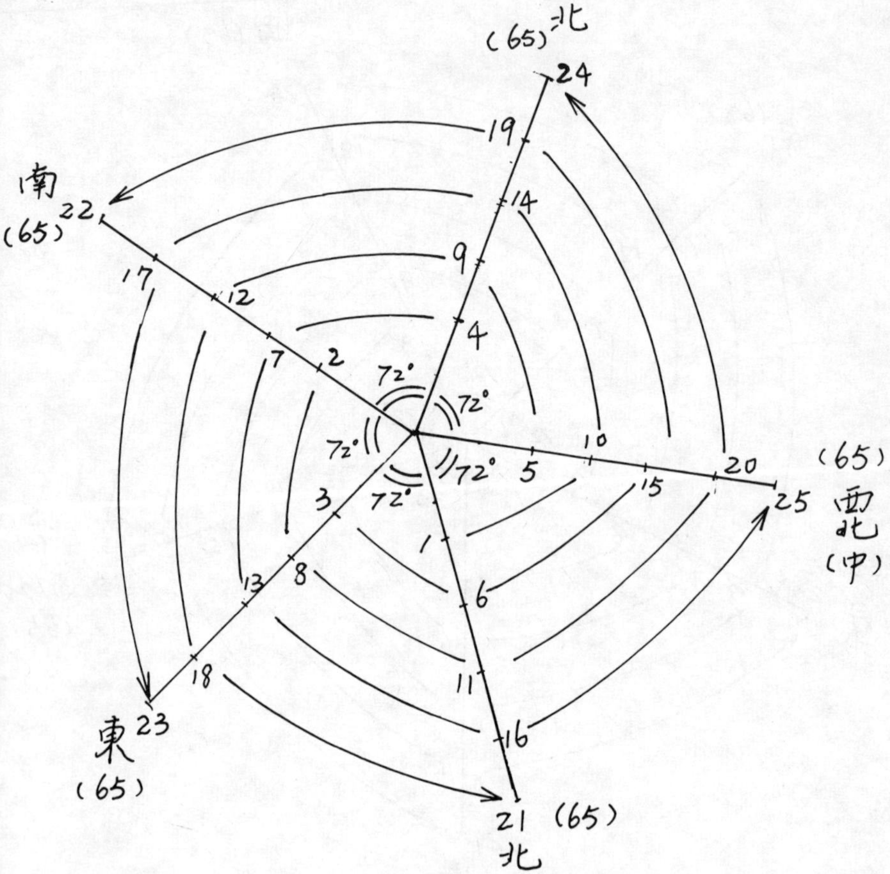

反五角五線螺旋圖

（圖 七十）

如圖六十九即爲將5 10居於西北方位，再將其調整爲等角五線螺旋形，可以得到一個平衡的軌跡。各角爲72度，各螺旋軌跡的總數和爲65。

同樣道理可以得到一個反螺旋的軌跡，如圖七十。這種軌跡就是方陣數字的塡入基本方法。

依圖六十九、七十的正反螺旋軌跡，可以得到一個五方陣，共二十五數，如圖七十一。25數的中心爲13，故以13爲中心。

正螺旋 ↑

11	20	24	2	8
10	14	17	23	1
4	7	13	16	25
22	3	6	15	19
18	21	5	9	12

→ 反螺旋

5 × 5 方陣圖

（圖　七十一）

同樣道理可以推出其餘三個方位的軌跡及方陣。而得到在西南方、東南方、東北另外三個方陣。如圖七十二，七十三，七十四。至於軌跡圖，讀者諸君可以按照前面的道理，自行練習。

正螺旋↑

11	19	25	2	8
9	15	17	23	1
5	7	13	16	24
22	3	6	14	20
18	21	4	10	12

反螺旋

中央線於西南之方陣

（圖　七十二）

正螺旋↑

15	16	24	2	8
6	14	17	23	5
4	7	13	20	21
22	3	10	11	19
18	25	1	9	12

⟶反螺旋

中央線於東北之方陣

（圖　七十三）

以上的方陣，都是正軌跡的正反旋道理。如果要令方陣再加變化，可以將各方陣各方位數字，按順時針，或反時針方向移動，如此可以多產生八種方位變化，而得到另外的32種變化平衡軌跡。如圖七十五，即爲將各方位之數順時針進一格，其餘可以類推。

正螺旋↑

11	19	22	5	8
9	12	20	23	1
2	10	13	16	24
25	3	6	14	17
18	21	4	7	15

→反螺旋

中央線於東南之方陣

（圖　七十四）

如照圖七十五所得軌跡，仍可產生平衡數，其正反旋法，及其餘方位移動，讀者可以自行繪製，就可以發覺這是一種很科學的平衡法，目前的電腦，及很多的高度尖端科技，都會用到這種平衡法則。

變體方陣

所謂變體方陣，就是各行總和相等，但對角線不相等的方陣。這種方陣，是由正方陣演變出來的。例如前面介紹的五五方陣，就可以產生24個變體方陣。其法則是每一軌跡，有其總位數少一的方陣，即一個25數方陣，有另外24種變體方陣。一個36數方陣，就有35種變體方陣。所以前面的25數方陣，其任一方位的方陣，只要將其各行，順位的移動，就可以產生變體方陣。因此一個25數的軌跡，包括他的變

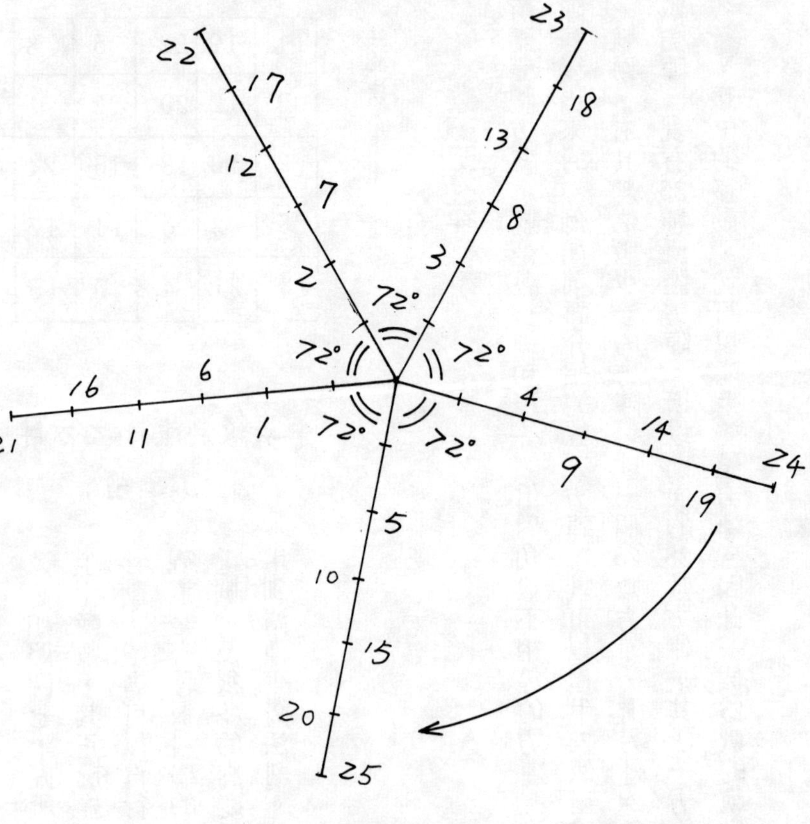
22
17
12
7
2
23
18
13
8
3
72°
72°
72°
72°
72°
16
6
21
11
1
4
14
24
9
19
5
10
15
20
25

順時針進一格

（圖　七十五）

體方陣，總共產生125種方陣。同理一個36位數方陣，可以有216種方陣形。其配置法都可依河圖及洛書的原理，推算出來。

有關於方陣學，在本書就介紹到此爲止，至於其餘尚有跟易經的關係，這在以後易經方法論一書中自會介紹。讀者若尚意猶未足，可以購買中華易學月刊，從第一期開始起，都有方陣的詳細介紹，可以參考。

奇門遁甲與印相學

印相，可以用來代表此印的吉凶。然而，一顆印章，對人生之一切，究竟影響太少。但是，好的印章，卻能夠給人好的印象，促進良好的關係，因此，印章的選用，不得不愼。畢竟，這也是中國人的國粹。

印章鑑定法

鑑定印章時，首先要了解是用於何事。但目前要找一個會鑑定的人容易，找一個會刻印章的人，則不易。因此，惟有自己小心的設計，才不會刻到一個壞印章。

首先要看字體，字體勿太怪異，怪到人家看不懂，「草書雖草，但卻明瞭」，這是値得深思的一句話。其次，不要有陰體字，如圖七十六。

像圖七十六這種字體即陰體字，中空，剛好和一般人用的印章相反，這也代表其人個性比較孤僻或高傲、自大。所以有這種印章的人，最好趕快丟掉。這裡筆者

（圖　七十六）

筆劃的影響

依據筆者實證結果，姓名學筆劃吉凶之說，錯誤百出，五行入筆劃完全不合科學，危言聳聽，這在以後易經科學方法論中會詳述，對姓名學之說，自有一番新的開創。因此，筆劃吉凶，不必去計較。但最好勿用10、20、30……等10的倍數之劃數。

八門九星鑑定法

圖七十七即爲一個印相的八門九星配置，就是奇門遁甲的原圖。照這個圖，可以鑑定印相吉凶。例如在休門有破損，則用於筆名、宗教等不利。生門有破損，對事業、財產不利。其餘類推。通常不管在那一門有破損，趕快丟掉不要用爲宜。

<table>
<tr><td>輔
杜</td><td>英
地位
景</td><td>芮
死</td></tr>
<tr><td>冲
傷</td><td><table><tr><td>杜</td><td>景</td><td>死</td></tr><tr><td>傷</td><td>禽</td><td>驚</td></tr><tr><td>生</td><td>休</td><td>開</td></tr></table></td><td>柱
驚</td></tr>
<tr><td>任
事業
財產
生</td><td>蓬
學問
宗教
藝術
體</td><td>心
娛樂
家庭
開</td></tr>
</table>

（圖　七十七）

自己配印章法，可以自己設計，最好用方形或是圓形的印章，要正圓，不要怪異。再依看用於何事，而在吉門上配置。例如圖七十八，這是一個用於開設銀行支票的印章，在生門方面的筆劃，跟其餘七個門的寫法不同。但須注意，不同和怪異是兩回事，千萬不要自己「創怪」，以免適得其反。

（圖　七十八）

圖七十八的印章，是在生門的地方，其筆劃成直角形，其他地方的筆劃，都是呈圓形的。如此就可以顯示出這個方位的力量。

讀者諸君，同樣可以

按照這個原則，自己設計屬於自己的印章。依自己的事業、家庭等，設計出適合的印章，再請人按自己的設計刻即可。

印章刻好後，尚須看蓋出來的字體，有無空白的地方，有些印章刻出來後，蓋出來的字體往往會呈現某一部分印色較淡，這都是雕刻的人技術太差的緣故。這時候，印章就不能顯現效力了，寧可重刻一個，也不要用。最好能先跟刻的人講好自己的要求，以免平白受損失。

奇門遁甲與八字的關係

奇門遁甲，是天下無敵的一門學問，能夠運用自如，紓解掉一切困難。然而，有時候「人算不如天算」，諸葛武侯雖懂得禳星，祈壽之七星燈陣法，這是奇門遁甲最高的機密。但卻在成功前一刻，遭大將魏延踢翻七星主燈，而前功盡棄，正應了「人算不如天算」。

武侯曾自評一生用兵，火功太多，死人無數，故折壽無法延壽。但有人評其八字自該殞星五丈原。究竟是八字之說得理，或是「奇門遁甲」失算，一直有人爭執。其實，它不過是小說上的一段野史，信與不信，各有道理。奇門遁甲與八字，本來就有很大關連的。

康熙時，有一巡撫出巡，所乘之船家之妻，在船上產下一子。此巡撫細審其子八字，為大貴之格。此時又聞江邊有一位打鐵人家，於同一時辰亦生一子。巡撫同時為兩家之子命名。回京後將此二子名字告之翰林院，囑咐二十年後若此二子上京赴考，當取爲進士。經過了十八年，京試之時，主考官見有一名字爲此二人中之一，因取爲進士，並告之巡撫大人，另一人卻不見上京考試。此時巡撫大人非常奇怪，八字相同，爲何只有一人應驗，因此到當年江邊訪問，得知未上京赴試者，乃爲鐵匠店之子。後細思，方了解此二人雖同一八字，但此八字喜水，忌火。船家之子弟，產於船上，得水之利。而鐵匠之子，在鐵匠舖出生，終年打鐵，忌火，故碌碌一生。因帶回京城，教以詩書，脫離打鐵環境，三年後也考上舉人。

這個事實可以讓我們知道，八字有其喜忌，而一產於船上一生於鐵匠舖，自然受到奇門遁甲的氣學感應力，而有不同影響。可知，並非同一時刻出生的人，命運都一樣，因爲命運往往和祖上，出生地，種種環境因素，有很大關係，不能一概而論。因此，筆者爲人論命時，必先了解出生地，再論及命者本身的一些客觀環境，方下定評。

又有人問筆者，是否八字中忌的方位及五行，終身要避之。筆者認爲這倒大可不必。奇門遁甲的威力，就是在惡運時改爲吉運，而非一成不變的，這在下章介紹。

八字逢凶化吉法

八字的配合，是一層數學組合原理，乃以六十干支依所生時辰不同，而各有其不同配合。依照60甲子年，60甲子月，60甲子日，60甲子時配合成八字，共可得到約一仟多萬種的組合，依此來判斷吉凶。

雖然有這麼多種配合，但每一個八字經評斷後都能夠斷出喜忌，這喜忌一定是八個方位裡面的。運用八字配合奇門遁甲，可能解除凶運，並能加強好運。地球上共有好幾十億的人，光靠這麼少的八字組合，是不夠的，必須再配合奇門遁甲來判斷才是。

八字的判斷，是門高深學問，讀者諸君可參閱何建忠先生所著八字心理推命學及千古八字秘訣總解。以及李居璋先生所著現代八字雜談、實錄、粹言等書。在此專門介紹逢凶化吉法。

例如左造：

2 乙亥　此造甲木日主坐寅，天干一氣，生九月，戊土乘權

甲申　立　12 丙子　。地支年申時戌，財旺生殺，申金冲去日主寅木，

甲戌命　22丁丑甲寅申　32戊寅

甲戌宮　42己卯

胎元乙丑　52庚辰秋令木神休囚，其根必拔，天干四甲無根，不能以旺論，用神取木喜水，忌金土，則行運逢水木則吉，方位爲北方、東方。逢金、土則凶，方位爲西南、東北及西方。

既然斷出喜忌方位，則一旦碰到行運不好的大運應如何？日常生活逢到要往忌的方位移動怎麼辦？只有應用奇門遁甲來行動了。

如上例，如果在行運交忌神時，則可排出遁甲盤，選出自己所喜方位是吉利的月，或時來做旅遊遷移，則能逢凶化吉。而遇到壞方位非去不可時，可以排出遁甲盤，只要遁甲盤排出爲吉利，仍可去，只是時間不可過久。

如果不能自己判斷八字吉凶該怎麼辦？這是一個頭痛問題，根據筆者多年的經驗，要斷出一個八字喜忌，各有其說，端看對八字研究的「功力」如何。筆者至今仍有空時就多看這類書，以增強自己的判斷能力。讀者諸君如果對自己的八字不會判斷，或可與筆者相互地切磋，或請高明之士論斷，或者有一個更實用方法。這是奇門遁甲的一項秘術，此種秘術，可以解除很多危機。除去日常生活上障礙。這個就是下一章所介紹的奇門遁甲電氣交感法。

奇門遁甲的電氣感應及治病法

本章所介紹的，就是針對一個不知道本身八字喜忌的人，應如何應用奇門遁甲來破解日常生活上的凶險。

首先要做的就是查萬年曆，本書後面附有萬年曆。由萬年曆，運用第一章所介紹時盤公式求法，求出自己生時的時盤。在此需特別注意的是，要算準，不能有誤。因爲，這個時盤，就是你一生的電氣感應對照表。

例如下例：圖七十九。

民國五十年，國曆一月十一日戌時生。起出時盤爲陽三局。

圖七十九即指這個時盤生的人，其一生電氣對照圖，分析如下：

看方位，以八門爲主，天地盤爲輔。

北方：休門之位，天地盤平常，故吉凶參半。

東北方：生門之位，可惜天盤及地盤成八凶格之朱雀投江，故不吉反凶。

（圖　七十九）

飛鳥跌穴

南

壬輔四 ××◎ 己杜符	辛英九 ○×× 丁景蛇	丙芮二 乙死陰
乙冲三 ○×○ 戊傷天	庚　五 庚　禽	癸柱七 ××○ 壬驚合
丁任八 癸生地	己蓬一 丙休雀	戊心六 ×○△ 辛開陳

東　　　　西

北

朱雀投江

（陽　三　局）

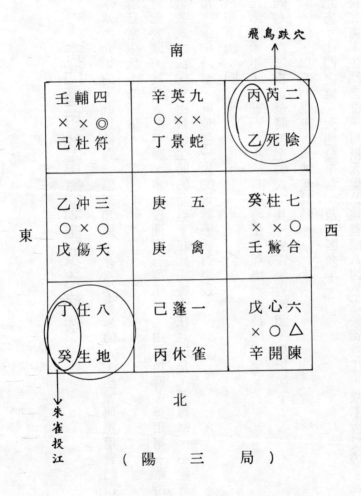

東方：傷門之位，但九星及天地盤吉，故可用。
東南方：杜門之位，得値符星，天輔星，尚可用。
南方：景門之位，嫌螣蛇之宮，用之多煩惱、陰事。
西南方：値死門，但喜得飛鳥跌穴吉格，起死回生，可以用。
西方：驚門之地，各星之配合吉凶參半。
西北方：開門之地，各星吉凶參半。
綜論本盤，以西南方爲起死回生地，可偶而用之。常用恐對宮朱雀投江有所影響。列出吉凶如下：
北方及東北爲休、開二門，可用。
東北方大凶勿用。
西南方偶而用之。
其餘吉凶參半。然而，總論此命，各方位配合不算好，恐一生多波折。但喜五黃煞在中宮，沒有出現，所以各門若有凶險，當不致有大危險。
如此則一生中，用遁甲盤時，儘量多用北方、西北方位，偶而再一次西南方，但是切勿用東北方，如此，當可避掉很多凶險。這就是奇門遁甲的電氣感應法則。

治病法即照前例法則先了解喜忌方位，將住宅蓋在喜的方位上。並且，儘量取所喜方位的花草及土壤到家中栽種。每天清晨起床時，面向喜的方位作一些深呼吸，這都是有益身心的。

有關於治病法，尚有很多，以後筆者當專門介紹。

奇門遁甲與劍道修煉應用

「劍道」，一般人聽到這個名詞，就會想到東洋武士的手中長刀——武士刀。卻不知武士刀不過是「劍道」中的一種。劍道這個名詞，源於中國，「劍」者，心也。劍欲使人死易，劍欲使人生難。即如心欲從惡易，欲從善難。

「劍道」即「禪道」，「劍道」即「人道」。昔人吳王鑄白虹等五口名劍。犧牲了不少生命、心血，以爲神劍能振服天下，卻不知那不過是有形的劍，而忽略了眞正的「劍」，乃是充沛於天地之間。

「劍」在，到處都在。在「心」中，在「手」中，在「山」中，在「林」中。在天地萬物中。從亙古就存在於永恆中，也就是說：「劍本無形，因人而易。」

然而，「劍」既然可以「到處都在」，也就可以到處都不在。有劍不如無劍。心中無劍，處處無劍。有「劍」難，「無劍」更難。惟有心中無劍，才能感受無拘無束的至高心靈。

「練劍前，見劍是劍。
學劍時，見劍不是劍。
悟劍後，見劍還是劍。」

這是筆者十多年來修煉劍道的心得。「劍」，不過是一個代號而已。正如同名字，不過是人的一個稱呼。稱呼可以改，就如同「劍」之因人而易。因此，望習「劍道」的同好者，能夠把這層「禪」機悟透，發揮我中華民族王者之劍的博大胸襟，造福社會。

修煉「劍道」，最忌「走火入魔」。往昔日本名家，如宮本武藏、佐佐木小次郎。一個是由禪中習劍，一個則是天生之才。二人的劍術雖達登峰造極。但在筆者認爲，不過是兩個「走火入魔」的劍客，爲了所謂的「第一」而爭。小次郎雖高傲失敗，然宮本武藏卻斬殺一個十三歲的少年。這些，無論如何，都不是用「劍道」、「禪道」可以解釋的。所以二人只能算是「劍客」，而不是「劍道修煉者」。眞正的「劍道」得道者，應該是那位融合劍道於茶道、插花，……等藝術中的石舟齋，以及一口道出武藏弱點，以「圓」的道理開導武藏的日觀禪師。

石舟齋以一支芍藥花，折服宮本武藏，其所表現的即是眞正的「劍道」。

然而吾人平常修煉劍道，若無法達此一境界，往往會「走火入魔」，陷於兇殺鬪狠，逞強、暴躁的個性中，反而對自身有害。因此，若能以奇門遁甲的原理，修煉「劍道」，當可避免這種「走火入魔」的危險。

以遁甲方位電器感應控制心魔

這裡所謂的「心魔」，就是指會使我們產生「欲念」、「暴躁」、「爭強鬪狠」、「殘暴」……。這些擾亂心思的「惡」事。

修煉方法，首先先求出當天的日盤，以及入夜後自酉時以後的時盤。要注意無論練劍，或練武功、拳術、太極拳等，都是同樣道理，中午切忌練習，早晚練習最宜。

用法：白天時，因爲太陽電氣感應很強，所以以日盤爲主，入夜後，則以時盤爲主。只用遁甲盤的八門及九宮星即可。

如圖八十，就是一個日盤的八門九宮星圖，由圖八十，可以先去掉五黃煞及暗劍煞之方位，再去掉不吉之門。惟剩下東方生開，及北方開門能用。

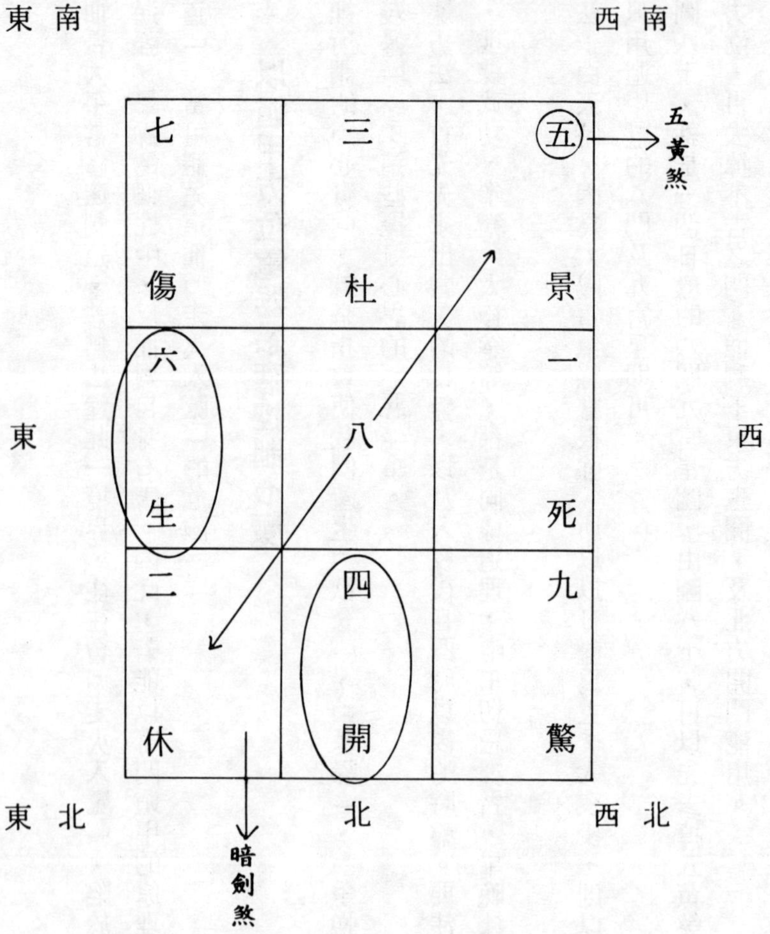

（圖 八十）

圖八十一即爲取東方及北方吉利的前進路線。

由圖可知道，這種前進方法，是由西方開始，而向東方，開始練劍，前進了A步以後，轉九十度，換成面向北，再向前進了B步，再轉九十度向東，注意A步和B步相等。即距離相等。如果場地不夠，可以退回原位，重頭開始。又在練劍時，並非一成不變一直面向這個方位，而是在前進路線，前後左右攻防中，以這個路線爲主。同理，練其他拳術也是如此。

照這種方法，可以得到良好的電氣感應，提高心靈的清純，不會走火入魔，而生暴躁之心。日本人好殺，殘酷，侵略野心始終不滅，心胸較爲狹窄，可能就是他們修習的東洋劍，沒有這種方法，才易產生暴戾之氣。當然，能家也有，只是較少。如果是在下雨天時，則室內練習，一切以時盤爲主。再舉例如圖八十二，圖八十三。

由圖八十二，得到南、西、西南三方爲最吉利，故可得到ABC三種路線途。

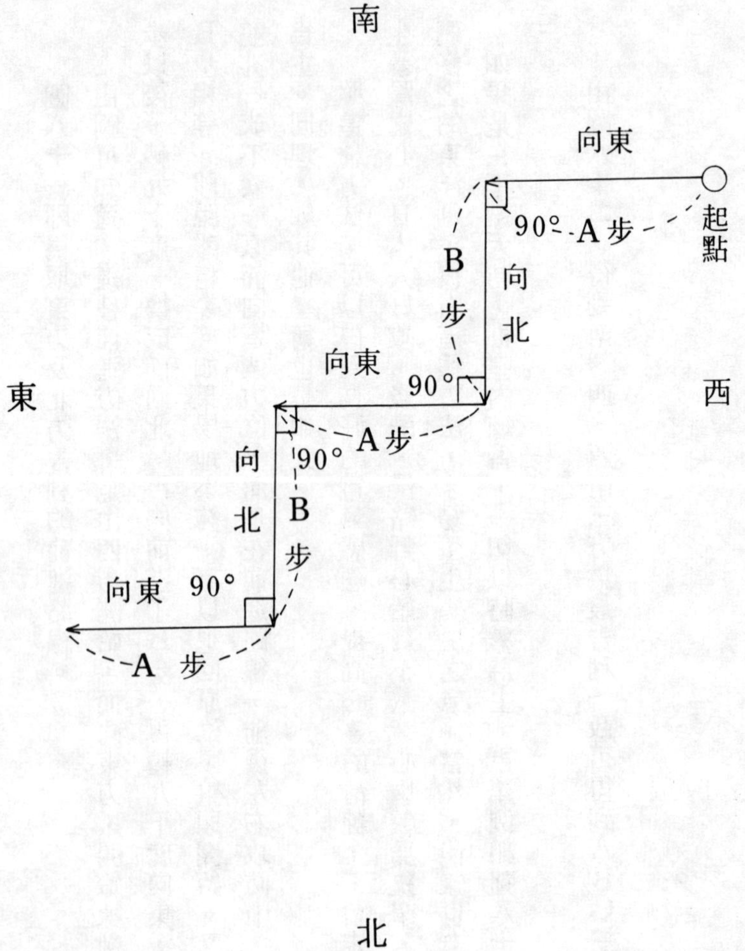

（圖 八十一）

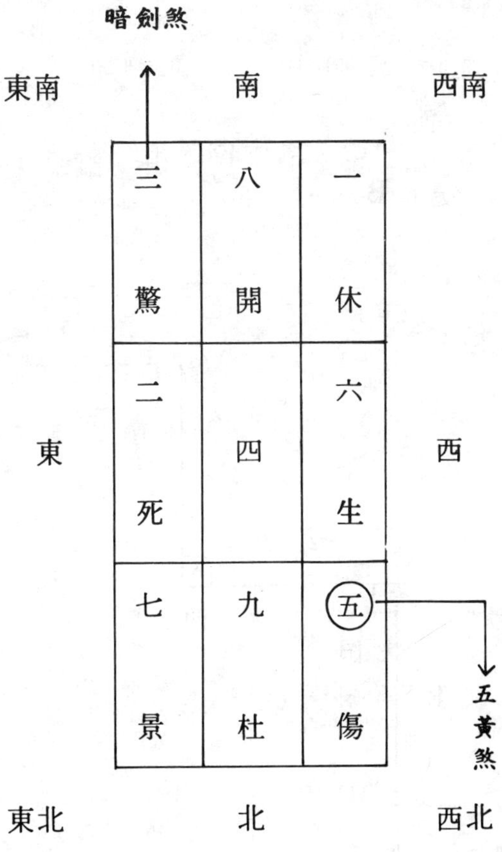

（圖　八十二）

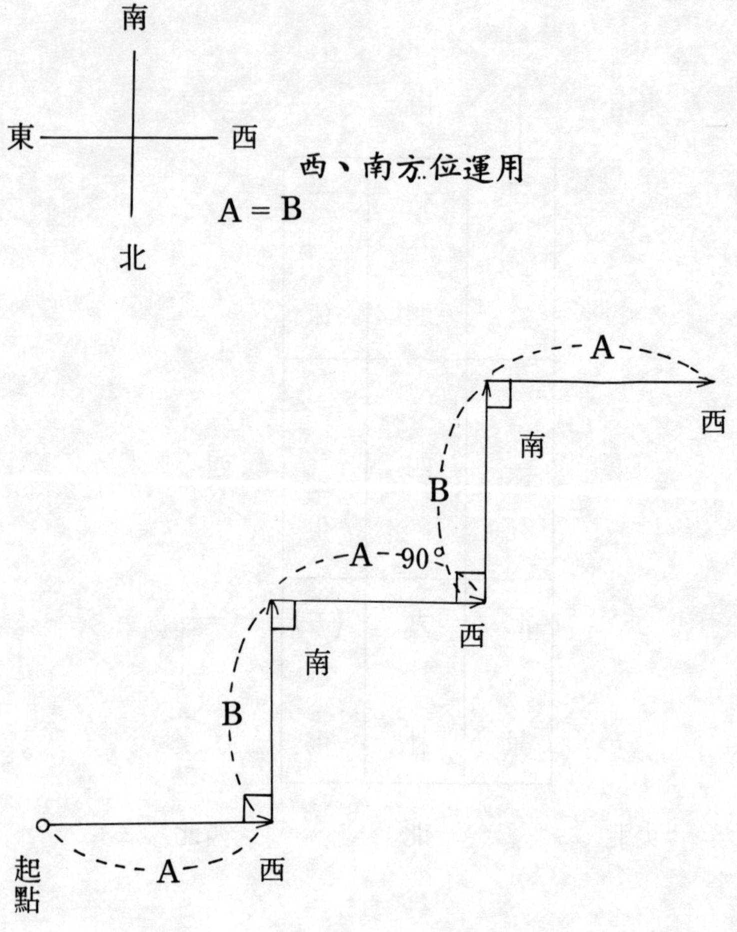

（圖　八十三）（a）

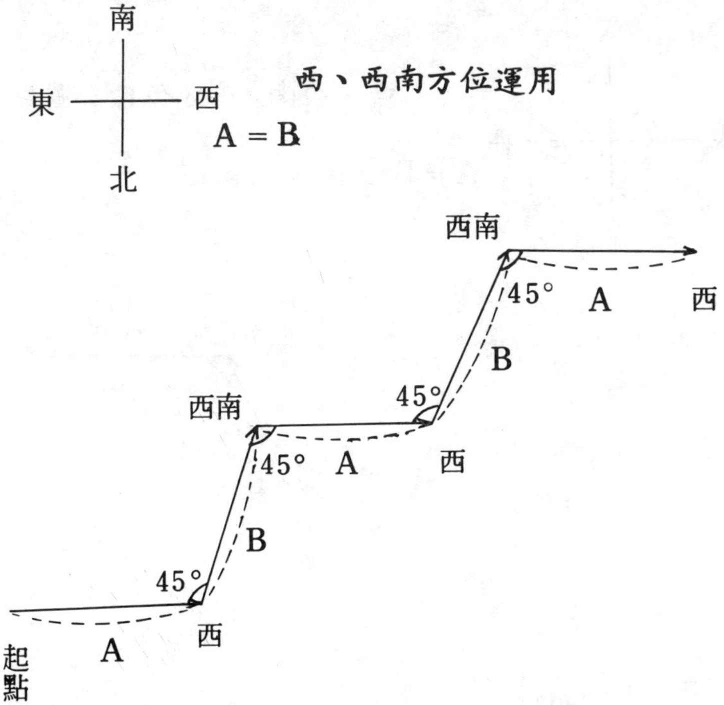

（圖　八十三）（b）

西、西南，南方位綜合圖

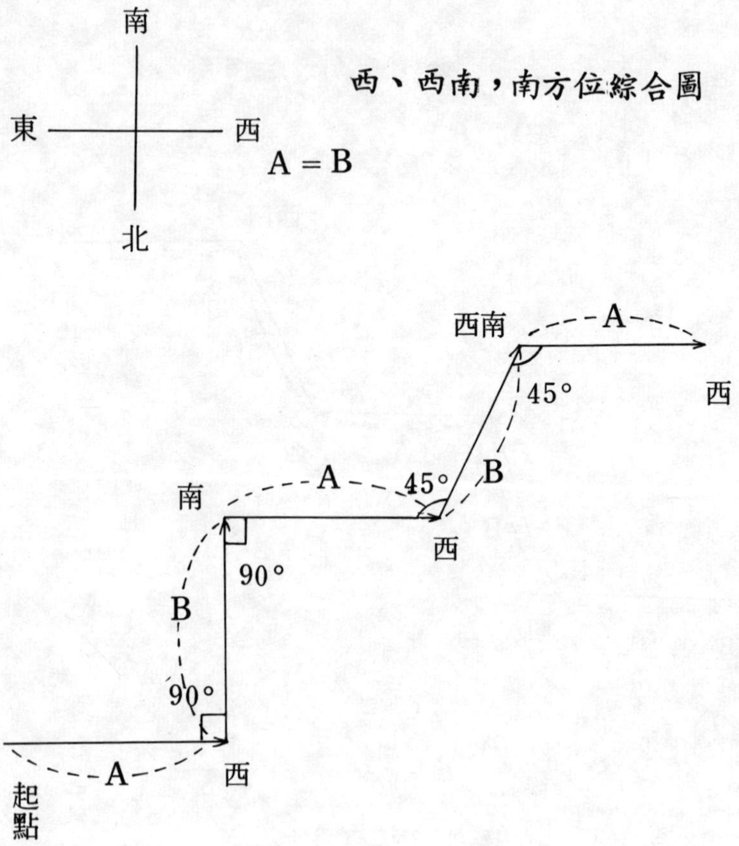

（圖　八十三）　（c）

奇門遁甲與兵法關係

在這裡指的兵法，是廣義的兵法，除了軍事上，無論企業，經營……都是一種兵法。

遠勝博奕論及泰西博戲論的高深數算

在政治學中，有一門博奕論的論說。這是假設在一個行動中，我方與對方，就如同下棋一般，這時我方須假說對方的戰略，而運用方法，使對方遭受最大損失。這個損失，相對的就是我方的利益。

至於泰西博戲論，則是假設我方有M個戰略，對方有N個戰略，M等於N。照此方法，可以推出一個矩陣，來了解彼此的戰略，加以分析，以取得最實用方法。

博奕論之說，須預測正確，方能行動；博戲論之說，則將敵我兩方，處於平等狀況，但這種說法似乎過於牽強；例如三國時赤壁之戰，以及去年英阿福島戰爭，雙方都非常平等的。因此，縱使熟讀武經七書，各家兵法，遇到實際狀況，也不一定能活用。

綜觀古代善用兵者，並不止於熟讀兵法，尚熟於奇門遁甲。奇門遁甲的變化，從天時、地利，乃至人和九星之變動，隨時空之演變可以得到前面 $8! \times 8! \times 8! \times 9$ 如此多的變化，等於說如果您會奇門遁甲，就多了這麼多數字的方法，自然能掌握優勢了。

奇門遁甲的原理，永遠將自己處在上風，進可攻，退可守。比如一個兵力相等戰役，熟悉奇門遁甲，一定是勝利者。眞正的兵法，應該是以武經七書爲經，以奇門遁甲爲緯才是一部最活的兵法。

近代政治學中，有一種「地緣政治學」的說法產生，亦謂國家的領土，應該向四方擴展，取得合於相同地理環境的領土。這種學說是荒謬的外國人「兵法」，致希特勒這個屬於內陸國的德國，有了發動侵略以大戰的野心。另外，又有「海島政治學」之說，使日本人以此爲侵略的藉口。

其不知發動大戰，破壞了整個地球的空間、磁場，完全破壞了宇宙間動力的循環，故其滅亡是必然的，縱有一時得意，終歸敗亡。

例如民國三十年，一九四一年，十二月八日，西方爲十二月七日，這一日爲日本偷擊珍珠港之日。於日盤及月盤均爲東方大利之方位，這一日日本大勝，得了奇門遁甲方位的地利。但可惜一個侵略者，發動整體作戰，縱使在某地方勝了，但在中國、南洋，就不一定都能得到奇門遁甲的助力，同樣，德國在歐洲也是，義大利更不用談了。

所以，熟悉兵法者，是以不戰而屈人。而非以武力服人之窮兵黷武政策。研究奇門遁甲，研究兵法，就應該用到好的途徑，才不會「背天而行，自取滅亡。」

茲再舉一例：

英阿福島戰爭，完全違背了孫子兵法上的道理，也違背了奇門遁甲之學，見圖八十四。

孫子兵法作戰篇提到：「……其用戰也貴速；久則鈍兵挫銳，攻城則力屈，久暴師，則國用不足。……故兵貴神速，聞拙速，未睹巧之久也。夫兵久而國利者，未之有也。故不盡知用兵之害者，則不能盡知用兵之利也。」

以英國之遠渡重洋，正犯了這個兵法上之大忌，而以阿根廷這個兵力差英國三倍，卻也能有面子，即使後來投降，但英國的損失卻是相當大，阿根廷雖敗猶榮。

福島戰爭英軍出兵月盤

南

	癸 輔 二 辛 杜 天	戊 英 七 丙 景 地	己 芮 九 癸 死 雀	
東	丙 冲 一 壬 傷 符	庚 三 庚 禽	丁 柱 五 戊 驚 陳	西
	辛 任 六 乙 生 蛇	壬 蓬 八 丁 休 陰	乙 心 四 己 開 合	

北

（陰七局）甲辰月

（圖 八十四）

主要的道理，就是英國除了犯了兵法上大忌外，還尙犯了奇門遁甲上方位大忌。

圖八十四中，即爲英國海軍出兵當月的月盤。阿根廷旁的福島，在英國的西南方，正好在死門上，各星門配合都不利，往死門出兵、作戰，其凶險可想而知。設若沒有美國的大力援助，英國絕不可能僥倖勝利。

古代兵法運用原理

古代兵法運用奇門遁甲，是一門很深的道理，除了要會佈兵、佈陣，尙要配合天文、地理，以諸葛武侯的八陣圖可以爲最高明代表。有關八陣圖的原理，筆者在以後會專書介紹。

其餘兵法原理很多，在此舉一個基本道理的例子。

如圖八十五，依地利而言，以北方八門爲吉位，東、西二方爲五黃煞及暗劍煞不可用。西南方爲八凶格，對宮傷門，此二方位亦不用。

今設定方位如圖八十六。假設敵我軍各有三萬人，依圖八十六佈陣。

依圖八十六來說，當日己巳日，遁甲盤排出結果，爲北方生門，南方死門。設

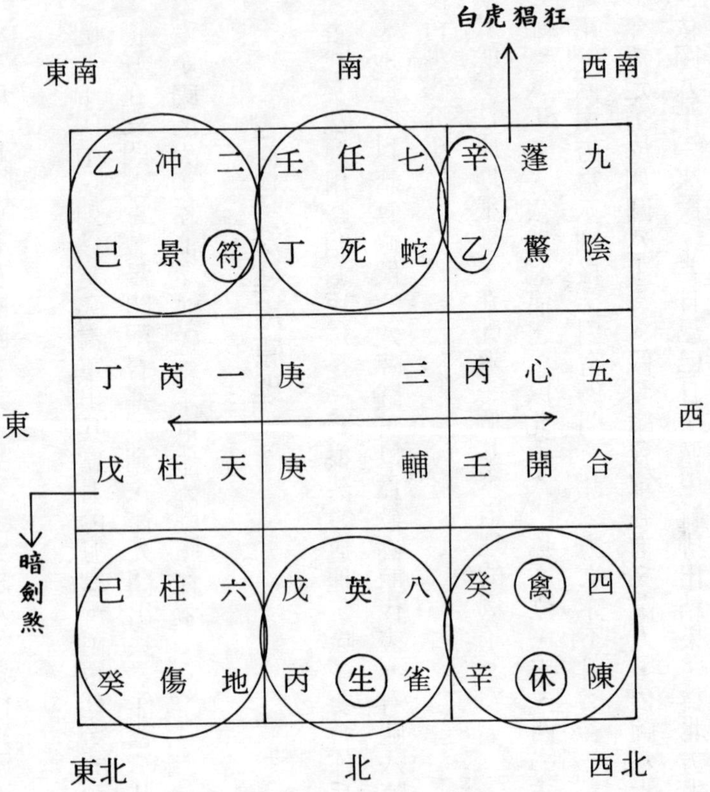
白虎猖狂
東南
南
西南
乙 冲 二
己 景 符
壬 任 七
丁 死 蛇
辛 蓬 九
乙 驚 陰
東
丁 芮 一
戊 杜 天
庚 三
庚 輔
丙 心 五
壬 開 合
西
暗劍煞
己 柱 六
癸 傷 地
戊 英 八
丙 生 雀
癸 禽 四
辛 休 陳
東北
北
西北

(陽三局)己巳日

(圖 八十五)

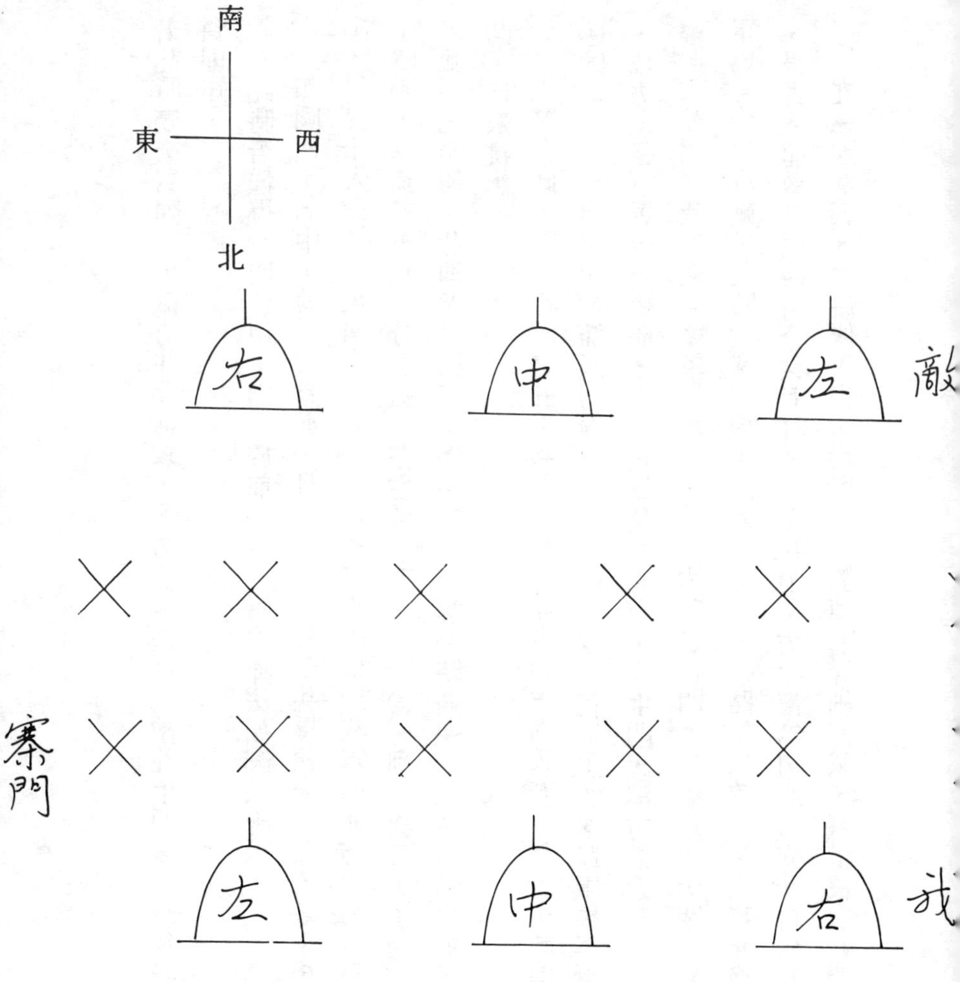

（圖　八十六）

若此時雙方對陣，則敵方往北進攻，我方往南進攻，敵往生門走，我往死門入，勝負即知。

此時若懂得奇門遁甲，則可於前一日，暗佈陣法如圖八十六。如圖八十七中，於己巳日前一日，引一軍五千兵馬預先伏藏於敵軍後方，如①，另五千人藏於敵東南方，如②，再令五千人伏於我軍西北方。另我軍主陣虛設，將剩下一萬五千兵馬分三組，左右各五千，如④⑤，到了次日，主帥可選任何一處兵馬先坐鎮，此即遁甲原理，遁甲就是主帥隨時遁甲。然後令⑥之五千兵馬出寨門，向敵挑戰。

玄機在此，挑戰時⑥之五千兵馬詐敗，往東南方向逃奔，然後引敵追趕，剩下④⑤之各五千兵馬，如箭頭方向詐逃，引敵進攻，這時①②③路軍馬再夾攻。如此，我方①路軍馬由後偷襲敵人，正好是打北方，入生門，敵方若迎擊，則爲向南反擊，入死門。我方之②路軍馬攻敵，爲打休門之吉門。若敵攻入大寨，我方之③路軍馬，則可攻敵，此時大寨空虛，敵入無傷，我③路軍馬攻入，爲打東南景門方位，爲吉。而敵則向四方分兵而打，如在井中，方位都爲凶的方位，自然必敗無疑。

在三國演義、水滸傳等書，均對兵家對陣有詳細記載，可惜沒有奇門遁甲之解

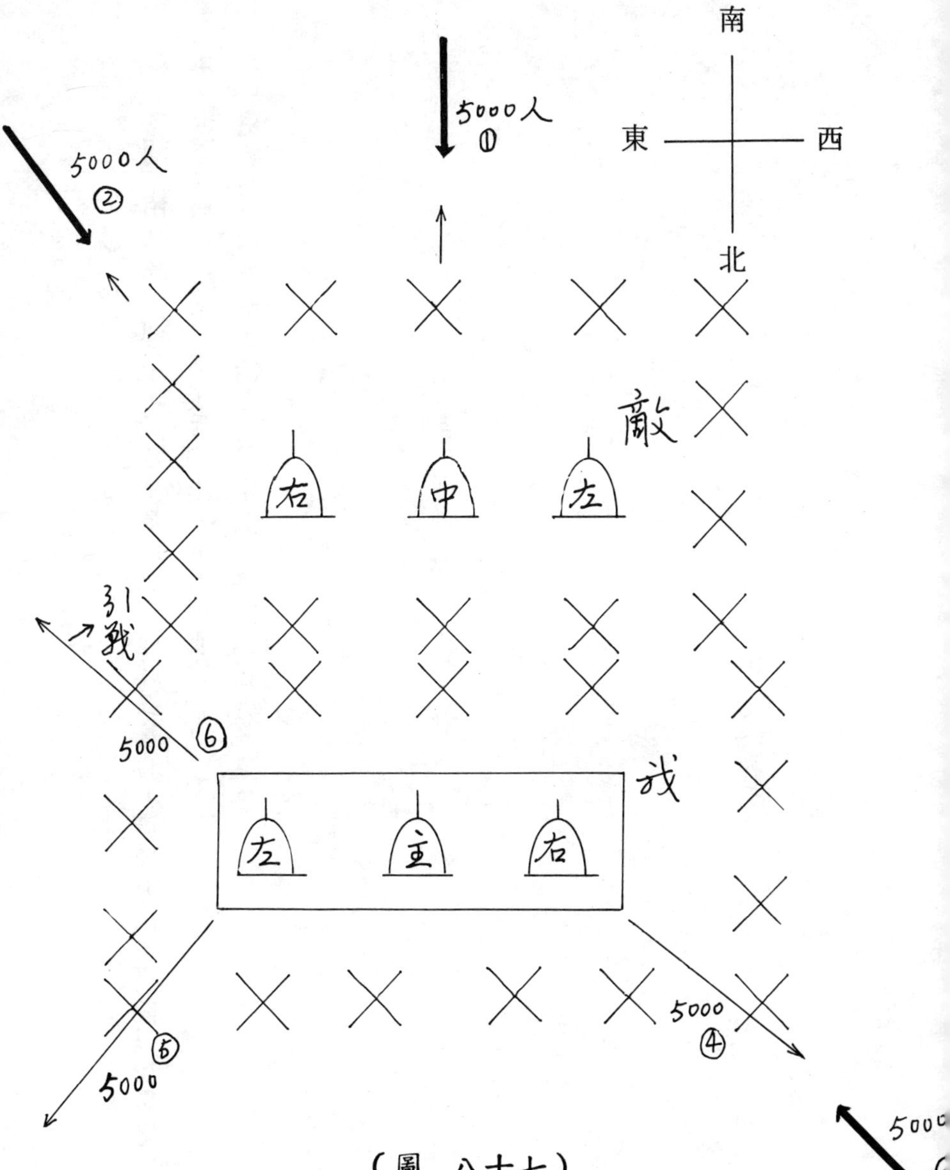

（圖　八十七）

釋。奇門遁甲的兵法運用，通常都是以此原理爲根基的，這種方法，更能以少數之軍，迎擊多數之敵，正應了兵法上記載的虛實之道。

更多的奇門遁甲兵法理論、用法，將在以後介紹之。

運用兵法及奇門遁甲來獲得商業上的勝利

佛教金剛經中有四句話：

「一切有爲法，

如夢幻泡影；

如露亦如電，

應作如是觀。」

這四句話的意思，可以說是一種因果的無形力量解釋。因爲，人體的磁場，所能控制、影響的範圍，究竟有限。不可逆天而行，否則，天怒是很恐怖的。

昔日蜀漢丞相，諸葛武侯雖通奇門神術，可是在征孟獲時，火燒南蠻三萬藤甲兵，也不禁自嘆逆天之好生，而折壽十年，伏下日後七星禳壽，被魏延踢破主燈的危機。

可見得，若通奇門遁甲，更應自核自束，勿用於奸詐陰毒之事。方能造福社會，而得禪機。

商場如戰場，故在商場上，除了自身守道，更應防範小人暗算。對內、對外，都須一套方法才是。

以兵法基礎用於企業管理

在運用於企業管理，首先須懂兵法之道，將自己董事長之位比如主帥，屬下即大將，如圖八十八所示，即為大致上分配。

主帥：土
（董事長）

青龍（木）—兵
白虎（金）—兵
玄武（火）—兵
朱雀（水）—兵

（公司各部門的分配
如業務部、外銷部、
會計部……）

（各級推銷員）

（圖　八十八）

圖八十八是一種簡易圖示，以便將公司大致分類。依奇門遁甲五行生剋原理，分述如下：

青龍：遁甲中解釋爲東方木星，有耿直、率性、朝氣之意義，蓋取木之本性。

白虎：西方金神，有肅殺、刑罰，於軍中爲刑官，可比喻爲公司人事安全室。

玄武：南方火神，有暴裂、剛硬之性質，蓋取火之本性。

朱雀：北方水星，有陰柔、圓滑之性質，蓋取水之本性。

依此分配，五行中長夏屬土，分屬於四季，於此可比喻爲董事長，爲各級之主管、根本，用人時，可依五行性質，觀屬下爲何種性質之人物，而置於何種性質部門中，自然可以運用自如。

在此並附上孫子兵法中提到用將方法的始計篇，以供讀者參考。

「孫子曰：『兵者，國之大事，死生之地，存亡之道，不可不察也。故經之以五事，校之以計，而索其情：一曰道，二曰天，三曰地，四曰將，五曰法。道者，令民與上同意也，故可與之死，可與之生，而不畏危也。天者，陰陽、寒暑、時制也。地者，遠近、陰易、廣狹、死生也。將者，智信、仁、勇、嚴也。法者，曲制、官道、主用也。凡此五者，將莫不聞，知之者勝，不知者不勝。故用兵之道，校之以計而索其情。曰：主孰有道？將孰有能？天地孰得？法令孰行？兵衆孰強？士卒孰練，賞罰孰明，吾以此知勝負矣！」

孫子兵法，除了可以運用在戰場上，並可以運用在人事管理上，了解了用人之道，也了解了如何分配人，才是事業上的基礎。

奇門遁甲的商場運用法則

前面介紹公司內部結構方法，在此介紹對外的方法，就是遁甲攻擊盤的運用。

首先要起好年盤，次則起出月盤，然後起出日盤，必要時尙要用到時盤。

用法以年盤爲主，月盤爲輔，日、時盤爲必要時之幫助。

如果年盤取出時，方位是爲壞的方位，則原則上此年不與這個方位的國家或廠商等來往。但如果是熟客戶，又有很多不得不交往因素，則應選取在月盤是好方位時的月份，進行交易。

至於日盤及時盤，則可以在平常與人洽談時，運用前面介紹的死盤變活盤的方法運用之。

例如以民國72年癸亥年爲例，年盤如圖八十九，由圖中可以知道西南方爲五黃煞死門，東北方暗劍煞，西北方爲開門吉利，故大致上西南，東北二方不用，西北方最好。此時若在國際上，西南爲香港、東南亞，東北爲日本。是否就這一年都不與這些國家交易，當然不是，此時可以先起出各月月盤，看何種月份可以運用，在此排出癸亥年的立春至立秋六個月份爲例。如圖九十至九十五。

由圖九十至九十五六個月盤中，可以知道甲寅月時，五黃煞及暗劍煞在西南、東北方位，不能在此月和這兩個方位有生意成交之來往。

乙卯月時，則五黃煞及暗劍煞在南北方位，西南有禽星不利，以東北休門爲吉門，故東北方可用，此時雖年盤中東北方不利，但此月有利，故可以儘量在此月中努力拓展此方位，但必須把握時機，勿拖過此月。

其餘丙辰、丁巳、戊午、己未月的判斷法則，同此道理。

依此種運用法則，可以得到反用法，反用法剛好和正用法相反。例如在正用法中，排出不好方法，則只能在月份吉時用之。過了吉的月份，就不可用。而在反用法，則是求出年盤的吉利方位，反之則在此方位壞時的月份，不可用之。

按照此種法則，可以規劃出一個計劃。此法，首先求出年盤，定出各方位的吉凶，再將生意上有來往的客戶，做出一個方位圖。

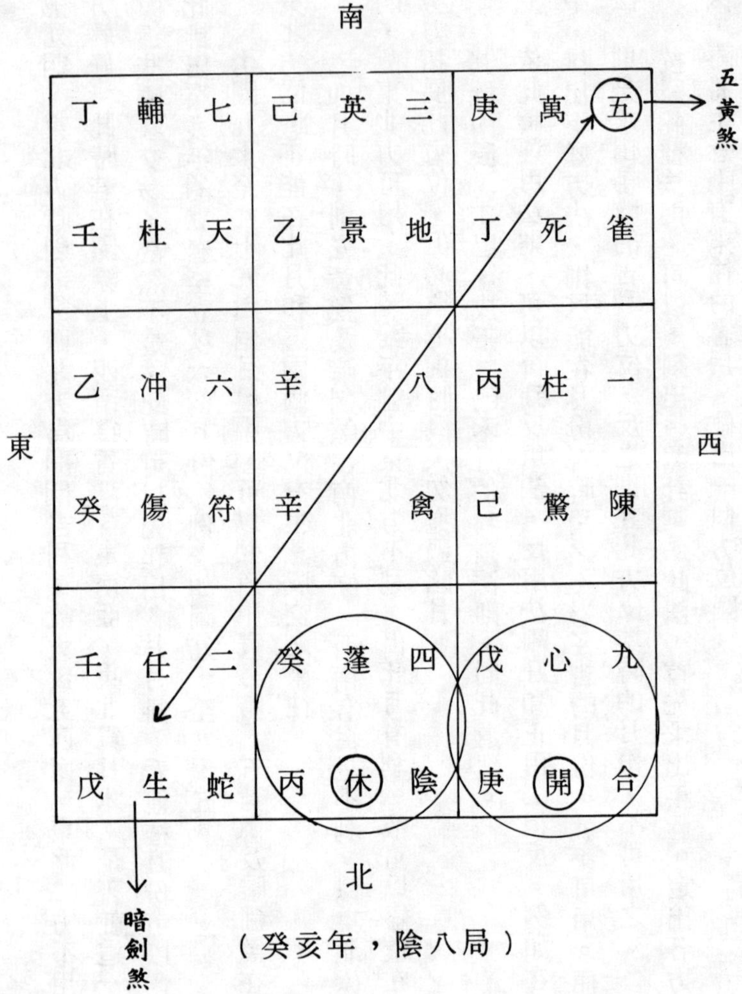
南
東
西
北
丁 輔 七
壬 杜 天
己 英 三
乙 景 地
庚 萬 五
丁 死 雀
五黃煞
乙 冲 六
癸 傷 符
辛 八
辛 禽
丙 柱 一
己 驚 陳
壬 任 二
戊 生 蛇
癸 蓬 四
丙 休 陰
戊 心 九
庚 開 合
暗劍煞

（癸亥年，陰八局）

（圖　八十九）

（癸亥年甲寅月）

陰三局

南

壬 輔 一 乙 杜 合	戊 英 六 辛 景 陰	乙 芮 八 己 死 蛇
庚 冲 九 戊 傷 陳	丙 二 丙 禽	辛 柱 四 癸 驚 符
丁 任 五 壬 生 雀	癸 蓬 七 庚 休 地	己 心 三 丁 開 天

東　　西

北

暗劍煞

五黃煞

（圖　九十）

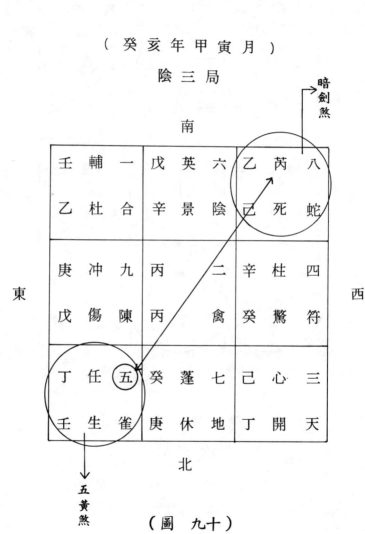

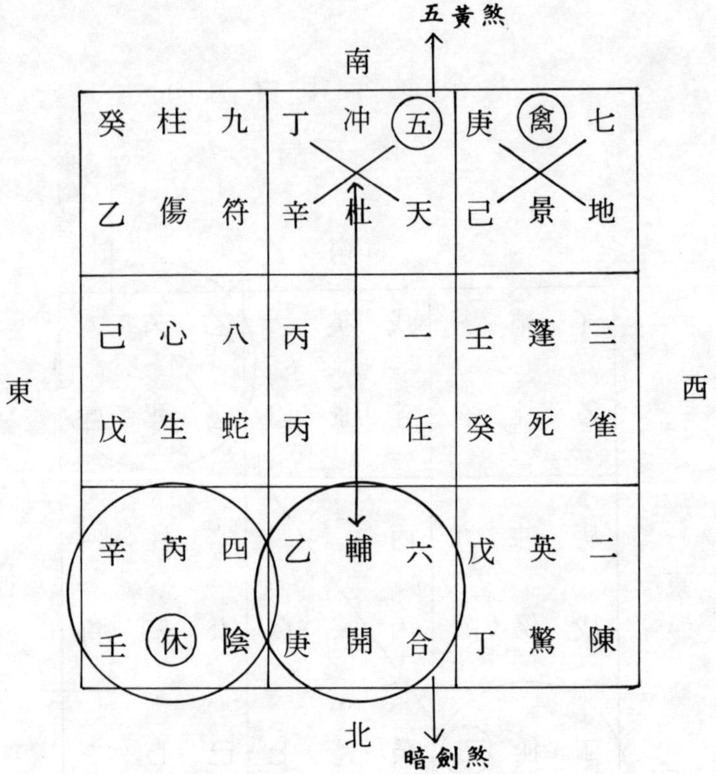

（癸亥年乙卯月）

陰三局

（圖 九十一）

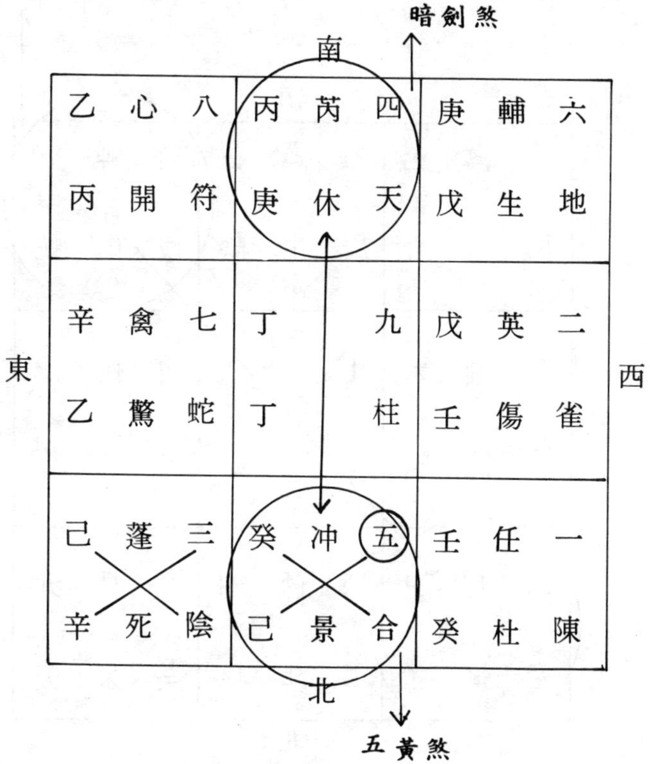

（癸亥丙辰月）

陰三局

（圖　九十二）

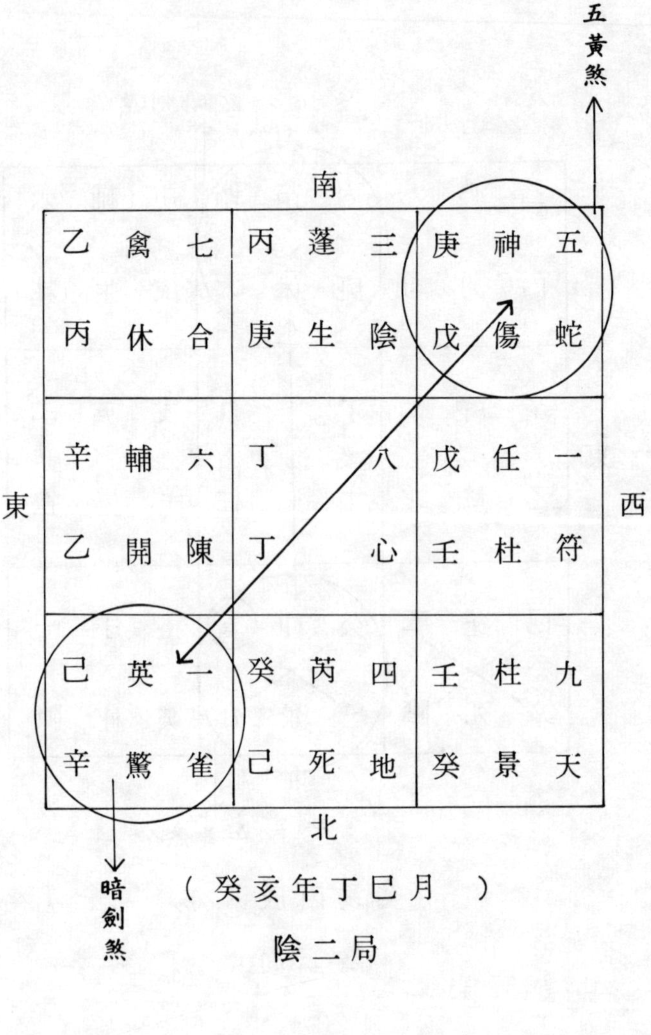

（癸亥年丁巳月）

陰二局

（圖 九十三）

南

乙 任 六 丙 死 陰	丙 輔 二 庚 驚 蛇	庚 心 四 戊 開 符
辛 杜 五 乙 景 合	丁 七 丁 英	戊 芮 九 壬 休 天
己 冲 一 辛 杜 陳	癸 禽 三 己 傷 雀	壬 蓬 八 癸 生 地

東 → 五黃煞

西 → 暗劍煞

北

（癸亥年戊午月）

陰二局

（圖 九十四）

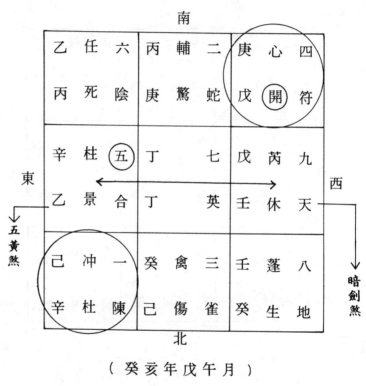

五黃煞 ↑

南

乙　英　(五) 丙　傷　雀	丙　禽　一 庚　杜　陳	庚　柱　三 戊　景　合
辛　任　四 乙　生　地	丁　　六 丁　　蓬	戊　冲　八 壬　死　陰
己　輔　九 辛　休　天	癸　心　二 己　開　符	壬　芮　七 癸　驚　蛇

東　　西

北

↓ 暗劍煞

（癸亥年己未月）

陰二局

（圖　九十五）

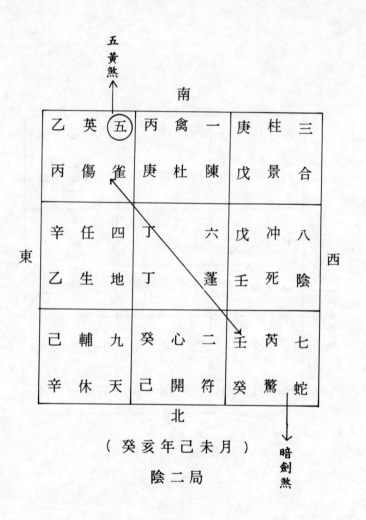

方位圖完成了之後，再求出各月月盤，然後依各月盤的吉凶方位，凶則不用，吉則往此方位盡量發展，自然有好的結果。

今以民國72年癸亥為例，以甲寅至己未的半年為例子。設A公司為一家外銷貿易公司，首先定出公司內的兵法企業圖如圖九十六：

圖九十六為A公司內部的分析圖，A公司是一家中型公司，董事會可分立四個部門，即：

一、會計部：負責公司的帳目、財務，董事會在此以東方青龍木星為代號，凡用人時，此人有木之耿直，無己私心，則方可用於會計部。這在公司招聘會計人員時即取木性的人用之。

二、人事部：負責公司的人事、安全、升遷、考核等制度，董事會以西方白虎金神為代號，取金神的肅殺、公正、公平，以此類人物掌管公司人事、安全，自然沒有錯誤。

三、採購部：負責公司的採買，以南方火星為代號，將性烈如火，不貪不私的人，用於此部門，則在採購商場時，自然不收回扣，而且能忠於職守。

四、業務部：負責推銷公司產品，以北方水神爲代號，蓋取水神之陰柔、圓滑，善於應變，故此類人員推銷業務當然得心應手。

這是中型公司的組織，當然，董事會是土神，掌握一切，若此核心用錯了兵法，五行一亂，把木型的人移到火或金水之地，則不免造成帳目不清，或貨物滯銷，人事不足，賞罰不公等情況了。然而，事實上A公司於二年前實行兵法遁甲運用在企業管理後，並沒有失敗，反而改善了公司的一切不良制度，造成兩年來能度過難關，轉虧爲盈的事實，這就是筆者兩年前受聘爲一家貿易公司當顧問時，所爲其定下之制度此公司不顧公開姓名，故筆者在此也必須守商業道德，不公開。

內部組織完整嚴備而俱實力，就可以向外推展了。

如圖九十七，這是A公司到民國七十二年癸亥年時仍舊掌握的生意上來往的貿易地區方位圖。

圖九十八爲民國七十二年癸亥年年盤簡化後，將方位按地圖方位，配置的正圖。

在此二圖中，即可一目了然的對這一年的商業先有腹案。

首先要知道的，商業上往來，以地利也以人和、天時爲主，故在此以天時的九

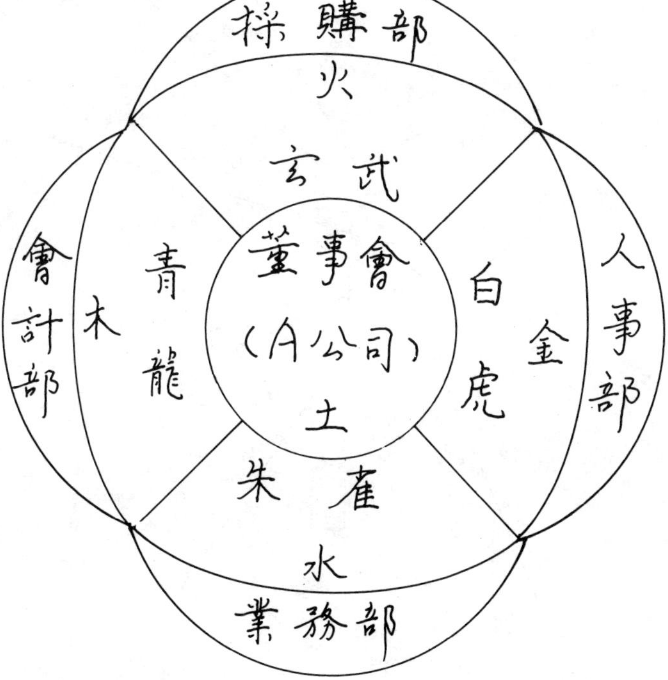

（圖　九十六）

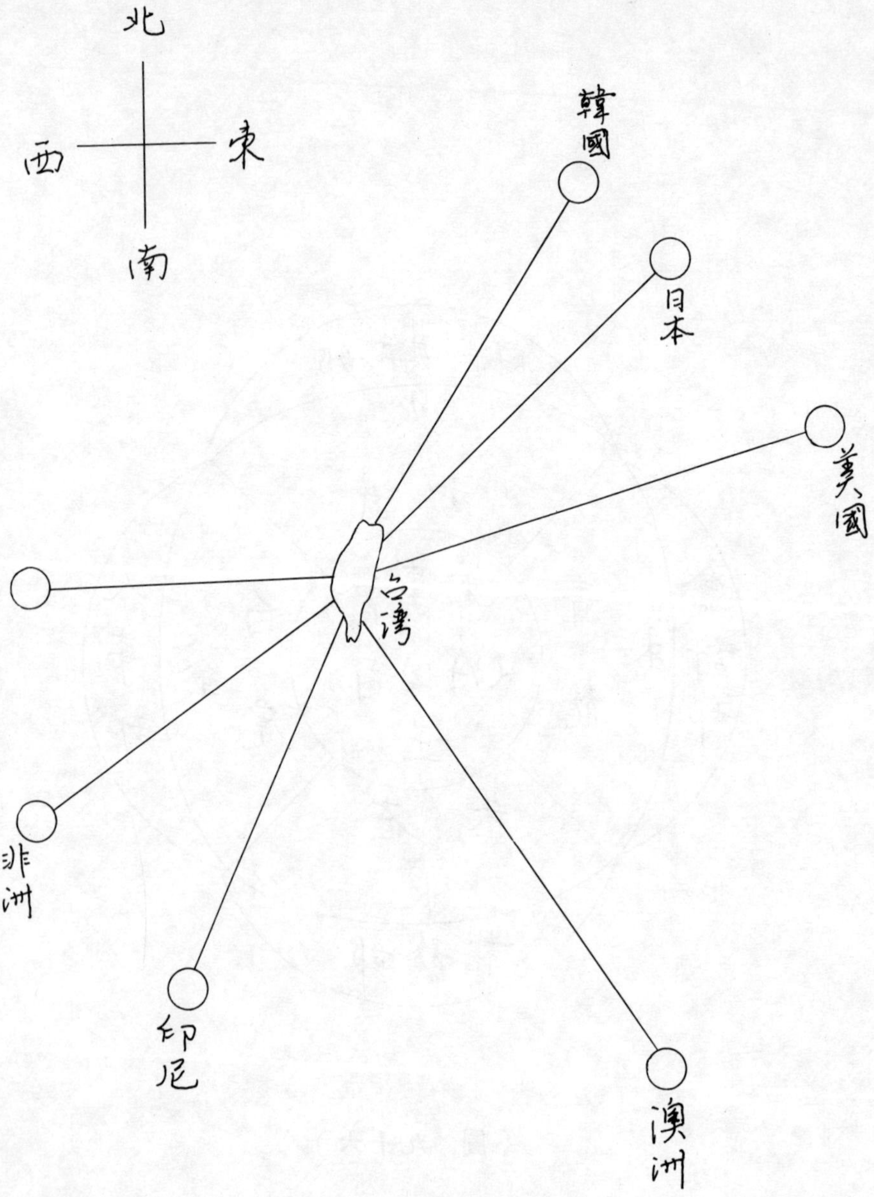

（圖　九十七）

（圖　九十八）

宮星、地利的八門，及人事的九星爲主神。

主神既定，再者分出四等級的情況，即大凶、凶、平、吉這四級。

圖九十八中，最凶的方位是東北及西南。因爲正處於五黃煞及暗劍煞的線上。中心代表A公司。

現分示各方位如下：

北方：休門吉門，可用。但對照圖九十七，北方並無客戶，故不考慮。

西北：爲開門大吉，但不能違反常理，與中共蘇俄貿易，這是基本知識。

西方：驚門在位，凶位，不用爲吉。欲用時須取月盤西方好方位方可用。

西南：五黃煞及死門。大凶，勿用。

南方：景門加英星，三碧。屬平平之位，偶可用之。

東南：杜門加輔星，七赤。仍爲平平。

東方：傷門主之，凶，少用爲吉。

東北：暗劍煞位，勿用。

以上是八方位之原性。再對照圖九十七的A公司客戶掌握圖，可以先得到一個腹稿如下：

A公司七十二年經營方針：「原則上八方位中北方、西北不能用，西方沙烏地阿拉伯爲驚門，取吉利月份拓展貿易方能得利，西南五黃煞大凶，故對非洲、印尼等地客戶，以不接單爲要，除非不得不做這方位生意，但仍以取吉月份爲主，但不可有太樂觀想法。南方無客戶，不論。東南澳洲在平級方位，故取吉方位月份用之，仍有前途，東方無客戶不論。東北方的美國、日本、韓國方位業務的擴展，因爲在暗劍煞方位，原則上不拓展，不接單，跟西南方的五黃煞方位同理。

所以，本年（七十二年）的業務方針，取吉利月份全力向阿拉伯及澳洲拓展爲主。」

以上是年的計劃腹案。有了年的計劃，可以再分出各月的行動計劃，如要出國考察，拓展業務，都可用此原理。例如前面圖九十中的癸亥年甲寅月遁甲盤，可以簡化成如圖九十九的方位圖。

圖九十九中，大致上跟圖九十八的年盤差不多，故此月份的行動方針跟年的腹案相同。其餘各月的運用，都可依此類推。例如在丙辰月時，開門正值東南方，見圖九十二，則若在此月向東南方澳洲拓展生意，當有大利。

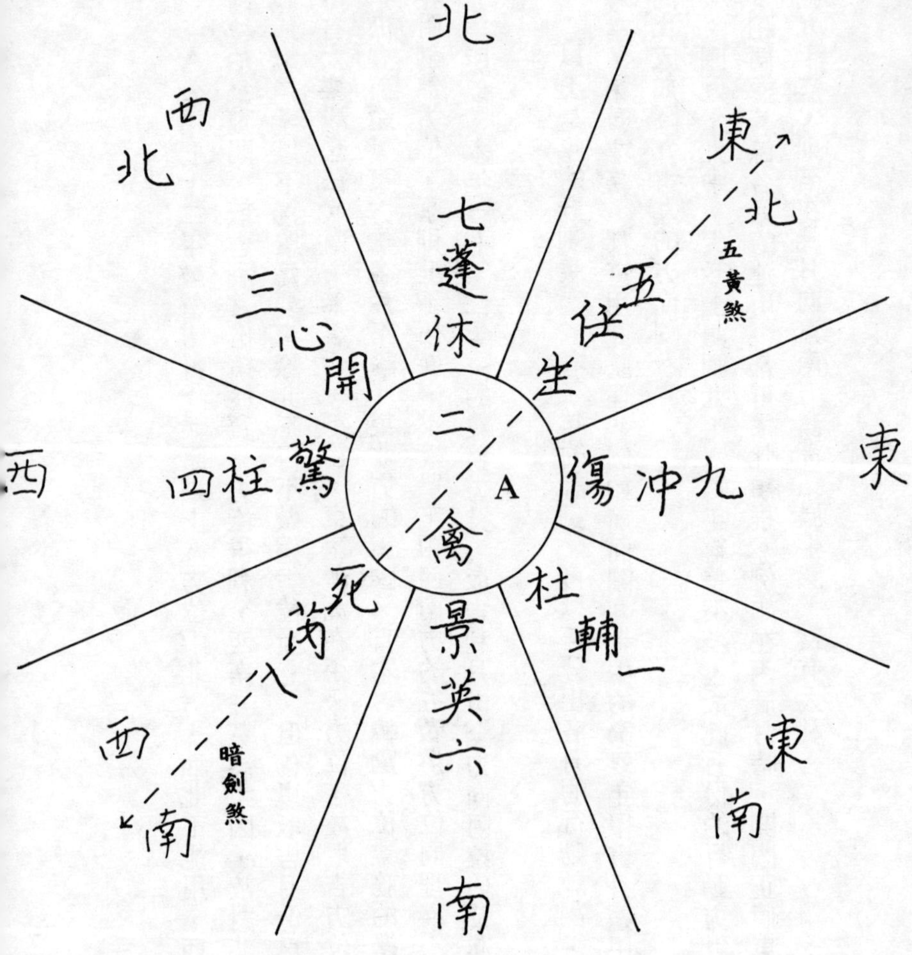

（圖　九十九）

整體電腦化的操作法

有了年的腹案，及各月吉凶方針，尙不夠，還要會運用，這個可以借助電腦。

首先我們已經將公司年的腹案，及各月行動方針，都有了主。這時再定下各方位的客戶出貨月份。例如有一個澳洲客戶，買了貨，希望我們在某月份交貨，但如果此月份剛好是東南凶的方位月份。那麼我們可以在生意交談期間，請其將此貨物改在東南吉方的月份出貨，如果對方堅持，則只是退而求其次。選一個吉利的日盤開始出貨，當然，這些都是一個底案。商業上尙有許多複雜因素，千變萬化。因此，最好能在一年開始前，先未雨綢繆定好方針，輸入電腦，幫助記憶。如某地客戶，那幾個月可以交易，可以出貨等，那幾個月份不能交易、出貨。依此方法，若是逢有某地客戶有訂單，或洽詢，則我們只要打出電腦，看此客戶的資料，及我們依遁甲盤定出的方針，則必然能有所斬獲。善用此法，你就不會遭到不必要的風險，可以使自己處在進可攻，退可守，就如當年劉備據守漢中四川時的情況一般。可以說是十足的穩紮穩打。

姓名學不合理論

姓名學的說法，於最近非常流行，其實，這是很不科學，筆者之所以如此說，是有很多論證的。

第一：各筆劃數吉凶由來沒有交代清楚。

第二：原則上逢雙爲凶，單數爲吉，不合陰陽道理。

第三：筆劃配置五行沒有道理。

第四：人體的出生，是一種時空電氣感應，陰陽化合，三度空間的結晶，此即人體八字的由來。而八字所產生的感應，有好有壞，以姓名學能破除壞的運氣，沒有道理。試想，當一個人在倒楣時，只要取個適合的名字，就能改運嗎？

在此，筆者特別以奇門遁甲來推翻姓名學的錯誤。首先是九九八十一數的由來，沒有依據；如果說要產生靈動性，電氣感應，則應該按照六十甲子來配置，或以

（圖 一〇〇）

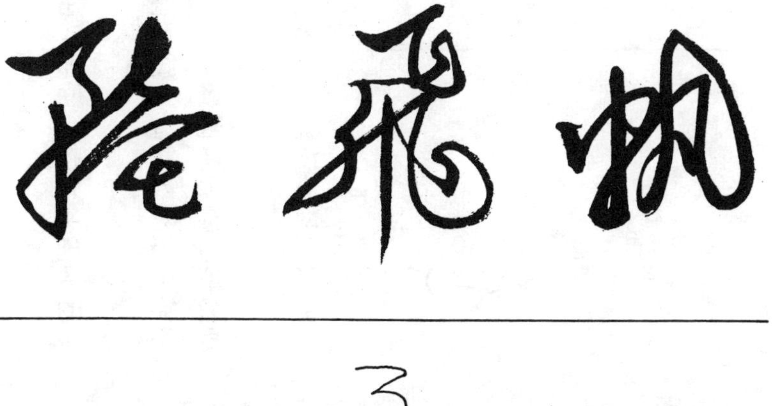

（圖 一〇一）

陰陽平衡八八六十四卦的六十四數來配置才有道理。

另外，八十一數中，各數爲何吉或凶沒有明證，不知道那位「超人」創造的，能以此來改變一個人的凶運。

中國人的名字，筆劃各有寫法，有些人寫字時，一筆到底，有些人更絕，完全脫離了原字，且字體有正楷、草書……一大堆，不勝枚舉，今以筆者本身的筆名爲例，見圖（一〇〇及圖一〇一）

由此二圖的各種寫法，有如此多種筆劃，則數目任我變化，就沒有準則了。

又如以目前剛破案的合江街羅宅兇嫌徐鎭廷爲例。

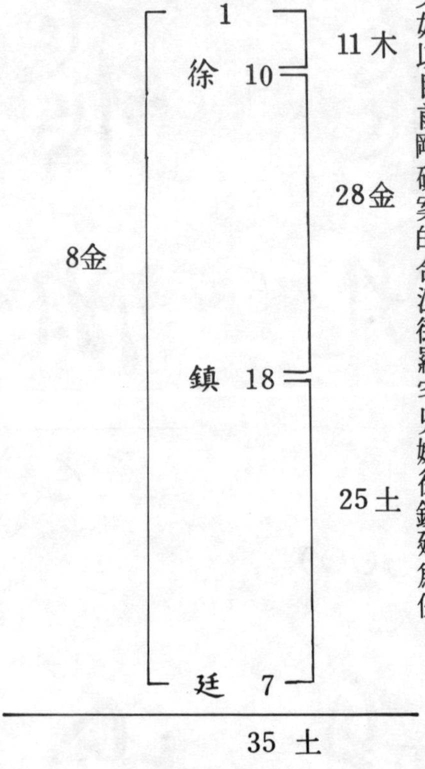

（圖 一〇二）

圖一〇二爲目前姓名學五行配置方法。首先看總劃爲35劃。在姓名學中的解釋如下：

「⊙三五（平安）溫和平安，優雅發展數

溫良和順，才智縱橫之象。有智慧明理之能，優雅發展而平安無事之運格。權威、勢力雖差，但在文藝技術方面，定能發展奏功喜氣洋洋。……

……」

我想看了這個解釋，再看事實，眞令人啼笑皆非。再觀其五行配置，除了天格木受剋，其餘土金相生皆吉，爲何落得如此下場。

再者，五行中何以一、二屬木，三、四屬火，五、六屬土，七、八屬金，九、十屬水。沒有證明。眞正的五行屬性應該是按照奇門遁甲中的九宮八卦，飛動路線的方陣所屬的數目才是，見圖一〇三。

圖一〇三是河洛理數圖，配合奇門遁甲九宮八卦，由此可以知道，五行的數理，依時空電氣感應，配合奇門遁甲的方位原理，後天八卦的相生原理，可以得到五行的眞正配置法，是以一到九爲單位。而產生的配置，八卦相生原理，已在前面介紹過，讀者可以翻到前面再參考。

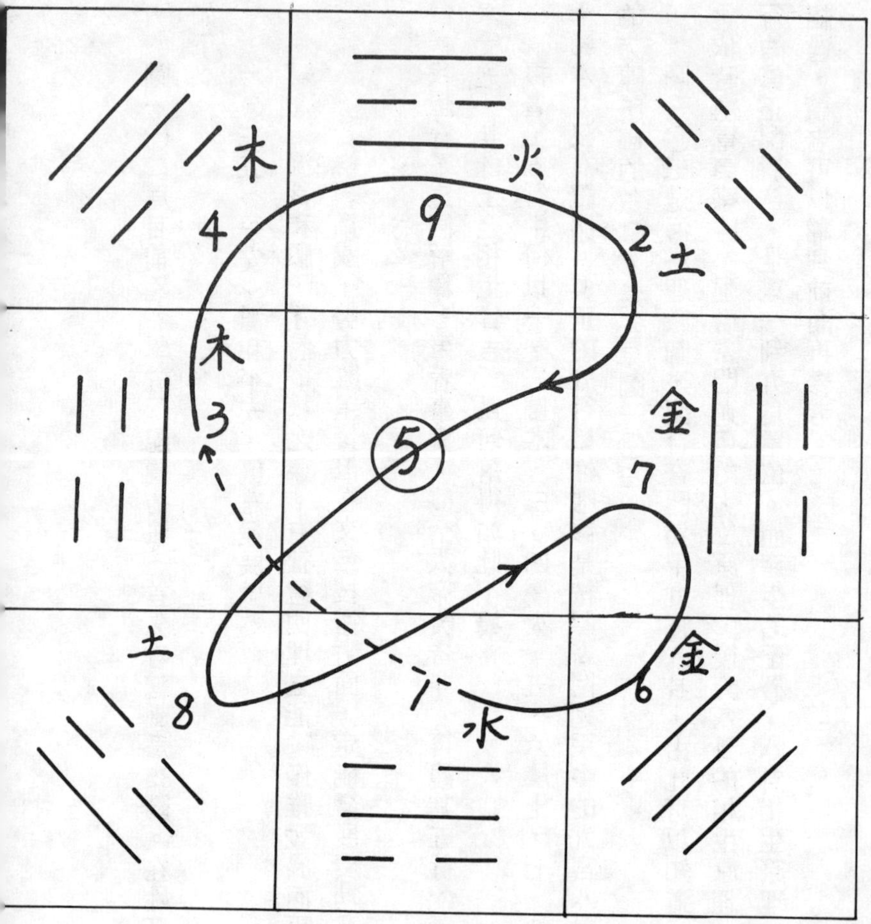

（圖　一〇三）

由此圖可以得到五行的配置，應該是1屬水，2、5、8屬土，3、4屬木，6、7屬金，9屬火。

凡是超過9的，以9除之，再看餘數來配置。

然而，並非依此法則來重訂姓名學，就可以得到有效的姓名學。因爲，圖一〇三不過是九宮八卦的原位圖，而在奇門遁甲的盤中，有無數的時空變化，故九宮星位，依節氣時時在變動，豈可固定。所以，此圖的證明，只是推翻姓名學的說法，姓名學是不合科學的。

比如一個日本人、美國人，甚至任何一個外國人，我們如何來配置，以美國現任總統雷根爲例。我們若照英文原字，如何取筆劃、五行。若拿雷根來說，筆者我亦可以翻譯成「累根」，或「磊梗」。前任總統吉米・卡特。亦可以叫做「雞米・卡特」。

時空的運轉，影響人體的運氣；電氣感應，奇門遁甲的操作，跟八字的配合運作，才是符合時空、科學原理，千萬不要迷信姓名學才是。

三合派迷信誤人論證

本書所介紹的奇門遁甲，是三元的玄空大法，眞正掌握時空，逢凶化吉的方法。這和三合派的論斷，是完全不同的；爲了使讀者明瞭三合派之說是誤人的謬論，筆者特別在此手札部份，詳細的評斷。

㈠吉凶神煞的謬論

三合派的說法中，有所謂太歲當頭，當冲太歲，年犯太歲，這是最能夠唬人的。這種以人的生年來論斷此年吉凶，完全忽略其餘時空掌握法，只是誤人而已。

三合派的太歲，是以人的生年而定。例如子年生的人，行運遇到子年，稱爲年犯太歲，遇到午年，爲六冲年，稱爲對冲太歲，凡逢到此種年份，必須安太歲，且不可向太歲方位用事。

以今年，民國72年癸亥年爲例。癸亥爲地支亥之年，因此凡出生年份爲亥年者，爲年犯太歲，爲巳年者，稱之冲犯太歲，這兩年份出生的人，不論大小，均需安太歲君以避凶禍。而且，亥位屬西北方，凡犯太歲的人，此年均需迴避西北方位。

除了太歲外，尚有許多，如白虎、五鬼、天狗、卷舌……可以說只要三合派一排出來，則無事也會有事，不是犯太歲，就是白虎、五鬼……試想一下，如果眞有這些凶險，難道跑到廟裡，寫張紙條，貼在太歲上，交個幾百塊錢的香油金，就能夠避掉這一年的凶禍嗎？

尤其更可笑的，要是出了小事，三合派就以因爲安了太歲君，所以大事化小，要是死了，或大凶，則說因爲太歲當頭，制化無誠心，無法避禍。

筆者曾親眼看到一位神棍主持廟宇，爲人排三合派的奇門遁甲盤，說某君的兒子犯白虎、太歲，需要制化，買了一大堆金紙、牲禮，誦經避災，又花了一大包紅包，結果在新年後不久，此君兒子騎摩托車撞死了。這間王爺廟的指示是：「王爺寶馬跑六十，汝子飛車超百二，救駕慢也！」當然，這是神棍號稱王爺公的指示寫在乩筆上的。意思是說神的力量只能每小時跑六十公里，而你的兒子摩托車超開一百二十公里以上速度，所以救不到。

結論是此君大怒，因爲他的兒子是被卡車從背後撞死。原因是卡車司機嫌其兒

大利南北不利西方

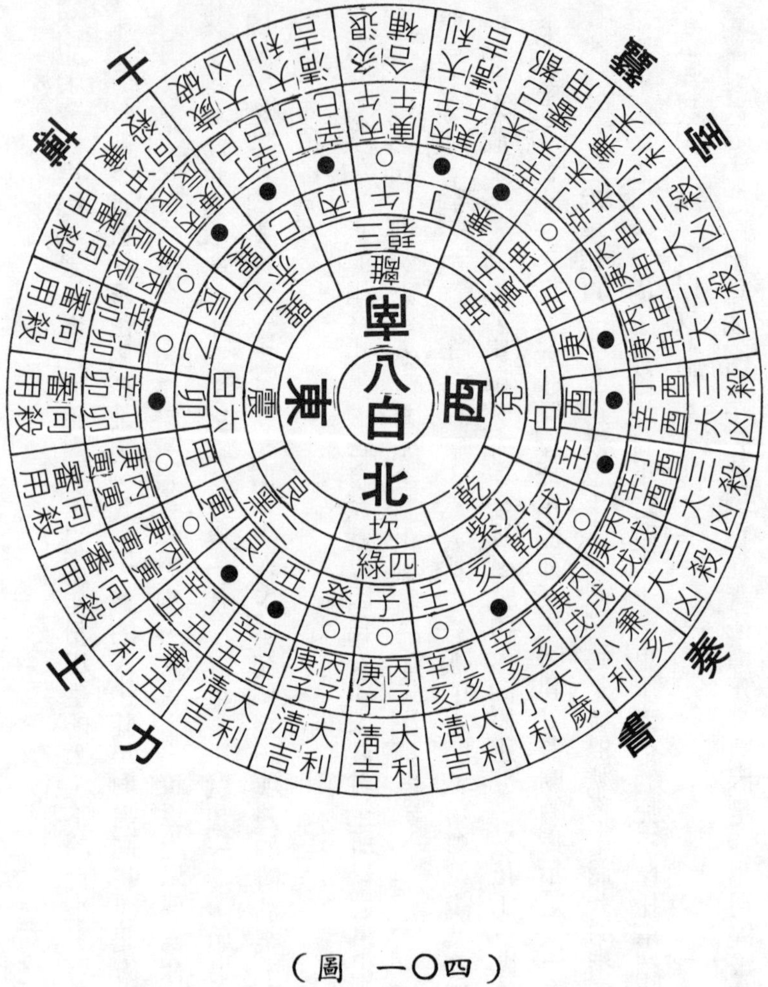

（圖 一〇四）

子騎的太慢，要超車引起的意外，三合派誤人之事實，在此可證。

㈡吉凶方位沒有科學根據

圖一〇四，是三合派的癸亥年遁甲盤。由此圖我們可以看出，此盤共分六層，最外圈爲吉兇示意，其次爲干支主事，再來以黑白標示吉凶。再次十干方位，九星方位，八卦方位。

此圖可以明顯看出，除了九宮星爲八白入中宮，排法同三元的遁甲盤外，其餘完全不同。而且吉凶的定論沒有根據，大致上是以地支的三合、六冲來判斷。這和三元派的五黃煞，天時、地利、人和的時空科學論斷，是截然不同的。

依圖一〇四的三合遁甲盤，是大利南北、不利西方。何以南北大利，西方不利，也沒有科學根據。而在三元派的遁甲盤中，則應該是東北、西南不利，因爲值五黃煞及暗劍煞的方位上，這種變動，由來，都已在前面章節中作做深入的探討，讀者可以自行比較。

㈢修正三合派的錯誤

依三元派的方法，才能眞正的解決困難。目前市面上的「黃曆、年鑑」，完全是三合派的說法，不合實際，因此，要眞正的選出好的日子，好的方位，更應該善用三元奇門遁甲。首先要破除吉凶神煞迷信之說，其次要完全忘掉三合派的「黃曆」說法，而要完全運用六十甲子的天干地支，來排出眞正的奇門遁甲，掌握眞正的時空加以運用才是。

爲了使讀者能更加明瞭，在此再舉個三合派的說法，而與三元派印證比較。

今以農曆春節爲例，春節爲陽曆二月十三日，農曆正月初一日，此日民間一般有一種習俗，就是選擇好的時辰，焚香開門，向好的方位走去，會有好的運氣來臨。

依三合派的說法如下：

農曆元旦焚香開門出行：

○子時三合青龍貴人登天吉。

○丑時明堂黃道官貴左輔吉。

●寅時日時冲破大凶勿用。

●卯時路空忌焚香開門出行。

○辰時金匱福星三合右弼吉。
○巳時羅紋交貴天德吉。
◐午時官貴喜神白虎天兵平。
○未時玉堂天赦少微武曲吉。
◐申時長生太陽六戊忌焚香。
○酉時日貴大進吉。
◐戌時司令黃道進祿旬空平。
◐亥時日祿少微勾陳旬空平。
※◎宜取辰巳時焚香開門向正南財神喜神方路行大吉。
※◎宜取酉時日貴焚香亥時日祿關門吉祥。
以上是三合派的農曆元旦取吉方法。依此說法我們可以加以歸論如下情形：
一、將吉凶分為三類，即○、◐、●；白表吉，半白為平，黑為凶。
二、各時辰經整理，可以得到下面情形：
㈠○指吉的時辰，指子、丑、辰、巳、未、酉這六個時辰。
㈡◐：半吉凶時辰，指午、申、戌、亥這四個時辰。

三、結論是取辰時或巳時，焚香開門，然後向正南財神及喜神的方位啓行，自有大吉。再取酉時焚香關門爲結尾。

四、依此原理，則除了辰巳兩個時辰焚香關門出門向正面走，方得大吉，否則全不吉。

在此想必大家有一個問題，一年中的運氣，難道就決定在這一天，這個時辰嗎？當然不是。就筆者所知，除夕夜特別節目，又有圍爐、團圓，往往鬧得很晚，第二天蒙頭睡大覺，直到日正當中的人，多得是。這些人都沒有按照這種方法。而且，要是外國人怎麼辦！所以，讀者諸君研究文化、五術，就該有科學頭腦，照這種說法，是不通的。

再者，每個人所住的方位不同，尙有環境、地理因素，不可能每個人都能在這一天這一個時辰向南方走去。以筆者目前住的房子爲例，筆者住在基隆市的南榮路，位於山脚，是社區，跟馬路相差了幾十步，是向南的房子。筆者的這間「無塵小築」，前面都是比我家低的住宅，向南根本不能走，只有向西及向東北兩條路，如圖一〇五。

由此圖可以了解，前面都是住宅，無法向南，但筆者住在此十年，沒有一年按照三合派的說法去做，照樣是活得很好，而且，運用三元派的方法，逢凶化吉，獲利不少。

我們可以再起出農曆元旦這一天的日盤來看，南方是不是眞的大吉。

農曆元旦爲甲寅月壬申日，陽六局，見圖一〇六。

圖一〇六中可以明顯看出南方爲禽星主位，禽星在原位是五黃之宮，大凶，落

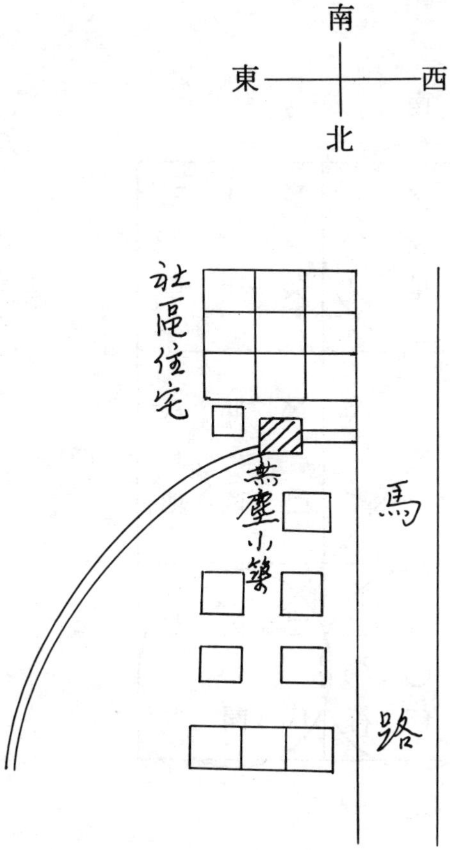

（圖 一〇五）

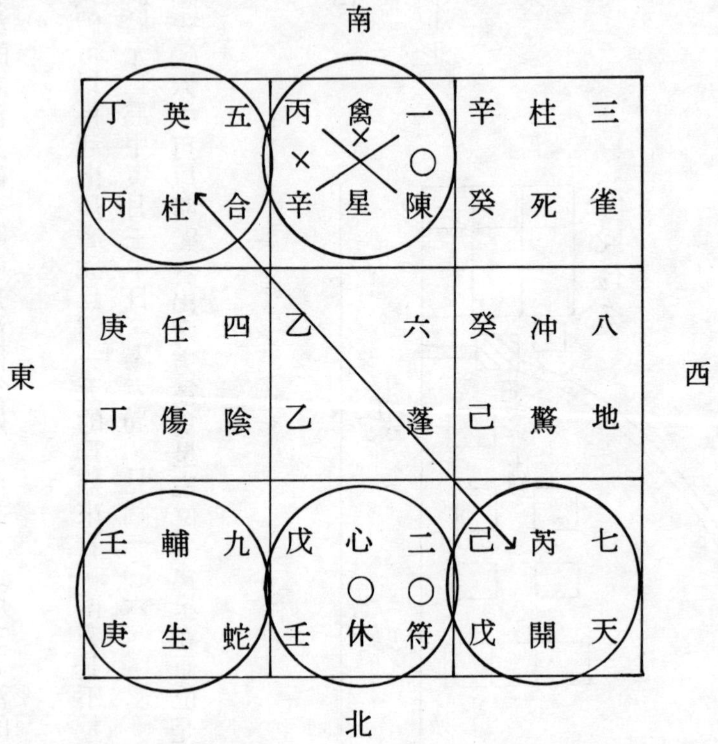
南
東
西
北
丁 英 五
丙 杜 合
丙 禽 一
×
×
○
辛 星 陳
辛 柱 三
癸 死 雀
庚 任 四
丁 傷 陰
乙 六
乙 蓬
癸 冲 八
己 驚 地
壬 輔 九
庚 生 蛇
戊 心 二
○ ○
壬 休 符
己 芮 七
戊 開 天

（壬申日，陽六局）

（圖一〇六）

於南方，不吉，眞正吉方是北方或東北方的休門及生門。可見三合派的誤人，實爲甚矣！

再看黃曆上對元旦目的說法如下：

「九紫金星，宜祭祀、沐浴。

⊙×日值月破故宜事少取。

冲虎58歲、煞南。」

這種自我矛盾說詞，眞正是自打嘴巴。

一、遁甲的局應爲陽六局，六白星入中宮，但在此卻變成了九紫星在位，實謬矣。

二、既然說宜祭祀、沐浴，爲何又來個日值月破宜事少取。

三、既然宜事少取，爲何又叫人焚香開門出行。

四、冲虎58歲蓋爲58歲者今日都凶，可信嗎？

五、煞南，最大矛盾，既煞南何以叫人向南方喜神財神方向走。

㈣吉凶操在自己的手中

其實，什麼日子都是可用的，也都是不可用的，因爲，人體及地球、宇宙間的時空感應，是時時在動的，你的好方位，也是別人壞方位。所以，千萬不要相信三合派的說法，自誤誤人，我們只要學會了三元方法，任何日子都可用，只要排出方位好的遁甲盤即可用。

可悲的是三合派這種誤人之說，竟然流傳民間幾千年，更演變成了「皇曆、黃曆。」可悲！可悲！這種自我矛盾的騙人說法，早該丟到垃圾堆去。

奇門遁甲與文王神卦比較

奇門遁甲占卜又稱「八門易」，文王神卦則稱爲五行易。幾千年來，人們都習慣以文王神卦爲占卜之宗，選用方位才運用奇門遁甲，殊不知在奇門遁甲之中，也有占卜的方法，這已經在前面提到過，在此則是要向讀者諸君做一個比較。

首先要了解的，就是二者的占卜方法。奇門遁甲的占卜法是以較簡便的用具來占卜。而文王神卦的占卜則是非常細密，要占出文王神卦，先得要有很高的靈力，使心神的注意，集中在高度的靈感上，方能搖出眞正準確無誤的神卦。文王神卦的占法通常要照下列順序：

㈠首先準備好工具，銅錢三個，竹筒一個，盤子一個。

㈡要有五行生剋的知識，以及用神取用，裝卦常識，六十四卦的判斷、月建月干、生、旺、休、囚、刑、會、合、冲等判斷常識，這些都是很複雜的，尤其六親判斷，以筆者本身經驗，要學會文王神卦，並不是三、兩天的事情。

㈢要有高度的靈感心神，否則是占不出正確的卦。而且，要有很高智慧，才能掌握文王神卦的天機

正因爲文王神卦的結構較爲複雜，尤其要掌握六十四卦及變動的判斷，這都需要相當火候才行。筆者目前文王神卦的火候，雖已達到通行無阻，爲目前五術中筆者最下功夫之一術，但亦不敢有唯我獨尊的想法，總覺得文王神卦包含太多的因果、科學、靈力；因此，筆者儘管在文王神卦上所下功夫最多，但寧可先編這本奇門遁甲的書，而不願出文王神卦的書。

然而，不可否認的，文王神卦確實能斷出百分之百的事情，但是，由於卦中變動太大，有時難以判斷。而在奇門遁甲的占卜中，卻可以輕而易舉的斷出結論，只是此一結論難以深入。其實，也並非不能深入下結論，只是須費很大周章去求，這要浪費很多時間。

例如圖一〇七，這是占一位朋友，借了筆者一筆錢，何時會還淸的實例。

亥月酉日

空亡：子丑

占朋友借的錢，何時會還清？占得

雷地豫之　三合　六合

山地剝卦

寅　戌

戌　申　午　卯　巳　未

X　‖　○　‖　‖　‖

　　　應　　　世

財　官　食　比　食　財

（圖一〇七）

卦中為六合卦，外卦化出三合屬火，再合世爻，可以得到如下結論：

㈠世爻持財，表占錢財之事，應爻為食神午火，生助世爻，六合，可知必還。

㈡外卦四、六爻發動成寅、午、戌三合局，屬火，生助世爻，世爻得六合，三合之生助，可知這筆錢必還無誤。

㈢應爻先是六合，再化三合，都成火局生世，可知對方很有誠意還這筆錢，並可斷定必在最近，屬寅或午的月、日。

果然，此友於子月午日先還了三分之二的錢，並開了一張農曆立春，即陽曆二月四日屬甲寅月的支票，以償還剩下的三分之一。

由上例我們可以知道，以文王神卦占卜，可以很精細的推出細節，此事若以奇門遁甲占卜，最多只能斷出對方會不會還錢，但卻無法了解對方心態，及掌握還錢日期。然而，奇門遁甲的占卜，卻因爲簡單，所以強烈對比也明顯，看出各宮五行生剋，即可斷好壞，亦是其可取之處。具對於任何事情，不會有難以判斷的情況。而文王神卦則不同，遇到較複雜時，就難以判斷了。

例如圖一〇八，這是筆者占卜蘇俄間諜衞星，脫離軌道後，會落在地球何處。

此卦要占的是蘇俄的衞星，在取用神時，也費了一番周章，應屬於六親中的那一種。本要以官鬼爲用神，因官鬼爻有雷電之意，風也可屬害鬼。但一想，衞星雖落地有風，但本身並不是風。又欲以食神爲用神，因食神可占天時、日、月星辰，但再想，衞星是人造的，是人造電腦操縱的，應爲妻財才是。最後才決定以妻財又爲用神，結果占出如圖一〇八之卦。

癸丑月戌日

空亡：寅卯

天水需之
水風井卦

地支	爻	六親	
子	‖	財	
戌	｜	比	
申	‖世	食	
辰	｜	比	
寅	｜	官	
子	○應	財	丑

（圖 一〇八）

占蘇俄間諜衛星將墜落何處?占得

由以上二例，可以知道，文王神卦及奇門遁甲占卜，各有其妙用。各有其價值，但以初學者，則學奇門遁甲占卜法後，再深一層去研究文王神卦，必能有事半功倍之效。

文王神卦之書，筆者以後有機會再出書，目前天智生先生所著「斷易新論」一書，很有參考價值，讀者諸君可以購買參考。

捌 進入超逸絕塵的境界

奇門天書

奇門天書，即指奇門遁甲天卷，這是奇門遁甲超逸絕塵的境界。能習得眞正奇門遁甲天卷之人，可以說是從古至今，能者幾希！而且，天書又是博大精深，包含了一切禪道、宗教、哲學……的原理，是一個無底洞。筆者因爲本身的誓言，本門奇門天書，規定只能單傳；因此，筆者在此只能做有限度的介紹，尚祈望讀者諸君見諒！

在此聲明一點，此處介紹的奇門天書，是本門的心血，跟一般市面上的奇門遁甲天書，可是完全不同。這裡介紹的奇門天書，可是一部眞正的「天書」。

取名奇門天書，是源於莊子大宗師一文，莊子在大宗師一文中有下面字句：

「……夫大塊載我以形，勞我以生，佚我以老，息我以死。故善吾生者，乃所以善吾死也。夫藏舟於壑，藏山於澤，謂之固矣。然而夜半有力者負之而走，昧者不知也。藏小大有宜，猶有所遯。若夫藏天下於天下而不得所遯，是恒物之大情也。特犯人之形而猶有喜之。若人之形者，萬化而未始有極也，其爲樂可勝計邪！故聖人將遊於物之所不得遯而皆存。善大善老，善始善終，人猶效之，又況萬物之所係，而一化之所待乎！夫道，有情有信，無爲無形；可傳而不可受，可得而不可見；自本自根，未有天地，自古以固存；神鬼神帝，生天生地；在太極之先而不爲高，在六極之下而不爲深，先天地生而不爲久，長於上古而不爲老。稀韋氏得之，以挈天地；伏羲得之，以襲氣母；維斗得之，終古不忒；日月得之，終古不息；堪坏得之，以襲崑崙；馮夷得之，以遊大川；肩吾得之，以處大山；黃帝得之，以登雲天；顓頊得之，以處玄宮；禺強得之，立乎北極；西王母得之，坐乎少廣，莫知其始，莫知其終；彭祖得之，上及有虞，下及五伯；傅說得之，以相武丁，奄有天下，乘東維，騎箕尾，而比於列星。」

莊子在這篇大宗師所提到的道，就是奇門天書由來，這個天字，就是道，是長於宇宙，是無形亦是有形；其乃因人之禀異，而產生其超俗的功能，從以上節錄大宗師的文字，可以了解到道字的意義。奇門天書名稱由來，亦即從此篇大宗師得到的靈感。也就是希望習得天書的，都能好好應用，多積陰德、善果，就如光明的聖火一般，雄壯！燦爛！

「天」是動的，無限的，無極的。因此修習天書也是一樣，要本著無限、無極、無我的精神去研究、貢獻，方能有成；否則，將會走入魔道。除了自誤外，也會造成社會、國家損失。因此，筆者只能有限度的介紹，但卻是取最實用的來介紹的。

威震東瀛的奇門神術——忍術

「忍術」，這是東瀛扶桑之國日本，所獨有的一種秘術，近年來由於電影的介紹，使「忍術」成爲一個既神秘、又風行的名詞。由於忍術跟奇門遁甲天書的修習，有很大淵源；因此，特別在此介紹日本忍術的一切，使讀者諸君對此術有所了解。

源於三國時代

三國時代有一位修道者，名左慈，此人精於奇門天書之術，見曹操無道，乃前往戲弄，曹操令人綑縛左慈，但卻三次被其脫縛而逃。這個「脫縛術」，加上左慈所學的練氣、意、精、神的內功法，後來再綜合了佛教密法、密宗符咒法，傳至日本，日本再加入他們的劍道、暗器、空手道之學，而發展成了五遁忍術。這是一個暗殺組織，以「忍」字爲宗旨，可惜此「忍」並非彼「忍」。

這個「忍」是對自己的訓練要能「忍常人不能忍」，而對敵人，甚至自己的人，卻要「殘忍」。

習「忍術」者，稱爲忍者，共分三大等級，如圖一〇九。他們從小被組織收養，接受最嚴格訓練，包括一切秘術。主要習練有九大秘招。這九大秘招即源自密教的開發靈力方法，也是奇門天書中的練氣方法之一。

圖一〇九是忍者的組織，日本忍術者到後來發展爲兩大派，即伊賀流及甲賀流，組織上例是大致相同的。

由最上的教主，下分上忍、中忍、下忍三部分，每一部分又有上中下之分，上忍者及教主執行的是接收任務，如有人出錢請其暗殺某人，任務收到後，再命令中忍者分配，中忍者依任務性質，分發下屬五遁中的下忍者出動暗殺。這是一個組織嚴密的殺手集團。木遁者善於叢林戰，掩護戰；火遁者善於火攻；土遁者善於隱避；金遁者善於暗器；水遁者善於下毒，水性。

忍者之所以能令人談之色變，成功因素在於修習了奇門天書中的超能力法。這就是忍者九招，其實，這忍者九招，就是佛教的萬字大法，奇門天書中的如來八法。茲簡述於下：

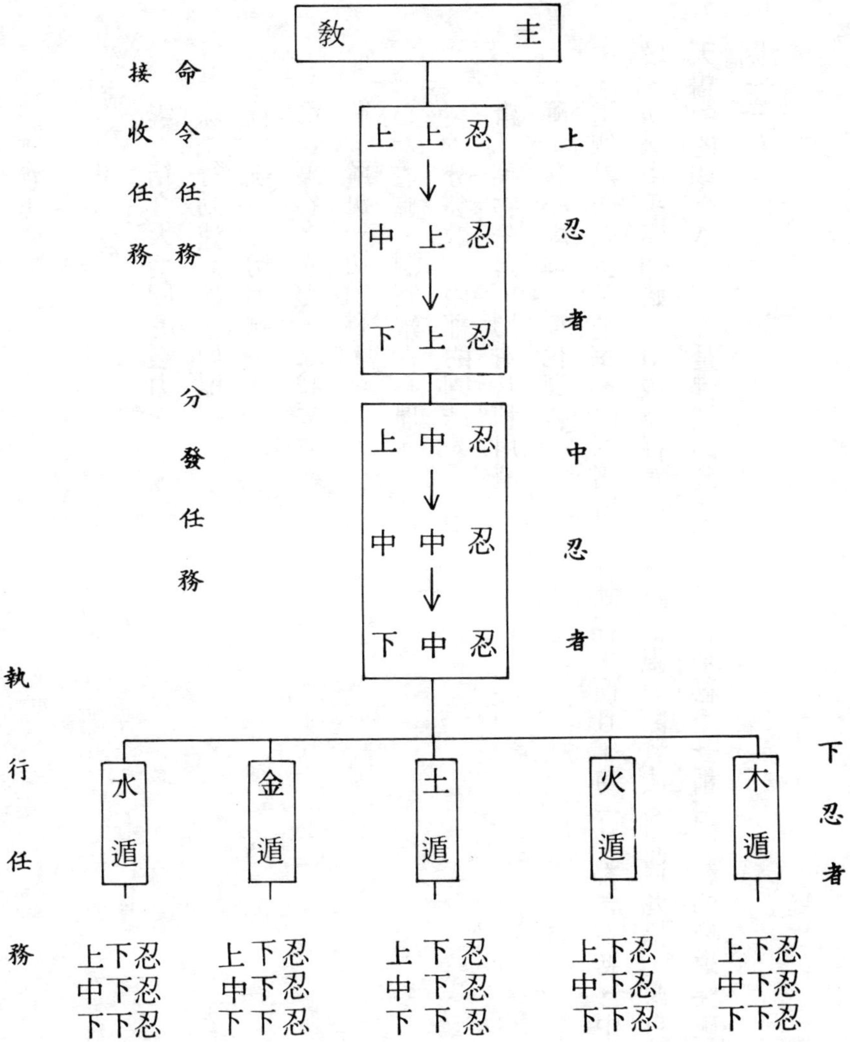
教主
命令任務
接收任務
上上忍
中上忍
下上忍
上忍者
分發任務
上中忍
中中忍
下中忍
中忍者
執行任務
水遁
金遁
土遁
火遁
木遁
下忍者
上下忍
中下忍
下下忍
上下忍
中下忍
下下忍
上下忍
中下忍
下下忍
上下忍
中下忍
下下忍
上下忍
中下忍
下下忍

（圖 一〇九）

忍者九招心法：

靈：結合天地間的靈力。

鏢：行動速度疾速如鏢。

統：統合一切困難。

洽：萬物之靈力，任我接洽。

解：解決一切困難，疑惑。

心：透視，洞察敵人心理。

裂：分裂敵人內部的團結。

齊：萬物平齊，均有其利用價值。

禪：我心即禪，萬化冥合。

這個忍術九招，是每一位忍者所必修課程，而且，每一招都含有初、中、高階段，初級由手印開始，中級爲符咒法，高級爲靈力開發法。而這九招，源自於奇門天書中的如來八法，亦是佛教的萬字大法，也是秘（一稱密）教的禪道突破法。見圖一一〇。

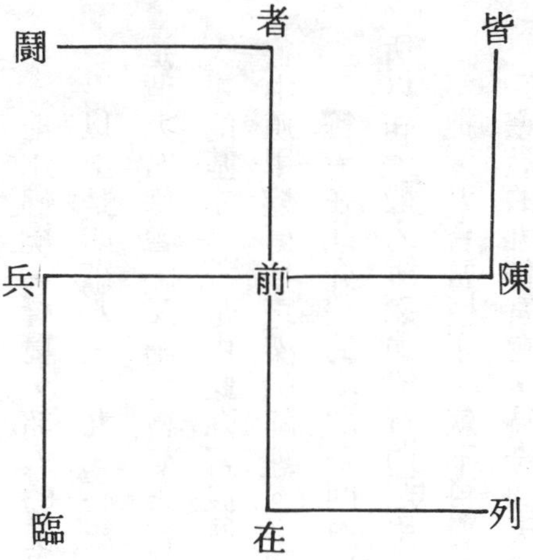

（圖 一一〇）

圖一一〇即爲佛教萬字大法。這是法輪常轉之意，在這法轉上，列出九大境界，稱爲臨、兵、鬪、者、皆、陳、列、在、前。而在奇門天書如來八法中也曾提到這九個字的心法，而且和日本忍術九招有同樣手印。

臨：臨事不動容，保持不動不惑的意志，表現堅強的體魄。

兵：令人振奮心神的意念。

鬪：勇猛果斷，屢挫屢起的旺盛鬪志。

者：表現自由支配自己及他人軀體的能力。

皆：能操縱人心的能力。

陳：令人有洞察人心，進而產生

慈心愛心的念力。

列：自我完成，救濟他人聖心的能力。

在：如騰雲駕霧，步水如地的力量。

前：佛境，禪境，超人的境界。

以上是如來八法中九式心法。再看密教中的眞言，有九宮佛會，見圖一一。這個九宮佛會，又稱九會曼荼羅，在天書中爲逆時針轉，有返璞歸眞的意思。奇門天書的基本，都是由此九宮發展。這個九宮，就是天書的遁甲盤，包含了比前面地書中遁甲盤更多更深的禪理。

筆者在此介紹的本門奇門遁甲，是高深的禪境，也是悟出眞正「道」的意境，所以和一般人所談論的奇門遁甲，是大異其趣的。

把這九會宮懂了，就不再對日本忍術有神秘感了。

密教的九佛宮會，爲奇門天書之根本之一，九會跟九字對照圖如右圖，而九會之階段關係如下：

一、降三世三昧耶會——表現大日如來智身的金剛薩埵。訓練遇事不惑不動的堅決精神力和年輕力壯的體力。

二、降三世羯摩會——使您還老返童，不患疾病的訓練。

三、理趣會——訓練堅強的實力和勝利運，並獲得高度的知能。

四、一印會——訓練您具備治癒別人疾病的力量。

五、四印會——訓練您具備超人的能力，能透視人心、自由操縱人心、預測未來的事物等。

六、供養會——獲得靈敏的聽力，能聽取死者的聲音。

七、微細會——透視一切遠近事物的訓練。

八、三昧耶會——訓練具備一種能力，可以自由支配地、水、火、風的動向，並且可以超越過去和未來，來去自如。

九、根本成身會——訓練爲完整的超能力者——成佛。

從以上的介紹，諸君將可以了解，日本忍術並不可怕，只不過得了些微奇門天書的心法，可惜的是，他們拿來從事暗殺，違背天道。把奇門天書的如來八法九式，屈解了原意。然而，他們的修習精神，開發靈力的功夫，卻是可佩的。

這奇門天書的九式，非常難練，但爲了使讀者諸君在研究奇門遁甲時，能得更高深境界，在此介紹九式連貫法，以開發讀者諸君的奇門靈力，得到奇門遁甲的精髓。

九會曼荼羅的階段及九字印證圖

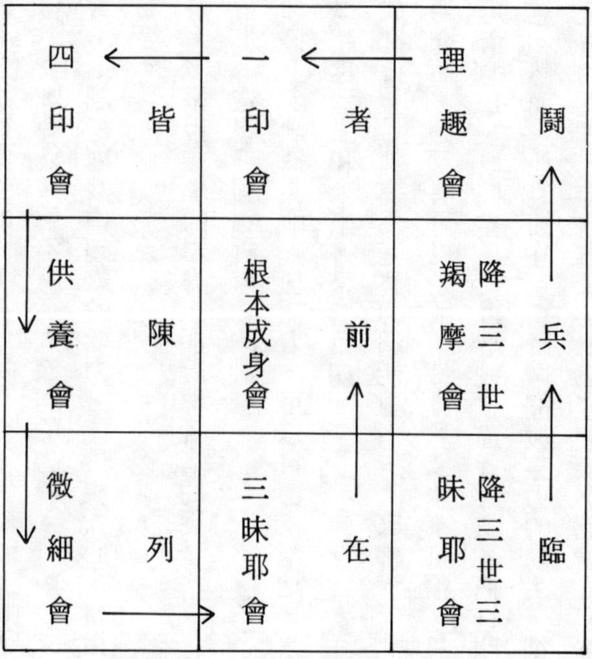

（圖 一一一）

奇門天書靈力開發九式密法

本章介紹的九式連貫，是奇門天書的修練基礎，學會了本法，再配地書的遁甲盤運用法，將是一種超逸絕塵的境界。

首先介紹九式連貫法，再介紹如何將天卷、地卷的奇門遁甲配合運用。

結印：

奇門遁甲天卷修習，首重結印，現介紹方法如下：

圖一一二是獨鈷印，又稱不動根本印，是九式中的「臨」字訣手印。其結印法是將左手與右手向內合後，把兩食指豎起吻合。

圖一一三爲大金剛輪印，是九式中「兵」字訣手印。其結印法是把兩手掌向內豎立後，食指亦順向豎立，中指纏上食指。

圖一一四爲外獅子印，是九式中「鬪」字訣手印。結印法是左右手掌向上豎立後，把中指、食指交叉纏住向內彎下，拇指、無名指、小指豎立合之。

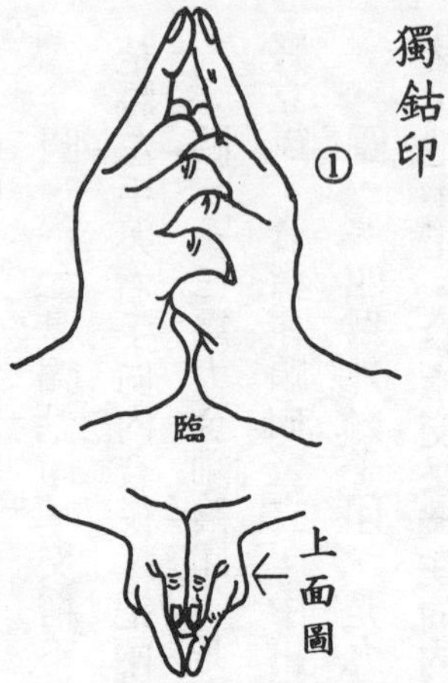

（圖　一一二）

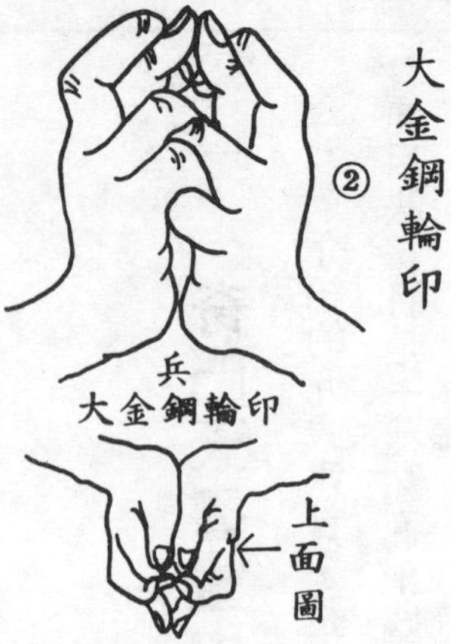

（圖　一一三）

圖一一五爲內獅子印，是九式中「鬪」字訣手印。結印方法把左右手以中指纏住無名指。拇指、食指、小指豎立即可。

圖一一六爲外縛印，是九式中「者」字訣手印。結印方法把兩手掌向外組合起來，右手的拇指要在外側。

圖一一七爲內縛印，是九式中的「陣」字訣手印。結印法是左右十指互相交叉後，向內組合起來，但左手的拇指要插進右手掌手指下。結印時要用力才有效。

圖一一八爲智拳印，是九式中「列」字訣手印。結印法是把左手掌食指立起之後，其他四指向內彎下。右手掌的

外獅子印

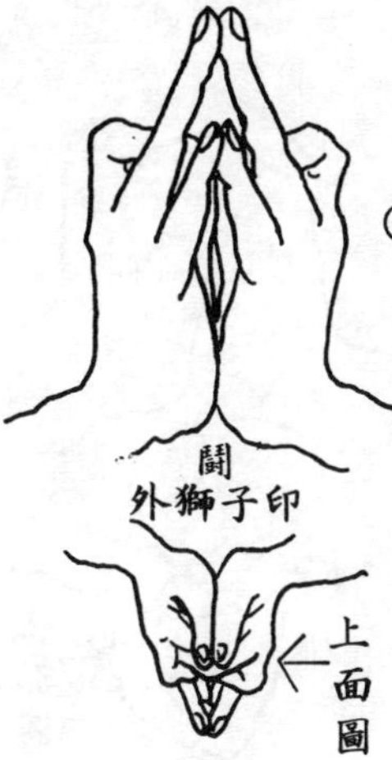

（圖　一一四）

內獅子印

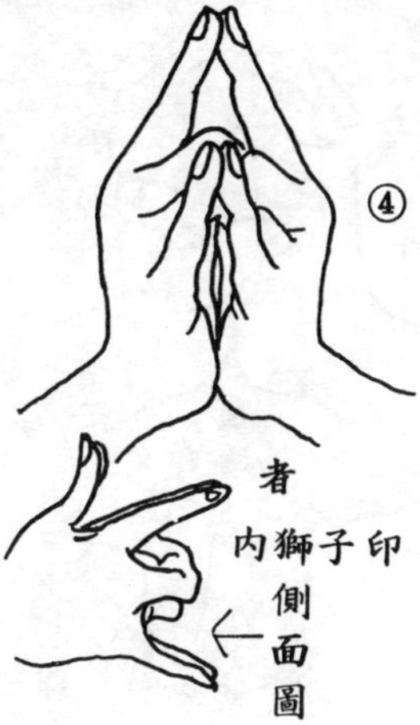

（圖　一一五）

指頭去抓左手的食指。

圖一一九為日輪印，是九式中「在」字訣手印。結印的手法把左右手的拇指與食指尖端互相接住，其餘各三指則分散開。

圖一二〇為隱形印，一稱寶瓶印，是九式中「前」字訣手印。結印的方法左手輕輕的握拳，右手由上面展開蓋住左手。

九個手印要反覆練習，才能熟練，熟練後再進入深一層的習練下面介紹的靈力開發法。

學會了奇門遁甲地書，只是掌握吉凶運用，加上天書的話，則不僅自助，尚能助人、救人。因此，在此公開的天

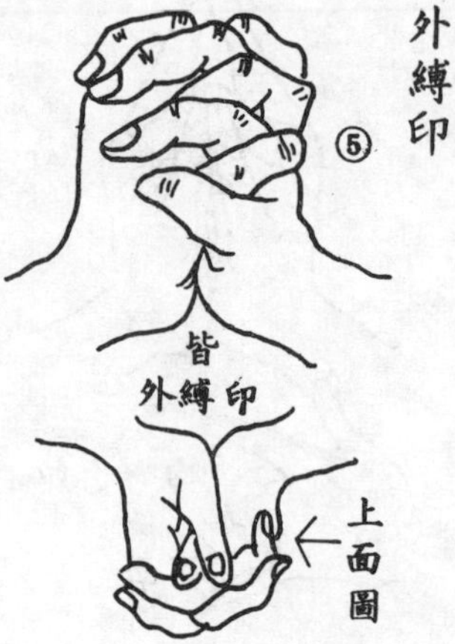

（圖 一一六）

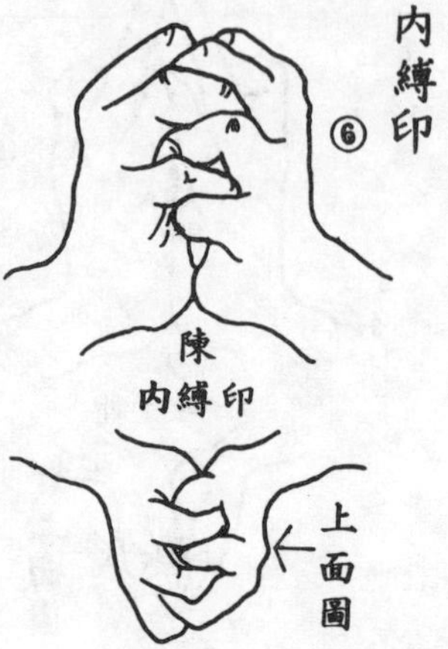

（圖 一一七）

書秘訣，希望讀者諸君能反覆習練，早日有成。

圖一一一，一一二是九字手印的連續動作，修練方法如下：

首先要記住手印的結法，然後以站立或半伽坐，或蓮花坐法。

練時，集中精神，按1至18的順序，結印時要連續不斷，如行雲流水一般。（參看圖一二一及圖一二二）

無論站立或坐著，均需挺胸、收緊下顎、眼睛向前平視。如圖一二一之1所示。

程序：首先輕輕合掌，其次以「外縛印」於手指頭增加力量束緊，然後又把指頭放齊回到原先合掌。把合掌的手

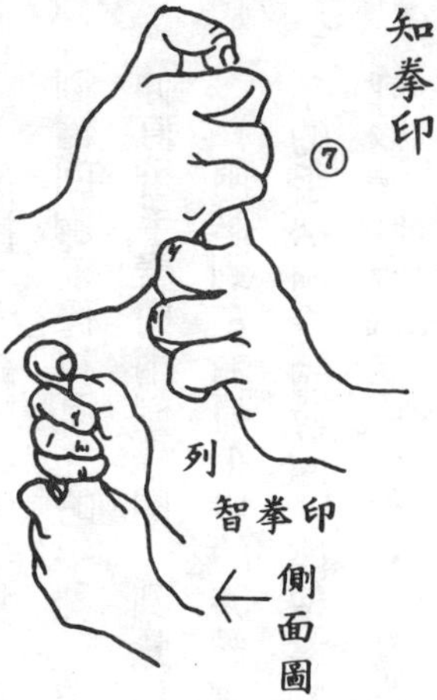

（圖　一一八）

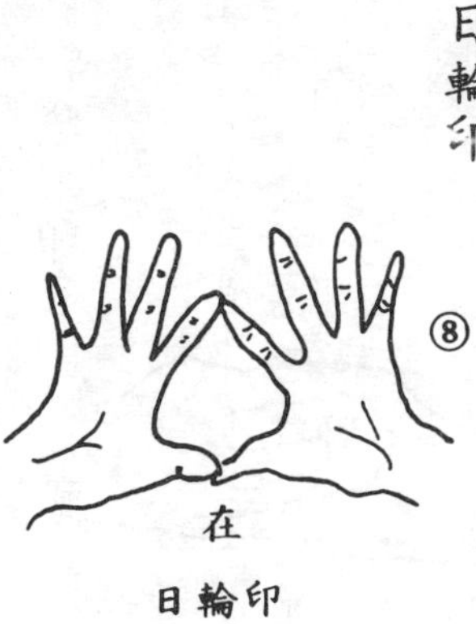

（圖　一一九）

向前方伸出。兩手向前伸直後向左右伸開，把手掌翻上，然後手臂移到頭上，在頭上合掌。到此爲圖一二一的4。

合掌的時候拍一次清脆的聲音，越大越好，然後把手放到齊胸的高度，並在途中結成「臨」字訣的「獨鈷印」以「獨鈷印」的手勢在齊胸的高度向前推出，此時指尖要用力。然後把手臂收回，在收回的途中變換爲「兵」字訣的「大金剛輪印」。到此爲圖一二一的6。

「大金剛輪印」在胸前直立，向上擦過鼻尖到頭上，到頭上伸直之後變換爲「鬪」字訣之「外獅子印」，然後拉回到胸前的位置，到此爲圖一二一之8。9。一直向前推出；然後保持手勢縮

隱形印

⑨

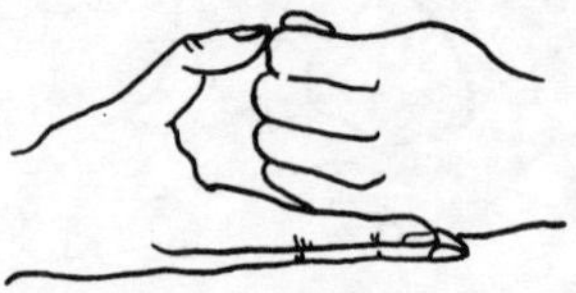

（圖 一二〇）

回身前，擦過鼻子前面舉到頭上。

舉伸到頭頂後變換為「者」字訣之「內獅子印」，把臂再拉下到胸前，接著向前推出，一如前述的「外獅子印」一樣。再收回到胸前，立掌後改換為「皆」字訣之「外縛印」，向前推出同時倒掌，到此為圖一二二之12。推到盡頭時手掌用力，立刻收回到胸前，並變換為「陳」字訣之「內縛印」。

保持「內縛印」的手勢，和做「外縛印」的時候一樣，向前倒掌伸出、用力，立刻縮回胸前保持原先的手勢，擦過鼻前舉到頭上。在頭頂上解印，變換為合掌，然後伸直著手臂向兩側分開，到此為圖一二二之14，在分開的同時翻掌向下。

兩掌到左右肩平肩的時候迴旋到前方，在身體直前合掌同時拍出一聲掌聲。以合掌的手勢向身體收回，停留在胸前，然後變化「列」字訣之「智拳印」。在此做一次呼吸，呼吸過後手仍保持「智拳印」擦過鼻梁前往頭上伸直，在頭頂上變換為「在」

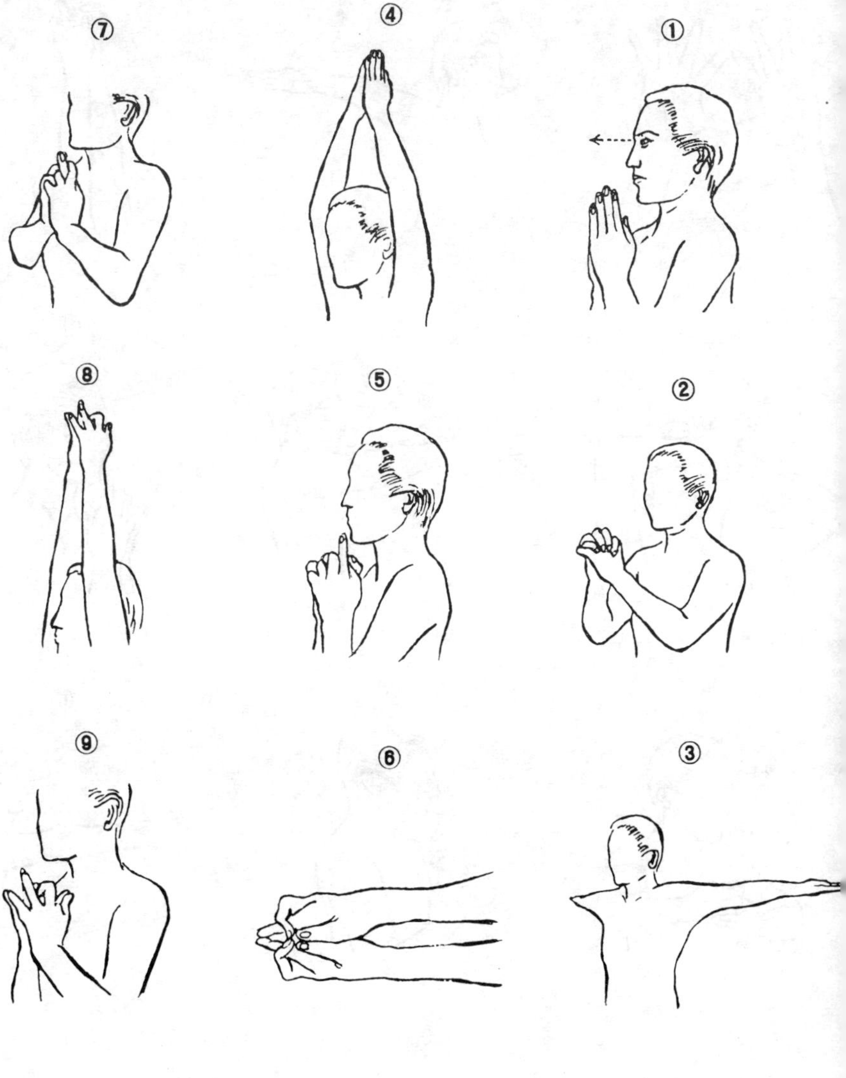

(圖 一二一)

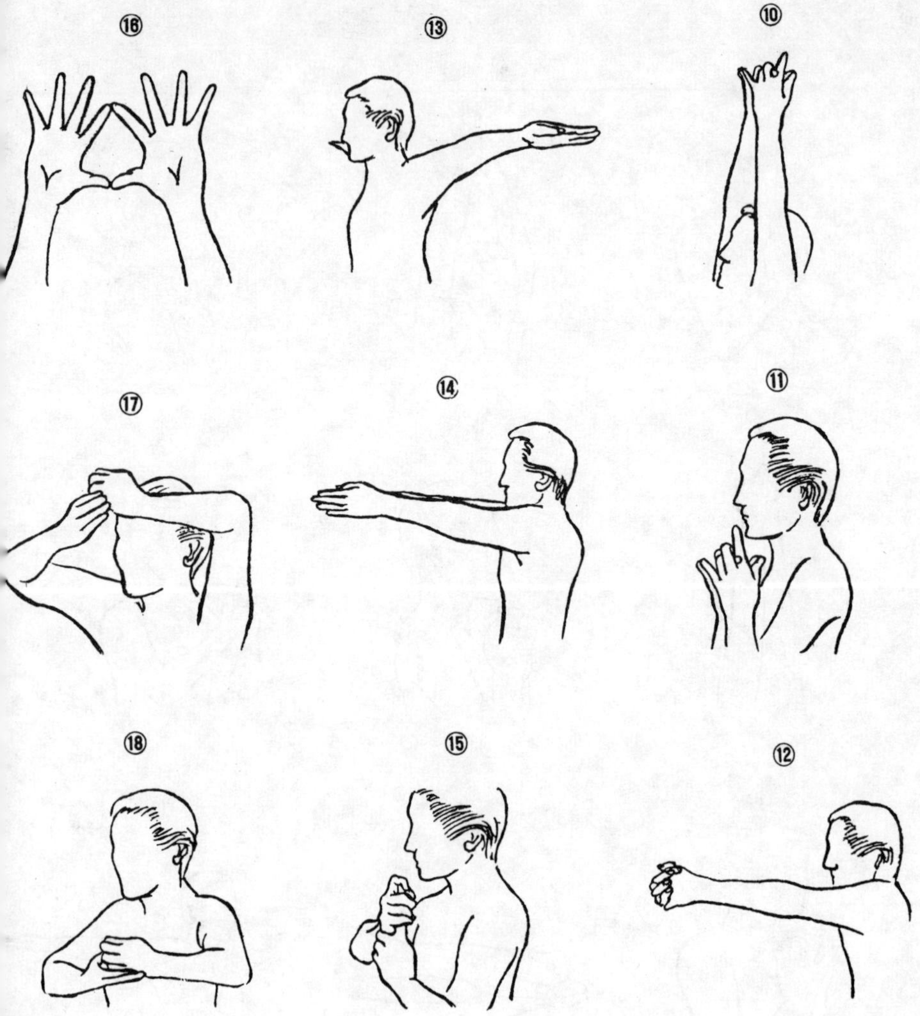

(圖 一二二)

字訣之「隱形印」。再慢慢收回到胸前，然後停止，到此為圖一二二之18。

也許讀者諸君會覺得很煩，但只要對照圖文，仔細看過幾次，相信必有所悟。

在運行當中要注意的，除了「智拳印」和「日輪印」稍需停頓外，要始終維持流水般的自然動作。手印向前推出時吐氣，收回時吸氣；向上舉起的時候吐氣，向胸前收回時吸氣，務必留意呼吸的順序。

最主要的，要將神經和意識集中在指尖上，在舉向上方或前方時，指尖要用力。

場所的選擇，不管晝夜，只要安靜的地方，能集中意念就可以了。在夜間練習時，最好能熄掉燈火，在面前三尺處點一燭火，使意識集中。最好每天練習，每次一小時或半小時為主。

這九字手印，是奇門天書中的一個最實用密法，千萬不要小看了它，筆者十多年來，修習此項密術，使筆者練成奇門天書中的「金剛伏摩指」，以及「消遙掌」法，對開發靈力，有很大幫助，並且多次解救了筆者的危機，也救助了不少人。

也許有些讀者會問，修習這九式，如何能開發靈力，在此筆者特別再解釋清楚。

在本書開頭就提過，奇門遁甲是一個電氣學，運用好的電氣感應，來產生和人體的靜電發生最和諧的調和。而在奇門遁甲地書中所提到的遁甲盤的排法、運用，都是掌握時空自然，但對本身的本能潛在電氣感應，並沒有掌握到。然奇門天書的修習，就是要使我們的腦筋明白而清晰，能集中高度的思考力、靈敏力，使身體健康，且能激發體內的靜電感應，使我們自己的體內靜電，能夠和外界溝通，而產生感應，這種感應使您具備了第六感的超能力，能預先在危機前有一種感應，而化除之。

能掌握住本身的潛能，又能夠有效的運用遁甲盤，自然勝利就是非您莫屬了。至於不少人要求筆者公開以靈力開逢賭必勝法，恕不能公開；因爲，賭是不正當的事情。

也有人問筆者，何以習手印會使身體健康，這是一個很好的問題。

人體中有十二條正經，分管十二臟腑，其中有六條經過十指，所以在結手印時，手指互動，引動指上神經靜電，循此經路通到內臟，達到強化內臟功能，所以能強身。另外還有很多因素，此可參考黃帝內經靈樞一書。因爲這是屬於五術中醫之範圍，在此不再詳述。但以筆者本身修習的經驗，加上筆者多年針灸、醫學經驗，可以保證，修習奇門天書的九字手印法，是非常有益身心的。

由圖一二三－一二五。可以看出古人的健身運動，也是配合時空而各有其變化的。圖一二三－一二四爲陳希夷二十四節氣內功圖，圖一二五爲奇門天書中重訂六十四

（立　春）

（正月節雨水）

（驚蟄二月）

（春　分）

（清明三月）

（穀　雨）

（立夏四月）

（小　滿）

（芒種五月）

（夏　至）

（小暑六月）

（大暑）

（圖　一二三）

（秋　分）（白露八月）（處　暑）（立秋七月）

（小　雪）（立冬十月）（霜　降）（寒露九月）

（大　寒）（小寒十二月）（冬　至）（大雪十二月）

（圖　一二四）

卦氣圖配合時空圖

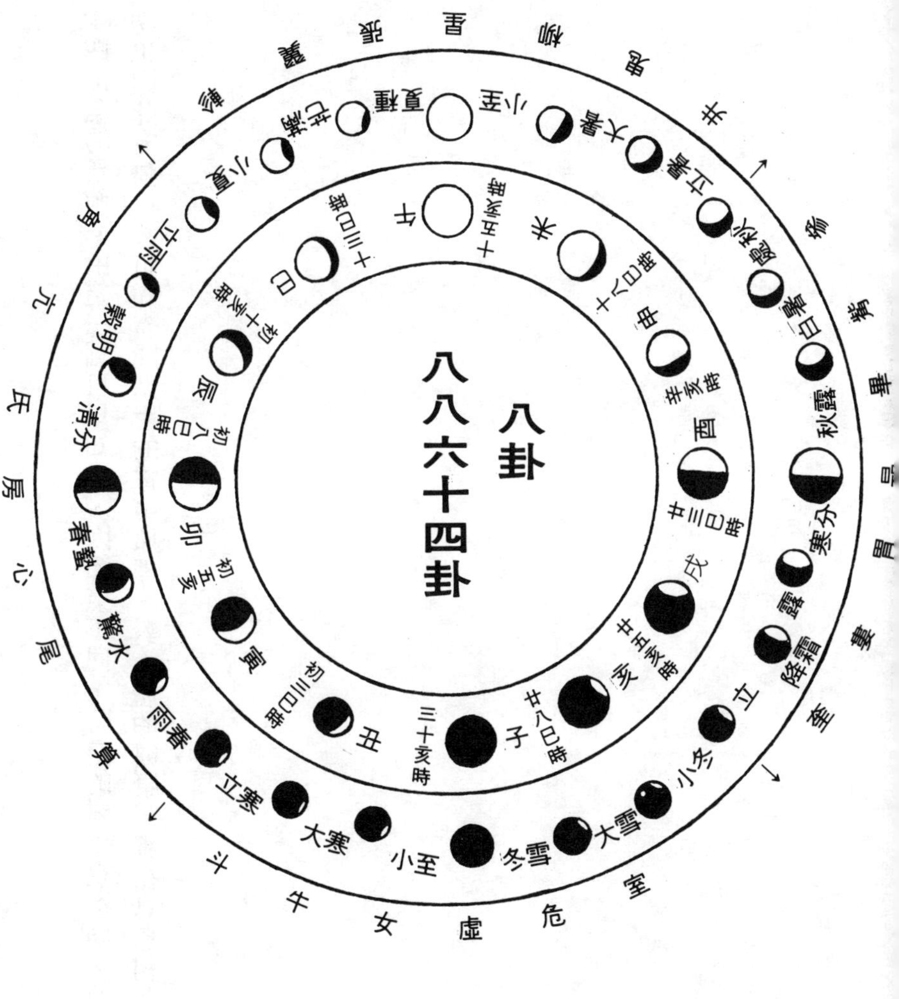

(圖 一二五)

配二十四節氣的新解。由這三圖可以知道，因節氣不同，時空的變化也不同，而人體的內功也因此有變，故可知奇門遁甲的電氣原理，對人體的健康，實在息息相關。

武侯八陣圖兵陣介紹

「功蓋三分國，名成八陣圖；」八陣圖的奧妙，是每一個研究奇門遁甲的人，鍾心所嚮往的。可嘆神州蒙塵，未能赴長江三峽，親觀武侯所佈八陣圖。

八陣圖是否眞的有那麼高深的威力，能以數十堆亂石，因東吳大將陸遜於其中，不得破陣追殺劉備。據三國演義八十四回「陸遜營燒七百里，孔明巧佈八陣圖。」中對此陣有如下記載：

「却說陸遜大獲全功，引得勝之兵，往西追襲。前離夔關不遠，遜在馬上看見前面臨山傍江，一陣殺氣，冲天而起；遂勒馬回顧衆將曰：『前面必有埋伏，三軍不可輕進。』即倒退十餘里，於地勢空闊處，排成陣勢以禦敵軍；即差哨馬前去探視，回報並無軍屯在此。遜不信，下馬登高望之，殺氣復起。……令心腹再往探看。回報江邊上有亂石八九十堆，並無人馬。……問之土人曰：『此處地名魚腹浦。諸葛亮入川之時，驅兵到此，取石排成陣勢於沙灘之上，自此常常有氣如雲，從內而起。』……但見四面八方，皆有門有戶。遜笑曰：『此乃惑人之術耳，有何益焉！』遂引數騎下山坡來，直入石陣觀看。部將曰：『日暮矣，請都督早回。』遜方欲出陣，忽然狂風大作。一霎間，飛沙走石，遮天蓋地，但見怪石嵯峨，槎枒似劍；橫沙立土，重疊如山；江聲浪湧，有如劍鼓之聲。遜大驚曰：『吾中諸葛之計也！』急欲回時，無路可出。……忽見一老人立於馬前笑曰：『將軍欲出此陣乎？』……老人策杖而行，徑出石陣，並無所礙，送至山坡之上……答曰：『老夫乃諸葛孔明之岳父黃承彥也，昔小婿入川之時，於此佈下石陣，名『八陣圖』反復八門，按遁甲休、生、傷、杜、景、死、驚、開。每日每時，變化無端，可比十萬精兵。……老夫適於山巖之上，見將軍從死門而入，料想不識此陣，……老夫平生好善，不忍將軍陷泥於此，故特自生門引出也。』……」

小說家的文詞，有時是誇大了一點，但陸遜為八陣圖所困，卻是千眞萬確。其實，八陣圖的擺設，是依奇門遁甲八門九星原則，自然能因時辰不同，而千變萬化，而自有一股特殊的電氣感應在此陣圖中，當走錯路時自然逆了電氣原理，無法出陣。也就是說由生門走入的時候，只有平靜的感應，而由死門因電電氣感應，使人猶如置身驚濤駭浪的死地一般。

電影，武俠小說也不斷介紹奇門天書中陣法，進得去卻出不來。筆者雖未能親觀八陣圖，但依奇門天書中陣法而研究，深覺有其道理，目前正在試驗階段，待印證後自然會將此法公佈出來。並且設一個八陣圖來讓大家走走看，在此則先將理論介紹出來。

八陣圖迷宮原理

奇門遁甲的方陣學，以及八門五行生剋，是八陣圖原理。八陣圖爲迷宮一種，有八門，依休、生、傷、杜、景、死、驚、開而佈。另有二門依陰陽儀而佈，四門依四象門而佈。以八門較爲深奧，故在此專論八門。

八門陣圖佈法，是依八八六十四卦組合而擺設，六十四卦組合法如圖一二六。圖一二六是六十四的平衡方陣，數字都是相加等於二六〇。因爲八陣圖是以數理爲主，故不介紹八卦平衡法則。

至於此平衡法則的由來可由圖一二七，圖一二八得到法則。圖一二七是按斜角正位順佈一至六十四的數字，圖一二八則是反佈，二圖合併即爲圖一二六的平衡。

1	63	62	4	5	59	58	8
56	10	11	53	52	14	15	49
48	18	19	45	44	22	23	41
25	39	38	28	29	35	34	32
33	31	30	36	37	27	26	40
24	42	43	21	20	46	47	17
16	50	51	13	12	54	55	9
57	7	6	60	61	3	2	64

（圖　一二六）

1			4	5			8
	10	11			14	15	
	18	19			22	23	
25			28	29			32
33			36	37			40
	42	43			46	47	
	50	51			54	55	
57			60	61			64

正佈（圖 一二七）

	63	62			59	58	
56			53	52			49
48			45	44			41
	39	38			35	34	
	31	30			27	26	
24			21	20			17
16			13	12			9
	7	6			3	2	

反佈（圖 一二八）

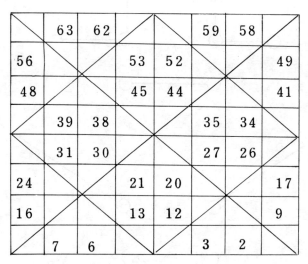

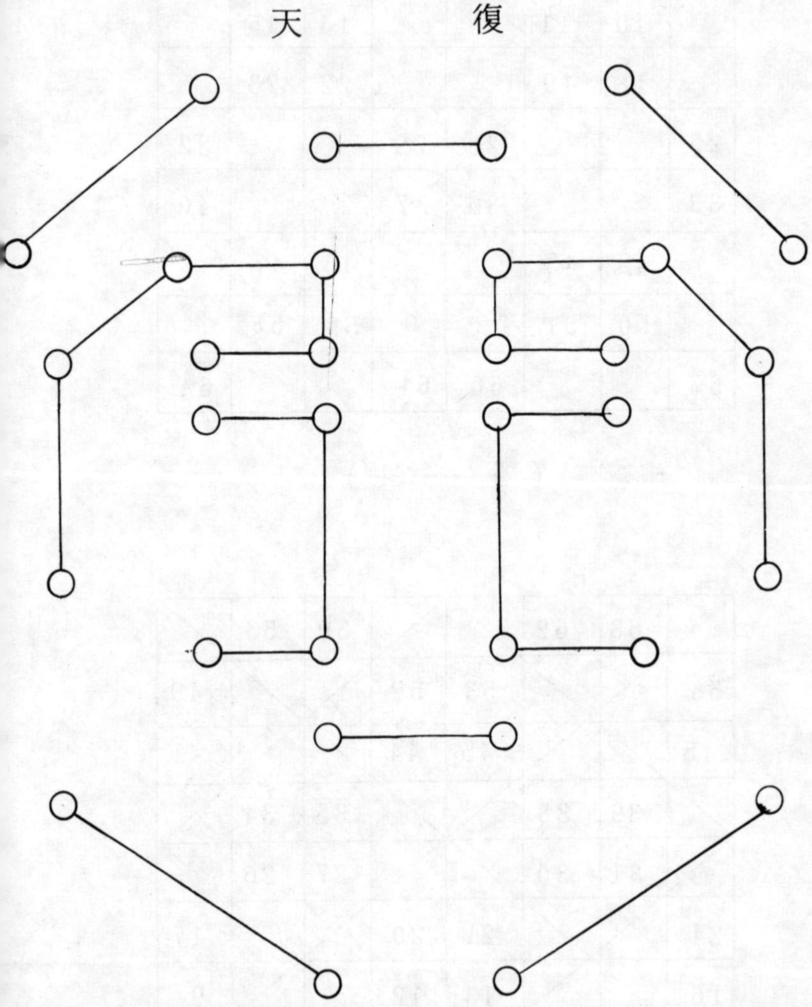

（圖　一二九）

地　覆

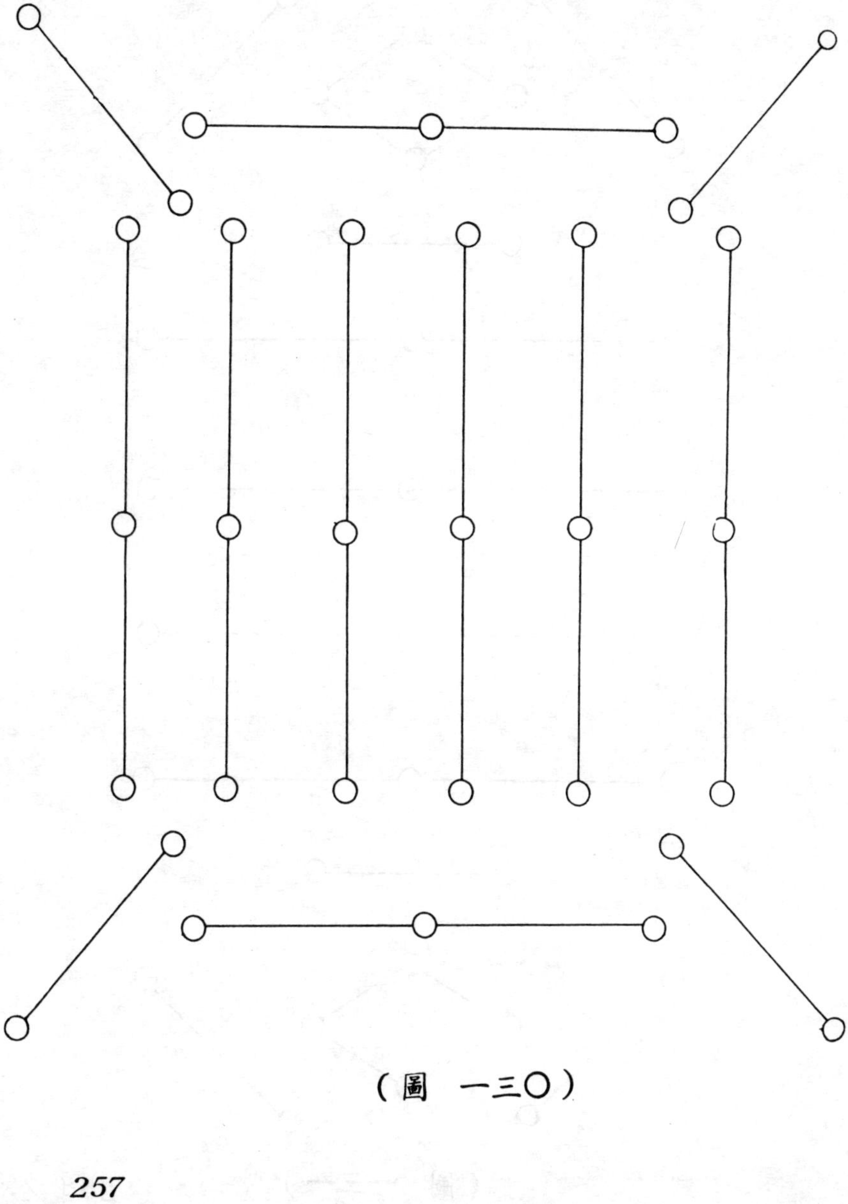

（圖　一三〇）

龍　　　飛

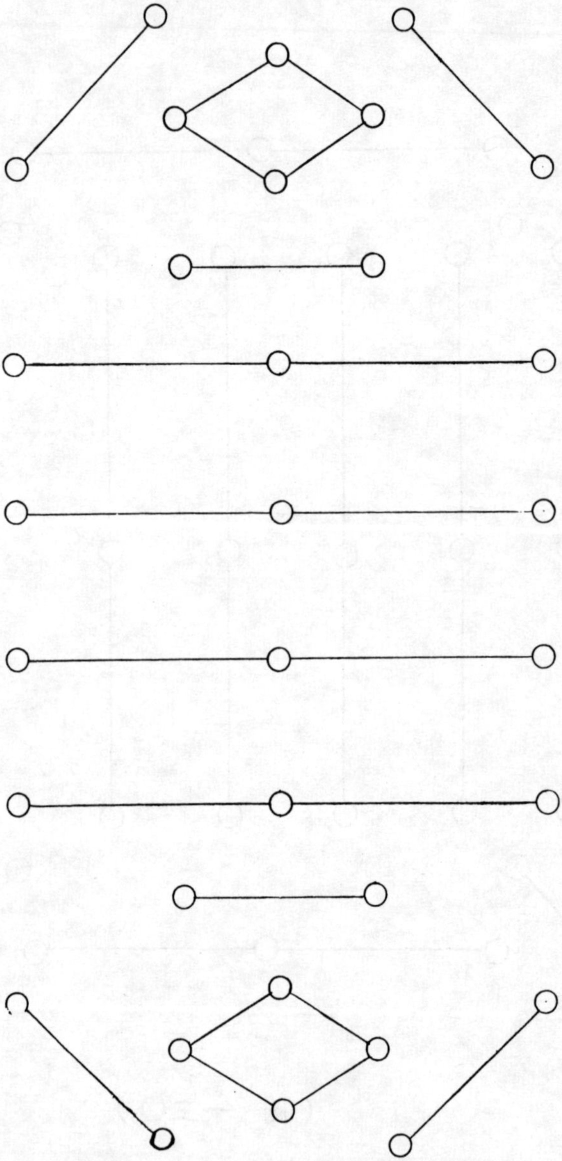

（圖　一三一）

蛇　　　蟠

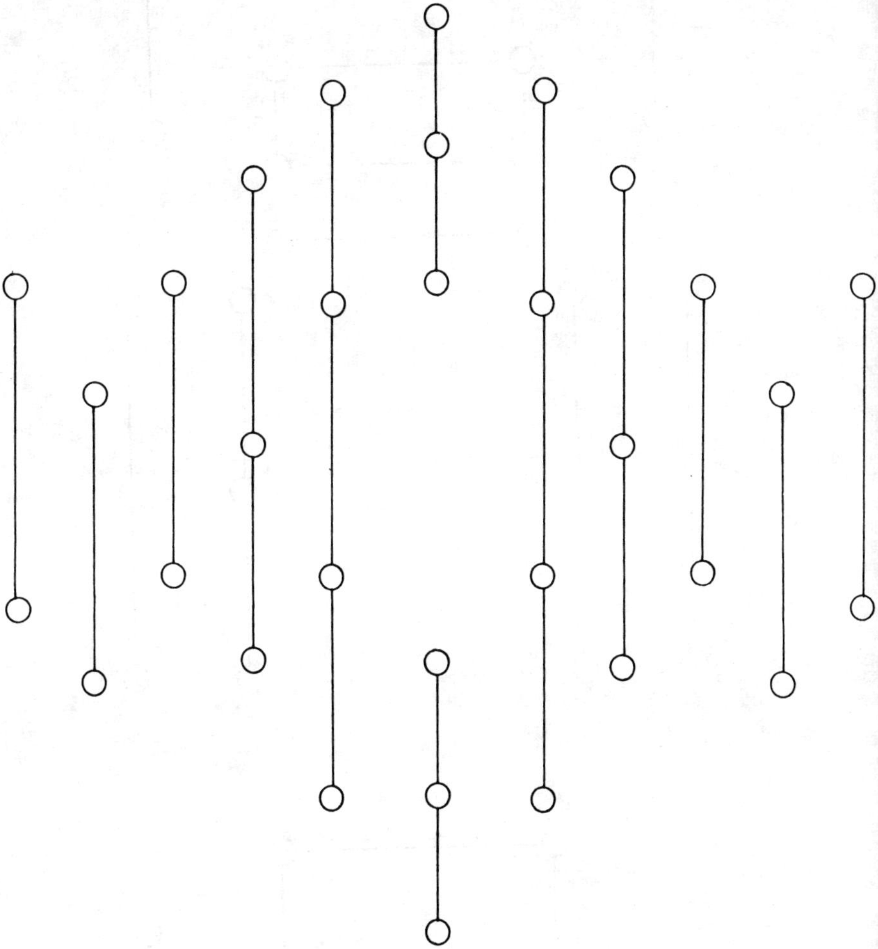

（圖　一三二）

虎　　　翼

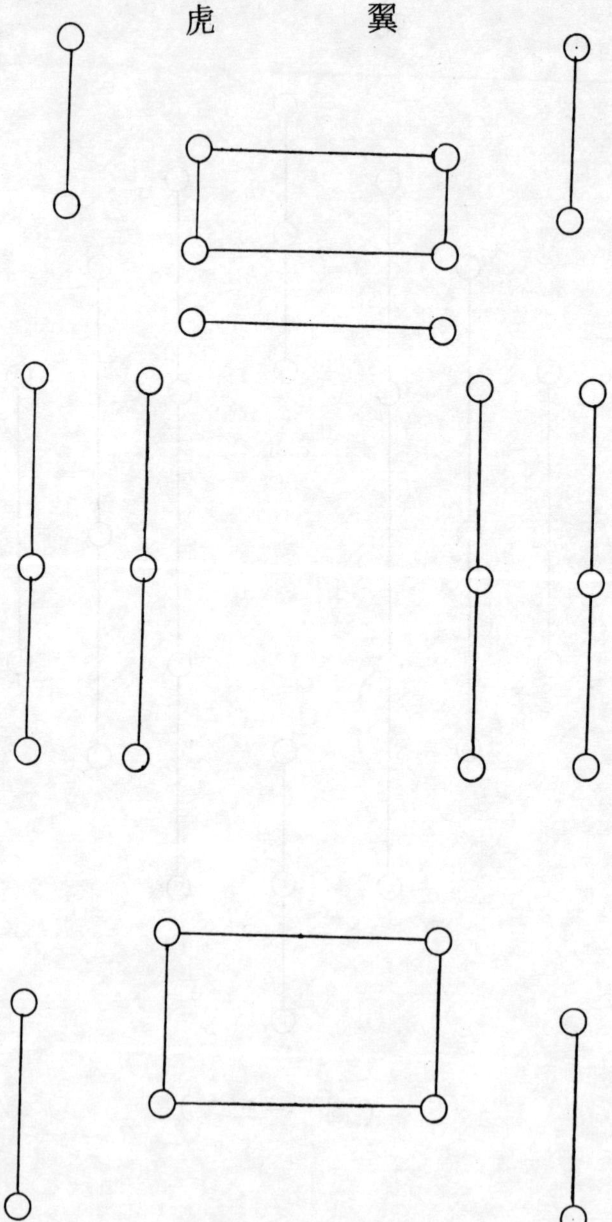

（圖　一三三）

鳥　翔

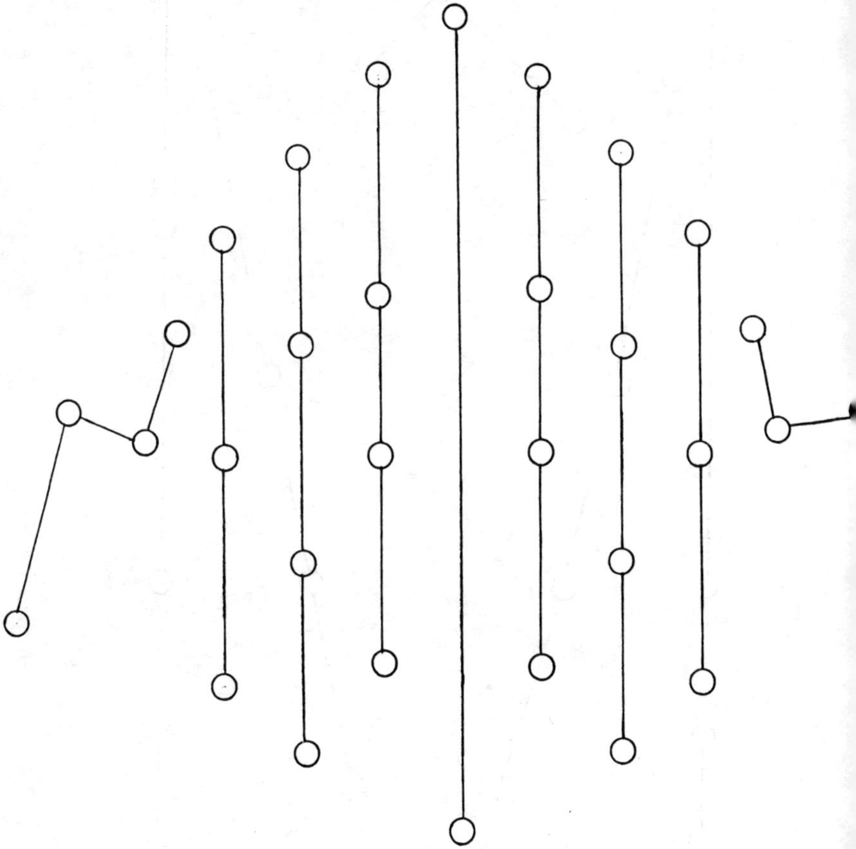

（圖　一三四）

風　　　　措

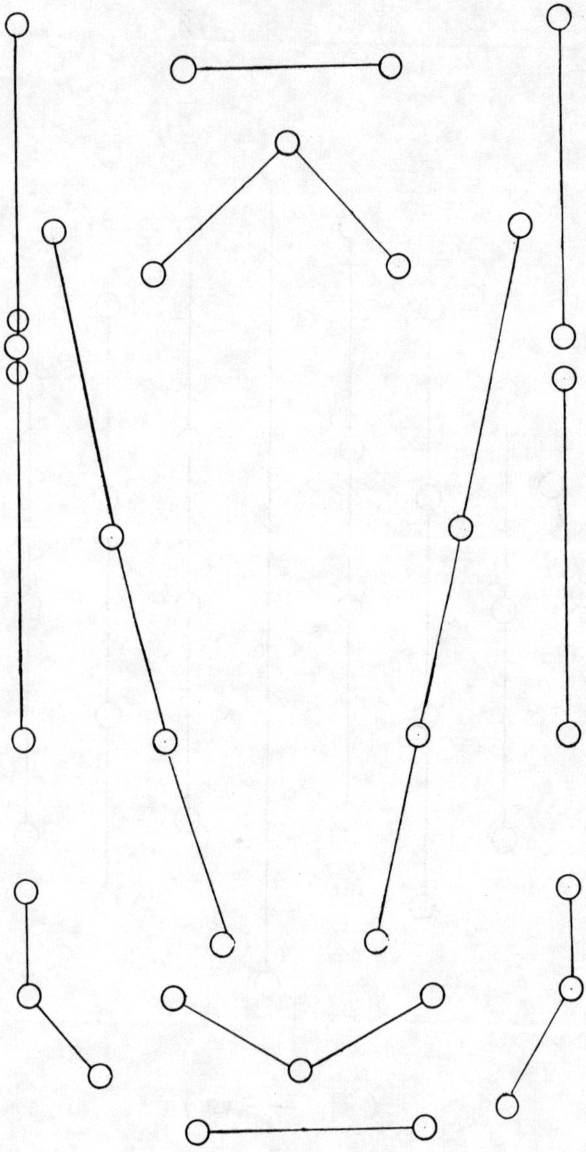

（圖　一三五）

風　　　　垂

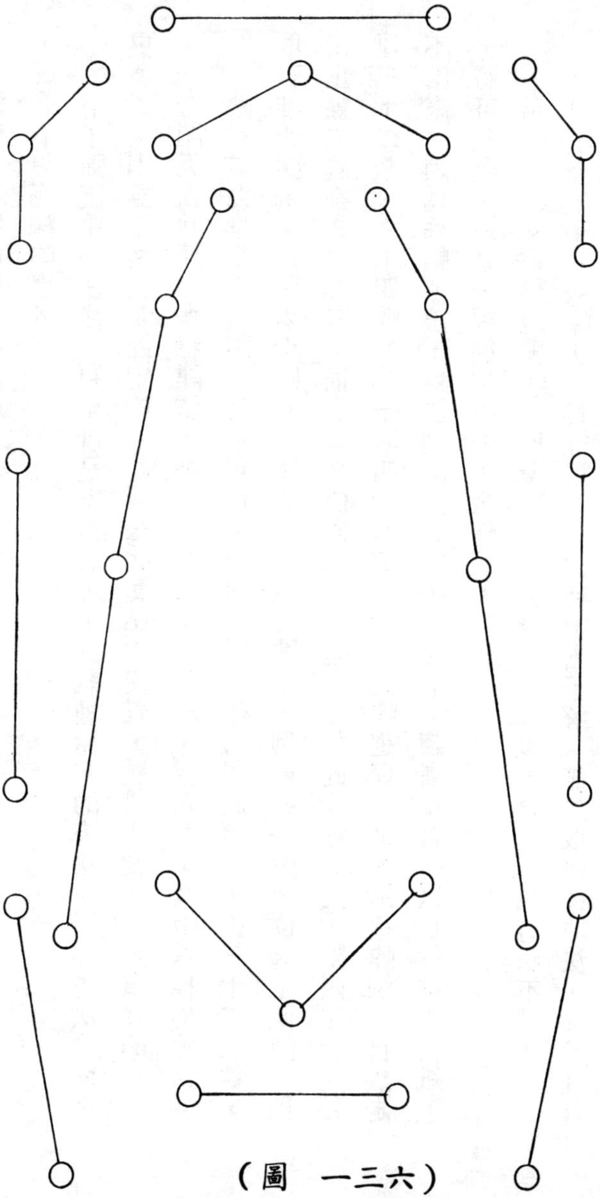

(圖　一三六)

如此一正一反的佈置，合於陰陽之道，實在是六十四卦的平衡法。

這種方陣現代科技可以用來做電腦內的平衡組合，而在古代，運用來佈出迷宮，卻含有更高深的奧妙。

有了陣圖平衡法後，再來就是安置石堆，或栽種樹木的方法。這種方法之變化更多了，因爲平衡法是固定的，如何在此範圍內安置，擺設妥當，才是重要的。

奇門天書兵陣中多種陣法，都是古代名震一時的，現在介紹其中八種佈陣法。

圖一二九稱爲天復陣，此陣可用於行軍佈陣，也可用此道理，依三十二位數，取石堆或樹木，按照六十四卦平衡法則擺設在陣上，例如在一的方位擺上此陣，則在正線位置都相同擺設，而在線外位置則倒反擺設，如此一陣二用，陰陽化合，每陣三十二數，六十四陣有二千零四十八數，不明此陣道理，進入這種陣法，自然走不出來，因爲篇幅所限，無法刊出擺設好後之圖形，讀者諸君可以自行排在大紙上，將可發現，這是一幅很深奧的平衡陣圖。

圖一三〇。稱爲地覆陣，地覆陣排法也是三十二數，只是排設方法不同。

以上介紹了八種陣法，實線相連是便利讀者了解，無論取何種陣法，佈於九宮六十四卦平衡迷陣上，都可以排成一種迷宮「八陣圖」，走得進去走不出來。

此種陣法，也可以結合運用於行軍打陣，安營佈兵之法，見圖一三七的總成圖。

爲了使讀者諸君能進入深一層體認，再附上八陣中成之圖，及武侯昔日行軍佈陣帶兵安營之八陣圖，以供讀者參考。

雖然現在的科技，已發展到太空，陣法已不管用，然而，若學會上述八種陣法，則無論住家排設，以及公司行號的辦公排設，都可以按照這種陣圖排設，如此可以吸收高度的電氣感應，若有庭院住家，更可依此栽種花木，達到陽宅最高深的健康、財利目的。（圖一三八從缺。）

禹步值人步斗法

禹步步斗法，是奇門遁甲天卷中的一門最高深學問，凡習禹步者，能得心應手未有也，即連武侯也是徒嘆奈何。

三國演義中第一百零三回中「上方谷司馬受困；五丈原諸葛禳星。」中提到武侯禳星記載如下：

「是夜孔明扶病出帳，仰觀天文，十分驚慌；回帳謂姜維曰：『吾命在旦夕矣

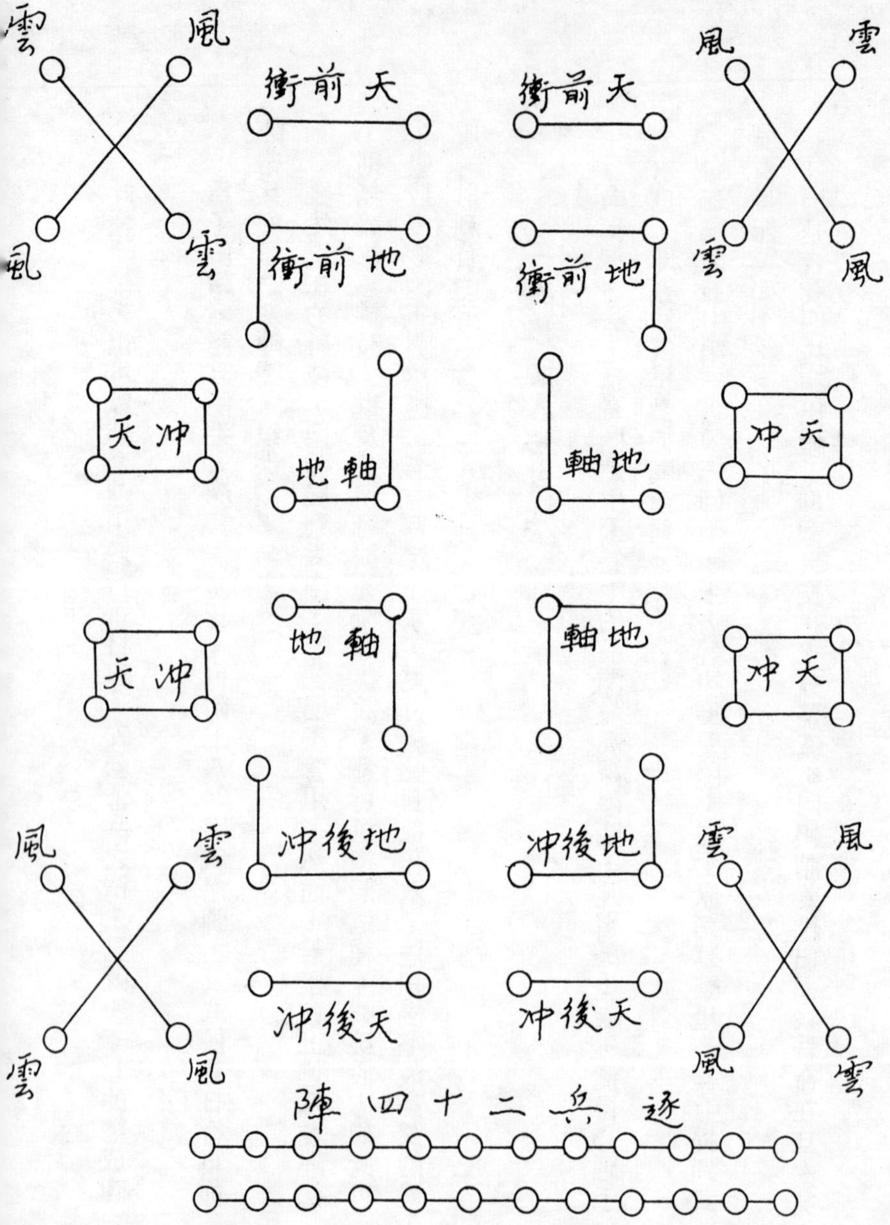

武侯行軍安營陣圖

（圖　一三七）

！』維曰：『丞相何出此言？』孔明曰：『吾見三台星中，客星倍明，主星幽暗，相輔列曜，其光昏暗：天象如此，吾命可知！』維曰：『天象雖如此，丞相何不用祈禳之法挽回之？』孔明曰：『吾素諳祈禳之法，但未知天意若何。汝可引甲士四十九人，各執皂旗，穿皂衣，環繞帳外；我自帳中祈禳北斗。若七日內主燈不滅，吾壽可增一紀；如燈滅，吾必死矣。閒雜人等，休令放入。凡一應需用之物，可令二小童搬運。』……孔明自於帳中設香花祭物。地上分布七盞大燈，於外佈四十九盞小燈，內安本命燈一盞。……孔明在帳中祈禳已及六夜，見主燈明亮，心中甚喜，姜維入帳，正見孔明披髮仗劍，步罡踏斗，鎮壓將星。忽聽得寨外吶喊，方欲令人出問，魏延飛步入告曰：『魏兵至矣！』延脚步急，竟將主燈撲滅。孔明棄劍而嘆曰：『死生有命，不可得而禳也！』……」

姑不論三國演義中記載是否只是小說家的說法。但天意如此，可見禹步禳星法，是一深奧天機。而在奇門遁甲天卷中，確實有禹步法，而且筆者本身也試練過，發覺對靈力的開發，及配合遁甲盤方位用法，都有很大幫助。

由於禹步步斗法，不在筆者誓言範圍內，因此，在此不敢藏私，詳細公開其法。

圖一三九是禹步七星圖，這是原圖，尚有兩種變圖，如圖一四〇、一四一，三種七星圖的功用是一樣的。

原則上，是以圖一三九及一四一爲主。但依場地不同，而可以視場地大小而定形，各星的距離都要相等。

練禹步法，首先要記得，須在清靜之室內，按南北方向，即跟北斗七星相同方位，畫下禹步圖。然後備七盞相同大小燭火，以燭火放置，依七星圖法，畫一個小形七星圖擺在桌上。每夜子時，將燭火點燃，再唸步斗咒。先唸咒語，到唸到「履天英兮」時，則右足踏天英步位，左足提起，唸到「度天任」時，則左足踏到天任，右脚隨提起，如此依咒語順序，可以順序踏到天柱、天心、天禹、天輔、天衝、天芮，到「出蓬時」則雙脚依次踏出七星圖外，再將剩下咒語唸完。

要注意的是，禹步法以七天爲一個單元，若一、二天順利完成，而第三天七盞燭火在步斗時，有一盞自行或外力因素熄滅，則前兩天的功夫就全功盡棄了。須停七天後再從新來過。

如此七天一個單元，越多單元的累積，可以使您的靈力，日益增加。其功效自

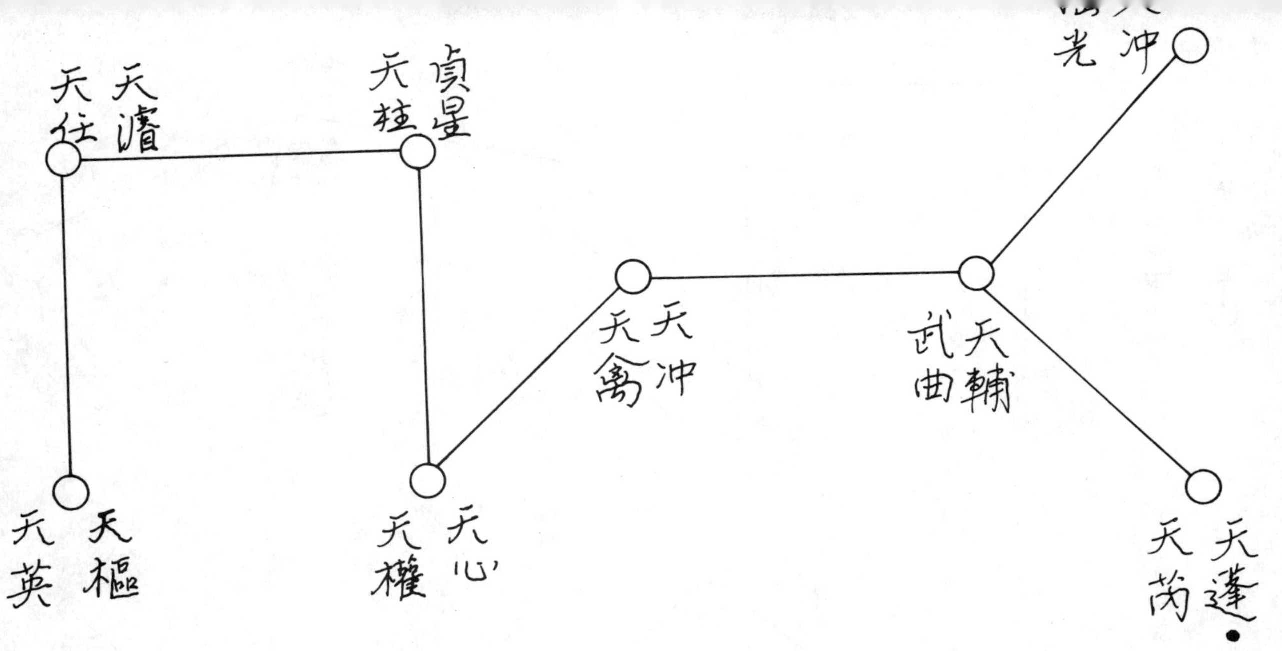

禹步七星圖一

（圖　一三九）

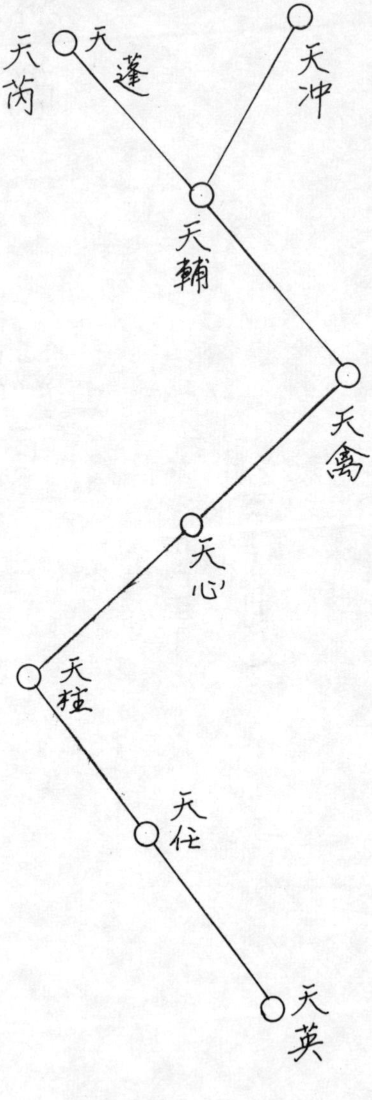

禹步七星圖二

（圖　一四〇）

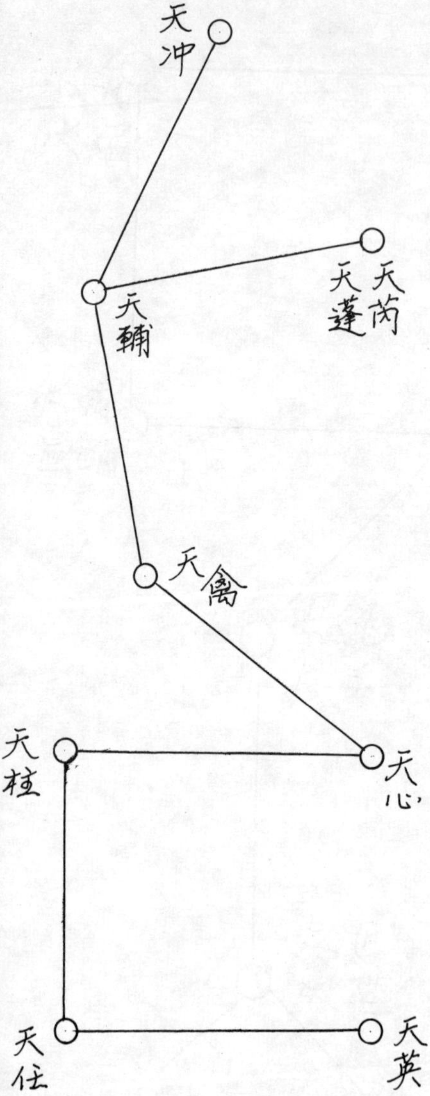

禹步七星圖三

（圖　一四一）

在不言中。

在心情不定，事務繁多時，不要修練，否則，徒增困擾，有凶無吉。

禹步咒語如下：

咒曰：斗要明兮十二神，承光明兮玄武陣。

氣彷彿兮如浮雲。七變動兮上應天，

知變化兮有吉凶，入斗宿兮過天關，

合律呂兮治甲乙；（以下之咒即入七星圖）

履天英兮度天任，淸令淵兮陸陵沉，

柱天柱兮擁天心，從此度兮登天禽，

依天輔兮望天衝，入天芮兮出天蓬；

（到此出七星圖）

斗道通兮剛柔濟，添祿祿兮流後世，

出冥明兮千萬歲，急急如律令。

四　劍道修練的高度禪機

挪移乾坤——金剛伏摩指練法

金剛伏摩指，是筆者以奇門遁甲天地書修習劍道十餘年來所悟到的。

學會了金剛伏摩指，不僅可以使思考敏銳，更能爲人治病，救人，打通經脈，以及能祛除心理的恐懼，置身於任何處境，均能鎭定如常，以最冷靜頭腦解決困難。

名稱的由來：金剛之意，爲金中之剛，取其利而能斷——堅利之義，能「堅」則歷百劫千生，流轉久道，而覺性不壞。能「利」則照諸法空，破無明障，無微不照。

「伏摩」又名「護摩」，梵文，爲「火焰」光明的意思。奇門天書中記載如來八法中，以大日如來佛主宰有火焰、光明，如聖火之光輝、燦爛，見圖一四二。取名金剛伏摩指，即爲燃燒自己，照亮別人的高度情操。

「火焰」，有光明的象徵，「火焰」，有提高心思的力量。是正義的表徵，掃

大日如來佛指劍

（圖　一四二）

除萬惡的象徵。金剛伏摩指，就是引出火焰，來達到劍道的禪境。

前面介紹的地卷劍道修煉法，只注重原本已學劍道的人，如何運用遁甲盤來修習。而在此天卷的「劍道」，則是超逸絕塵的境界。

這裡提到的「劍」，是「禪」劍，是一種氣，能和天地間溝通「氣」。是激發整個人全身精氣的「劍」。

要修習金剛伏摩指，首先要能夠熟練的排演遁甲盤。然後要清心、練氣。方能有成。

金剛伏摩指，是將全身的「氣」，逼到指尖上，以此來打通人體全身經脈，必要時，尚要引動「火焰」，使指頭能燃燒而不會有危險。以火焰來達到打通經脈及開發靈力的效果。

習練方法如下：

㈠以指劍、心劍、無劍來代替有形的劍

一個眞正劍道修煉者，他的範圍不應該只局限於有形的劍，而是由劍中悟禪，達到濟世救人的理想。

圖一四三爲指劍的手印，以指代劍，以心使意，劍氣由心發，充沛全身，再發動於指，這是「金剛伏摩指」的心法。

練此指法，先得練氣，手雖使劍，但心中不可有仇恨之氣，或雜念，也是說心中需「無塵」、「無劍」，如此才能發揮眞正的「禪劍」。這就是以指劍、心劍、無劍來代替有形的劍。

㈡練氣方法

練氣的方法，重點在於腹部呼吸的運用。一般呼吸的方法是肺部呼吸。肺部呼

指劍

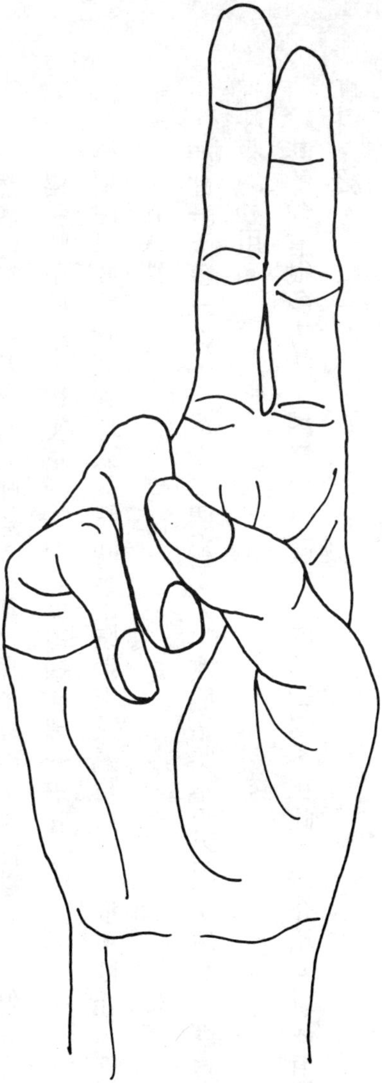

（圖 一四三）

吸是吸氣時腹部收縮，吐氣時腹部放鬆。腹部呼吸法則相反，其法如下：

一、閉口，用意在丹田，丹田在肚臍下三寸地方，然後舌抵上顎。

二、慢慢以鼻吸氣，一邊吸一邊將肚子脹滿。一直到氣無法再吸爲止。圖一四四。

三、然後吐氣，這時慢慢的吐氣，仍舊由鼻子吐出，越慢越好，一邊吐，一邊慢慢將肚子收縮，越慢越好，如此反覆練。圖一四五。

四、要注意吐氣時間要比吸氣時間長，原則上吸氣時用了A秒，則吐氣應該是一·五A秒。

如此一天練三次，一次十二個爲單元，剛開始時不大習慣，做久了就會發覺腹部呼吸的妙用。

其餘尚有很多方法，因屬於「醫」卷內功範圍，在此不作介紹。以後有機會再專書介紹。

㈢練神方法

學會了練氣，接著是練神。練神就是修煉眼睛，使人一見您後，就會有一種自嘆不如您的氣勢，這是劍道修煉的一個重點。

俗語說：「行家一出手，就知有沒有。」曾國藩提過：「邪正看眼神」，可見得眼神的修煉，是多麼重要。

練眼神的方法：

一、平坐或盤腿而坐，在眼前三尺處立一燭火，約與眼睛同高。見圖一四六。

二、以腹部呼吸法，吸氣後，將氣閉住，停在腹部，然後眼睛睜大，不可閉眼，要睜得越大越好。眼睛盯著燭火，看燭火的結構，將心思、意念，集中在這一點燭火上，此時會發覺燭火將有很多種變化，雖只有一點，卻包含不少物質。

三、到氣完全無法忍住時，吐氣，越慢越好，然後將眼神放鬆。雖然放鬆，仍舊不可閉眼，即使眼睛流淚也不行。

四、心中的意念要由吸氣到閉氣，即氣到眼睛、燭火，構成一條很完整的路線途。

五、反覆練習。要注意，十二次爲一個單元。一個單元完了才能閉眼休息。

六、戴著眼鏡不能練習，要拿下眼鏡。

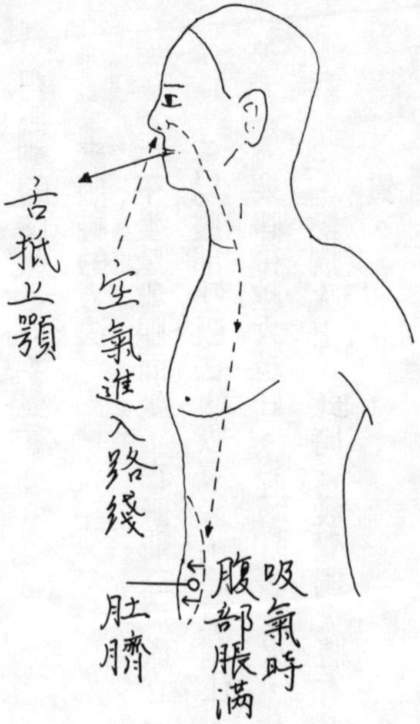
舌抵上顎
空氣進入路綫
吸氣時
腹部脹滿
肚臍

（圖一四四）

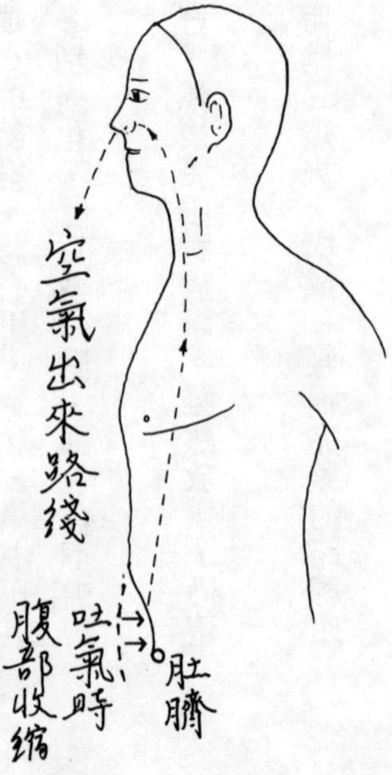
空氣出來路綫
吐氣時
腹部收缩
肚臍

（圖一四五）

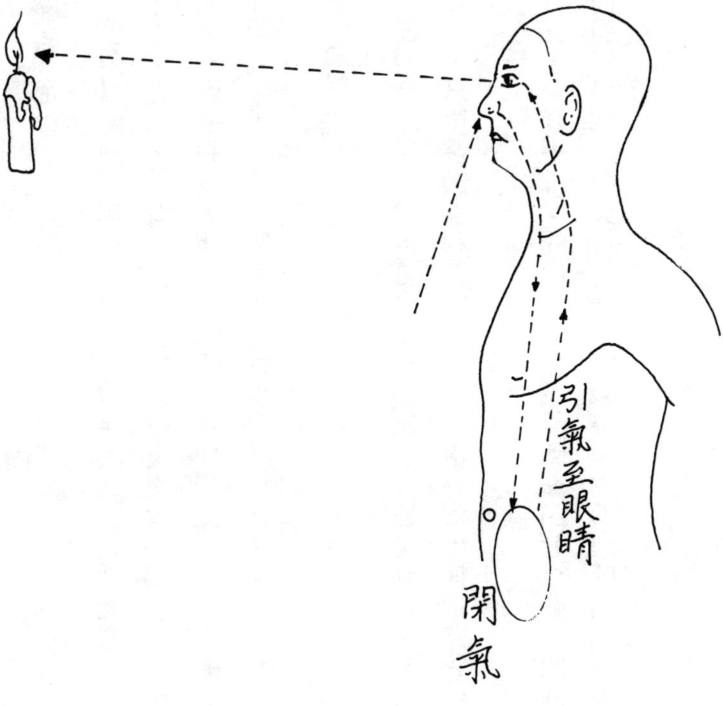

（圖　一四六）

七、練了一段時間以後，緊接著就是要以眼神、精氣來控制燭火。

㈣練意志法

練意志法，就是以您的意志操縱精氣、眼神。此法爲放鬆身體，自由呼吸。然後集中意志在大腦、眼睛，仍舊在面前三尺處置一燭火，心中想著，燭火搖動，或燭火熄滅，一直練到燭火能隨著你的意識而變化，此時您的意志力就很高了。再配合前面介紹九字手印法，當更能收到事半功倍效果。

㈤運氣於指劍

首先要排出練習時的遁甲盤，這已在前面劍道修煉提到過，不再介紹。排出遁甲盤後，只要選出吉利方位即可，不用再畫出前進路線途，然後依下面方位練習。

一、面向吉方位，兩脚平行，間隔約三寸，見圖一四七（圖一四八是錯誤的）。

二、然後在面前三尺處，自天可吊一枚古銅錢，約與眼睛同高，晚上則置燭火一盞。

假設南方是吉方位

正確

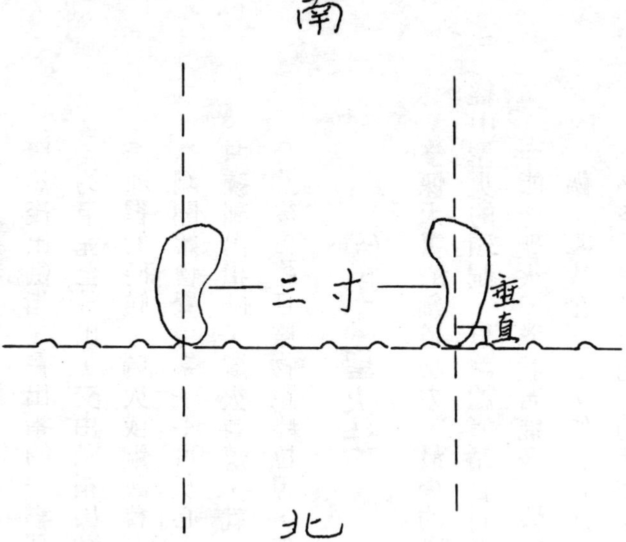

（圖　一四七）

錯誤

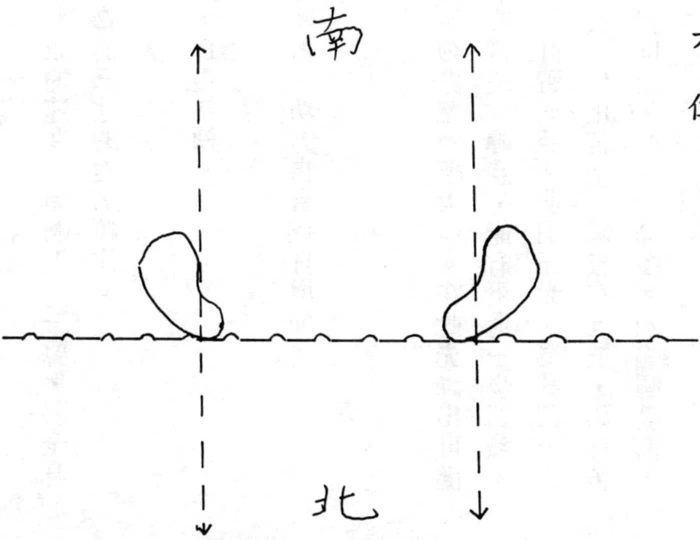

（圖　一四八）

三、手握劍指，心定神定，以腹部呼吸法吸氣、閉氣，眼睛直視面前銅錢或燭火，將全身意志逼到劍指的指尖。

四、然後出劍指，在出指的一霎那，口中以最短的速度，「喝！」一聲，將全身的氣完全放出，交由劍指出勁，在目標物前三寸的地方頓住。

五、練習的時候，燭火或銅錢會有輕微搖動。

六、剛開始會覺得累，不可灰心，休息片刻，再重新練。

七、練到出指時，燭火會熄，就是成功了。

八、然後再將目標物距離拉遠，如此不停的練習，功力自會逐日增加。

㈥引燃聖火法

修煉天書的劍道功力，最後的階段，是要能夠點燃「聖火」。在此先錄出可蘭經中聖火的頌詞，以讓讀者諸君對奇門遁甲中的哲理、禪意，能有更進一步認識。

「熊熊聖火，憐我苦痛多；憐我在世上，如許苦痛多。明明亮光，為我消災去禍；憐我在世上，如許苦痛多。炎炎聖火，焚化苦楚；憐我在世上，如許苦痛多。紅紅焰光，助我消災去禍；憐我在世上，如許苦痛多。烈焰解憂傷，熱力減災禍，願將俗世上，嗔、笑、愛、恨，一切歸聖火；憐我在世上，如許苦痛多；憐我在世上，如許苦痛多。」

由這段頌詞，我們可以了解，當您練成金剛伏摩指，引燃聖火時，這個聖火，是非常神聖的。因爲，祂是您全身精氣的集中，亦是您修煉奇門遁甲最高的成果、收穫。

要點燃聖火，要依如下程序：

一、先誦般若波羅蜜多心經一遍，經文如下：

觀自在菩薩。行深般若波羅蜜多時。照見五蘊皆空。度一切苦厄。舍利子。色不異空。空不異色。色即是空。空即是色。受想行識。亦復如是。舍利子。是諸法空相。不生不滅。不垢不淨。不增不減。是故空中無色。無受想行識。無眼耳鼻舌身意。無色聲香味觸法。無眼界。乃至無意識界。無無明。亦無無明盡。乃至無老死。亦無老死盡。無苦集滅道。無智亦無得。以無所得故。菩提薩埵。依般若波羅蜜多故。心無罣礙。無罣礙故。無有恐怖。遠離顛倒夢想。究竟涅槃。三世諸佛。依般若波羅蜜多故。得阿耨多羅三藐三菩提。故知般若波羅蜜多是大神咒。是大明咒。是無上咒。是無等等咒。能除一切苦。眞實不虛。故說般若波羅蜜多咒。

即說咒曰：

揭諦揭諦。波羅揭諦。波羅僧揭諦。菩提薩婆訶。

心經共有上、中、下三卷，而上卷爲精髓所在，在此只介紹上卷。誦心經是集中精神，摒除雜念。當然，如果讀者諸君是一個基督徒，天主教徒……亦有別種集中精神法，不誦心經亦未嘗不可。

二、燭火一盞點燃，另置七盞沒有點燃。再準備酒精一碗、水一碗、毛巾一條。

三、依遁甲盤取好吉利方位。（如果在爲人治病，或打通經脈時，因時空因素，可以從略。）

四、平心靜氣，依前面介紹指劍練法，貫氣於指，將指劍插入酒精中，然後集中心思，將心、腦、意、指達成一體，達到無我境界。

五、待感覺自己的氣勢達到飽和時，將指劍抽出酒精，伸到燭火前點燃，此時若手指不痛，就是引燃了「聖火」，若覺疼痛，則表示修煉火候不夠，應迅速插入水中打熄，待一段日子後再重練。

六、引燃的聖火，依各人功力而時間不同，可以試著點著蠟燭，剛開始可能只能點燃一根，就要插入水中熄滅。以後自然可以增加到七根都燃著。通常能點燃兩根蠟燭時，就已具備了奇門天書中的最深絕學——挪移乾坤心法，七層功力中的第二層，就可以打通經脈，爲人治病，以及開通自己的靈力了。

引燃「聖火」，是最高深禪境，是提昇自己到超逸絕塵境界。筆者目前已能引燃四根蠟燭，深知「聖火」的威力，不敢苟私，在此特別公開出來，希望能早日看到讀者諸君有人能夠引燃七根蠟燭。

㈦聖火提氣法

提氣法，就是提高精神、腦力、思考力。此法一通，能破除日常生活上一切凶險，並且能以第六靈感的力量，而免除不必要的痲煩、危險。

每天早上臨出身前，做一次「聖火」提氣法。可以使您這一日平安而愉快，有凶化除，有吉加吉。方法很簡單，只要先排出當日的遁甲盤，再選好最吉方位，再以引燃「聖火」方法，將蠟燭分七次引燃。然後將劍指指尖貼在眉心正中央，此時唸一遍「心經」。就可以輕鬆愉快出門了。如果尙未能「引燃」聖火，則只要貼住眉心即可，等能引燃時再加做。

爲什麼如此可以逢凶化吉。這可以由圖一四九中的人體大腦控制身體大穴得到印證，因爲大腦清醒，自然體內思考清晰，第六感、靈力都在提昇，產生一股強烈電氣感應，所以能對外面的時空感應，有特殊的力量去應付。這種大穴，在瑜伽、密宗稱爲輪。

㈧打通經脈治病法

圖一四八中，左邊爲穴道名稱，右邊爲密教中瑜伽輪的名稱。

打通經脈及治病法，是以金剛伏摩指救人。由於讀者諸君可能沒有研究過針灸、醫學，在此只介紹一般法則。此以幾個大穴爲主，即腎俞、膻中、中腕、印堂這四穴。

要了解此法，首先要懂得穴位。印堂、膻中、中腕已在圖一四九繪出。腎俞則見圖一五〇。各穴取法如下：

一、膻中：在兩乳的正中央穴上。

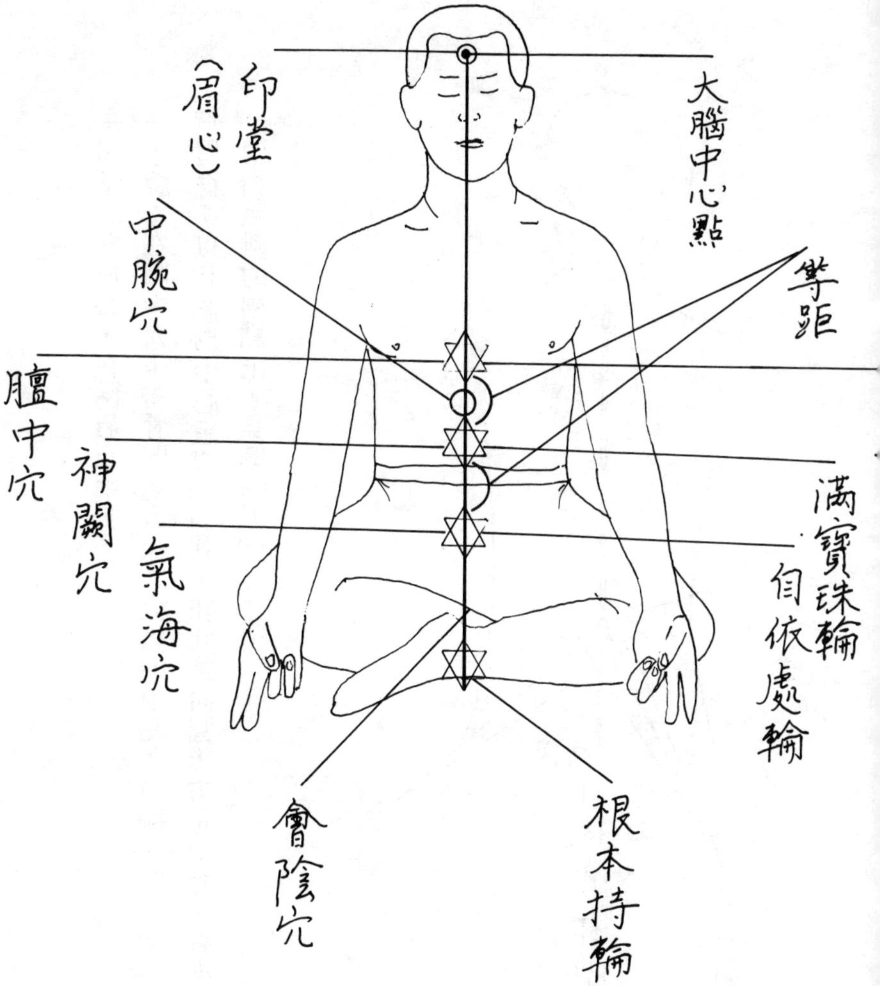

（圖 一四九）

二、印堂：即眉心，在兩眉正中央。

三、中脘：在膻中穴下胸骨凹處與肚臍直線的中點，見圖一四九。

四、腎俞：以肚臍爲中心虛畫一個圓，在肚臍同圓後方正中點，脊椎骨上排大約兩指距離的兩點上，見圖一五〇。

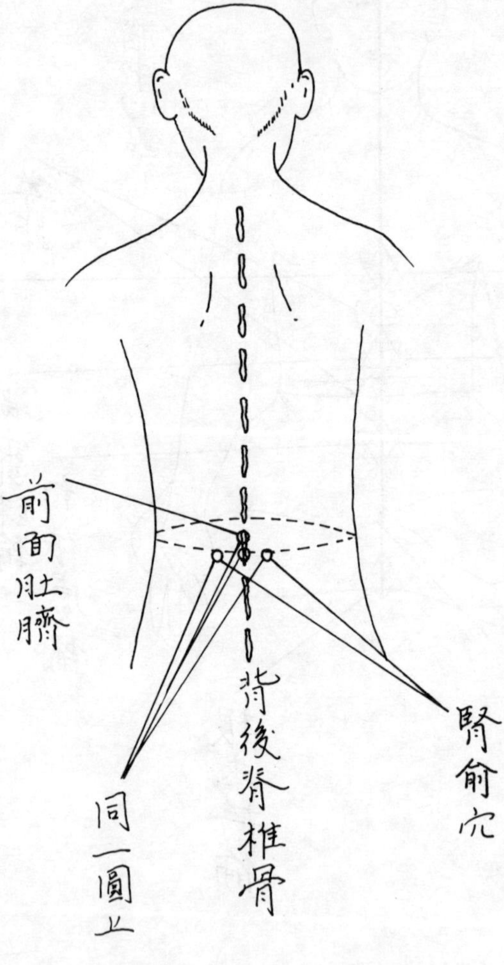

（圖　一五〇）

四個重要穴道找到了，再來就是打通經脈法。此法以金剛伏摩指的指力，依人的症狀而點在該用的穴道上。症狀情況如下：

印堂：腦力、思考力減退、火氣大等症狀。

膻中：胸痛、車禍、打架、運動等一切內傷。

中脘：胃痛、胃炎等一切腹痛及脾胃疾病。

腎俞：元氣虛弱、鼻塞、感冒、腎臟病及雙腳風濕等症狀。此穴須兩手練成指劍的人才能用。

依症狀，再選擇穴道，當然，不只這些，若全寫出來，則又必須加入針灸及中醫理論，與奇門遁甲脫節。而且，讀者諸君也不必學那麼多理論浪費時間，只要會此四穴也就差不多了。

方法：將金剛伏摩指貼在穴道上，採前面所言運氣逼至指尖法，再將氣以固定指力，打入穴道。依各人功力，而自然產生時間久長，但有打入就有效，勿勉強，否則反傷自己，救人是第一，但自己也要能撐住才是。以筆者目前的功力，能運氣一個時辰至兩個時辰，通常剛練成者，大概只有十分鐘功力，日後還會增加。當您的「聖火」能引燃越久時，就是您功力越增長的時候。

金剛伏摩指，到此介紹完畢，以筆者本身經驗，確實救過不少人，這是奇門遁甲中最深秘術，筆者在此公開此術，就是希望能有更多人學會，造福更多的人。這個指力，尚有很多妙用，筆者以後當再進一步詳述，而讀者諸君若在習此指法時有疑問，可與筆者連絡，筆者當坦誠以告，絕不保留，因爲，能救更多的人，能爲更多的人謀福，是筆者的心願，也是寫本書的宗旨。

附錄一　孫子兵法十三篇

始計篇第一

孫子曰：兵者，國之大事，死生之地，存亡之道，不可不察也。故經之以五事，校之以計，而索其情：一曰道，二曰天，三曰地，四曰將，五曰法。道者，令民與上同意也，故可與之死，可與之生，而不畏危也。天者，陰陽、寒暑、時制也。地者，遠近、險易、廣狹、死生也。將者，智、信、仁、勇、嚴也。法者，曲制、官道、主用也。凡此五者，將莫不聞，知之者勝，不知者不勝。故用兵之道，校之以計而索其情。曰：主孰有道？將孰有能？天地孰得？法令孰行？兵衆孰強？士卒孰練？賞罰孰明？吾以此知勝負矣！

將聽吾計，用之必勝，留之；將不聽吾計，用之必敗，去之。計利以聽，乃爲之勢，以佐其外；勢者，因利而制權也。兵者，詭道也。故能而示之不能，用而示之不用，近而示之遠，遠而示之近，利而誘之，亂而取之，實而備之，強而避之，怒而撓之，卑而驕之，佚而勞之，親而離之，出其不意，攻其無備。此兵家之勝，不可先傳也。

夫未戰而廟算勝者，得算多也；未戰而廟算不勝者，得算少也；多算勝，少算不勝，而況於無算乎！吾以此觀之，勝負見矣。

作戰篇第二

孫子曰：凡用兵之法，馳車千駟，革車千乘，帶甲十萬，千里饋糧，則內外之費，賓客之用，膠漆之材，車甲之奉，日費千金，然後十萬之師舉矣。其用戰也貴速；久則鈍兵挫銳，攻城則力屈；久暴師，則國用不足。夫鈍兵、挫銳、屈力、殫貨，則諸侯乘其弊而起，雖有智者，不能善其後矣！故兵聞拙速，未睹巧之久也。夫兵久而國利者，未之有也。故不盡知用兵之害者，則不能盡知用兵之利也。

善用兵者，役不再籍，糧不三載，取用於國，因糧於敵，故軍食可足也。國之貧於師者遠輸，遠輸則百姓貧。近於師者貴賣，貴賣則百姓財竭，財竭則急於兵役。力屈、財殫、中原內虛於家，百姓之費，十去其七。公家之費，破車罷馬，甲冑矢弩，戟楯蔽櫓，丘牛大車，十去其六。

故智將務食於敵，食敵一鍾，當吾二十鍾，萁稈一石，當吾二十石。故殺敵者，怒也：取敵之利者，貨也。故車戰，得車十乘以上，賞其先得者，而更其旌旗，車，雜而乘之；卒，善而養之；是謂勝敵而益強。故兵貴勝，不貴久，故知兵之將，民之司命，國家安危之主也。

謀攻篇第三

孫子曰：凡用兵之法，全國爲上，破國次之；全軍爲上，破軍次之；全旅爲上，破旅次之；全卒爲上，破卒次之；全伍爲上，破伍次之。是故百戰百勝，非善之善者也，不戰而屈人之兵，善之善者也。

故上兵伐謀，其次伐交，其次伐兵，其下攻城；攻城之法，爲不得已。修櫓轒轀，具器械，三月而後成；距闉，又三月而後已；將不勝其忿，而蟻附之，殺士三分之一，而城不拔者，此攻之災也。故善用兵者，屈人之兵，而非戰也；拔人之城，而非攻也；毀人之國，而非久也；必以全爭於天下，故兵不頓而利可全，此謀攻之法也。故用兵之法，十則圍之，五則攻之，倍則分之，敵則能戰之，少則能逃之，不若則能避之。故小敵之堅，大敵之擒也。

夫將者，國之輔也，輔周則國必強，輔隙則國必弱。故君之所以患於軍者三，不知軍之不可以進，而謂之進；不知軍之不可以退，而謂之退。是謂縻軍。不知三軍之事，而同三軍之政，則軍士惑矣。不知三軍之權，而同三軍之任，則軍士疑矣。三軍既惑且疑，則諸侯之難至矣，是謂亂軍引勝。

故知勝有五：知可以戰與不可以戰者勝；識衆寡之用者勝；上下同欲者勝；以虞待不虞者勝；將能而君不御者勝；此五者，知勝之道也。故曰：知彼知己，百戰不殆；不知彼而知己，一勝一負；不知彼，不知己，每戰必殆。

軍形篇第四

孫子曰：昔之善戰者，先爲不可勝，以待敵之可勝；不可勝在己，可勝在敵。故善戰者，能爲不可勝，不能使敵之可勝；故曰：勝可知而不可爲。不可勝者，守也，可勝者，攻也；守則不足，攻則有餘。善守者，藏於九地之下，善攻者，動於九天之上，故能自保而全勝也。

見勝不過衆人之所知，非善之善者也。戰勝而天下曰善，非善之善者也。故舉秋毫不爲多力，見日月不爲明目，聞雷霆不爲聰耳。古之所謂善戰者，勝於易勝者也。故善戰者之勝也，無智名，無勇功。故其戰勝不忒，不忒者，其所措必勝，勝已敗者也。故善戰者，立於不敗之地，而不失敵之敗也。是故敵兵先勝而後求戰，敗兵先戰而後求勝。善用兵者，修道而保法，故能爲勝敗之政。

兵法：一曰度，二曰量，三曰數，四曰稱，五曰勝。地生度，度生量，量生數，數生稱，稱生勝。故勝兵若以鎰稱銖，敗兵若以銖稱鎰。勝者之戰民也，若決積水於千仞之谿者，形也。

兵勢篇第五

孫子曰：凡治衆如治寡，分數是也。鬪衆如鬪寡，形名是也。三軍之衆，可使必受敵而無敗者，奇正是也。兵之所加，如以碫投卵者，虛實是也。凡戰者，以正合，以奇勝。故善出奇者，無窮如天地，不竭若江河；終而復始，日月是也；死而復生，四時是也。聲不過五，五聲之變，不可勝聽也。色不過五，五色之變，不可勝觀也；味不過五，五味之變，不可勝嘗也；戰勝不過奇正，奇正之變，不可勝窮也。奇正相生，如循環之無端，孰能窮之？

激水之疾，至於漂石者，勢也。鷙鳥之疾，至於毀折者，節也。是故善戰者，其勢險，其節短，勢如彍弩，節如發機。

紛紛紜紜，鬪亂而不可亂也；渾渾沌沌，形圓而不可敗也。亂生於治，怯生於勇，弱生於強。治亂，數也，勇怯，勢也；強弱，形也。故善動敵者，形之，敵必從之；予之，敵必取之；以利動之，以卒待之。故善戰者，求之於勢，不責於人，故能擇人而任勢。任勢者，其戰人也，如轉木石；木石之性，安則靜，危則動，方則止，圓則行。故善戰人之勢，如轉圓石於千仞之山者，勢也。

虛實篇第六

孫子曰：凡先處戰地而待敵者佚，後處戰地而趨戰者勞，故善戰者，致人而不致於人。

能使敵人自至者，利之也；能使敵人不得至者，害之也。故敵佚能勞之，飽能饑之，安能動之。出其所不趨，趨其所不意，行千里而不勞者，行於無人之地也。攻而必取者，攻其所不守也，守而必固者，守其所不攻也。故善攻者，敵不知其所守；善守者，敵不知其所攻。微乎微乎，至於無形，神乎神乎，至於無聲，故能爲敵之司命。

進而不可禦者，衝其虛也；退而不可追者，速而不可及也。故我欲戰，敵雖高壘深溝，不得不與我戰者，攻其所必救也。我不欲戰，畫地而守之，敵不得與我戰者，乖其所之也。故形人而我無形，則我專而敵分，我專為一，敵分為十，是以十攻其一也，則我眾而敵寡；能以眾擊寡者，則吾之所與戰者，約矣。吾所與戰之地不可知，不可知，則敵所備者多；敵所備者多，則吾所與戰者，寡矣。故備前則後寡，備後則前寡，備左則右寡，備右則左寡，無所不備，則無所不寡。寡者，備人者也；眾者，使人備己者也。故知戰之地，知戰之日，則可千里而會戰。不知戰地，不知戰日，則左不能救右，右不能救左，前不能救後，後不能救前，而況遠者數十里，近者數里乎？以吾度之，越人之兵雖多，亦奚益於勝敗哉！

故曰：勝可為也。敵雖眾，可使無鬥。

故策之而知得失之計，作之而知動靜之理，形之而知死生之地，角之而知有餘不足之處。故形兵之極，至於無形；無形，則深間不能窺，智者不能謀。因形而錯勝於眾，眾不能知；人皆知我所以勝之形，而莫知吾所以制勝之形，故其戰勝不復，而應形於無窮。

夫兵形象水，水之形，避高而趨下，兵之形，避實而擊虛。水因地而制流，兵因敵而制勝。故兵無常勢，水無常形；能因敵變化而取勝者，謂之神。故五行無常勝，四時無常位，日有短長，月有死生。

軍爭篇第七

孫子曰：凡用兵之法，將受命於君，合軍聚衆，交和而舍，莫難於軍爭；軍爭之難者，以迂爲直，以患爲利。故迂其途，而誘之以利，後人發，先人至，此知迂直之計者也。故軍爭爲利，軍爭爲危。

舉軍而爭利，則不及；委軍而爭利，則輜重捐。是故卷甲而趨，日夜不處，倍道兼行，百里而爭利，則擒三將軍；勁者先，疲者後，其法十一而至；五十里而爭利，則蹶上將軍；其法半至。三十里而爭利，則三分之二至。是故軍無輜重則亡，無糧食則亡，無委積則亡。故不知諸侯之謀者，不能豫交；不知山林、險阻、沮澤之形者，不能行軍；不用鄕導者，不能得地利。

故兵以詐立，以利動，以分合爲變者也。故其疾如風，其徐如林，侵掠如火，不動如山，難知如陰，動如雷霆。掠鄉分衆，廓地分利，懸權而動。先知迂直之計者勝，此軍爭之法也。

軍政曰：言不相聞，故為鼓鐸，視不相見，故為旌旗，夫鼓鐸旌旗者，所以一人之耳目也；人既專一，則勇者不得獨進，怯者不得獨退，此用衆之法也。故夜戰多火鼓，晝戰多旌旗，所以變人之耳目也。

故三軍可奪氣，將軍可奪心。是故朝氣銳，晝氣惰，暮氣歸；故善用兵者，避其銳氣，擊其惰歸，此治氣者也。以治待亂，以靜待譁，此治心者也。以近待遠，以佚待勞，以飽待饑，此治力者也。無邀正正之旗，勿擊堂堂之陳，此治變者也。

故用兵之法，高陵勿向，背丘勿逆，佯北勿從，銳卒勿攻，餌兵勿食，歸師勿遏，圍師必闕，窮寇勿迫，此用兵之法也。

九變篇第八

孫子曰：凡用兵之法，將受命於君，合軍聚衆，圮地無舍，衢地交合，絕地無留，圍地則謀，死地則戰。

塗有所不由，戰有所不擊，城有所不攻，地有所不爭，君命有所不受。故將通於九變之利者，知用兵矣！將不通於九變之利者，雖知地形，不能得地之利矣。治兵不知九變之術，雖知五利，不能得人之用矣。

是故智者之慮，必雜於利害，雜於利而務可信也，雜於害而患可解也。是故屈諸侯者以害，役諸侯者以業，趨諸侯者以利，故用兵之法，無恃其不來，恃吾有以待也；無恃其不攻，恃吾有所不可攻也。

故將有五危，必死，可殺也；必生，可虜也；忿速，可侮也；廉潔，可辱也；愛民，可煩也。凡此五者，將之過也，用兵之災也，覆軍殺將，必以五危，不可不察也。

行軍篇第九

孫子曰：凡處軍相敵，絕山依谷，視生處高，戰隆無登；此處山之軍也。絕水必遠水；客絕水而來，勿迎之於水內，令半濟而擊之，利；欲戰者，無附於水而迎客，視生處高，無迎水流，此處水上之軍也。絕斥澤，惟亟去無留；若交軍於斥澤之中，必依水草而背衆樹；此處斥澤之軍也。平陸處易，而右背高，其死後生，此處平陸之軍也。凡此四軍之利，黃帝之所以勝四帝也。

凡軍好高而惡下，貴陽而賤陰，養生而處實，軍無百疾，是謂必勝。丘陵隄防，必處其陽而右背之，此兵之利，地之助也。上雨，水沬至，欲涉者，待其定也。凡地有絕澗、天井、天牢、天羅、天陷、天隙，必亟去之，勿近也。吾遠之，敵近之；吾迎之，敵背之。軍行有險阻、蔣潢、井生、葭葦、山林、翳薈者，必謹覆索之，此伏姦之所藏處也。

敵近而靜者，恃其險也；遠而挑戰者，欲人之進也；其所居易者，利也。衆樹動者，來也；衆草多障者，疑也，鳥起者，伏也，獸駭者，覆也；塵高而銳者，車來也；卑而廣者，徒來也；散而條達者，樵採也；少而往來者，營軍也；辭卑而益備者，進也，辭詭而強進驅者，退也；輕車先出居其側者，陳也；無約而請和者，謀也；奔走而陳兵車者，期也；半進半退者，誘也；倚仗而立者，饑也；汲而先飲者，渴也；見利而不進者，勞也；鳥集者，虛也；夜呼者；恐也，軍擾者，將不重也；旌旗動者，亂也；吏怒者，倦也；粟馬肉食，軍無懸缻，不返其舍者，窮寇也。諄諄翕翕，徐與人言者，失衆也；數賞者，窘也；數罰者，困也，先暴而後畏其衆者，不精之至也；來委謝者，欲休息也。兵怒而相迎，久而不合，又不相去，必謹察之。

兵非益多也，惟無武進，足以併力、料敵、取人而已。夫惟無慮而易敵者，必擒於人。

卒未親附而罰之，則不服；不服則難用也。卒已親附而罰不行，則驕縱；驕縱則不可用也。故令之以文，齊之以武，是謂必取。令素行，以教其民則民服，令不素行以教其民，則民不服，令素行者，與衆相得也。

地形篇第十

孫子曰：地形有通者，有挂者，有支者，有隘者，有險者，有遠者。我可以往；彼可以來，曰通；通形者，先居高陽，利糧道以戰，則利。可以往，難以返，曰挂，挂形者，敵無備，出而勝之；敵若有備，出而不勝，難以返，不利。我出而不利，彼出而不利曰支。支形者，敵雖利我，我無出也，引而去之，令敵半出而擊之，利。隘形者，我先居之，必盈之以待敵，若敵先居之，盈而勿從，不盈而從之。險形者，我先居之，必據高陽以待敵，若敵先居之，引而去之，勿從也。遠形者，勢均，難以挑戰，戰而不利。凡此六者，地之道也，將之至任，不可不察也。

故兵有走者，有弛者，有陷者，有崩者，有亂者，有北者，凡此六者，非天之災，將之過也。夫勢均，以一擊十，曰走。卒強吏弱，曰弛；吏強卒弱，曰陷。大吏怒而不服，遇敵懟而自戰，將不知其能，曰崩。將弱不嚴，敎道不明，吏卒無常，陳兵縱橫，曰亂。將不能料敵，以少合衆，以弱擊強，兵無選鋒，曰北。凡此六者，敗之道也；將之至任，不可不察也。

夫地形者，兵之助也。料或制勝，計險阨遠迎，上將之道也，知此而用戰者，必勝，不知此而用戰者，必敗。故戰道必勝，主曰無戰，必戰可也；戰道不勝，主曰必戰，無戰可也。故進不求名，退不避罪，惟民是保，而利合於主，國之寶也。視卒如嬰兒，故可與之赴深谿；視卒如愛子，故可與之俱死。厚而不能使，愛而不能令，亂而不能治，譬如驕子，不可用也。知吾卒之可以擊，而不知敵之不可擊，勝之半也；知敵之可擊，而不知吾卒之不可以擊，勝之半也；知敵之可擊，知吾卒之可以擊，而不知地形之不可以戰，勝之半也。故知兵者，動而不迷，舉而不窮。故曰：知己知彼，勝乃不殆，知天知地，勝乃可全。

九地篇第十一

孫子曰：用兵之法，有散地，有輕地，有爭地，有交地，有衢地，有重地，有圮地，有圍地，有死地。諸侯自戰其地，爲散地。入人之地而不深者，爲輕地。我得則利，彼得亦利者，爲爭地。我可以往，彼可以來者，爲交地。諸侯之地三屬，先至而得天下之衆者，爲衢地。入人地深，背城邑多者，爲重地。行山林、險阻、沮澤，凡難行之道者，爲圮地。所由入者隘，所從歸者迂，彼寡可以擊吾之衆者，爲圍地。疾戰則存，不疾戰則亡者，爲死地。是故散地則無戰，輕地則無攻，爭地則無攻，交地則無絕，衢地則合交，重地則掠，圮地則行，圍地則謀，死地則戰。

所謂上之善用兵者，能使敵人前後不相及，衆寡不相恃，貴賤不相救，上下不相收，卒離而不集，兵合而不齊。合於利而動，不合於利而止。敢問：敵衆整而將來，待之若何？曰：先奪其所愛，則聽矣。兵之情主速，乘人之不及，由不虞之道，攻其所不戒也。

凡爲客之道，深入則專，主人不克；掠於饒野，三軍足食；謹養而勿勞，併氣積力；運兵計謀，爲不可測。投之無所往，死且不北，死焉不得，士人盡力。兵士甚陷則不懼，無所往則固，深入則拘，不得已則鬥。是故其兵不修而戒，不求而得，不約而親，不令而信。禁祥去疑，至死無所之。吾士無餘財，非惡貨也；無餘命，非惡壽也；令發之日，士卒坐者涕霑襟，偃臥者涕交頤，投之無所往者，則諸劌之勇也。故善用兵者，譬如率然；率然者，常山之蛇也。擊其首則尾至，擊其尾則首至，擊其中則首尾俱至。敢問：兵可使如率然乎？曰：可。夫吳人與越人相惡也，當其同舟而濟遇風，其相救也，如左右手。是故方馬埋輪，不足恃也；齊勇若一，政之道也；剛柔皆得，地之理也。故善用兵者，携手若使一人，不得已也。

將軍之事，靜以幽，正以治。能愚士卒之耳目，使之無知，易其事，革其謀，使人無識；易其居，迂其途，使人不得慮。帥與之期，如登高而去其梯，帥與之深入諸侯之地，而發其機，焚舟破釜，若驅群羊，驅而來，驅而來，莫知所之。聚三軍之衆，投之於險，此謂將軍之事也。九地之變，屈伸之利，人情之理，不可不察也。

凡爲客之道，深則專，淺則散。去國越境而師者，絶地也；四達者，衢地也。入深者，重地也；入淺者，輕地也；背固前隘者，圍地也；無所往者，死地也。

是故散地，吾將一其志，輕地，吾將使之屬；爭地，吾將趨其後，交地，吾將謹其守；衢地，吾將固其結；重地，吾將繼其食；圮地，吾將進其塗；圍地，吾將塞其闕；死地，吾將示之以不活。故兵之情，圍則禦，不得已則鬬，過則從。

是故不知諸侯之謀者，不能預交；不知山林、險阻、沮澤之形者，不能行軍；不用鄉導者，不能得地利。四五者，不知一，非霸王之兵也。

夫霸王之兵，伐大國，則某衆不得聚，威加於敵，則其交不得合。是故不爭天下之交，不養天下之權，信己之私，威加於敵，故其城可拔，其國可隳。施無法之賞，懸無政之令，犯三軍之衆，若使一人。犯之以事，勿告以言。犯之以利，勿告以害。投之亡地然後存，陷之死地然後生。夫衆陷於害，然後能爲勝敗。故爲兵之事，在於順詳敵之意，並敵一向，千里殺將，此謂巧能成事者也。是故政舉之日，夷關折符，無通其使，勵於廊廟之上，以誅其事。敵人開闔，必亟入之。先其所愛，微與之期，踐墨隨敵，以決戰事。是故始如處女，敵人開戶，後如脫兔，敵不及拒。

火攻篇第十二

孫子曰：凡火攻有五：一曰火人，二曰火積，三曰火輜，四曰火庫，五曰火隊。行火必有因，烟火必素具，發火有時，起火有日。時者，天之燥也；日者，宿在箕、壁、翼、軫也；凡此四宿者，風起之日也。

凡火攻，必因五火之變而應之，火發於內，則早應之於外。火發而其兵靜者，待而勿攻。極其火力，可從而從之，不可從而止。火可發於外，無待於內，以時發之。火發上風，無攻下風。晝風久，夜風止。凡軍必知有五火之變，以數守之。故以火佐攻者明，以水佐攻者強，水可以絕，不可以奪。

夫戰勝攻取，而不修其功者兇，命曰費留。故曰：明君慮之，良將修之。非利不動，非得不用，非危不戰。主不可以怒而興師，將不可以慍而致戰；合於利而動，不合於利而止；怒可以復喜，慍可以復悅，亡國不可以復存，死者不可以復生。故明君愼之，良將儆之，此安國全軍之道也。

用間篇第十三

孫子曰：凡興師十萬，出征千里。百姓之費，公家之奉，日費千金，內外騷動，怠於道路，不得操事者，七十萬家。相守數年，以爭一日之勝，而愛爵祿百金，不知敵之情者，不仁之至也，非人之將也，非主之佐也，非勝之主也。故明君賢將，所以動而勝人，成功出於衆者，先知也。先知者，不可取於鬼神，不可象於事，不可驗於度，必取於人，知敵之情者也。

故用間有五：有因間，有內間，有反間，有死間，有生間。五間俱起，莫知其道，是爲神紀，人君之寶也。因間者，因其鄉人而用之。內間者，因其官人而用之。反間者，因其敵間而用之。死間者，爲誑事於外，令吾間知之，而傳於敵間也。生間者，反報也。

故三軍之勝：莫視於間，賞莫厚於間，事莫密於間。非聖智不能用間，非仁義不能使間，非微妙不能得間之實。微哉微哉，無所不用間也！間事未發而先聞者，間與所告者皆死。

凡事之所欲擊，城之所欲攻，人之所欲殺，必先知其守將，左右，謁者，門者；舍人之姓名，令吾間必索知之。必索敵人之間來間我者，因而利之，導而舍之，故反間可得而用也。因是而知之，故因間內間可得而使也。因是而知之，故死間爲誑事，可使告敵。因是而知之，故生間可使如期。五間之事，主必知之，知之必在於反間，故反間不可不厚也。

昔殷之興也，伊摯在夏；周之興也，呂牙在殷；故惟明君賢將，能以上智爲間者，必成大功，此兵之要，三軍之所恃而動也。

（附注：「孫子十三篇」爲古書，注者頗多，因此字句段落各本略有不同。本文依據「孫子戰爭理論之體系」的著者蕭天石氏之考訂改正。）

附錄二　萬年曆法

中華民國廿五年

歲次 丙子

西曆一九三六年

太歲 姓郭名嘉

肖鼠

大月六	小月五	小月四	大月三閏	小月三	小月二	大月正	月別
未 乙	午 甲	巳 癸		辰 壬	卯 辛	寅 庚	干支
碧 三	綠 四	黃 五		白 六	赤 七	白 八	九星
二廿 六初 1立時秋43丑分時 9大時暑18巳分時	九十 三初 15小時暑59申分時 22夏時至22亥分時	七十 一初 5芒時種31卯分時 14小時滿8未分時	六 十 0 立時夏57子分時	九廿 四十 14穀時雨31未分時 7清時明7辰分時	八廿 三十 2春時分58丑分時 1驚時蟄50丑分時	八廿 三十 3雨時水34寅分時 7立時春30辰分時	節氣
曆國支干	曆國支干	曆國支干	曆國支干	曆國支干	曆國支干	曆國支干	曆農
7 18丑辛	6 19申壬	5 21卯癸	4 21酉癸	3 23辰甲	2 23亥乙	1 24巳乙	一初
7 19寅壬	6 20酉癸	5 22辰甲	4 22戌甲	3 24巳乙	2 24子丙	1 25午丙	二初
7 20卯癸	6 21戌甲	5 23巳乙	4 23亥乙	3 25午丙	2 25丑丁	1 26未丁	三初
7 21辰甲	6 22亥乙	5 24午丙	4 24子丙	3 26未丁	2 26寅戊	1 27申戊	四初
7 22巳乙	6 23子丙	5 25未丁	4 25丑丁	3 27申戊	2 27卯己	1 28酉己	五初
7 23午丙	6 24丑丁	5 26申戊	4 26寅戊	3 28酉己	2 28辰庚	1 29戌庚	六初
7 24未丁	6 25寅戊	5 27酉己	4 27卯己	3 29戌庚	2 29巳辛	1 30亥辛	七初
7 25申戊	6 26卯己	5 28戌庚	4 28辰庚	3 30亥辛	3 1午壬	1 31子壬	八初
7 26酉己	6 27辰庚	5 29亥辛	4 29巳辛	3 31子壬	3 2未癸	2 1丑癸	九初
7 27戌庚	6 28巳辛	5 30子壬	4 30午壬	4 1丑癸	3 3申甲	2 2寅甲	十初
7 28亥辛	6 29午壬	5 31丑癸	5 1未癸	4 2寅甲	3 4酉乙	2 3卯乙	一十
7 29子壬	6 30未癸	6 1寅甲	5 2申甲	4 3卯乙	3 5戌丙	2 4辰丙	二十
7 30丑癸	7 1申甲	6 2卯乙	5 3酉乙	4 4辰丙	3 6亥丁	2 5巳丁	三十
7 31寅甲	7 2酉乙	6 3辰丙	5 4戌丙	4 5巳丁	3 7子戊	2 6午戊	四十
8 1卯乙	7 3戌丙	6 4巳丁	5 5亥丁	4 6午戊	3 8丑己	2 7未己	五十
8 2辰丙	7 4亥丁	6 5午戊	5 6子戊	4 7未己	3 9寅庚	2 8申庚	六十
8 3巳丁	7 5子戊	6 6未己	5 7丑己	4 8申庚	3 10卯辛	2 9酉辛	七十
8 4午戊	7 6丑己	6 7申庚	5 8寅庚	4 9酉辛	3 11辰壬	2 10戌壬	八十
8 5未己	7 7寅庚	6 8酉辛	5 9卯辛	4 10戌壬	3 12巳癸	2 11亥癸	九十
8 6申庚	7 8卯辛	6 9戌壬	5 10辰壬	4 11亥癸	3 13午甲	2 12子甲	十二
8 7酉辛	7 9辰壬	6 10亥癸	5 11巳癸	4 12子甲	3 14未乙	2 13丑乙	一廿
8 8戌壬	7 10巳癸	6 11子甲	5 12午甲	4 13丑乙	3 15申丙	2 14寅丙	二廿
8 9亥癸	7 11午甲	6 12丑乙	5 13未乙	4 14寅丙	3 16酉丁	2 15卯丁	三廿
8 10子甲	7 12未乙	6 13寅丙	5 14申丙	4 15卯丁	3 17戌戊	2 16辰戊	四廿
8 11丑乙	7 13申丙	6 14卯丁	5 15酉丁	4 16辰戊	3 18亥己	2 17巳己	五廿
8 12寅丙	7 14酉丁	6 15辰戊	5 16戌戊	4 17巳己	3 19子庚	2 18午庚	六廿
8 13卯丁	7 15戌戊	6 16巳己	5 17亥己	4 18午庚	3 20丑辛	2 19未辛	七廿
8 14辰戊	7 16亥己	6 17午庚	5 18子庚	4 19未辛	3 21寅壬	2 20申壬	八廿
8 15巳己	7 17子庚	6 18未辛	5 19丑辛	4 20申壬	3 22卯癸	2 21酉癸	九廿
8 16午庚			5 20寅壬			2 22戌甲	十三

月別	小月二十	大月一十	大月十	大月九	小月八	大月七
干支	丑 辛	子 庚	亥 己	戌 戊	酉 丁	申 丙
九星	白 六	赤 七	白 八	紫 九	白 一	黑 二
節氣	三廿 八初 13立 19大 時春 時寒 26未 1戌 分時 分時	四廿 九初 1小 8冬 時寒 時至 44丑 27辰 分時 分時	四廿 九初 14大 19小 時雪 時雪 43未 26戌 分時 分時	四廿 九初 22立 22霜 時冬 時降 15亥 19亥 分時 分時	三廿 八初 19寒 13秋 時露 時分 33戌 26未 分時 分時	三廿 七初 4白 16處 時露 時暑 21寅 11申 分時 分時
農曆	曆國支干	曆國支干	曆國支干	曆國支干	曆國支干	曆國支干
初一	1 13子庚	12 14午庚	11 14子庚	10 15午庚	9 16丑辛	8 17未辛
初二	1 14丑辛	12 15未辛	11 15丑辛	10 16未辛	9 17寅壬	8 18申壬
初三	1 15寅壬	12 16申壬	11 16寅壬	10 17申壬	9 18卯癸	8 19酉癸
初四	1 16卯癸	12 17酉癸	11 17卯癸	10 18酉癸	9 19辰甲	8 20戌甲
初五	1 17辰甲	12 18戌甲	11 18辰甲	10 19戌甲	9 20巳乙	8 21亥乙
初六	1 18巳乙	12 19亥乙	11 19巳乙	10 20亥乙	9 21午丙	8 22子丙
初七	1 19午丙	12 20子丙	11 20午丙	10 21子丙	9 22未丁	8 23丑丁
初八	1 20未丁	12 21丑丁	11 21未丁	10 22丑丁	9 23申戊	8 24寅戊
初九	1 21申戊	12 22寅戊	11 22申戊	10 23寅戊	9 24酉己	8 25卯己
初十	1 22酉己	12 23卯己	11 23酉己	10 24卯己	9 25戌庚	8 26辰庚
十一	1 23戌庚	12 24辰庚	11 24戌庚	10 25辰庚	9 26亥辛	8 27巳辛
十二	1 24亥辛	12 25巳辛	11 25亥辛	10 26巳辛	9 27子壬	8 28午壬
十三	1 25子壬	12 26午壬	11 26子壬	10 27午壬	9 28丑癸	8 29未癸
十四	1 26丑癸	12 27未癸	11 27丑癸	10 28未癸	9 29寅甲	8 30申甲
十五	1 27寅甲	12 28申甲	11 28寅甲	10 29申甲	9 30卯乙	8 31酉乙
十六	1 28卯乙	12 29酉乙	11 29卯乙	10 30酉乙	10 1辰丙	9 1戌丙
十七	1 29辰丙	12 30戌丙	11 30辰丙	10 31戌丙	10 2巳丁	9 2亥丁
十八	1 30巳丁	12 31亥丁	12 1巳丁	11 1亥丁	10 3午戊	9 3子戊
十九	1 31午戊	1 1子戊	12 2午戊	11 2子戊	10 4未己	9 4丑己
二十	2 1未己	1 2丑己	12 3未己	11 3丑己	10 5申庚	9 5寅庚
廿一	2 2申庚	1 3寅庚	12 4申庚	11 4寅庚	10 6酉辛	9 6卯辛
廿二	2 3酉辛	1 4卯辛	12 5酉辛	11 5卯辛	10 7戌壬	9 7辰壬
廿三	2 4戌壬	1 5辰壬	12 6戌壬	11 6辰壬	10 8亥癸	9 8巳癸
廿四	2 5亥癸	1 6巳癸	12 7亥癸	11 7巳癸	10 9子甲	9 9午甲
廿五	2 6子甲	1 7午甲	12 8子甲	11 8午甲	10 10丑乙	9 10未乙
廿六	2 7丑乙	1 8未乙	12 9丑乙	11 9未乙	10 11寅丙	9 11申丙
廿七	2 8寅丙	1 9申丙	12 10寅丙	11 10申丙	10 12卯丁	9 12酉丁
廿八	2 9卯丁	1 10酉丁	12 11卯丁	11 11酉丁	10 13辰戊	9 13戌戊
廿九	2 10辰戊	1 11戌戊	12 12辰戊	11 12戌戊	10 14巳己	9 14亥己
三十		1 12亥己	12 13巳己	11 13亥己		9 15子庚

中華民國廿六年 歲次丁丑

西曆一九三七年 太歲姓汪名文 肖牛

月別	正月大		二月小		三月小		四月大		五月小		六月小	
干支	壬寅		癸卯		甲辰		乙巳		丙午		丁未	
九星	五黃		四綠		三碧		二黑		一白		九紫	
節氣	初九 雨水 9時21分巳時	廿四 驚蟄 7時45分辰時	初九 春分 8時46分辰時	廿四 清明 13時2分未時	初十 穀雨 20時20分戌時	廿六 立夏 6時51分卯時	十二 小滿 19時57分戌時	廿八 芒種 11時23分午時	十四 夏至 4時12分寅時	廿九 小暑 21時46分亥時	十六 大暑 15時7分申時	
農曆	干支	國曆	干支	國曆	干支	國曆	干支	國曆	干支	國曆	干支	國曆
初一	己巳	2 11	己亥	3 13	戊辰	4 11	丁酉	5 10	丁卯	6 9	丙申	7 8
初二	庚午	2 12	庚子	3 14	己巳	4 12	戊戌	5 11	戊辰	6 10	丁酉	7 9
初三	辛未	2 13	辛丑	3 15	庚午	4 13	己亥	5 12	己巳	6 11	戊戌	7 10
初四	壬申	2 14	壬寅	3 16	辛未	4 14	庚子	5 13	庚午	6 12	己亥	7 11
初五	癸酉	2 15	癸卯	3 17	壬申	4 15	辛丑	5 14	辛未	6 13	庚子	7 12
初六	甲戌	2 16	甲辰	3 18	癸酉	4 16	壬寅	5 15	壬申	6 14	辛丑	7 13
初七	乙亥	2 17	乙巳	3 19	甲戌	4 17	癸卯	5 16	癸酉	6 15	壬寅	7 14
初八	丙子	2 18	丙午	3 20	乙亥	4 18	甲辰	5 17	甲戌	6 16	癸卯	7 15
初九	丁丑	2 19	丁未	3 21	丙子	4 19	乙巳	5 18	乙亥	6 17	甲辰	7 16
初十	戊寅	2 20	戊申	3 22	丁丑	4 20	丙午	5 19	丙子	6 18	乙巳	7 17
十一	己卯	2 21	己酉	3 23	戊寅	4 21	丁未	5 20	丁丑	6 19	丙午	7 18
十二	庚辰	2 22	庚戌	3 24	己卯	4 22	戊申	5 21	戊寅	6 20	丁未	7 19
十三	辛巳	2 23	辛亥	3 25	庚辰	4 23	己酉	5 22	己卯	6 21	戊申	7 20
十四	壬午	2 24	壬子	3 26	辛巳	4 24	庚戌	5 23	庚辰	6 22	己酉	7 21
十五	癸未	2 25	癸丑	3 27	壬午	4 25	辛亥	5 24	辛巳	6 23	庚戌	7 22
十六	甲申	2 26	甲寅	3 28	癸未	4 26	壬子	5 25	壬午	6 24	辛亥	7 23
十七	乙酉	2 27	乙卯	3 29	甲申	4 27	癸丑	5 26	癸未	6 25	壬子	7 24
十八	丙戌	2 28	丙辰	3 30	乙酉	4 28	甲寅	5 27	甲申	6 26	癸丑	7 25
十九	丁亥	3 1	丁巳	3 31	丙戌	4 29	乙卯	5 28	乙酉	6 27	甲寅	7 26
二十	戊子	3 2	戊午	4 1	丁亥	4 30	丙辰	5 29	丙戌	6 28	乙卯	7 27
廿一	己丑	3 3	己未	4 2	戊子	5 1	丁巳	5 30	丁亥	6 29	丙辰	7 28
廿二	庚寅	3 4	庚申	4 3	己丑	5 2	戊午	5 31	戊子	6 30	丁巳	7 29
廿三	辛卯	3 5	辛酉	4 4	庚寅	5 3	己未	6 1	己丑	7 1	戊午	7 30
廿四	壬辰	3 6	壬戌	4 5	辛卯	5 4	庚申	6 2	庚寅	7 2	己未	7 31
廿五	癸巳	3 7	癸亥	4 6	壬辰	5 5	辛酉	6 3	辛卯	7 3	庚申	8 1
廿六	甲午	3 8	甲子	4 7	癸巳	5 6	壬戌	6 4	壬辰	7 4	辛酉	8 2
廿七	乙未	3 9	乙丑	4 8	甲午	5 7	癸亥	6 5	癸巳	7 5	壬戌	8 3
廿八	丙申	3 10	丙寅	4 9	乙未	5 8	甲子	6 6	甲午	7 6	癸亥	8 4
廿九	丁酉	3 11	丁卯	4 10	丙申	5 9	乙丑	6 7	乙未	7 7	甲子	8 5
三十	戊戌	3 12					丙寅	6 8				

月別	十二月小	十一月大	十月大	九月大	八月小	七月大
干支	癸丑	壬子	辛亥	庚戌	己酉	戊申
九星	三碧	四綠	五黃	六白	七赤	八白
節氣	初五 小寒 7時32分辰時 二十 大寒 o時59分子時	初五 大雪 20時27分戌時 二十 冬至 14時22分未時	初六 立冬 3時56分寅時 廿一 小雪 1時17分丑時	初六 寒露 1時11分丑時 廿一 霜降 4時7分寅時	初四 白露 10時o分巳時 十九 秋分 19時13分戌時	初三 立秋 7時26分辰時 十八 處暑 21時58分亥時
農曆	干支 國曆	干支 國曆	干支 國曆	干支 國曆	干支 國曆	干支 國曆
初一	1 2 甲午	12 3 甲子	11 3 甲午	10 4 甲子	9 5 乙未	8 6 乙丑
初二	1 3 乙未	12 4 乙丑	11 4 乙未	10 5 乙丑	9 6 丙申	8 7 丙寅
初三	1 4 丙申	12 5 丙寅	11 5 丙申	10 6 丙寅	9 7 丁酉	8 8 丁卯
初四	1 5 丁酉	12 6 丁卯	11 6 丁酉	10 7 丁卯	9 8 戊戌	8 9 戊辰
初五	1 6 戊戌	12 7 戊辰	11 7 戊戌	10 8 戊辰	9 9 己亥	8 10 己巳
初六	1 7 己亥	12 8 己巳	11 8 己亥	10 9 己巳	9 10 庚子	8 11 庚午
初七	1 8 庚子	12 9 庚午	11 9 庚子	10 10 庚午	9 11 辛丑	8 12 辛未
初八	1 9 辛丑	12 10 辛未	11 10 辛丑	10 11 辛未	9 12 壬寅	8 13 壬申
初九	1 10 壬寅	12 11 壬申	11 11 壬寅	10 12 壬申	9 13 癸卯	8 14 癸酉
初十	1 11 癸卯	12 12 癸酉	11 12 癸卯	10 13 癸酉	9 14 甲辰	8 15 甲戌
十一	1 12 甲辰	12 13 甲戌	11 13 甲辰	10 14 甲戌	9 15 乙巳	8 16 乙亥
十二	1 13 乙巳	12 14 乙亥	11 14 乙巳	10 15 乙亥	9 16 丙午	8 17 丙子
十三	1 14 丙午	12 15 丙子	11 15 丙午	10 16 丙子	9 17 丁未	8 18 丁丑
十四	1 15 丁未	12 16 丁丑	11 16 丁未	10 17 丁丑	9 18 戊申	8 19 戊寅
十五	1 16 戊申	12 17 戊寅	11 17 戊申	10 18 戊寅	9 19 己酉	8 20 己卯
十六	1 17 己酉	12 18 己卯	11 18 己酉	10 19 己卯	9 20 庚戌	8 21 庚辰
十七	1 18 庚戌	12 19 庚辰	11 19 庚戌	10 20 庚辰	9 21 辛亥	8 22 辛巳
十八	1 19 辛亥	12 20 辛巳	11 20 辛亥	10 21 辛巳	9 22 壬子	8 23 壬午
十九	1 20 壬子	12 21 壬午	11 21 壬子	10 22 壬午	9 23 癸丑	8 24 癸未
二十	1 21 癸丑	12 22 癸未	11 22 癸丑	10 23 癸未	9 24 甲寅	8 25 甲申
廿一	1 22 甲寅	12 23 甲申	11 23 甲寅	10 24 甲申	9 25 乙卯	8 26 乙酉
廿二	1 23 乙卯	12 24 乙酉	11 24 乙卯	10 25 乙酉	9 26 丙辰	8 27 丙戌
廿三	1 24 丙辰	12 25 丙戌	11 25 丙辰	10 26 丙戌	9 27 丁巳	8 28 丁亥
廿四	1 25 丁巳	12 26 丁亥	11 26 丁巳	10 27 丁亥	9 28 戊午	8 29 戊子
廿五	1 26 戊午	12 27 戊子	11 27 戊午	10 28 戊子	9 29 己未	8 30 己丑
廿六	1 27 己未	12 28 己丑	11 28 己未	10 29 己丑	9 30 庚申	8 31 庚寅
廿七	1 28 庚申	12 29 庚寅	11 29 庚申	10 30 庚寅	10 1 辛酉	9 1 辛卯
廿八	1 29 辛酉	12 30 辛卯	11 30 辛酉	10 31 辛卯	10 2 壬戌	9 2 壬辰
廿九	1 30 壬戌	12 31 壬辰	12 1 壬戌	11 1 壬辰	10 3 癸亥	9 3 癸巳
三十		10 1 癸巳	12 2 癸亥	11 2 癸巳		9 4 甲午

中華民國廿七年

歲次 戊寅

西曆一九三八年

太歲 姓曾名光

肖虎

月別	正月大		二月大		三月小		四月小		五月大		六月小	
干支	甲寅		乙卯		丙辰		丁巳		戊午		己未	
九星	二黑		一白		九紫		八白		七赤		六白	
節氣	初五 立春 19時15分戌時	二十 雨水 15時20分申時	初五 驚蟄 13時34分未時	二十 春分 14時43分未時	初五 清明 18時49分酉時	廿一 穀雨 2時15分丑時	初七 立夏 12時36分午時	廿三 小滿 1時51分丑時	初九 芒種 17時7分酉時	廿五 夏至 10時4分巳時	十一 小暑 3時32分寅時	廿六 大暑 20時57分戌時
農曆	干支	國曆	干支	國曆	干支	國曆	干支	國曆	干支	國曆	干支	國曆
初一	癸亥	1 31	癸巳	3 2	癸亥	4 1	壬辰	4 30	辛酉	**5 29**	辛卯	6 28
初二	甲子	2 1	甲午	3 3	甲子	4 2	癸巳	**5 1**	壬戌	5 30	壬辰	6 29
初三	乙丑	2 2	乙未	3 4	乙丑	**4 3**	甲午	5 2	癸亥	5 31	癸巳	6 30
初四	丙寅	2 3	丙申	3 5	丙寅	4 4	乙未	5 3	甲子	6 1	甲午	7 1
初五	丁卯	2 4	丁酉	**3 6**	丁卯	4 5	丙申	5 4	乙丑	6 2	乙未	7 2
初六	戊辰	2 5	戊戌	3 7	戊辰	4 6	丁酉	5 5	丙寅	6 3	丙申	**7 3**
初七	己巳	**2 6**	己亥	3 8	己巳	4 7	戊戌	5 6	丁卯	6 4	丁酉	7 4
初八	庚午	2 7	庚子	3 9	庚午	4 8	己亥	5 7	戊辰	**6 5**	戊戌	7 5
初九	辛未	2 8	辛丑	3 10	辛未	4 9	庚子	**5 8**	己巳	6 6	己亥	7 6
初十	壬申	2 9	壬寅	3 11	壬申	**4 10**	辛丑	5 9	庚午	6 7	庚子	7 7
十一	癸酉	2 10	癸卯	3 12	癸酉	4 11	壬寅	5 10	辛未	6 8	辛丑	7 8
十二	甲戌	2 11	甲辰	**3 13**	甲戌	4 12	癸卯	5 11	壬申	6 9	壬寅	7 9
十三	乙亥	2 12	乙巳	3 14	乙亥	4 13	甲辰	5 12	癸酉	6 10	癸卯	**7 10**
十四	丙子	**2 13**	丙午	3 15	丙子	4 14	乙巳	5 13	甲戌	6 11	甲辰	7 11
十五	丁丑	2 14	丁未	3 16	丁丑	4 15	丙午	5 14	乙亥	**6 12**	乙巳	7 12
十六	戊寅	2 15	戊申	3 17	戊寅	4 16	丁未	**5 15**	丙子	6 13	丙午	7 13
十七	己卯	2 16	己酉	3 18	己卯	**4 17**	戊申	5 16	丁丑	6 14	丁未	7 14
十八	庚辰	2 17	庚戌	3 19	庚辰	4 18	己酉	5 17	戊寅	6 15	戊申	7 15
十九	辛巳	2 18	辛亥	**3 20**	辛巳	4 19	庚戌	5 18	己卯	6 16	己酉	7 16
二十	壬午	2 19	壬子	3 21	壬午	4 20	辛亥	5 19	庚辰	6 17	庚戌	**7 17**
廿一	癸未	**2 20**	癸丑	3 22	癸未	4 21	壬子	5 20	辛巳	6 18	辛亥	7 18
廿二	甲申	2 21	甲寅	3 23	甲申	4 22	癸丑	5 21	壬午	**6 19**	壬子	7 19
廿三	乙酉	2 22	乙卯	3 24	乙酉	4 23	甲寅	**5 22**	癸未	6 20	癸丑	7 20
廿四	丙戌	2 23	丙辰	3 25	丙戌	**4 24**	乙卯	5 23	甲申	6 21	甲寅	7 21
廿五	丁亥	2 24	丁巳	3 26	丁亥	4 25	丙辰	5 24	乙酉	6 22	乙卯	7 22
廿六	戊子	2 25	戊午	**3 27**	戊子	4 26	丁巳	5 25	丙戌	6 23	丙辰	7 23
廿七	己丑	2 26	己未	3 28	己丑	4 27	戊午	5 26	丁亥	6 24	丁巳	**7 24**
廿八	庚寅	**2 27**	庚申	3 29	庚寅	4 28	己未	5 27	戊子	6 25	戊午	7 25
廿九	辛卯	2 28	辛酉	3 30	辛卯	4 29	庚申	5 28	己丑	**6 26**	己未	7 26
三十	壬辰	3 1	壬戌	3 31					庚寅	6 27		

月別	大月二十	小月一十	大月十	大月九	小月八	大月七閏	小月七
干支	丑 乙	子 甲	亥 癸	戌 壬	酉 辛		申 庚
九星	紫 九	白 一	黑 二	碧 三	綠 四		黃 五
節氣	七十 二初 1立 6大 時春 時寒 11丑 51卯 分時 分時	六十 一初 13小 20冬 時寒 時至 28未 14戌 分時 分時	七十 二初 2大 7小 時雪 時雪 23丑 7辰 分時 分時	七十 二初 9立 9霜 時冬 時降 49巳 54巳 分時 分時	六十 一初 7寒 1秋 時露 時分 2辰 o丑 分時 分時	五 十 15 白 時 露 49 申 分 時	九廿 三十 3處 13立 時暑 時秋 46寅 13未 分時 分時
農曆	曆國支干	曆國支干	曆國支干	曆國支干	曆國支干	曆國支干	曆國支干
初一	1 20巳丁	12 22子戊	11 22午戊	10 23子戊	9 24未己	8 25丑己	7 27申庚
初二	1 21午戊	12 23丑己	11 23未己	10 24丑己	9 25申庚	8 26寅庚	7 28酉辛
初三	1 22未己	12 24寅庚	11 24申庚	10 25寅庚	9 26酉辛	8 27卯辛	7 29戌壬
初四	1 23申庚	12 25卯辛	11 25酉辛	10 26卯辛	9 27戌壬	8 28辰壬	7 30亥癸
初五	1 24酉辛	12 26辰壬	11 26戌壬	10 27辰壬	9 28亥癸	8 29巳癸	7 31子甲
初六	1 25戌壬	12 27巳癸	11 27亥癸	10 28巳癸	9 29子甲	8 30午甲	8 1丑乙
初七	1 26亥癸	12 28午甲	11 28子甲	10 29午甲	9 30丑乙	8 31未乙	8 2寅丙
初八	1 27子甲	12 29未乙	11 29丑乙	10 30未乙	10 1寅丙	9 1申丙	8 3卯丁
初九	1 28丑乙	12 30申丙	11 30寅丙	10 31申丙	10 2卯丁	9 2酉丁	8 4辰戊
初十	1 29寅丙	12 31酉丁	12 1卯丁	11 1酉丁	10 3辰戊	9 3戌戊	8 5巳己
十一	1 30卯丁	1 1戌戊	12 2辰戊	11 2戌戊	10 4巳己	9 4亥己	8 6午庚
十二	1 31辰戊	1 2亥己	12 3巳己	11 3亥己	10 5午庚	9 5子庚	8 7未辛
十三	2 1巳己	1 3子庚	12 4午庚	11 4子庚	10 6未辛	9 6丑辛	8 8申壬
十四	2 2午庚	1 4丑辛	12 5未辛	11 5丑辛	10 7申壬	9 7寅壬	8 9酉癸
十五	2 3未辛	1 5寅壬	12 6申壬	11 6寅壬	10 8酉癸	9 8卯癸	8 10戌甲
十六	2 4申壬	1 6卯癸	12 7酉癸	11 7卯癸	10 9戌甲	9 9辰甲	8 11亥乙
十七	2 5酉癸	1 7辰甲	12 8戌甲	11 8辰甲	10 10亥乙	9 10巳乙	8 12子丙
十八	2 6戌甲	1 8巳乙	12 9亥乙	11 9巳乙	10 11子丙	9 11午丙	8 13丑丁
十九	2 7亥乙	1 9午丙	12 10子丙	11 10午丙	10 12丑丁	9 12未丁	8 14寅戊
二十	2 8子丙	1 10未丁	12 11丑丁	11 11未丁	10 13寅戊	9 13申戊	8 15卯己
廿一	2 9丑丁	1 11申戊	12 12寅戊	11 12申戊	10 14卯己	9 14酉己	8 16辰庚
廿二	2 10寅戊	1 12酉己	12 13卯己	11 13酉己	10 15辰庚	9 15戌庚	8 17巳辛
廿三	2 11卯己	1 13戌庚	12 14辰庚	11 14戌庚	10 16巳辛	9 16亥辛	8 18午壬
廿四	2 12辰庚	1 14亥辛	12 15巳辛	11 15亥辛	10 17午壬	9 17子壬	8 19未癸
廿五	2 13巳辛	1 15子壬	12 16午壬	11 16子壬	10 18未癸	9 18丑癸	8 20申甲
廿六	2 14午壬	1 16丑癸	12 17未癸	11 17丑癸	10 19申甲	9 19寅甲	8 21酉乙
廿七	2 15未癸	1 17寅甲	12 18申甲	11 18寅甲	10 20酉乙	9 20卯乙	8 22戌丙
廿八	2 16申甲	1 18卯乙	12 19酉乙	11 19卯乙	10 21戌丙	9 21辰丙	8 23亥丁
廿九	2 17酉乙	1 19辰丙	12 20戌丙	11 20辰丙	10 22亥丁	9 22巳丁	8 24子戊
三十	2 18戌丙		12 21亥丁	11 21巳丁		9 23午戊	

中華民國廿八年 歲次己卯

西曆一九三九年

太歲姓伍名仲

肖兔

月別	正月大		二月大		三月小		四月小		五月大		六月小	
干支	丙寅		丁卯		戊辰		己巳		庚午		辛未	
九星	八白		七赤		六白		五黃		四綠		三碧	
節氣	初一 雨水 21時10分 亥時	十六 驚蟄 19時27分 戌時	初一 春分 20時29分 戌時	十七 清明 0時38分 子時	初二 穀雨 7時55分 辰時	十七 立夏 18時21分 酉時	初四 小滿 7時27分 辰時	十九 芒種 22時52分 亥時	初六 夏至 15時40分 申時	廿二 小暑 9時19分 巳時	初八 大暑 2時37分 丑時	廿三 立秋 19時4分 戌時
農曆	干支	國曆	干支	國曆	干支	國曆	干支	國曆	干支	國曆	干支	國曆
初一	丁亥	2 19	丁巳	3 21	丁亥	4 20	丙辰	5 19	乙酉	6 17	乙卯	7 17
初二	戊子	2 20	戊午	3 22	戊子	4 21	丁巳	5 20	丙戌	6 18	丙辰	7 18
初三	己丑	2 21	己未	3 23	己丑	4 22	戊午	5 21	丁亥	6 19	丁巳	7 19
初四	庚寅	2 22	庚申	3 24	庚寅	4 23	己未	5 22	戊子	6 20	戊午	7 20
初五	辛卯	2 23	辛酉	3 25	辛卯	4 24	庚申	5 23	己丑	6 21	己未	7 21
初六	壬辰	2 24	壬戌	3 26	壬辰	4 25	辛酉	5 24	庚寅	6 22	庚申	7 22
初七	癸巳	2 25	癸亥	3 27	癸巳	4 26	壬戌	5 25	辛卯	6 23	辛酉	7 23
初八	甲午	2 26	甲子	3 28	甲午	4 27	癸亥	5 26	壬辰	6 24	壬戌	7 24
初九	乙未	2 27	乙丑	3 29	乙未	4 28	甲子	5 27	癸巳	6 25	癸亥	7 25
初十	丙申	2 28	丙寅	3 30	丙申	4 29	乙丑	5 28	甲午	6 26	甲子	7 26
十一	丁酉	3 1	丁卯	3 31	丁酉	4 30	丙寅	5 29	乙未	6 27	乙丑	7 27
十二	戊戌	3 2	戊辰	4 1	戊戌	5 1	丁卯	5 30	丙申	6 28	丙寅	7 28
十三	己亥	3 3	己巳	4 2	己亥	5 2	戊辰	5 31	丁酉	6 29	丁卯	7 29
十四	庚子	3 4	庚午	4 3	庚子	5 3	己巳	6 1	戊戌	6 30	戊辰	7 30
十五	辛丑	3 5	辛未	4 4	辛丑	5 4	庚午	6 2	己亥	7 1	己巳	7 31
十六	壬寅	3 6	壬申	4 5	壬寅	5 5	辛未	6 3	庚子	7 2	庚午	8 1
十七	癸卯	3 7	癸酉	4 6	癸卯	5 6	壬申	6 4	辛丑	7 3	辛未	8 2
十八	甲辰	3 8	甲戌	4 7	甲辰	5 7	癸酉	6 5	壬寅	7 4	壬申	8 3
十九	乙巳	3 9	乙亥	4 8	乙巳	5 8	甲戌	6 6	癸卯	7 5	癸酉	8 4
二十	丙午	3 10	丙子	4 9	丙午	5 9	乙亥	6 7	甲辰	7 6	甲戌	8 5
廿一	丁未	3 11	丁丑	4 10	丁未	5 10	丙子	6 8	乙巳	7 7	乙亥	8 6
廿二	戊申	3 12	戊寅	4 11	戊申	5 11	丁丑	6 9	丙午	7 8	丙子	8 7
廿三	己酉	3 13	己卯	4 12	己酉	5 12	戊寅	6 10	丁未	7 9	丁丑	8 8
廿四	庚戌	3 14	庚辰	4 13	庚戌	5 13	己卯	6 11	戊申	7 10	戊寅	8 9
廿五	辛亥	3 15	辛巳	4 14	辛亥	5 14	庚辰	6 12	己酉	7 11	己卯	8 10
廿六	壬子	3 16	壬午	4 15	壬子	5 15	辛巳	6 13	庚戌	7 12	庚辰	8 11
廿七	癸丑	3 17	癸未	4 16	癸丑	5 16	壬午	6 14	辛亥	7 13	辛巳	8 12
廿八	甲寅	3 18	甲申	4 17	甲寅	5 17	癸未	6 15	壬子	7 14	壬午	8 13
廿九	乙卯	3 19	乙酉	4 18	乙卯	5 18	甲申	6 16	癸丑	7 15	癸未	8 14
三十	丙辰	3 20	丙戌	4 19					甲寅	7 16		

月別	大月二十	小月一十	大月十	小月九	大月八	小月七
干支	丑 丁	子 丙	亥 乙	戌 甲	酉 癸	申 壬
九星	白 六	赤 七	白 八	紫 九	白 一	黑 二
節氣	八廿 三十 7立 12大 時春 時寒 8辰 44午 分時 分時	七廿 三十 19小 2冬 時寒 時至 24戌 6丑 分時 分時	八廿 三十 8大 12小 時雪 時雪 18辰 59午 分時 分時	七廿 二十 15立 15霜 時冬 時降 40申 46申 分時 分時	七廿 二十 12寒 6秋 時露 時分 57午 50卯 分時 分時	五廿 十初 21白 9處 時露 時暑 42亥 32巳 分時 分時
農曆	暦國 支干	暦國 支干	暦國 支干	暦國 支干	暦國 支干	暦國 支干
初一	1 9 亥辛	12 11 午壬	11 11 子壬	10 13 未癸	9 13 丑癸	8 15 申甲
初二	1 10 子壬	12 12 未癸	**11 12** 丑癸	10 14 申甲	9 14 寅甲	8 16 酉乙
初三	1 11 丑癸	12 13 申甲	11 13 寅甲	**10 15** 酉乙	9 15 卯乙	8 17 戌丙
初四	1 12 寅甲	12 14 酉乙	11 14 卯乙	10 16 戌丙	9 16 辰丙	8 18 亥丁
初五	1 13 卯乙	12 15 戌丙	11 15 辰丙	10 17 亥丁	**9 17** 巳丁	8 19 子戊
初六	**1 14** 辰丙	12 16 亥丁	11 16 巳丁	10 18 子戊	9 18 午戊	**8 20** 丑己
初七	1 15 巳丁	**12 17** 子戊	11 17 午戊	10 19 丑己	9 19 未己	8 21 寅庚
初八	1 16 午戊	12 18 丑己	11 18 未己	10 20 寅庚	9 20 申庚	8 22 卯辛
初九	1 17 未己	12 19 寅庚	**11 19** 申庚	10 21 卯辛	9 21 酉辛	8 23 辰壬
初十	1 18 申庚	12 20 卯辛	11 20 酉辛	**10 22** 辰壬	9 22 戌壬	8 24 巳癸
十一	1 19 酉辛	12 21 辰壬	11 21 戌壬	10 23 巳癸	9 23 亥癸	8 25 午甲
十二	1 20 戌壬	12 22 巳癸	11 22 亥癸	10 24 午甲	**9 24** 子甲	8 26 未乙
十三	**1 21** 亥癸	12 23 午甲	11 23 子甲	10 25 未乙	9 25 丑乙	**8 27** 申丙
十四	1 22 子甲	**12 24** 未乙	11 24 丑乙	10 26 申丙	9 26 寅丙	8 28 酉丁
十五	1 23 丑乙	12 25 申丙	11 25 寅丙	10 27 酉丁	9 27 卯丁	8 29 戌戊
十六	1 24 寅丙	12 26 酉丁	**11 26** 卯丁	10 28 戌戊	9 28 辰戊	8 30 亥己
十七	1 25 卯丁	12 27 戌戊	11 27 辰戊	**10 29** 亥己	9 29 巳己	8 31 子庚
十八	1 26 辰戊	12 28 亥己	11 28 巳己	10 30 子庚	9 30 午庚	9 1 丑辛
十九	1 27 巳己	12 29 子庚	11 29 午庚	10 31 丑辛	**10 1** 未辛	9 2 寅壬
二十	**1 28** 午庚	12 30 丑辛	11 30 未辛	11 1 寅壬	10 2 申壬	**9 3** 卯癸
廿一	1 29 未辛	**12 31** 寅壬	12 1 申壬	11 2 卯癸	10 3 酉癸	9 4 辰甲
廿二	1 30 申壬	1 1 卯癸	12 2 酉癸	11 3 辰甲	10 4 戌甲	9 5 巳乙
廿三	1 31 酉癸	1 2 辰甲	**12 3** 戌甲	11 4 巳乙	10 5 亥乙	9 6 午丙
廿四	2 1 戌甲	1 3 巳乙	12 4 亥乙	**11 5** 午丙	10 6 子丙	9 7 未丁
廿五	2 2 亥乙	1 4 午丙	12 5 子丙	11 6 未丁	10 7 丑丁	9 8 申戊
廿六	2 3 子丙	1 5 未丁	12 6 丑丁	11 7 申戊	**10 8** 寅戊	9 9 酉己
廿七	**2 4** 丑丁	1 6 申戊	12 7 寅戊	11 8 酉己	10 9 卯己	**9 10** 戌庚
廿八	2 5 寅戊	**1 7** 酉己	12 8 卯己	11 9 戌庚	10 10 辰庚	9 11 亥辛
廿九	2 6 卯己	1 8 戌庚	12 9 辰庚	11 10 亥辛	10 11 巳辛	9 12 子壬
三十	2 7 辰庚		**12 10** 巳辛		10 12 午壬	

中華民國廿九年

歲次 庚辰

西曆一九四〇年

太歲姓重名德

肖龍

月別	正月大		二月大		三月小		四月大		五月小		六月大	
干支	戊寅		己卯		庚辰		辛巳		壬午		癸未	
九星	五黃		四綠		三碧		二黑		一白		九紫	
節氣	十三 雨水 寅時 3時4分	廿八 驚蟄 丑時 1時24分	十三 春分 丑時 2時24分	廿八 清明 卯時 6時35分	十三 穀雨 未時 13時51分	廿九 立夏 子時 o時16分	十五 小滿 未時 13時23分		初一 芒種 寅時 4時44分	十六 夏至 亥時 21時37分	初三 小暑 申時 15時8分	十九 大暑 辰時 8時35分
農曆	干支	國曆	干支	國曆	干支	國曆	干支	國曆	干支	國曆	干支	國曆
初一	辛巳	2 8	辛亥	3 9	辛巳	4 8	庚戌	5 7	庚辰	6 6	己酉	7 5
初二	壬午	2 9	壬子	3 10	壬午	4 9	辛亥	5 8	辛巳	6 7	庚戌	7 6
初三	癸未	2 10	癸丑	3 11	癸未	4 10	壬子	5 9	壬午	6 8	辛亥	7 7
初四	甲申	2 11	甲寅	3 12	甲申	4 11	癸丑	5 10	癸未	6 9	壬子	7 8
初五	乙酉	2 12	乙卯	3 13	乙酉	4 12	甲寅	5 11	甲申	6 10	癸丑	7 9
初六	丙戌	2 13	丙辰	3 14	丙戌	4 13	乙卯	5 12	乙酉	6 11	甲寅	7 10
初七	丁亥	2 14	丁巳	3 15	丁亥	4 14	丙辰	5 13	丙戌	6 12	乙卯	7 11
初八	戊子	2 15	戊午	3 16	戊子	4 15	丁巳	5 14	丁亥	6 13	丙辰	7 12
初九	己丑	2 16	己未	3 17	己丑	4 16	戊午	5 15	戊子	6 14	丁巳	7 13
初十	庚寅	2 17	庚申	3 18	庚寅	4 17	己未	5 16	己丑	6 15	戊午	7 14
十一	辛卯	2 18	辛酉	3 19	辛卯	4 18	庚申	5 17	庚寅	6 16	己未	7 15
十二	壬辰	2 19	壬戌	3 20	壬辰	4 19	辛酉	5 18	辛卯	6 17	庚申	7 16
十三	癸巳	2 20	癸亥	3 21	癸巳	4 20	壬戌	5 19	壬辰	6 18	辛酉	7 17
十四	甲午	2 21	甲子	3 22	甲午	4 21	癸亥	5 20	癸巳	6 19	壬戌	7 18
十五	乙未	2 22	乙丑	3 23	乙未	4 22	甲子	5 21	甲午	6 20	癸亥	7 19
十六	丙申	2 23	丙寅	3 24	丙申	4 23	乙丑	5 22	乙未	6 21	甲子	7 20
十七	丁酉	2 24	丁卯	3 25	丁酉	4 24	丙寅	5 23	丙申	6 22	乙丑	7 21
十八	戊戌	2 25	戊辰	3 26	戊戌	4 25	丁卯	5 24	丁酉	6 23	丙寅	7 22
十九	己亥	2 26	己巳	3 27	己亥	4 26	戊辰	5 25	戊戌	6 24	丁卯	7 23
二十	庚子	2 27	庚午	3 28	庚子	4 27	己巳	5 26	己亥	6 25	戊辰	7 24
廿一	辛丑	2 28	辛未	3 29	辛丑	4 28	庚午	5 27	庚子	6 26	己巳	7 25
廿二	壬寅	2 29	壬申	3 30	壬寅	4 29	辛未	5 28	辛丑	6 27	庚午	7 26
廿三	癸卯	3 1	癸酉	3 31	癸卯	4 30	壬申	5 29	壬寅	6 28	辛未	7 27
廿四	甲辰	3 2	甲戌	4 1	甲辰	5 1	癸酉	5 30	癸卯	6 29	壬申	7 28
廿五	乙巳	3 3	乙亥	4 2	乙巳	5 2	甲戌	5 31	甲辰	6 30	癸酉	7 29
廿六	丙午	3 4	丙子	4 3	丙午	5 3	乙亥	6 1	乙巳	7 1	甲戌	7 30
廿七	丁未	3 5	丁丑	4 4	丁未	5 4	丙子	6 2	丙午	7 2	乙亥	7 31
廿八	戊申	3 6	戊寅	4 5	戊申	5 5	丁丑	6 3	丁未	7 3	丙子	8 1
廿九	己酉	3 7	己卯	4 6	己酉	5 6	戊寅	6 4	戊申	7 4	丁丑	8 2
三十	庚戌	3 8	庚辰	4 7			己卯	6 5			戊寅	8 3

月別	小月二十	大月一十	小月十	大月九	小月八	小月七
干支	丑　己	子　戊	亥　丁	戌　丙	酉　乙	申　甲
九星	碧　三	綠　四	黃　五	白　六	赤　七	白　八
節氣	三廿　九初 18大　1小 時寒　時寒 34酉　4丑 分時　分時	四廿　九初 17冬　13大 時至　時雪 55辰　58未 分時　分時	三廿　八初 18小　21立 時雪　時冬 49酉　27亥 分時　分時	三廿　八初 21霜　18寒 時降　時露 40亥　43酉 分時　分時	二廿　七初 12秋　3白 時分　時露 46午　30寅 分時　分時	十二　五初 15處　o立 時暑　時秋 29申　52子 分時　分時
農曆	曆國支干	曆國支干	曆國支干	曆國支干	曆國支干	曆國支干
初一	12 29 午丙	11 29 子丙	10 31 未丁	10 1 丑丁	9 2 申戊	8 4 卯己
初二	12 30 未丁	11 30 丑丁	11 1 申戊	10 2 寅戊	9 3 酉己	8 5 辰庚
初三	12 31 申戊	12 1 寅戊	11 2 酉己	10 3 卯己	9 4 戌庚	8 6 巳辛
初四	1 1 酉己	12 2 卯己	11 3 戌庚	10 4 辰庚	9 5 亥辛	8 7 午壬
初五	1 2 戌庚	12 3 辰庚	11 4 亥辛	10 5 巳辛	9 6 子壬	8 8 未癸
初六	1 3 亥辛	12 4 巳辛	11 5 子壬	10 6 午壬	9 7 丑癸	8 9 申甲
初七	1 4 子壬	12 5 午壬	11 6 丑癸	10 7 未癸	9 8 寅甲	8 10 酉乙
初八	1 5 丑癸	12 6 未癸	11 7 寅甲	10 8 申甲	9 9 卯乙	8 11 戌丙
初九	1 6 寅甲	12 7 申甲	11 8 卯乙	10 9 酉乙	9 10 辰丙	8 12 亥丁
初十	1 7 卯乙	12 8 酉乙	11 9 辰丙	10 10 戌丙	9 11 巳丁	8 13 子戊
十一	1 8 辰丙	12 9 戌丙	11 10 巳丁	10 11 亥丁	9 12 午戊	8 14 丑己
十二	1 9 巳丁	12 10 亥丁	11 11 午戊	10 12 子戊	9 13 未己	8 15 寅庚
十三	1 10 午戊	12 11 子戊	11 12 未己	10 13 丑己	9 14 申庚	8 16 卯辛
十四	1 11 未己	12 12 丑己	11 13 申庚	10 14 寅庚	9 15 酉辛	8 17 辰壬
十五	1 12 申庚	12 13 寅庚	11 14 酉辛	10 15 卯辛	9 16 戌壬	8 18 巳癸
十六	1 13 酉辛	12 14 卯辛	11 15 戌壬	10 16 辰壬	9 17 亥癸	8 19 午甲
十七	1 14 戌壬	12 15 辰壬	11 16 亥癸	10 17 巳癸	9 18 子甲	8 20 未乙
十八	1 15 亥癸	12 16 巳癸	11 17 子甲	10 18 午甲	9 19 丑乙	8 21 申丙
十九	1 16 子甲	12 17 午甲	11 18 丑乙	10 19 未乙	9 20 寅丙	8 22 酉丁
二十	1 17 丑乙	12 18 未乙	11 19 寅丙	10 20 申丙	9 21 卯丁	8 23 戌戊
廿一	1 18 寅丙	12 19 申丙	11 20 卯丁	10 21 酉丁	9 22 辰戊	8 24 亥己
廿二	1 19 卯丁	12 20 酉丁	11 21 辰戊	10 22 戌戊	9 23 巳己	8 25 子庚
廿三	1 20 辰戊	12 21 戌戊	11 22 巳己	10 23 亥己	9 24 午庚	8 26 丑辛
廿四	1 21 巳己	12 22 亥己	11 23 午庚	10 24 子庚	9 25 未辛	8 27 寅壬
廿五	1 22 午庚	12 23 子庚	11 24 未辛	10 25 丑辛	9 26 申壬	8 28 卯癸
廿六	1 23 未辛	12 24 丑辛	11 25 申壬	10 26 寅壬	9 27 酉癸	8 29 辰甲
廿七	1 24 申壬	12 25 寅壬	11 26 酉癸	10 27 卯癸	9 28 戌甲	8 30 巳乙
廿八	1 25 酉癸	12 26 卯癸	11 27 戌甲	10 28 辰甲	9 29 亥乙	8 31 午丙
廿九	1 26 戌甲	12 27 辰甲	11 28 亥乙	10 29 巳乙	9 30 子丙	9 1 未丁
三十		12 28 巳乙		10 30 午丙		

中華民國三十年

歲次 辛巳

西曆 一九四一年

太歲 姓鄭名祖

肖蛇

月別	正月大	二月大	三月小	四月大	五月大	六月小	閏六月大
干支	庚寅	辛卯	壬辰	癸巳	甲午	乙未	
九星	二黑	一白	九紫	八白	七赤	六白	
節氣	初九 立春 12時50分 午時 廿四 雨水 8時57分 辰時	初九 驚蟄 7時10分 辰時 廿四 春分 8時21分 辰時	初九 清明 12時25分 午時 廿四 穀雨 19時51分 戌時	十一 立夏 6時10分 卯時 廿六 小滿 19時23分 戌時	十二 芒種 10時40分 巳時 廿八 夏至 3時34分 寅時	十三 小暑 21時3分 亥時 廿九 大暑 14時27分 未時	十六 立秋 6時46分 卯時
農曆	干支 國曆	干支 國曆	干支 國曆	干支 國曆	干支 國曆	干支 國曆	干支 國曆
初一	乙亥 1 27	乙巳 2 26	乙亥 3 28	甲辰 4 26	甲戌 5 26	甲辰 6 25	癸酉 7 24
初二	丙子 1 28	丙午 2 27	丙子 3 29	乙巳 **4 27**	乙亥 5 27	乙巳 6 26	甲戌 7 25
初三	丁丑 1 29	丁未 2 28	丁丑 **3 30**	丙午 4 28	丙子 5 28	丙午 6 27	乙亥 7 26
初四	戊寅 1 30	戊申 3 1	戊寅 3 31	丁未 4 29	丁丑 5 29	丁未 6 28	丙子 **7 27**
初五	己卯 1 31	己酉 **3 2**	己卯 4 1	戊申 4 30	戊寅 5 30	戊申 **6 29**	丁丑 7 28
初六	庚辰 2 1	庚戌 3 3	庚辰 4 2	己酉 5 1	己卯 5 31	己酉 6 30	戊寅 7 29
初七	辛巳 **2 2**	辛亥 3 4	辛巳 4 3	庚戌 5 2	庚辰 **6 1**	庚戌 7 1	己卯 7 30
初八	壬午 2 3	壬子 3 5	壬午 4 4	辛亥 5 3	辛巳 6 2	辛亥 7 2	庚辰 7 31
初九	癸未 2 4	癸丑 3 6	癸未 4 5	壬子 **5 4**	壬午 6 3	壬子 7 3	辛巳 8 1
初十	甲申 2 5	甲寅 3 7	甲申 **4 6**	癸丑 5 5	癸未 6 4	癸丑 7 4	壬午 8 2
十一	乙酉 2 6	乙卯 3 8	乙酉 4 7	甲寅 5 6	甲申 6 5	甲寅 7 5	癸未 **8 3**
十二	丙戌 2 7	丙辰 **3 9**	丙戌 4 8	乙卯 5 7	乙酉 6 6	乙卯 **7 6**	甲申 8 4
十三	丁亥 2 8	丁巳 3 10	丁亥 4 9	丙辰 5 8	丙戌 6 7	丙辰 7 7	乙酉 8 5
十四	戊子 **2 9**	戊午 3 11	戊子 4 10	丁巳 5 9	丁亥 **6 8**	丁巳 7 8	丙戌 8 6
十五	己丑 2 10	己未 3 12	己丑 4 11	戊午 5 10	戊子 6 9	戊午 7 9	丁亥 8 7
十六	庚寅 2 11	庚申 3 13	庚寅 4 12	己未 **5 11**	己丑 6 10	己未 7 10	戊子 8 8
十七	辛卯 2 12	辛酉 3 14	辛卯 **4 13**	庚申 5 12	庚寅 6 11	庚申 7 11	己丑 8 9
十八	壬辰 2 13	壬戌 3 15	壬辰 4 14	辛酉 5 13	辛卯 6 12	辛酉 7 12	庚寅 **8 10**
十九	癸巳 2 14	癸亥 **3 16**	癸巳 4 15	壬戌 5 14	壬辰 6 13	壬戌 **7 13**	辛卯 8 11
二十	甲午 2 15	甲子 3 17	甲午 4 16	癸亥 5 15	癸巳 6 14	癸亥 7 14	壬辰 8 12
廿一	乙未 **2 16**	乙丑 3 18	乙未 4 17	甲子 5 16	甲午 **6 15**	甲子 7 15	癸巳 8 13
廿二	丙申 2 17	丙寅 3 19	丙申 4 18	乙丑 5 17	乙未 6 16	乙丑 7 16	甲午 8 14
廿三	丁酉 2 18	丁卯 3 20	丁酉 4 19	丙寅 **5 18**	丙申 6 17	丙寅 7 17	乙未 8 15
廿四	戊戌 2 19	戊辰 3 21	戊戌 **4 20**	丁卯 5 19	丁酉 6 18	丁卯 7 18	丙申 8 16
廿五	己亥 2 20	己巳 3 22	己亥 4 21	戊辰 5 20	戊戌 6 19	戊辰 7 19	丁酉 **8 17**
廿六	庚子 2 21	庚午 **3 23**	庚子 4 22	己巳 5 21	己亥 6 20	己巳 **7 20**	戊戌 8 18
廿七	辛丑 2 22	辛未 3 24	辛丑 4 23	庚午 5 22	庚子 6 21	庚午 7 21	己亥 8 19
廿八	壬寅 **2 23**	壬申 3 25	壬寅 4 24	辛未 5 23	辛丑 **6 22**	辛未 7 22	庚子 8 20
廿九	癸卯 2 24	癸酉 3 26	癸卯 4 25	壬申 5 24	壬寅 6 23	壬申 7 23	辛丑 8 21
三十	甲辰 2 25	甲戌 3 27		癸酉 **5 25**	癸卯 6 24		壬寅 8 22

月別	十二月小			十一月大			十月小			九月大			八月小			七月小		
干支	辛丑			庚子			己亥			戊戌			丁酉			丙申		
九星	九紫			一白			二黑			三碧			四綠			五黃		
節氣	初五 大寒 o時24分 子時；十九 立春 18時49分 酉時			初五 冬至 13時45分 未時；二十 小寒 7時3分 辰時			初五 小雪 o時38分 子時；十九 大雪 19時57分 戌時			初五 霜降 3時28分 寅時；二十 立冬 3時25分 寅時			初三 秋分 18時33分 酉時；十九 寒露 o時39分 子時			初一 處暑 21時21分 亥時；十七 白露 9時24分 巳時		
農曆	國曆		干支	國曆		干支	國曆		干支	國曆		干支	國曆		干支	國曆		干支
初一	1	17	庚午	12	18	庚子	11	19	辛未	10	20	辛丑	9	21	壬申	8	23	癸卯
初二	1	18	辛未	12	19	辛丑	11	20	壬申	10	21	壬寅	9	22	癸酉	8	24	甲辰
初三	1	19	壬申	12	20	壬寅	11	21	癸酉	10	22	癸卯	9	23	甲戌	8	25	乙巳
初四	1	20	癸酉	12	21	癸卯	11	22	甲戌	10	23	甲辰	9	24	乙亥	8	26	丙午
初五	1	21	甲戌	12	22	甲辰	11	23	乙亥	10	24	乙巳	9	25	丙子	8	27	丁未
初六	1	22	乙亥	12	23	乙巳	11	24	丙子	10	25	丙午	9	26	丁丑	8	28	戊申
初七	1	23	丙子	12	24	丙午	11	25	丁丑	10	26	丁未	9	27	戊寅	8	29	己酉
初八	1	24	丁丑	12	25	丁未	11	26	戊寅	10	27	戊申	9	28	己卯	8	30	庚戌
初九	1	25	戊寅	12	26	戊申	11	27	己卯	10	28	己酉	9	29	庚辰	8	31	辛亥
初十	1	26	己卯	12	27	己酉	11	28	庚辰	10	29	庚戌	9	30	辛巳	9	1	壬子
十一	1	27	庚辰	12	28	庚戌	11	29	辛巳	10	30	辛亥	10	1	壬午	9	2	癸丑
十二	1	28	辛巳	12	29	辛亥	11	30	壬午	10	31	壬子	10	2	癸未	9	3	甲寅
十三	1	29	壬午	12	30	壬子	12	1	癸未	11	1	癸丑	10	3	甲申	9	4	乙卯
十四	1	30	癸未	12	31	癸丑	12	2	甲申	11	2	甲寅	10	4	乙酉	9	5	丙辰
十五	1	31	甲申	1	1	甲寅	12	3	乙酉	11	3	乙卯	10	5	丙戌	9	6	丁巳
十六	2	1	乙酉	1	2	乙卯	12	4	丙戌	11	4	丙辰	10	6	丁亥	9	7	戊午
十七	2	2	丙戌	1	3	丙辰	12	5	丁亥	11	5	丁巳	10	7	戊子	9	8	己未
十八	2	3	丁亥	1	4	丁巳	12	6	戊子	11	6	戊午	10	8	己丑	9	9	庚申
十九	2	4	戊子	1	5	戊午	12	7	己丑	11	7	己未	10	9	庚寅	9	10	辛酉
二十	2	5	己丑	1	6	己未	12	8	庚寅	11	8	庚申	10	10	辛卯	9	11	壬戌
廿一	2	6	庚寅	1	7	庚申	12	9	辛卯	11	9	辛酉	10	11	壬辰	9	12	癸亥
廿二	2	7	辛卯	1	8	辛酉	12	10	壬辰	11	10	壬戌	10	12	癸巳	9	13	甲子
廿三	2	8	壬辰	1	9	壬戌	12	11	癸巳	11	11	癸亥	10	13	甲午	9	14	乙丑
廿四	2	9	癸巳	1	10	癸亥	12	12	甲午	11	12	甲子	10	14	乙未	9	15	丙寅
廿五	2	10	甲午	1	11	甲子	12	13	乙未	11	13	乙丑	10	15	丙申	9	16	丁卯
廿六	2	11	乙未	1	12	乙丑	12	14	丙申	11	14	丙寅	10	16	丁酉	9	17	戊辰
廿七	2	12	丙申	1	13	丙寅	12	15	丁酉	11	15	丁卯	10	17	戊戌	9	18	己巳
廿八	2	13	丁酉	1	14	丁卯	12	16	戊戌	11	16	戊辰	10	18	己亥	9	19	庚午
廿九	2	14	戊戌	1	15	戊辰	12	17	己亥	11	17	己巳	10	19	庚子	9	20	辛未
三十				1	16	己巳				11	18	庚午						

中華民國卅一年

歲次 壬午

西曆一九四二年

太歲姓路名明

肖馬

月別	正月大		二月小		三月大		四月大		五月小		六月大	
干支	壬寅		癸卯		甲辰		乙巳		丙午		丁未	
九星	八白		七赤		六白		五黃		四綠		三碧	
節氣	初五 雨水 14時47分未時	二十 驚蟄 13時10分未時	初五 春分 14時11分未時	二十 清明 18時24分酉時	初七 穀雨 1時40分丑時	廿二 立夏 12時7分午時	初八 小滿 1時9分丑時	廿三 芒種 16時37分申時	初九 夏至 9時17分巳時	廿五 小暑 2時52分丑時	十一 大暑 20時8分戌時	廿七 立秋 12時31分午時
農曆	干支	國曆	干支	國曆	干支	國曆	干支	國曆	干支	國曆	干支	國曆
初一	己亥	2 15	己巳	3 17	戊戌	4 15	戊辰	5 15	戊戌	6 14	丁卯	7 13
初二	庚子	2 16	庚午	3 18	己亥	4 16	己巳	5 16	己亥	6 15	戊辰	7 14
初三	辛丑	2 17	辛未	3 19	庚子	4 17	庚午	5 17	庚子	6 16	己巳	7 15
初四	壬寅	2 18	壬申	3 20	辛丑	4 18	辛未	5 18	辛丑	6 17	庚午	7 16
初五	癸卯	2 19	癸酉	3 21	壬寅	4 19	壬申	5 19	壬寅	6 18	辛未	7 17
初六	甲辰	2 20	甲戌	3 22	癸卯	4 20	癸酉	5 20	癸卯	6 19	壬申	7 18
初七	乙巳	2 21	乙亥	3 23	甲辰	4 21	甲戌	5 21	甲辰	6 20	癸酉	7 19
初八	丙午	2 22	丙子	3 24	乙巳	4 22	乙亥	5 22	乙巳	6 21	甲戌	7 20
初九	丁未	2 23	丁丑	3 25	丙午	4 23	丙子	5 23	丙午	6 22	乙亥	7 21
初十	戊申	2 24	戊寅	3 26	丁未	4 24	丁丑	5 24	丁未	6 23	丙子	7 22
十一	己酉	2 25	己卯	3 27	戊申	4 25	戊寅	5 25	戊申	6 24	丁丑	7 23
十二	庚戌	2 26	庚辰	3 28	己酉	4 26	己卯	5 26	己酉	6 25	戊寅	7 24
十三	辛亥	2 27	辛巳	3 29	庚戌	4 27	庚辰	5 27	庚戌	6 26	己卯	7 25
十四	壬子	2 28	壬午	3 30	辛亥	4 28	辛巳	5 28	辛亥	6 27	庚辰	7 26
十五	癸丑	3 1	癸未	3 31	壬子	4 29	壬午	5 29	壬子	6 28	辛巳	7 27
十六	甲寅	3 2	甲申	4 1	癸丑	4 30	癸未	5 30	癸丑	6 29	壬午	7 28
十七	乙卯	3 3	乙酉	4 2	甲寅	5 1	甲申	5 31	甲寅	6 30	癸未	7 29
十八	丙辰	3 4	丙戌	4 3	乙卯	5 2	乙酉	6 1	乙卯	7 1	甲申	7 30
十九	丁巳	3 5	丁亥	4 4	丙辰	5 3	丙戌	6 2	丙辰	7 2	乙酉	7 31
二十	戊午	3 6	戊子	4 5	丁巳	5 4	丁亥	6 3	丁巳	7 3	丙戌	8 1
廿一	己未	3 7	己丑	4 6	戊午	5 5	戊子	6 4	戊午	7 4	丁亥	8 2
廿二	庚申	3 8	庚寅	4 7	己未	5 6	己丑	6 5	己未	7 5	戊子	8 3
廿三	辛酉	3 9	辛卯	4 8	庚申	5 7	庚寅	6 6	庚申	7 6	己丑	8 4
廿四	壬戌	3 10	壬辰	4 9	辛酉	5 8	辛卯	6 7	辛酉	7 7	庚寅	8 5
廿五	癸亥	3 11	癸巳	4 10	壬戌	5 9	壬辰	6 8	壬戌	7 8	辛卯	8 6
廿六	甲子	3 12	甲午	4 11	癸亥	5 10	癸巳	6 9	癸亥	7 9	壬辰	8 7
廿七	乙丑	3 13	乙未	4 12	甲子	5 11	甲午	6 10	甲子	7 10	癸巳	8 8
廿八	丙寅	3 14	丙申	4 13	乙丑	5 12	乙未	6 11	乙丑	7 11	甲午	8 9
廿九	丁卯	3 15	丁酉	4 14	丙寅	5 13	丙申	6 12	丙寅	7 12	乙未	8 10
三十	戊辰	3 16			丁卯	5 14	丁酉	6 13			丙申	8 11

月別	十二月大		十一月小		十月大		九月小		八月大		七月小	
干支	癸丑		壬子		辛亥		庚戌		己酉		戊申	
九星	六白		七赤		八白		九紫		一白		二黑	
節氣	初一 小寒 12時55分午時	十六 大寒 6時19分卯時	初一 大雪 1時47分丑時	十五 冬至 19時40分戌時	初一 立冬 9時12分巳時	十六 小雪 6時31分卯時	十五 霜降 9時16分巳時		十五 秋分 0時17分子時	三十 寒露 6時22分卯時	十三 處暑 2時59分丑時	廿八 白露 15時7分申時
農曆	國曆	干支	國曆	干支	國曆	干支	國曆	干支	國曆	干支	國曆	干支
初一	1 6	甲子	12 8	乙未	11 8	乙丑	10 10	丙申	9 10	丙寅	8 12	丁酉
初二	1 7	乙丑	12 9	丙申	11 9	丙寅	10 11	丁酉	9 11	丁卯	8 13	戊戌
初三	1 8	丙寅	12 10	丁酉	11 10	丁卯	10 12	戊戌	9 12	戊辰	8 14	己亥
初四	1 9	丁卯	12 11	戊戌	11 11	戊辰	10 13	己亥	9 13	己巳	8 15	庚子
初五	1 10	戊辰	12 12	己亥	11 12	己巳	10 14	庚子	9 14	庚午	8 16	辛丑
初六	1 11	己巳	12 13	庚子	11 13	庚午	10 15	辛丑	9 15	辛未	8 17	壬寅
初七	1 12	庚午	12 14	辛丑	11 14	辛未	10 16	壬寅	9 16	壬申	8 18	癸卯
初八	1 13	辛未	12 15	壬寅	11 15	壬申	10 17	癸卯	9 17	癸酉	8 19	甲辰
初九	1 14	壬申	12 16	癸卯	11 16	癸酉	10 18	甲辰	9 18	甲戌	8 20	乙巳
初十	1 15	癸酉	12 17	甲辰	11 17	甲戌	10 19	乙巳	9 19	乙亥	8 21	丙午
十一	1 16	甲戌	12 18	乙巳	11 18	乙亥	10 20	丙午	9 20	丙子	8 22	丁未
十二	1 17	乙亥	12 19	丙午	11 19	丙子	10 21	丁未	9 21	丁丑	8 23	戊申
十三	1 18	丙子	12 20	丁未	11 20	丁丑	10 22	戊申	9 22	戊寅	8 24	己酉
十四	1 19	丁丑	12 21	戊申	11 21	戊寅	10 23	己酉	9 23	己卯	8 25	庚戌
十五	1 20	戊寅	12 22	己酉	11 22	己卯	10 24	庚戌	9 24	庚辰	8 26	辛亥
十六	1 21	己卯	12 23	庚戌	11 23	庚辰	10 25	辛亥	9 25	辛巳	8 27	壬子
十七	1 22	庚辰	12 24	辛亥	11 24	辛巳	10 26	壬子	9 26	壬午	8 28	癸丑
十八	1 23	辛巳	12 25	壬子	11 25	壬午	10 27	癸丑	9 27	癸未	8 29	甲寅
十九	1 24	壬午	12 26	癸丑	11 26	癸未	10 28	甲寅	9 28	甲申	8 30	乙卯
二十	1 25	癸未	12 27	甲寅	11 27	甲申	10 29	乙卯	9 29	乙酉	8 31	丙辰
廿一	1 26	甲申	12 28	乙卯	11 28	乙酉	10 30	丙辰	9 30	丙戌	9 1	丁巳
廿二	1 27	乙酉	12 29	丙辰	11 29	丙戌	10 31	丁巳	10 1	丁亥	9 2	戊午
廿三	1 28	丙戌	12 30	丁巳	11 30	丁亥	11 1	戊午	10 2	戊子	9 3	己未
廿四	1 29	丁亥	12 31	戊午	12 1	戊子	11 2	己未	10 3	己丑	9 4	庚申
廿五	1 30	戊子	1 1	己未	12 2	己丑	11 3	庚申	10 4	庚寅	9 5	辛酉
廿六	1 31	己丑	1 2	庚申	12 3	庚寅	11 4	辛酉	10 5	辛卯	9 6	壬戌
廿七	2 1	庚寅	1 3	辛酉	12 4	辛卯	11 5	壬戌	10 6	壬辰	9 7	癸亥
廿八	2 2	辛卯	1 4	壬戌	12 5	壬辰	11 6	癸亥	10 7	癸巳	9 8	甲子
廿九	2 3	壬辰	1 5	癸亥	12 6	癸巳	11 7	甲子	10 8	甲午	9 9	乙丑
三十	2 4	癸巳			12 7	甲午			10 9	乙未		

中華民國卅二年　歲次癸未

西曆一九四三年

太歲姓魏名明

肖羊

月別	正月小		二月大		三月小		四月大		五月小		六月大	
干支	甲寅		乙卯		丙辰		丁巳		戊午		己未	
九星	五黃		四綠		三碧		二黑		一白		九紫	
節氣	初一 立春 子時 o時41分	十五 雨水 戌時 20時41分	初一 驚蟄 酉時 18時59分	十六 春分 戌時 20時3分	初二 清明 子時 o時12分	十七 穀雨 辰時 7時32分	初三 立夏 酉時 17時54分	十九 小滿 辰時 7時3分	初四 芒種 亥時 22時19分	二十 夏至 申時 15時13分	初七 小暑 辰時 8時39分	廿三 大暑 丑時 2時5分
農曆	干支	國曆	干支	國曆	干支	國曆	干支	國曆	干支	國曆	干支	國曆
初一	甲午	2 5	癸亥	3 6	癸巳	4 5	壬戌	5 4	壬辰	6 3	辛酉	7 2
初二	乙未	2 6	甲子	3 7	甲午	4 6	癸亥	5 5	癸巳	6 4	壬戌	7 3
初三	丙申	2 7	乙丑	3 8	乙未	4 7	甲子	5 6	甲午	6 5	癸亥	7 4
初四	丁酉	2 8	丙寅	3 9	丙申	4 8	乙丑	5 7	乙未	6 6	甲子	7 5
初五	戊戌	2 9	丁卯	3 10	丁酉	4 9	丙寅	5 8	丙申	6 7	乙丑	7 6
初六	己亥	2 10	戊辰	3 11	戊戌	4 10	丁卯	5 9	丁酉	6 8	丙寅	7 7
初七	庚子	2 11	己巳	3 12	己亥	4 11	戊辰	5 10	戊戌	6 9	丁卯	7 8
初八	辛丑	2 12	庚午	3 13	庚子	4 12	己巳	5 11	己亥	6 10	戊辰	7 9
初九	壬寅	2 13	辛未	3 14	辛丑	4 13	庚午	5 12	庚子	6 11	己巳	7 10
初十	癸卯	2 14	壬申	3 15	壬寅	4 14	辛未	5 13	辛丑	6 12	庚午	7 11
十一	甲辰	2 15	癸酉	3 16	癸卯	4 15	壬申	5 14	壬寅	6 13	辛未	7 12
十二	乙巳	2 16	甲戌	3 17	甲辰	4 16	癸酉	5 15	癸卯	6 14	壬申	7 13
十三	丙午	2 17	乙亥	3 18	乙巳	4 17	甲戌	5 16	甲辰	6 15	癸酉	7 14
十四	丁未	2 18	丙子	3 19	丙午	4 18	乙亥	5 17	乙巳	6 16	甲戌	7 15
十五	戊申	2 19	丁丑	3 20	丁未	4 19	丙子	5 18	丙午	6 17	乙亥	7 16
十六	己酉	2 20	戊寅	3 21	戊申	4 20	丁丑	5 19	丁未	6 18	丙子	7 17
十七	庚戌	2 21	己卯	3 22	己酉	4 21	戊寅	5 20	戊申	6 19	丁丑	7 18
十八	辛亥	2 22	庚辰	3 23	庚戌	4 22	己卯	5 21	己酉	6 20	戊寅	7 19
十九	壬子	2 23	辛巳	3 24	辛亥	4 23	庚辰	5 22	庚戌	6 21	己卯	7 20
二十	癸丑	2 24	壬午	3 25	壬子	4 24	辛巳	5 23	辛亥	6 22	庚辰	7 21
廿一	甲寅	2 25	癸未	3 26	癸丑	4 25	壬午	5 24	壬子	6 23	辛巳	7 22
廿二	乙卯	2 26	甲申	3 27	甲寅	4 26	癸未	5 25	癸丑	6 24	壬午	7 23
廿三	丙辰	2 27	乙酉	3 28	乙卯	4 27	甲申	5 26	甲寅	6 25	癸未	7 24
廿四	丁巳	2 28	丙戌	3 29	丙辰	4 28	乙酉	5 27	乙卯	6 26	甲申	7 25
廿五	戊午	3 1	丁亥	3 30	丁巳	4 29	丙戌	5 28	丙辰	6 27	乙酉	7 26
廿六	己未	3 2	戊子	3 31	戊午	4 30	丁亥	5 29	丁巳	6 28	丙戌	7 27
廿七	庚申	3 3	己丑	4 1	己未	5 1	戊子	5 30	戊午	6 29	丁亥	7 28
廿八	辛酉	3 4	庚寅	4 2	庚申	5 2	己丑	5 31	己未	6 30	戊子	7 29
廿九	壬戌	3 5	辛卯	4 3	辛酉	5 3	庚寅	6 1	庚申	7 1	己丑	7 30
三十			壬辰	4 4			辛卯	6 2			庚寅	7 31

月別	小月二十	大月一十	小月十	大月九	小月八	大月七
干支	丑 乙	子 甲	亥 癸	戌 壬	酉 辛	申 庚
九星	碧 三	綠 四	黃 五	白 六	赤 七	白 八
節	六廿 一十	七廿 二十	六廿 一十	六廿 一十	五廿 九初	四廿 八初
氣	12時8分 大寒午時 18時40分 小寒酉時	1時30分 冬至丑時 7時33分 大雪辰時	12時22分 小雪午時 14時59分 立冬未時	15時9分 霜降申時 12時11分 寒露午時	6時12分 秋分卯時 20時56分 白露戌時	8時55分 處暑辰時 18時19分 立秋酉時
農曆	曆國 支干	曆國 支干	曆國 支干	曆國 支干	曆國 支干	曆國 支干
初一	12 27 未己	11 27 丑己	10 29 申庚	9 29 寅庚	8 31 酉辛	8 1 卯辛
初二	12 28 申庚	11 28 寅庚	10 30 酉辛	9 30 卯辛	9 1 戌壬	8 2 辰壬
初三	12 29 酉辛	11 29 卯辛	10 31 戌壬	10 1 辰壬	9 2 亥癸	8 3 巳癸
初四	12 30 戌壬	11 30 辰壬	11 1 亥癸	10 2 巳癸	9 3 子甲	8 4 午甲
初五	12 31 亥癸	12 1 巳癸	11 2 子甲	10 3 午甲	9 4 丑乙	8 5 未乙
初六	1 1 子甲	12 2 午甲	11 3 丑乙	10 4 未乙	9 5 寅丙	8 6 申丙
初七	1 2 丑乙	12 3 未乙	11 4 寅丙	10 5 申丙	9 6 卯丁	8 7 酉丁
初八	1 3 寅丙	12 4 申丙	11 5 卯丁	10 6 酉丁	9 7 辰戊	8 8 戌戊
初九	1 4 卯丁	12 5 酉丁	11 6 辰戊	10 7 戌戊	9 8 巳己	8 9 亥己
初十	1 5 辰戊	12 6 戌戊	11 7 巳己	10 8 亥己	9 9 午庚	8 10 子庚
十一	1 6 巳己	12 7 亥己	11 8 午庚	10 9 子庚	9 10 未辛	8 11 丑辛
十二	1 7 午庚	12 8 子庚	11 9 未辛	10 10 丑辛	9 11 申壬	8 12 寅壬
十三	1 8 未辛	12 9 丑辛	11 10 申壬	10 11 寅壬	9 12 酉癸	8 13 卯癸
十四	1 9 申壬	12 10 寅壬	11 11 酉癸	10 12 卯癸	9 13 戌甲	8 14 辰甲
十五	1 10 酉癸	12 11 卯癸	11 12 戌甲	10 13 辰甲	9 14 亥乙	8 15 巳乙
十六	1 11 戌甲	12 12 辰甲	11 13 亥乙	10 14 巳乙	9 15 子丙	8 16 午丙
十七	1 12 亥乙	12 13 巳乙	11 14 子丙	10 15 午丙	9 16 丑丁	8 17 未丁
十八	1 13 子丙	12 14 午丙	11 15 丑丁	10 16 未丁	9 17 寅戊	8 18 申戊
十九	1 14 丑丁	12 15 未丁	11 16 寅戊	10 17 申戊	9 18 卯己	8 19 酉己
二十	1 15 寅戊	12 16 申戊	11 17 卯己	10 18 酉己	9 19 辰庚	8 20 戌庚
廿一	1 16 卯己	12 17 酉己	11 18 辰庚	10 19 戌庚	9 20 巳辛	8 21 亥辛
廿二	1 17 辰庚	12 18 戌庚	11 19 巳辛	10 20 亥辛	9 21 午壬	8 22 子壬
廿三	1 18 巳辛	12 19 亥辛	11 20 午壬	10 21 子壬	9 22 未癸	8 23 丑癸
廿四	1 19 午壬	12 20 子壬	11 21 未癸	10 22 丑癸	9 23 申甲	8 24 寅甲
廿五	1 20 未癸	12 21 丑癸	11 22 申甲	10 23 寅甲	9 24 酉乙	8 25 卯乙
廿六	1 21 申甲	12 22 寅甲	11 23 酉乙	10 24 卯乙	9 25 戌丙	8 26 辰丙
廿七	1 22 酉乙	12 23 卯乙	11 24 戌丙	10 25 辰丙	9 26 亥丁	8 27 巳丁
廿八	1 23 戌丙	12 24 辰丙	11 25 亥丁	10 26 巳丁	9 27 子戊	8 28 午戊
廿九	1 24 亥丁	12 25 巳丁	11 26 子戊	10 27 午戊	9 28 丑己	8 29 未己
三十		12 26 午戊	11	10 28 未己		8 30 申庚

中華民國卅三年 歲次 甲申

西曆一九四四年

太歲 姓方名公

肖猴

大月六	小月五	大月四閏	小月四	大月三	小月二	大月正	月別
未 辛	午 庚		巳 己	辰 戊	卯 丁	寅 丙	干支
白 六	赤 七		白 八	紫 九	白 一	黑 二	九星
十二 四初 o立 7大 時秋 時暑 19子 56辰 分時 分時	七十 一初 14小 21夏 時暑 時至 37未 3亥 分時 分時	六 十 4 芒 時 種 11 寅 分 時	九廿 三十 12小 23立 時滿 時夏 51午 40夜 分時 分子	八廿 三十 13穀 5清 時雨 時明 18未 54卯 分時 分時	七廿 二十 1春 o驚 時分 時蟄 49丑 41子 分時 分時	七廿 二十 2雨 6立 時水 時春 28丑 23卯 分時 分時	節氣
曆國支干	曆國支干	曆國支干	曆國支干	曆國支干	曆國支干	曆國支干	曆農
7 20酉乙	6 21辰丙	5 22戌丙	4 23巳丁	3 24亥丁	2 24午戊	1 25子戊	一初
7 21戌丙	6 22巳丁	5 23亥丁	4 24午戊	3 25子戊	2 25未己	1 26丑己	二初
7 22亥丁	6 23午戊	5 24子戊	4 25未己	3 26丑己	2 26申庚	1 27寅庚	三初
7 23子戊	6 24未己	5 25丑己	4 26申庚	3 27寅庚	2 27酉辛	1 28卯辛	四初
7 24丑己	6 25申庚	5 26寅庚	4 27酉辛	3 28卯辛	2 28戌壬	1 29辰壬	五初
7 25寅庚	6 26酉辛	5 27卯辛	4 28戌壬	3 29辰壬	2 29亥癸	1 30巳癸	六初
7 26卯辛	6 27戌壬	5 28辰壬	4 29亥癸	3 30巳癸	3 1子甲	1 31午甲	七初
7 27辰壬	6 28亥癸	5 29巳癸	4 30子甲	3 31午甲	3 2丑乙	2 1未乙	八初
7 28巳癸	6 29子甲	5 30午甲	5 1丑乙	4 1未乙	3 3寅丙	2 2申丙	九初
7 29午甲	6 30丑乙	5 31未乙	5 2寅丙	4 2申丙	3 4卯丁	2 3酉丁	十初
7 30未乙	7 1寅丙	6 1申丙	5 3卯丁	4 3酉丁	3 5辰戊	2 4戌戊	一十
7 31申丙	7 2卯丁	6 2酉丁	5 4辰戊	4 4戌戊	3 6巳己	2 5亥己	二十
8 1酉丁	7 3辰戊	6 3戌戊	5 5巳己	4 5亥己	3 7午庚	2 6子庚	三十
8 2戌戊	7 4巳己	6 4亥己	5 6午庚	4 6子庚	3 8未辛	2 7丑辛	四十
8 3亥己	7 5午庚	6 5子庚	5 7未辛	4 7丑辛	3 9申壬	2 8寅壬	五十
8 4子庚	7 6未辛	6 6丑辛	5 8申壬	4 8寅壬	3 10酉癸	2 9卯癸	六十
8 5丑辛	7 7申壬	6 7寅壬	5 9酉癸	4 9卯癸	3 11戌甲	2 10辰甲	七十
8 6寅壬	7 8酉癸	6 8卯癸	5 10戌甲	4 10辰甲	3 12亥乙	2 11巳乙	八十
8 7卯癸	7 9戌甲	6 9辰甲	5 11亥乙	4 11巳乙	3 13子丙	2 12午丙	九十
8 8辰甲	7 10亥乙	6 10巳乙	5 12子丙	4 12午丙	3 14丑丁	2 13未丁	十二
8 9巳乙	7 11子丙	6 11午丙	5 13丑丁	4 13未丁	3 15寅戊	2 14申戊	一廿
8 10午丙	7 12丑丁	6 12未丁	5 14寅戊	4 14申戊	3 16卯己	2 15酉己	二廿
8 11未丁	7 13寅戊	6 13申戊	5 15卯己	4 15酉己	3 17辰庚	2 16戌庚	三廿
8 12申戊	7 14卯己	6 14酉己	5 16辰庚	4 16戌庚	3 18巳辛	2 17亥辛	四廿
8 13酉己	7 15辰庚	6 15戌庚	5 17巳辛	4 17亥辛	3 19午壬	2 18子壬	五廿
8 14戌庚	7 16巳辛	6 16亥辛	5 18午壬	4 18子壬	3 20未癸	2 19丑癸	六廿
8 15亥辛	7 17午壬	6 17子壬	5 19未癸	4 19丑癸	3 21申甲	2 20寅甲	七廿
8 16子壬	7 18未癸	6 18丑癸	5 20申甲	4 20寅甲	3 22酉乙	2 21卯乙	八廿
8 17丑癸	7 19申甲	6 19寅甲	5 21酉乙	4 21卯乙	3 23戌丙	2 22辰丙	九廿
8 18寅甲		6 20卯乙		4 22辰丙		2 23巳丁	十三

月別	十二月大	十一月大	十月小	九月大	八月大	七月小
干支	丁丑	丙子	乙亥	甲戌	癸酉	壬申
九星	九紫	一白	二黑	三碧	四綠	五黃
節氣	初七 大寒 17時54分 酉時 廿二 立春 21時20分 午時	初八 冬至 7時15分 辰時 廿三 小寒 o時35分 子時	初七 小雪 18時8分 酉時 廿二 大雪 13時28分 未時	初七 霜降 20時57分 戌時 廿二 立冬 20時55分 戌時	初七 秋分 12時2分 午時 廿二 寒露 18時9分 酉時	初五 處暑 14時47分 未時 廿一 白露 2時56分 丑時
農曆	干支 國曆	干支 國曆	干支 國曆	干支 國曆	干支 國曆	干支 國曆
初一	1 14 癸未	12 15 癸丑	11 16 甲申	10 17 甲寅	9 17 甲申	8 19 乙卯
初二	1 15 甲申	12 16 甲寅	11 17 乙酉	10 18 乙卯	9 18 乙酉	8 20 丙辰
初三	1 16 乙酉	12 17 乙卯	11 18 丙戌	10 19 丙辰	9 19 丙戌	8 21 丁巳
初四	1 17 丙戌	12 18 丙辰	11 19 丁亥	10 20 丁巳	9 20 丁亥	8 22 戊午
初五	1 18 丁亥	12 19 丁巳	11 20 戊子	10 21 戊午	9 21 戊子	8 23 己未
初六	1 19 戊子	12 20 戊午	11 21 己丑	10 22 己未	9 22 己丑	8 24 庚申
初七	1 20 己丑	12 21 己未	11 22 庚寅	10 23 庚申	9 23 庚寅	8 25 辛酉
初八	1 21 庚寅	12 22 庚申	11 23 辛卯	10 24 辛酉	9 24 辛卯	8 26 壬戌
初九	1 22 辛卯	12 23 辛酉	11 24 壬辰	10 25 壬戌	9 25 壬辰	8 27 癸亥
初十	1 23 壬辰	12 24 壬戌	11 25 癸巳	10 26 癸亥	9 26 癸巳	8 28 甲子
十一	1 24 癸巳	12 25 癸亥	11 26 甲午	10 27 甲子	9 27 甲午	8 29 乙丑
十二	1 25 甲午	12 26 甲子	11 27 乙未	10 28 乙丑	9 28 乙未	8 30 丙寅
十三	1 26 乙未	12 27 乙丑	11 28 丙申	10 29 丙寅	9 29 丙申	8 31 丁卯
十四	1 27 丙申	12 28 丙寅	11 29 丁酉	10 30 丁卯	9 30 丁酉	9 1 戊辰
十五	1 28 丁酉	12 29 丁卯	11 30 戊戌	10 31 戊辰	10 1 戊戌	9 2 己巳
十六	1 29 戊戌	12 30 戊辰	12 1 己亥	11 1 己巳	10 2 己亥	9 3 庚午
十七	1 30 己亥	12 31 己巳	12 2 庚子	11 2 庚午	10 3 庚子	9 4 辛未
十八	1 31 庚子	1 1 庚午	12 3 辛丑	11 3 辛未	10 4 辛丑	9 5 壬申
十九	2 1 辛丑	1 2 辛未	12 4 壬寅	11 4 壬申	10 5 壬寅	9 6 癸酉
二十	2 2 壬寅	1 3 壬申	12 5 癸卯	11 5 癸酉	10 6 癸卯	9 7 甲戌
廿一	2 3 癸卯	1 4 癸酉	12 6 甲辰	11 6 甲戌	10 7 甲辰	9 8 乙亥
廿二	2 4 甲辰	1 5 甲戌	12 7 乙巳	11 7 乙亥	10 8 乙巳	9 9 丙子
廿三	2 5 乙巳	1 6 乙亥	12 8 丙午	11 8 丙子	10 9 丙午	9 10 丁丑
廿四	2 6 丙午	1 7 丙子	12 9 丁未	11 9 丁丑	10 10 丁未	9 11 戊寅
廿五	2 7 丁未	1 8 丁丑	12 10 戊申	11 10 戊寅	10 11 戊申	9 12 己卯
廿六	2 8 戊申	1 9 戊寅	12 11 己酉	11 11 己卯	10 12 己酉	9 13 庚辰
廿七	2 9 己酉	1 10 己卯	12 12 庚戌	11 12 庚辰	10 13 庚戌	9 14 辛巳
廿八	2 10 庚戌	1 11 庚辰	12 13 辛亥	11 13 辛巳	10 14 辛亥	9 15 壬午
廿九	2 11 辛亥	1 12 辛巳	12 14 壬子	11 14 壬午	10 15 壬子	9 16 癸未
三十	2 12 壬子	1 13 壬午		11 15 癸未	10 16 癸丑	

中華民國卅四年 歲次乙酉

西曆一九四五年 太歲姓蔣名嵩 肖鷄

月別	正月小		二月小		三月大		四月小		五月小		六月大	
干支	戊寅		己卯		庚辰		辛巳		壬午		癸未	
九星	八白		七赤		六白		五黃		四綠		三碧	
節氣	初七 雨水 8時15分辰時	廿二 驚蟄 6時38分卯時	初八 春分 7時38分辰時	廿三 清明 11時52分午時	初九 穀雨 19時7分戌時	廿五 立夏 5時37分卯時	初十 小滿 18時41分酉時	廿六 芒種 10時6分巳時	十三 夏至 2時52分丑時	廿八 小暑 20時27分戌時	十五 大暑 13時46分未時	
農曆	干支	國曆	干支	國曆	干支	國曆	干支	國曆	干支	國曆	干支	國曆
初一	癸丑	2 13	壬午	3 14	辛亥	4 12	辛巳	5 12	庚戌	6 10	己卯	7 9
初二	甲寅	2 14	癸未	3 15	壬子	4 13	壬午	5 13	辛亥	6 11	庚辰	7 10
初三	乙卯	2 15	甲申	3 16	癸丑	4 14	癸未	5 14	壬子	6 12	辛巳	7 11
初四	丙辰	2 16	乙酉	3 17	甲寅	4 15	甲申	5 15	癸丑	6 13	壬午	7 12
初五	丁巳	2 17	丙戌	3 18	乙卯	4 16	乙酉	5 16	甲寅	6 14	癸未	7 13
初六	戊午	2 18	丁亥	3 19	丙辰	4 17	丙戌	5 17	乙卯	6 15	甲申	7 14
初七	己未	2 19	戊子	3 20	丁巳	4 18	丁亥	5 18	丙辰	6 16	乙酉	7 15
初八	庚申	2 20	己丑	3 21	戊午	4 19	戊子	5 19	丁巳	6 17	丙戌	7 16
初九	辛酉	2 21	庚寅	3 22	己未	4 20	己丑	5 20	戊午	6 18	丁亥	7 17
初十	壬戌	2 22	辛卯	3 23	庚申	4 21	庚寅	5 21	己未	6 19	戊子	7 18
十一	癸亥	2 23	壬辰	3 24	辛酉	4 22	辛卯	5 22	庚申	6 20	己丑	7 19
十二	甲子	2 24	癸巳	3 25	壬戌	4 23	壬辰	5 23	辛酉	6 21	庚寅	7 20
十三	乙丑	2 25	甲午	3 26	癸亥	4 24	癸巳	5 24	壬戌	6 22	辛卯	7 21
十四	丙寅	2 26	乙未	3 27	甲子	4 25	甲午	5 25	癸亥	6 23	壬辰	7 22
十五	丁卯	2 27	丙申	3 28	乙丑	4 26	乙未	5 26	甲子	6 24	癸巳	7 23
十六	戊辰	2 28	丁酉	3 29	丙寅	4 27	丙申	5 27	乙丑	6 25	甲午	7 24
十七	己巳	3 1	戊戌	3 30	丁卯	4 28	丁酉	5 28	丙寅	6 26	乙未	7 25
十八	庚午	3 2	己亥	3 31	戊辰	4 29	戊戌	5 29	丁卯	6 27	丙申	7 26
十九	辛未	3 3	庚子	4 1	己巳	4 30	己亥	5 30	戊辰	6 28	丁酉	7 27
二十	壬申	3 4	辛丑	4 2	庚午	5 1	庚子	5 31	己巳	6 29	戊戌	7 28
廿一	癸酉	3 5	壬寅	4 3	辛未	5 2	辛丑	6 1	庚午	6 30	己亥	7 29
廿二	甲戌	3 6	癸卯	4 4	壬申	5 3	壬寅	6 2	辛未	7 1	庚子	7 30
廿三	乙亥	3 7	甲辰	4 5	癸酉	5 4	癸卯	6 3	壬申	7 2	辛丑	7 31
廿四	丙子	3 8	乙巳	4 6	甲戌	5 5	甲辰	6 4	癸酉	7 3	壬寅	8 1
廿五	丁丑	3 9	丙午	4 7	乙亥	5 6	乙巳	6 5	甲戌	7 4	癸卯	8 2
廿六	戊寅	3 10	丁未	4 8	丙子	5 7	丙午	6 6	乙亥	7 5	甲辰	8 3
廿七	己卯	3 11	戊申	4 9	丁丑	5 8	丁未	6 7	丙子	7 6	乙巳	8 4
廿八	庚辰	3 12	己酉	4 10	戊寅	5 9	戊申	6 8	丁丑	7 7	丙午	8 5
廿九	辛巳	3 13	庚戌	4 11	己卯	5 10	己酉	6 9	戊寅	7 8	丁未	8 6
三十					庚辰	5 11					戊申	8 7

月別	十二月大	十一月小	十月大	九月大	八月大	七月小
干支	己丑	戊子	丁亥	丙戌	乙酉	甲申
九星	六白	七赤	八白	九紫	一白	二黑
節氣	初四 小寒 6時17分卯時 十八 大寒 23時45分夜子	初三 大雪 19時8分戌時 十八 冬至 13時4分未時	初四 立冬 2時35分丑時 十八 小雪 23時56分夜子	初三 寒露 23時50分夜子 十九 霜降 2時44分丑時	初三 白露 8時39分辰時 十八 秋分 17時50分酉時	初一 立秋 6時6分卯時 十六 處暑 20時36分戌時
農曆	國曆 干支	國曆 干支	國曆 干支	國曆 干支	國曆 干支	國曆 干支
初一	1 3 丁丑	12 5 戊申	11 5 戊寅	10 6 戊申	9 6 戊寅	8 8 己酉
初二	1 4 戊寅	12 6 己酉	11 6 己卯	10 7 己酉	9 7 己卯	8 9 庚戌
初三	1 5 己卯	12 7 庚戌	11 7 庚辰	10 8 庚戌	9 8 庚辰	8 10 辛亥
初四	1 6 庚辰	12 8 辛亥	11 8 辛巳	10 9 辛亥	9 9 辛巳	8 11 壬子
初五	1 7 辛巳	12 9 壬子	11 9 壬午	10 10 壬子	9 10 壬午	8 12 癸丑
初六	1 8 壬午	12 10 癸丑	11 10 癸未	10 11 癸丑	9 11 癸未	8 13 甲寅
初七	1 9 癸未	12 11 甲寅	11 11 甲申	10 12 甲寅	9 12 甲申	8 14 乙卯
初八	1 10 甲申	12 12 乙卯	11 12 乙酉	10 13 乙卯	9 13 乙酉	8 15 丙辰
初九	1 11 乙酉	12 13 丙辰	11 13 丙戌	10 14 丙辰	9 14 丙戌	8 16 丁巳
初十	1 12 丙戌	12 14 丁巳	11 14 丁亥	10 15 丁巳	9 15 丁亥	8 17 戊午
十一	1 13 丁亥	12 15 戊午	11 15 戊子	10 16 戊午	9 16 戊子	8 18 己未
十二	1 14 戊子	12 16 己未	11 16 己丑	10 17 己未	9 17 己丑	8 19 庚申
十三	1 15 己丑	12 17 庚申	11 17 庚寅	10 18 庚申	9 18 庚寅	8 20 辛酉
十四	1 16 庚寅	12 18 辛酉	11 18 辛卯	10 19 辛酉	9 19 辛卯	8 21 壬戌
十五	1 17 辛卯	12 19 壬戌	11 19 壬辰	10 20 壬戌	9 20 壬辰	8 22 癸亥
十六	1 18 壬辰	12 20 癸亥	11 20 癸巳	10 21 癸亥	9 21 癸巳	8 23 甲子
十七	1 19 癸巳	12 21 甲子	11 21 甲午	10 22 甲子	9 22 甲午	8 24 乙丑
十八	1 20 甲午	12 22 乙丑	11 22 乙未	10 23 乙丑	9 23 乙未	8 25 丙寅
十九	1 21 乙未	12 23 丙寅	11 23 丙申	10 24 丙寅	9 24 丙申	8 26 丁卯
二十	1 22 丙申	12 24 丁卯	11 24 丁酉	10 25 丁卯	9 25 丁酉	8 27 戊辰
廿一	1 23 丁酉	12 25 戊辰	11 25 戊戌	10 26 戊辰	9 26 戊戌	8 28 己巳
廿二	1 24 戊戌	12 26 己巳	11 26 己亥	10 27 己巳	9 27 己亥	8 29 庚午
廿三	1 25 己亥	12 27 庚午	11 27 庚子	10 28 庚午	9 28 庚子	8 30 辛未
廿四	1 26 庚子	12 28 辛未	11 28 辛丑	10 29 辛未	9 29 辛丑	8 31 壬申
廿五	1 27 辛丑	12 29 壬申	11 29 壬寅	10 30 壬申	9 30 壬寅	9 1 癸酉
廿六	1 28 壬寅	12 30 癸酉	11 30 癸卯	10 31 癸酉	10 1 癸卯	9 2 甲戌
廿七	1 29 癸卯	12 31 甲戌	12 1 甲辰	11 1 甲戌	10 2 甲辰	9 3 乙亥
廿八	1 30 甲辰	1 1 乙亥	12 2 乙巳	11 2 乙亥	10 3 乙巳	9 4 丙子
廿九	1 31 乙巳	1 2 丙子	12 3 丙午	11 3 丙子	10 4 丙午	9 5 丁丑
三十	2 1 丙午		12 4 丁未	11 4 丁丑	10 5 丁未	

中華民國卅五年 歲次丙戌

西曆一九四六年 太歲姓向名般 肖狗

月別	正月大	二月小	三月小	四月大	五月小	六月小
干支	庚寅	辛卯	壬辰	癸巳	甲午	乙未
九星	五黃	四綠	三碧	二黑	一白	九紫
節氣	初三 立春 18時5分酉時；十八 雨水 14時9分未時	初三 驚蟄 12時25分午時；十八 春分 13時33分未時	初四 清明 17時39分酉時；二十 穀雨 1時2分丑時	初六 立夏 11時22分午時；廿二 小滿 0時34分子時	初七 芒種 15時49分申時；廿三 夏至 8時45分辰時	初十 小暑 2時11分丑時；廿五 大暑 19時37分戌時

農曆	正月干支	國曆	二月干支	國曆	三月干支	國曆	四月干支	國曆	五月干支	國曆	六月干支	國曆
初一	丁未	2 2	丁丑	3 4	丙午	4 2	乙亥	5 1	乙巳	5 31	甲戌	6 29
初二	戊申	2 3	戊寅	3 5	丁未	4 3	丙子	5 2	丙午	6 1	乙亥	6 30
初三	己酉	2 4	己卯	3 6	戊申	4 4	丁丑	5 3	丁未	6 2	丙子	7 1
初四	庚戌	2 5	庚辰	3 7	己酉	4 5	戊寅	5 4	戊申	6 3	丁丑	7 2
初五	辛亥	2 6	辛巳	3 8	庚戌	4 6	己卯	5 5	己酉	6 4	戊寅	7 3
初六	壬子	2 7	壬午	3 9	辛亥	4 7	庚辰	5 6	庚戌	6 5	己卯	7 4
初七	癸丑	2 8	癸未	3 10	壬子	4 8	辛巳	5 7	辛亥	6 6	庚辰	7 5
初八	甲寅	2 9	甲申	3 11	癸丑	4 9	壬午	5 8	壬子	6 7	辛巳	7 6
初九	乙卯	2 10	乙酉	3 12	甲寅	4 10	癸未	5 9	癸丑	6 8	壬午	7 7
初十	丙辰	2 11	丙戌	3 13	乙卯	4 11	甲申	5 10	甲寅	6 9	癸未	7 8
十一	丁巳	2 12	丁亥	3 14	丙辰	4 12	乙酉	5 11	乙卯	6 10	甲申	7 9
十二	戊午	2 13	戊子	3 15	丁巳	4 13	丙戌	5 12	丙辰	6 11	乙酉	7 10
十三	己未	2 14	己丑	3 16	戊午	4 14	丁亥	5 13	丁巳	6 12	丙戌	7 11
十四	庚申	2 15	庚寅	3 17	己未	4 15	戊子	5 14	戊午	6 13	丁亥	7 12
十五	辛酉	2 16	辛卯	3 18	庚申	4 16	己丑	5 15	己未	6 14	戊子	7 13
十六	壬戌	2 17	壬辰	3 19	辛酉	4 17	庚寅	5 16	庚申	6 15	己丑	7 14
十七	癸亥	2 18	癸巳	3 20	壬戌	4 18	辛卯	5 17	辛酉	6 16	庚寅	7 15
十八	甲子	2 19	甲午	3 21	癸亥	4 19	壬辰	5 18	壬戌	6 17	辛卯	7 16
十九	乙丑	2 20	乙未	3 22	甲子	4 20	癸巳	5 19	癸亥	6 18	壬辰	7 17
二十	丙寅	2 21	丙申	3 23	乙丑	4 21	甲午	5 20	甲子	6 19	癸巳	7 18
廿一	丁卯	2 22	丁酉	3 24	丙寅	4 22	乙未	5 21	乙丑	6 20	甲午	7 19
廿二	戊辰	2 23	戊戌	3 25	丁卯	4 23	丙申	5 22	丙寅	6 21	乙未	7 20
廿三	己巳	2 24	己亥	3 26	戊辰	4 24	丁酉	5 23	丁卯	6 22	丙申	7 21
廿四	庚午	2 25	庚子	3 27	己巳	4 25	戊戌	5 24	戊辰	6 23	丁酉	7 22
廿五	辛未	2 26	辛丑	3 28	庚午	4 26	己亥	5 25	己巳	6 24	戊戌	7 23
廿六	壬申	2 27	壬寅	3 29	辛未	4 27	庚子	5 26	庚午	6 25	己亥	7 24
廿七	癸酉	2 28	癸卯	3 30	壬申	4 28	辛丑	5 27	辛未	6 26	庚子	7 25
廿八	甲戌	3 1	甲辰	3 31	癸酉	4 29	壬寅	5 28	壬申	6 27	辛丑	7 26
廿九	乙亥	3 2	乙巳	4 1	甲戌	4 30	癸卯	5 29	癸酉	6 28	壬寅	7 27
三十	丙子	3 3					甲辰	5 30				

月別	大月二十	小月一十	大月十	大月九	小月八	大月七
干支	丑 辛	子 庚	亥 己	戌 戊	酉 丁	申 丙
九星	碧 三	綠 四	黃 五	白 六	赤 七	白 八
節 氣	十三 五十 5 大 12 小 時 寒 時 寒 35 卯 11 午 分 時 分 時	九廿 五十 18 冬 1 大 時 至 時 雪 54 酉 1 丑 分 時 分 時	十三 五十 5 小 8 立 時 雪 時 冬 47 卯 28 辰 分 時 分 時	十三 五十 8 霜 5 寒 時 降 時 露 35 辰 42 卯 分 時 分 時	八廿 三十 23 秋 14 白 時 分 時 露 41 夜 28 未 分 子 分 時	八廿 二十 2 處 11 立 時 暑 時 秋 27 丑 52 午 分 時 分 時
農曆	曆國 支干	曆國 支干	曆國 支干	曆國 支干	曆國 支干	曆國 支干
初一	12 23 未辛	**11 24** 寅壬	10 25 申壬	9 25 寅壬	8 27 酉癸	**7 28** 卯癸
初二	12 24 申壬	11 25 卯癸	10 26 酉癸	9 26 卯癸	8 28 戌甲	7 29 辰甲
初三	12 25 酉癸	11 26 辰甲	**10 27** 戌甲	9 27 辰甲	8 29 亥乙	7 30 巳乙
初四	12 26 戌甲	11 27 巳乙	10 28 亥乙	9 28 巳乙	8 30 子丙	7 31 午丙
初五	12 27 亥乙	11 28 午丙	10 29 子丙	**9 29** 午丙	8 31 丑丁	8 1 未丁
初六	12 28 子丙	11 29 未丁	10 30 丑丁	9 30 未丁	**9 1** 寅戊	8 2 申戊
初七	**12 29** 丑丁	11 30 申戊	10 31 寅戊	10 1 申戊	9 2 卯己	8 3 酉己
初八	12 30 寅戊	**12 1** 酉己	11 1 卯己	10 2 酉己	9 3 辰庚	**8 4** 戌庚
初九	12 31 卯己	12 2 戌庚	11 2 辰庚	10 3 戌庚	9 4 巳辛	8 5 亥辛
初十	1 1 辰庚	12 3 亥辛	**11 3** 巳辛	10 4 亥辛	9 5 午壬	8 6 子壬
十一	1 2 巳辛	12 4 子壬	11 4 午壬	10 5 子壬	9 6 未癸	8 7 丑癸
十二	1 3 午壬	12 5 丑癸	11 5 未癸	**10 6** 丑癸	9 7 申甲	8 8 寅甲
十三	1 4 未癸	12 6 寅甲	11 6 申甲	10 7 寅甲	**9 8** 酉乙	8 9 卯乙
十四	**1 5** 申甲	12 7 卯乙	11 7 酉乙	10 8 卯乙	9 9 戌丙	8 10 辰丙
十五	1 6 酉乙	**12 8** 辰丙	11 8 戌丙	10 9 辰丙	9 10 亥丁	**8 11** 巳丁
十六	1 7 戌丙	12 9 巳丁	11 9 亥丁	10 10 巳丁	9 11 子戊	8 12 午戊
十七	1 8 亥丁	12 10 午戊	**11 10** 子戊	10 11 午戊	9 12 丑己	8 13 未己
十八	1 9 子戊	12 11 未己	11 11 丑己	10 12 未己	9 13 寅庚	8 14 申庚
十九	1 10 丑己	12 12 申庚	11 12 寅庚	**10 13** 申庚	9 14 卯辛	8 15 酉辛
二十	1 11 寅庚	12 13 酉辛	11 13 卯辛	10 14 酉辛	**9 15** 辰壬	8 16 戌壬
廿一	**1 12** 卯辛	12 14 戌壬	11 14 辰壬	10 15 戌壬	9 16 巳癸	8 17 亥癸
廿二	1 13 辰壬	**12 15** 亥癸	11 15 巳癸	10 16 亥癸	9 17 午甲	**8 18** 子甲
廿三	1 14 巳癸	12 16 子甲	11 16 午甲	10 17 子甲	9 18 未乙	8 19 丑乙
廿四	1 15 午甲	12 17 丑乙	**11 17** 未乙	10 18 丑乙	9 19 申丙	8 20 寅丙
廿五	1 16 未乙	12 18 寅丙	11 18 申丙	10 19 寅丙	9 20 酉丁	8 21 卯丁
廿六	1 17 申丙	12 19 卯丁	11 19 酉丁	**10 20** 卯丁	9 21 戌戊	8 22 辰戊
廿七	1 18 酉丁	12 20 辰戊	11 20 戌戊	10 21 辰戊	**9 22** 亥己	8 23 巳己
廿八	**1 19** 戌戊	12 21 巳己	11 21 亥己	10 22 巳己	9 23 子庚	8 24 午庚
廿九	1 20 亥己	**12 22** 午庚	11 22 子庚	10 23 午庚	9 24 丑辛	**8 25** 未辛
三十	1 21 子庚		11 23 丑辛	10 24 未辛		8 26 申壬

中華民國卅六年

歲次 丁亥

西曆一九四七年

太歲姓封名齊

肖豬

小月六	小月五	大月四	小月三	小月二閏	大月二	大月正	月別
未 丁	午 丙	巳 乙	辰 甲		卯 癸	寅 壬	干支
白 六	赤 七	白 八	紫 九		白 一	黑 二	九星
二廿 七初 17立 1大 時秋 時暑 39酉 19丑 分時 分時	十二 四初 7小 14夏 時暑 時至 56辰 24未 分時 分時	八十 三初 21芒 6小 時種 時滿 33亥 13卯 分時 分時	六十 一初 17立 6穀 時夏 時雨 5酉 42卯 分時 分時	四 十 23 清 時 明 23 夜 分 子	九廿 四十 19春 18驚 時分 時蟄 15戌 12酉 分時 分時	九廿 四十 19雨 23立 時水 時春 55戌 55夜 分時 分子	節氣
曆國支干	曆國支干	曆國支干	曆國支干	曆國支干	曆國支干	曆國支干	曆農
7 18戌戊	6 19巳己	5 20亥己	4 21午庚	3 23丑辛	2 21未辛	1 22丑辛	一初
7 19亥己	6 20午庚	5 21子庚	4 22未辛	3 24寅壬	2 22申壬	1 23寅壬	二初
7 20子庚	6 21未辛	5 22丑辛	4 23申壬	3 25卯癸	2 23酉癸	1 24卯癸	三初
7 21丑辛	6 22申壬	5 23寅壬	4 24酉癸	3 26辰甲	2 24戌甲	1 25辰甲	四初
7 22寅壬	6 23酉癸	5 24卯癸	4 25戌甲	3 27巳乙	2 25亥乙	1 26巳乙	五初
7 23卯癸	6 24戌甲	5 25辰甲	4 26亥乙	3 28午丙	2 26子丙	1 27午丙	六初
7 24辰甲	6 25亥乙	5 26巳乙	4 27子丙	3 29未丁	2 27丑丁	1 28未丁	七初
7 25巳乙	6 26子丙	5 27午丙	4 28丑丁	3 30申戊	2 28寅戊	1 29申戊	八初
7 26午丙	6 27丑丁	5 28未丁	4 29寅戊	3 31酉己	3 1卯己	1 30酉己	九初
7 27未丁	6 28寅戊	5 29申戊	4 30卯己	4 1戌庚	3 2辰庚	1 31戌庚	十初
7 28申戊	6 29卯己	5 30酉己	5 1辰庚	4 2亥辛	3 3巳辛	2 1亥辛	一十
7 29酉己	6 30辰庚	5 31戌庚	5 2巳辛	4 3子壬	3 4午壬	2 2子壬	二十
7 30戌庚	7 1巳辛	6 1亥辛	5 3午壬	4 4丑癸	3 5未癸	2 3丑癸	三十
7 31亥辛	7 2午壬	6 2子壬	5 4未癸	4 5寅甲	3 6申甲	2 4寅甲	四十
8 1子壬	7 3未癸	6 3丑癸	5 5申甲	4 6卯乙	3 7酉乙	2 5卯乙	五十
8 2丑癸	7 4申甲	6 4寅甲	5 6酉乙	4 7辰丙	3 8戌丙	2 6辰丙	六十
8 3寅甲	7 5酉乙	6 5卯乙	5 7戌丙	4 8巳丁	3 9亥丁	2 7巳丁	七十
8 4卯乙	7 6戌丙	6 6辰丙	5 8亥丁	4 9午戊	3 10子戊	2 8午戊	八十
8 5辰丙	7 7亥丁	6 7巳丁	5 9子戊	4 10未己	3 11丑己	2 9未己	九十
8 6巳丁	7 8子戊	6 8午戊	5 10丑己	4 11申庚	3 12寅庚	2 10申庚	十二
8 7午戊	7 9丑己	6 9未己	5 11寅庚	4 12酉辛	3 13卯辛	2 11酉辛	一廿
8 8未己	7 10寅庚	6 10申庚	5 12卯辛	4 13戌壬	3 14辰壬	2 12戌壬	二廿
8 9申庚	7 11卯辛	6 11酉辛	5 13辰壬	4 14亥癸	3 15巳癸	2 13亥癸	三廿
8 10酉辛	7 12辰壬	6 12戌壬	5 14巳癸	4 15子甲	3 16午甲	2 14子甲	四廿
8 11戌壬	7 13巳癸	6 13亥癸	5 15午甲	4 16丑乙	3 17未乙	2 15丑乙	五廿
8 12亥癸	7 14午甲	6 14子甲	5 16未乙	4 17寅丙	3 18申丙	2 16寅丙	六廿
8 13子甲	7 15未乙	6 15丑乙	5 17申丙	4 18卯丁	3 19酉丁	2 17卯丁	七廿
8 14丑乙	7 16申丙	6 16寅丙	5 18酉丁	4 19辰戊	3 20戌戊	2 18辰戊	八廿
8 15寅丙	7 17酉丁	6 17卯丁	5 19戌戊	4 20巳己	3 21亥己	2 19巳己	九廿
		6 18辰戊			3 22子庚	2 20午庚	十三

月別	七月大		八月小		九月大		十月小		十一月大		十二月大	
干支	戊申		己酉		庚戌		辛亥		壬子		癸丑	
九星	五黃		四綠		三碧		二黑		一白		九紫	
節氣	初九 處暑 8時11分 辰時	廿四 白露 20時17分 戌時	初十 秋分 5時28分 卯時	廿五 寒露 11時32分 午時	十一 霜降 14時24分 未時	廿六 立冬 14時19分 未時	十一 小雪 11時37分 午時	廿六 大雪 6時53分 卯時	十二 冬至 o時45分 子時	廿六 小寒 18時1分 酉時	十一 大寒 11時19分 午時	廿六 立春 5時43分 卯時
農曆	國曆	干支	國曆	干支	國曆	干支	國曆	干支	國曆	干支	國曆	干支
初一	8 16	丁卯	9 15	丁酉	10 14	丙寅	11 13	丙申	12 12	乙丑	**1 11**	乙未
初二	**8 17**	戊辰	9 16	戊戌	10 15	丁卯	11 14	丁酉	12 13	丙寅	1 12	丙申
初三	8 18	己巳	9 17	己亥	10 16	戊辰	11 15	戊戌	**12 14**	丁卯	1 13	丁酉
初四	8 19	庚午	9 18	庚子	10 17	己巳	**11 16**	己亥	12 15	戊辰	1 14	戊戌
初五	8 20	辛未	9 19	辛丑	10 18	庚午	11 17	庚子	12 16	己巳	1 15	己亥
初六	8 21	壬申	9 20	壬寅	**10 19**	辛未	11 18	辛丑	12 17	庚午	1 16	庚子
初七	8 22	癸酉	**9 21**	癸卯	10 20	壬申	11 19	壬寅	12 18	辛未	1 17	辛丑
初八	8 23	甲戌	9 22	甲辰	10 21	癸酉	11 20	癸卯	12 19	壬申	**1 18**	壬寅
初九	**8 24**	乙亥	9 23	乙巳	10 22	甲戌	11 21	甲辰	12 20	癸酉	1 19	癸卯
初十	8 25	丙子	9 24	丙午	10 23	乙亥	11 22	乙巳	**12 21**	甲戌	1 20	甲辰
十一	8 26	丁丑	9 25	丁未	10 24	丙子	**11 23**	丙午	12 22	乙亥	1 21	乙巳
十二	8 27	戊寅	9 26	戊申	10 25	丁丑	11 24	丁未	12 23	丙子	1 22	丙午
十三	8 28	己卯	9 27	己酉	**10 26**	戊寅	11 25	戊申	12 24	丁丑	1 23	丁未
十四	8 29	庚辰	**9 28**	庚戌	10 27	己卯	11 26	己酉	12 25	戊寅	1 24	戊申
十五	8 30	辛巳	9 29	辛亥	10 28	庚辰	11 27	庚戌	12 26	己卯	**1 25**	己酉
十六	**8 31**	壬午	9 30	壬子	10 29	辛巳	11 28	辛亥	12 27	庚辰	1 26	庚戌
十七	9 1	癸未	10 1	癸丑	10 30	壬午	11 29	壬子	**12 28**	辛巳	1 27	辛亥
十八	9 2	甲申	10 2	甲寅	10 31	癸未	**11 30**	癸丑	12 29	壬午	1 28	壬子
十九	9 3	乙酉	10 3	乙卯	11 1	甲申	12 1	甲寅	12 30	癸未	1 29	癸丑
二十	9 4	丙戌	10 4	丙辰	**11 2**	乙酉	12 2	乙卯	12 31	甲申	1 30	甲寅
廿一	9 5	丁亥	**10 5**	丁巳	11 3	丙戌	12 3	丙辰	1 1	乙酉	1 31	乙卯
廿二	9 6	戊子	10 6	戊午	11 4	丁亥	12 4	丁巳	1 2	丙戌	**2 1**	丙辰
廿三	**9 7**	己丑	10 7	己未	11 5	戊子	12 5	戊午	1 3	丁亥	2 2	丁巳
廿四	9 8	庚寅	10 8	庚申	11 6	己丑	12 6	己未	**1 4**	戊子	2 3	戊午
廿五	9 9	辛卯	10 9	辛酉	11 7	庚寅	**12 7**	庚申	1 5	己丑	2 4	己未
廿六	9 10	壬辰	10 10	壬戌	11 8	辛卯	12 8	辛酉	1 6	庚寅	2 5	庚申
廿七	9 11	癸巳	10 11	癸亥	**11 9**	壬辰	12 9	壬戌	1 7	辛卯	2 6	辛酉
廿八	9 12	甲午	**10 12**	甲子	11 10	癸巳	12 10	癸亥	1 8	壬辰	2 7	壬戌
廿九	9 13	乙未	10 13	乙丑	11 11	甲午	12 11	甲子	1 9	癸巳	**2 8**	癸亥
三十	**9 14**	丙申			11 12	乙未			1 10	甲午	2 9	甲子

中華民國卅七年

歲次 戊子

西曆一九四八年　太歲姓郢名班　肖鼠

小月六	大月五	小月四	大月三	小月二	大月正	月別
未　己	午　戊	巳　丁	辰　丙	卯　乙	寅　甲	干支
碧　三	綠　四	黃　五	白　六	赤　七	白　八	九星
七十　一初 7大　13小 時暑　時暑 8辰　44未 分時　分時	五　十 20　夏 時　至 11　戌 分　時	九廿　三十 3芒　11小 時種　時滿 21寅　58午 分時　分時	七廿　二十 22立　12穀 時夏　時雨 53亥　25午 分時　分時	六廿　一十 5清　o春 時明　時分 10卯　57子 分時　分時	五廿　一十 23驚　1雨 時蟄　時水 58夜　37丑 分子　分時	節氣
曆國支干	曆國支干	曆國支干	曆國支干	曆國支干	曆國支干	曆農
7 7巳癸	6 7亥癸	5 9午甲	4 9子甲	3 11未乙	2 10丑乙	一初
7 8午甲	6 8子甲	5 10未乙	4 10丑乙	3 12申丙	2 11寅丙	二初
7 9未乙	6 9丑乙	5 11申丙	4 11寅丙	3 13酉丁	2 12卯丁	三初
7 10申丙	6 10寅丙	5 12酉丁	4 12卯丁	3 14戌戊	2 13辰戊	四初
7 11酉丁	6 11卯丁	5 13戌戊	4 13辰戊	3 15亥己	2 14巳己	五初
7 12戌戊	6 12辰戊	5 14亥己	4 14巳己	3 16子庚	2 15午庚	六初
7 13亥己	6 13巳己	5 15子庚	4 15午庚	3 17丑辛	2 16未辛	七初
7 14子庚	6 14午庚	5 16丑辛	4 16未辛	3 18寅壬	2 17申壬	八初
7 15丑辛	6 15未辛	5 17寅壬	4 17申壬	3 19卯癸	2 18酉癸	九初
7 16寅壬	6 16申壬	5 18卯癸	4 18酉癸	3 20辰甲	2 19戌甲	十初
7 17卯癸	6 17酉癸	5 19辰甲	4 19戌甲	3 21巳乙	2 20亥乙	一十
7 18辰甲	6 18戌甲	5 20巳乙	4 20亥乙	3 22午丙	2 21子丙	二十
7 19巳乙	6 19亥乙	5 21午丙	4 21子丙	3 23未丁	2 22丑丁	三十
7 20午丙	6 20子丙	5 22未丁	4 22丑丁	3 24申戊	2 23寅戊	四十
7 21未丁	6 21丑丁	5 23申戊	4 23寅戊	3 25酉己	2 24卯己	五十
7 22申戊	6 22寅戊	5 24酉己	4 24卯己	3 26戌庚	2 25辰庚	六十
7 23酉己	6 23卯己	5 25戌庚	4 25辰庚	3 27亥辛	2 26巳辛	七十
7 24戌庚	6 24辰庚	5 26亥辛	4 26巳辛	3 28子壬	2 27午壬	八十
7 25亥辛	6 25巳辛	5 27子壬	4 27午壬	3 29丑癸	2 28未癸	九十
7 26子壬	6 26午壬	5 28丑癸	4 28未癸	3 30寅甲	2 29申甲	十二
7 27丑癸	6 27未癸	5 29寅甲	4 29申甲	3 31卯乙	3 1酉乙	一廿
7 28寅甲	6 28申甲	5 30卯乙	4 30酉乙	4 1辰丙	3 2戌丙	二廿
7 29卯乙	6 29酉乙	5 31辰丙	5 1戌丙	4 2巳丁	3 3亥丁	三廿
7 30辰丙	6 30戌丙	6 1巳丁	5 2亥丁	4 3午戊	3 4子戊	四廿
7 31巳丁	7 1亥丁	6 2午戊	5 3子戊	4 4未己	3 5丑己	五廿
8 1午戊	7 2子戊	6 3未己	5 4丑己	4 5申庚	3 6寅庚	六廿
8 2未己	7 3丑己	6 4申庚	5 5寅庚	4 6酉辛	3 7卯辛	七廿
8 3申庚	7 4寅庚	6 5酉辛	5 6卯辛	4 7戌壬	3 8辰壬	八廿
8 4酉辛	7 5卯辛	6 6戌壬	5 7辰壬	4 8亥癸	3 9巳癸	九廿
	7 6辰壬		5 8巳癸		3 10午甲	十三

月別	大月二十	大月二十	小月一十	小月一十	大月十	大月十	小月九	小月九	大月八	大月八	小月七	小月七
干支	丑	乙	子	甲	亥	癸	戌	壬	酉	辛	申	庚
九星	白	六	赤	七	白	八	紫	九	白	一	黑	二
節氣	二廿 17大 時寒 9酉 分時	七初 23小 時寒 42夜 分子	二廿 6冬 時至 34卯 分時	七初 12大 時雪 38午 分時	二廿 17小 時雪 30酉 分時	七初 20立 時冬 7戌 分時	一廿 20霜 時降 19戌 分時	六初 17寒 時露 21酉 分時	一廿 11秋 時分 22午 分時	六初 2白 時露 6丑 分時	九十 14處 時暑 3未 分時	三初 23立 時秋 27夜 分子
農曆	曆國	支干	曆國	支干	曆國	支干	曆國	支干	曆國	支干	曆國	支干
初一	12 30	丑己	12 1	申庚	11 1	寅庚	10 3	酉辛	9 3	卯辛	8 5	戌壬
初二	12 31	寅庚	12 2	酉辛	11 2	卯辛	10 4	戌壬	9 4	辰壬	8 6	亥癸
初三	1 1	卯辛	12 3	戌壬	11 3	辰壬	10 5	亥癸	9 5	巳癸	8 7	子甲
初四	1 2	辰壬	12 4	亥癸	11 4	巳癸	10 6	子甲	9 6	午甲	8 8	丑乙
初五	1 3	巳癸	12 5	子甲	11 5	午甲	10 7	丑乙	9 7	未乙	8 9	寅丙
初六	1 4	午甲	12 6	丑乙	11 6	未乙	10 8	寅丙	9 8	申丙	8 10	卯丁
初七	1 5	未乙	12 7	寅丙	11 7	申丙	10 9	卯丁	9 9	酉丁	8 11	辰戊
初八	1 6	申丙	12 8	卯丁	11 8	酉丁	10 10	辰戊	9 10	戌戊	8 12	巳己
初九	1 7	酉丁	12 9	辰戊	11 9	戌戊	10 11	巳己	9 11	亥己	8 13	午庚
初十	1 8	戌戊	12 10	巳己	11 10	亥己	10 12	午庚	9 12	子庚	8 14	未辛
十一	1 9	亥己	12 11	午庚	11 11	子庚	10 13	未辛	9 13	丑辛	8 15	申壬
十二	1 10	子庚	12 12	未辛	11 12	丑辛	10 14	申壬	9 14	寅壬	8 16	酉癸
十三	1 11	丑辛	12 13	申壬	11 13	寅壬	10 15	酉癸	9 15	卯癸	8 17	戌甲
十四	1 12	寅壬	12 14	酉癸	11 14	卯癸	10 16	戌甲	9 16	辰甲	8 18	亥乙
十五	1 13	卯癸	12 15	戌甲	11 15	辰甲	10 17	亥乙	9 17	巳乙	8 19	子丙
十六	1 14	辰甲	12 16	亥乙	11 16	巳乙	10 18	子丙	9 18	午丙	8 20	丑丁
十七	1 15	巳乙	12 17	子丙	11 17	午丙	10 19	丑丁	9 19	未丁	8 21	寅戊
十八	1 16	午丙	12 18	丑丁	11 18	未丁	10 20	寅戊	9 20	申戊	8 22	卯己
十九	1 17	未丁	12 19	寅戊	11 19	申戊	10 21	卯己	9 21	酉己	8 23	辰庚
二十	1 18	申戊	12 20	卯己	11 20	酉己	10 22	辰庚	9 22	戌庚	8 24	巳辛
廿一	1 19	酉己	12 21	辰庚	11 21	戌庚	10 23	巳辛	9 23	亥辛	8 25	午壬
廿二	1 20	戌庚	12 22	巳辛	11 22	亥辛	10 24	午壬	9 24	子壬	8 26	未癸
廿三	1 21	亥辛	12 23	午壬	11 23	子壬	10 25	未癸	9 25	丑癸	8 27	申甲
廿四	1 22	子壬	12 24	未癸	11 24	丑癸	10 26	申甲	9 26	寅甲	8 28	酉乙
廿五	1 23	丑癸	12 25	申甲	11 25	寅甲	10 27	酉乙	9 27	卯乙	8 29	戌丙
廿六	1 24	寅甲	12 26	酉乙	11 26	卯乙	10 28	戌丙	9 28	辰丙	8 30	亥丁
廿七	1 25	卯乙	12 27	戌丙	11 27	辰丙	10 29	亥丁	9 29	巳丁	8 31	子戊
廿八	1 26	辰丙	12 28	亥丁	11 28	巳丁	10 30	子戊	9 30	午戊	9 1	丑己
廿九	1 27	巳丁	12 29	子戊	11 29	午戊	10 31	丑己	10 1	未己	9 2	寅庚
三十	1 28	午戊			11 30	未己			10 2	申庚		

中華民國卅八年　歲次　己丑

西曆一九四九年
太歲　姓潘名儘
肖牛

月別	正月大		二月小		三月大		四月大		五月小		六月大	
干支	丙寅		丁卯		戊辰		己巳		庚午		辛未	
九星	五黃		四綠		三碧		二黑		一白		九紫	
節氣	初七 立春 11時23分午時	廿二 雨水 7時28分辰時	初七 驚蟄 5時40分卯時	廿二 春分 6時49分卯時	初八 清明 10時52分巳時	廿三 穀雨 18時18分酉時	初九 立夏 4時37分寅時	廿四 小滿 17時52分酉時	初十 芒種 9時7分巳時	廿六 夏至 2時3分丑時	十二 小暑 19時32分戌時	廿八 大暑 12時57分午時
農曆	干支	國曆	干支	國曆	干支	國曆	干支	國曆	干支	國曆	干支	國曆
初一	己未	1 29	己丑	2 28	戊午	3 29	戊子	4 28	戊午	5 28	丁亥	6 26
初二	庚申	1 30	庚寅	3 1	己未	3 30	己丑	4 29	己未	5 29	戊子	6 27
初三	辛酉	1 31	辛卯	3 2	庚申	3 31	庚寅	4 30	庚申	5 30	己丑	6 28
初四	壬戌	2 1	壬辰	3 3	辛酉	4 1	辛卯	5 1	辛酉	5 31	庚寅	6 29
初五	癸亥	2 2	癸巳	3 4	壬戌	4 2	壬辰	5 2	壬戌	6 1	辛卯	6 30
初六	甲子	2 3	甲午	3 5	癸亥	4 3	癸巳	5 3	癸亥	6 2	壬辰	7 1
初七	乙丑	2 4	乙未	3 6	甲子	4 4	甲午	5 4	甲子	6 3	癸巳	7 2
初八	丙寅	2 5	丙申	3 7	乙丑	4 5	乙未	5 5	乙丑	6 4	甲午	7 3
初九	丁卯	2 6	丁酉	3 8	丙寅	4 6	丙申	5 6	丙寅	6 5	乙未	7 4
初十	戊辰	2 7	戊戌	3 9	丁卯	4 7	丁酉	5 7	丁卯	6 6	丙申	7 5
十一	己巳	2 8	己亥	3 10	戊辰	4 8	戊戌	5 8	戊辰	6 7	丁酉	7 6
十二	庚午	2 9	庚子	3 11	己巳	4 9	己亥	5 9	己巳	6 8	戊戌	7 7
十三	辛未	2 10	辛丑	3 12	庚午	4 10	庚子	5 10	庚午	6 9	己亥	7 8
十四	壬申	2 11	壬寅	3 13	辛未	4 11	辛丑	5 11	辛未	6 10	庚子	7 9
十五	癸酉	2 12	癸卯	3 14	壬申	4 12	壬寅	5 12	壬申	6 11	辛丑	7 10
十六	甲戌	2 13	甲辰	3 15	癸酉	4 13	癸卯	5 13	癸酉	6 12	壬寅	7 11
十七	乙亥	2 14	乙巳	3 16	甲戌	4 14	甲辰	5 14	甲戌	6 13	癸卯	7 12
十八	丙子	2 15	丙午	3 17	乙亥	4 15	乙巳	5 15	乙亥	6 14	甲辰	7 13
十九	丁丑	2 16	丁未	3 18	丙子	4 16	丙午	5 16	丙子	6 15	乙巳	7 14
二十	戊寅	2 17	戊申	3 19	丁丑	4 17	丁未	5 17	丁丑	6 16	丙午	7 15
廿一	己卯	2 18	己酉	3 20	戊寅	4 18	戊申	5 18	戊寅	6 17	丁未	7 16
廿二	庚辰	2 19	庚戌	3 21	己卯	4 19	己酉	5 19	己卯	6 18	戊申	7 17
廿三	辛巳	2 20	辛亥	3 22	庚辰	4 20	庚戌	5 20	庚辰	6 19	己酉	7 18
廿四	壬午	2 21	壬子	3 23	辛巳	4 21	辛亥	5 21	辛巳	6 20	庚戌	7 19
廿五	癸未	2 22	癸丑	3 24	壬午	4 22	壬子	5 22	壬午	6 21	辛亥	7 20
廿六	甲申	2 23	甲寅	3 25	癸未	4 23	癸丑	5 23	癸未	6 22	壬子	7 21
廿七	乙酉	2 24	乙卯	3 26	甲申	4 24	甲寅	5 24	甲申	6 23	癸丑	7 22
廿八	丙戌	2 25	丙辰	3 27	乙酉	4 25	乙卯	5 25	乙酉	6 24	甲寅	7 23
廿九	丁亥	2 26	丁巳	3 28	丙戌	4 26	丙辰	5 26	丙戌	6 25	乙卯	7 24
三十	戊子	2 27			丁亥	4 27	丁巳	5 27			丙辰	7 25

月別	大月二十	小月一十	大月十	小月九	大月八	小月七閏	小月七
干支	丑 丁	子 丙	亥 乙	戌 甲	酉 癸		申 壬
九星	碧 三	綠 四	黃 五	白 六	赤 七		白 八
節氣	八十 三初 17立 23大 時春 時寒 21酉 o夜 分時 分子	八十 三初 5小 12冬 時寒 時至 39卯 24午 分時 分時	八十 三初 18大 23小 時雪 時雪 34酉 17夜 分時 分子	八十 三初 2立 2霜 時冬 時降 o丑 4丑 分時 分時	七十 二初 23寒 17秋 時露 時分 12夜 6酉 分子 分時	六 十 7 白 時 露 55 辰 分 時	九廿 四十 19處 5立 時暑 時秋 49戌 16卯 分時 分時
農曆	曆國支干	曆國支干	曆國支干	曆國支干	曆國支干	曆國支干	曆國支干
初一	1 18丑癸	12 20申甲	11 20寅甲	10 22酉乙	9 22卯乙	8 24戌丙	7 26巳丁
初二	1 19寅甲	12 21酉乙	11 21卯乙	10 23戌丙	9 23辰丙	8 25亥丁	7 27午戊
初三	1 20卯乙	12 22戌丙	11 22辰丙	10 24亥丁	9 24巳丁	8 26子戊	7 28未己
初四	1 21辰丙	12 23亥丁	11 23巳丁	10 25子戊	9 25午戊	8 27丑己	7 29申庚
初五	1 22巳丁	12 24子戊	11 24午戊	10 26丑己	9 26未己	8 28寅庚	7 30酉辛
初六	1 23午戊	12 25丑己	11 25未己	10 27寅庚	9 27申庚	8 29卯辛	7 31戌壬
初七	1 24未己	12 26寅庚	11 26申庚	10 28卯辛	9 28酉辛	8 30辰壬	8 1亥癸
初八	1 25申庚	12 27卯辛	11 27酉辛	10 29辰壬	9 29戌壬	8 31巳癸	8 2子甲
初九	1 26酉辛	12 28辰壬	11 28戌壬	10 30巳癸	9 30亥癸	9 1午甲	8 3丑乙
初十	1 27戌壬	12 29巳癸	11 29亥癸	10 31午甲	10 1子甲	9 2未乙	8 4寅丙
十一	1 28亥癸	12 30午甲	11 30子甲	11 1未乙	10 2丑乙	9 3申丙	8 5卯丁
十二	1 29子甲	12 31未乙	12 1丑乙	11 2申丙	10 3寅丙	9 4酉丁	8 6辰戊
十三	1 30丑乙	1 1申丙	12 2寅丙	11 3酉丁	10 4卯丁	9 5戌戊	8 7巳己
十四	1 31寅丙	1 2酉丁	12 3卯丁	11 4戌戊	10 5辰戊	9 6亥己	8 8午庚
十五	2 1卯丁	1 3戌戊	12 4辰戊	11 5亥己	10 6巳己	9 7子庚	8 9未辛
十六	2 2辰戊	1 4亥己	12 5巳己	11 6子庚	10 7午庚	9 8丑辛	8 10申壬
十七	2 3巳己	1 5子庚	12 6午庚	11 7丑辛	10 8未辛	9 9寅壬	8 11酉癸
十八	2 4午庚	1 6丑辛	12 7未辛	11 8寅壬	10 9申壬	9 10卯癸	8 12戌甲
十九	2 5未辛	1 7寅壬	12 8申壬	11 9卯癸	10 10酉癸	9 11辰甲	8 13亥乙
二十	2 6申壬	1 8卯癸	12 9酉癸	11 10辰甲	10 11戌甲	9 12巳乙	8 14子丙
廿一	2 7酉癸	1 9辰甲	12 10戌甲	11 11巳乙	10 12亥乙	9 13午丙	8 15丑丁
廿二	2 8戌甲	1 10巳乙	12 11亥乙	11 12午丙	10 13子丙	9 14未丁	8 16寅戊
廿三	2 9亥乙	1 11午丙	12 12子丙	11 13未丁	10 14丑丁	9 15申戊	8 17卯己
廿四	2 10子丙	1 12未丁	12 13丑丁	11 14申戊	10 15寅戊	9 16酉己	8 18辰庚
廿五	2 11丑丁	1 13申戊	12 14寅戊	11 15酉己	10 16卯己	9 17戌庚	8 19巳辛
廿六	2 12寅戊	1 14酉己	12 15卯己	11 16戌庚	10 17辰庚	9 18亥辛	8 20午壬
廿七	2 13卯己	1 15戌庚	12 16辰庚	11 17亥辛	10 18巳辛	9 19子壬	8 21未癸
廿八	2 14辰庚	1 16亥辛	12 17巳辛	11 18子壬	10 19午壬	9 20丑癸	8 22申甲
廿九	2 15巳辛	1 17子壬	12 18午壬	11 19丑癸	10 20未癸	9 21寅甲	8 23酉乙
三十	2 16午壬		12 19未癸		10 21申甲		

中華民國卅九年

歲次 庚寅

西曆一九五〇年

太歲 姓鄔名桓

肖虎

月別	正月小		二月大		三月大		四月小		五月大		六月大	
干支	戊寅		己卯		庚辰		辛巳		壬午		癸未	
九星	二黑		一白		九紫		八白		七赤		六白	
節氣	初三 雨水 13時18分 未時	十八 驚蟄 11時36分 午時	初四 春分 12時36分 午時	十九 清明 16時45分 申時	初五 穀雨 0時0分 子時	二十 立夏 10時25分 巳時	初五 小滿 23時28分 夜子	廿一 芒種 14時52分 未時	初八 夏至 7時37分 辰時	廿四 小暑 1時14分 丑時	初九 大暑 18時30分 酉時	廿五 立秋 10時56分 巳時
農曆	國曆	干支	國曆	干支	國曆	干支	國曆	干支	國曆	干支	國曆	干支
初一	2 17	癸未	3 18	壬子	4 17	壬午	5 17	壬子	6 15	辛巳	7 15	辛亥
初二	2 18	甲申	**3 19**	癸丑	4 18	癸未	5 18	癸丑	6 16	壬午	**7 16**	壬子
初三	**2 19**	乙酉	3 20	甲寅	4 19	甲申	5 19	甲寅	6 17	癸未	7 17	癸丑
初四	2 20	丙戌	3 21	乙卯	4 20	乙酉	5 20	乙卯	**6 18**	甲申	7 18	甲寅
初五	2 21	丁亥	3 22	丙辰	4 21	丙戌	**5 21**	丙辰	6 19	乙酉	7 19	乙卯
初六	2 22	戊子	3 23	丁巳	4 22	丁亥	5 22	丁巳	6 20	丙戌	7 20	丙辰
初七	2 23	己丑	3 24	戊午	**4 23**	戊子	5 23	戊午	6 21	丁亥	7 21	丁巳
初八	2 24	庚寅	3 25	己未	4 24	己丑	5 24	己未	6 22	戊子	7 22	戊午
初九	2 25	辛卯	**3 26**	庚申	4 25	庚寅	5 25	庚申	6 23	己丑	**7 23**	己未
初十	**2 26**	壬辰	3 27	辛酉	4 26	辛卯	5 26	辛酉	6 24	庚寅	7 24	庚申
十一	2 27	癸巳	3 28	壬戌	4 27	壬辰	5 27	壬戌	**6 25**	辛卯	7 25	辛酉
十二	2 28	甲午	3 29	癸亥	4 28	癸巳	**5 28**	癸亥	6 26	壬辰	7 26	壬戌
十三	3 1	乙未	3 30	甲子	4 29	甲午	5 29	甲子	6 27	癸巳	7 27	癸亥
十四	3 2	丙申	3 31	乙丑	**4 30**	乙未	5 30	乙丑	6 28	甲午	7 28	甲子
十五	3 3	丁酉	4 1	丙寅	5 1	丙申	5 31	丙寅	6 29	乙未	7 29	乙丑
十六	3 4	戊戌	**4 2**	丁卯	5 2	丁酉	6 1	丁卯	6 30	丙申	**7 30**	丙寅
十七	**3 5**	己亥	4 3	戊辰	5 3	戊戌	6 2	戊辰	7 1	丁酉	7 31	丁卯
十八	3 6	庚子	4 4	己巳	5 4	己亥	6 3	己巳	**7 2**	戊戌	8 1	戊辰
十九	3 7	辛丑	4 5	庚午	5 5	庚子	**6 4**	庚午	7 3	己亥	8 2	己巳
二十	3 8	壬寅	4 6	辛未	5 6	辛丑	6 5	辛未	7 4	庚子	8 3	庚午
廿一	3 9	癸卯	4 7	壬申	**5 7**	壬寅	6 6	壬申	7 5	辛丑	8 4	辛未
廿二	3 10	甲辰	4 8	癸酉	5 8	癸卯	6 7	癸酉	7 6	壬寅	8 5	壬申
廿三	3 11	乙巳	**4 9**	甲戌	5 9	甲辰	6 8	甲戌	7 7	癸卯	**8 6**	癸酉
廿四	**3 12**	丙午	4 10	乙亥	5 10	乙巳	6 9	乙亥	7 8	甲辰	8 7	甲戌
廿五	3 13	丁未	4 11	丙子	5 11	丙午	6 10	丙子	**7 9**	乙巳	8 8	乙亥
廿六	3 14	戊申	4 12	丁丑	5 12	丁未	**6 11**	丁丑	7 10	丙午	8 9	丙子
廿七	3 15	己酉	4 13	戊寅	5 13	戊申	6 12	戊寅	7 11	丁未	8 10	丁丑
廿八	3 16	庚戌	4 14	己卯	**5 14**	己酉	6 13	己卯	7 12	戊申	8 11	戊寅
廿九	3	辛亥	4 15	庚辰	5 15	庚戌	6 14	庚辰	7 13	己酉	8 12	己卯
三十			**4 16**	辛巳	5 16	辛亥			7 14	庚戌	**8 13**	庚辰

月別	小月二十	大月一十	小月十	大月九	小月八	小月七
干支	丑 己	子 戊	亥 丁	戌 丙	酉 乙	申 甲
九星	紫 九	白 一	黑 二	碧 三	綠 四	黃 五
節氣	八廿 四十 23立 4大 時春 時寒 14夜 53寅 分子 分時	九廿 四十 11小 18冬 時寒 時至 31午 14酉 分時 分時	九廿 四十 o大 5小 時雪 時雪 22子 3卯 分時 分時	九廿 四十 7立 7霜 時冬 時降 44辰 45辰 分時 分時	八廿 二十 4寒 22秋 時露 時分 52寅 44亥 分時 分時	六廿 一十 13白 1處 時露 時暑 34未 24丑 分時 分時
農曆	曆國 支干	曆國 支干	曆國 支干	曆國 支干	曆國 支干	曆國 支干
初一	1 8 申戊	12 9 寅戊	11 10 酉己	10 11 卯己	9 12 戌庚	8 14 巳辛
初二	1 9 酉己	**12 10** 卯己	11 11 戌庚	10 12 辰庚	9 13 亥辛	8 15 午壬
初三	1 10 戌庚	12 11 辰庚	**11 12** 亥辛	10 13 巳辛	9 14 子壬	8 16 未癸
初四	1 11 亥辛	12 12 巳辛	11 13 子壬	10 14 午壬	9 15 丑癸	8 17 申甲
初五	1 12 子壬	12 13 午壬	11 14 丑癸	**10 15** 未癸	9 16 寅甲	8 18 酉乙
初六	1 13 丑癸	12 14 未癸	11 15 寅甲	10 16 申甲	**9 17** 卯乙	8 19 戌丙
初七	**1 14** 寅甲	12 15 申甲	11 16 卯乙	10 17 酉乙	9 18 辰丙	**8 20** 亥丁
初八	1 15 卯乙	12 16 酉乙	11 17 辰丙	10 18 戌丙	9 19 巳丁	8 21 子戊
初九	1 16 辰丙	**12 17** 戌丙	11 18 巳丁	10 19 亥丁	9 20 午戊	8 22 丑己
初十	1 17 巳丁	12 18 亥丁	**11 19** 午戊	10 20 子戊	9 21 未己	8 23 寅庚
十一	1 18 午戊	12 19 子戊	11 20 未己	10 21 丑己	9 22 申庚	8 24 卯辛
十二	1 19 未己	12 20 丑己	11 21 申庚	**10 22** 寅庚	9 23 酉辛	8 25 辰壬
十三	1 20 申庚	12 21 寅庚	11 22 酉辛	10 23 卯辛	**9 24** 戌壬	8 26 巳癸
十四	**1 21** 酉辛	12 22 卯辛	11 23 戌壬	10 24 辰壬	9 25 亥癸	**8 27** 午甲
十五	1 22 戌壬	12 23 辰壬	11 24 亥癸	10 25 巳癸	9 26 子甲	8 28 未乙
十六	1 23 亥癸	**12 24** 巳癸	11 25 子甲	10 26 午甲	9 27 丑乙	8 29 申丙
十七	1 24 子甲	12 25 午甲	**11 26** 丑乙	10 27 未乙	9 28 寅丙	8 30 酉丁
十八	1 25 丑乙	12 26 未乙	11 27 寅丙	10 28 申丙	9 29 卯丁	8 31 戌戊
十九	1 26 寅丙	12 27 申丙	11 28 卯丁	**10 29** 酉丁	9 30 辰戊	9 1 亥己
二十	1 27 卯丁	12 28 酉丁	11 29 辰戊	10 30 戌戊	**10 1** 巳己	9 2 子庚
廿一	**1 28** 辰戊	12 29 戌戊	11 30 巳己	10 31 亥己	10 2 午庚	**9 3** 丑辛
廿二	1 29 巳己	12 30 亥己	12 1 午庚	11 1 子庚	10 3 未辛	9 4 寅壬
廿三	1 30 午庚	**12 31** 子庚	12 2 未辛	11 2 丑辛	10 4 申壬	9 5 卯癸
廿四	1 31 未辛	1 1 丑辛	**12 3** 申壬	11 3 寅壬	10 5 酉癸	9 6 辰甲
廿五	2 1 申壬	1 2 寅壬	12 4 酉癸	11 4 卯癸	10 6 戌甲	9 7 巳乙
廿六	2 2 酉癸	1 3 卯癸	12 5 戌甲	**11 5** 辰甲	10 7 亥乙	9 8 午丙
廿七	2 3 戌甲	1 4 辰甲	12 6 亥乙	11 6 巳乙	**10 8** 子丙	9 9 未丁
廿八	**2 4** 亥乙	1 5 巳乙	12 7 子丙	11 7 午丙	10 9 丑丁	**9 10** 申戊
廿九	2 5 子丙	1 6 午丙	12 8 丑丁	11 8 未丁	10 10 寅戊	9 11 酉己
三十		**1 7** 未丁		11 9 申戊		

中華民國四十年

歲次辛卯

西曆一九五一年

太歲姓范名寧

肖虎

月别	正月大		二月小		三月大		四月大		五月小		六月大	
干支	庚寅		辛卯		壬辰		癸巳		甲午		乙未	
九星	八白		七赤		六白		五黃		四綠		三碧	
節氣	十四 雨水 19時10分戌時	廿九 驚蟄 17時27分酉時	十四 春分 18時26分酉時	廿九 清明 22時33分亥時	十六 穀雨 5時49分卯時		初一 立夏 16時10分申時	十七 小滿 5時16分卯時	初二 芒種 20時33分戌時	十八 夏至 13時25分未時	初五 小暑 6時54分卯時	廿一 大暑 o時21分子時
農曆	干支	國曆	干支	國曆	干支	國曆	干支	國曆	干支	國曆	干支	國曆
初一	丁丑	2 6	丁未	3 8	丙子	4 6	丙午	**5 6**	丙子	6 5	乙巳	7 4
初二	戊寅	2 7	戊申	3 9	丁丑	4 7	丁未	5 7	丁丑	6 6	丙午	7 5
初三	己卯	2 8	己酉	3 10	戊寅	**4 8**	戊申	5 8	戊寅	6 7	丁未	7 6
初四	庚辰	2 9	庚戌	**3 11**	己卯	4 9	己酉	5 9	己卯	6 8	戊申	7 7
初五	辛巳	2 10	辛亥	3 12	庚辰	4 10	庚戌	5 10	庚辰	6 9	己酉	**7 8**
初六	壬午	**2 11**	壬子	3 13	辛巳	4 11	辛亥	5 11	辛巳	**6 10**	庚戌	7 9
初七	癸未	2 12	癸丑	3 14	壬午	4 12	壬子	5 12	壬午	6 11	辛亥	7 10
初八	甲申	2 13	甲寅	3 15	癸未	4 13	癸丑	**5 13**	癸未	6 12	壬子	7 11
初九	乙酉	2 14	乙卯	3 16	甲申	4 14	甲寅	5 14	甲申	6 13	癸丑	7 12
初十	丙戌	2 15	丙辰	3 17	乙酉	**4 15**	乙卯	5 15	乙酉	6 14	甲寅	7 13
十一	丁亥	2 16	丁巳	**3 18**	丙戌	4 16	丙辰	5 16	丙戌	6 15	乙卯	7 14
十二	戊子	2 17	戊午	3 19	丁亥	4 17	丁巳	5 17	丁亥	6 16	丙辰	**7 15**
十三	己丑	**2 18**	己未	3 20	戊子	4 18	戊午	5 18	戊子	**6 17**	丁巳	7 16
十四	庚寅	2 19	庚申	3 21	己丑	4 19	己未	5 19	己丑	6 18	戊午	7 17
十五	辛卯	2 20	辛酉	3 22	庚寅	4 20	庚申	**5 20**	庚寅	6 19	己未	7 18
十六	壬辰	2 21	壬戌	3 23	辛卯	4 21	辛酉	5 21	辛卯	6 20	庚申	7 19
十七	癸巳	2 22	癸亥	3 24	壬辰	**4 22**	壬戌	5 22	壬辰	6 21	辛酉	7 20
十八	甲午	2 23	甲子	**3 25**	癸巳	4 23	癸亥	5 23	癸巳	6 22	壬戌	7 21
十九	乙未	2 24	乙丑	3 26	甲午	4 24	甲子	5 24	甲午	6 23	癸亥	**7 22**
二十	丙申	**2 25**	丙寅	3 27	乙未	4 25	乙丑	5 25	乙未	**6 24**	甲子	7 23
廿一	丁酉	2 26	丁卯	3 28	丙申	4 26	丙寅	5 26	丙申	6 25	乙丑	7 24
廿二	戊戌	2 27	戊辰	3 29	丁酉	4 27	丁卯	**5 27**	丁酉	6 26	丙寅	7 25
廿三	己亥	2 28	己巳	3 30	戊戌	4 28	戊辰	5 28	戊戌	6 27	丁卯	7 26
廿四	庚子	3 1	庚午	3 31	己亥	**4 29**	己巳	5 29	己亥	6 28	戊辰	7 27
廿五	辛丑	3 2	辛未	**4 1**	庚子	4 30	庚午	5 30	庚子	6 29	己巳	7 28
廿六	壬寅	3 3	壬申	4 2	辛丑	5 1	辛未	5 31	辛丑	6 30	庚午	**7 29**
廿七	癸卯	**3 4**	癸酉	4 3	壬寅	5 2	壬申	6 1	壬寅	**7 1**	辛未	7 30
廿八	甲辰	3 5	甲戌	4 4	癸卯	5 3	癸酉	6 2	癸卯	7 2	壬申	7 31
廿九	乙巳	3 6	乙亥	4 5	甲辰	5 4	甲戌	**6 3**	甲辰	7 3	癸酉	8 1
三十	丙午	3 7			乙巳	5 5	乙亥	6 4			甲戌	8 2

月別	十二月大	十一月小	十月大	九月小	八月大	七月小
干支	辛丑	庚子	己亥	戊戌	丁酉	丙申
九星	六白	七赤	八白	九紫	一白	二黑
節氣	初十 小寒 17時10分 酉時 廿五 大寒 10時39分 巳時	初十 大雪 6時3分 卯時 廿五 冬至 0時7分 子時	初十 立冬 13時27分 未時 廿五 小雪 10時52分 巳時	初九 寒露 10時37分 巳時 廿四 霜降 13時37分 未時	初八 白露 19時19分 戌時 廿四 秋分 4時38分 寅時	初六 立秋 16時38分 申時 廿二 處暑 7時17分 辰時
農曆	國曆 干支	國曆 干支	國曆 干支	國曆 干支	國曆 干支	國曆 干支
初一	12 28 壬寅	11 29 癸酉	10 30 癸卯	10 1 甲戌	9 1 甲辰	8 3 乙亥
初二	12 29 癸卯	11 30 甲戌	10 31 甲辰	10 2 乙亥	**9 2** 乙巳	8 4 丙子
初三	**12 30** 甲辰	12 1 乙亥	11 1 乙巳	10 3 丙子	9 3 丙午	**8 5** 丁丑
初四	12 31 乙巳	**12 2** 丙子	11 2 丙午	10 4 丁丑	9 4 丁未	8 6 戊寅
初五	1 1 丙午	12 3 丁丑	11 3 丁未	10 5 戊寅	9 5 戊申	8 7 己卯
初六	1 2 丁未	12 4 戊寅	**11 4** 戊申	10 6 己卯	9 6 己酉	8 8 庚辰
初七	1 3 戊申	12 5 己卯	11 5 己酉	**10 7** 庚辰	9 7 庚戌	8 9 辛巳
初八	1 4 己酉	12 6 庚辰	11 6 庚戌	10 8 辛巳	9 8 辛亥	8 10 壬午
初九	1 5 庚戌	12 7 辛巳	11 7 辛亥	10 9 壬午	**9 9** 壬子	8 11 癸未
初十	**1 6** 辛亥	12 8 壬午	11 8 壬子	10 10 癸未	9 10 癸丑	**8 12** 甲申
十一	1 7 壬子	**12 9** 癸未	11 9 癸丑	10 11 甲申	9 11 甲寅	8 13 乙酉
十二	1 8 癸丑	12 10 甲申	11 10 甲寅	10 12 乙酉	9 12 乙卯	8 14 丙戌
十三	1 9 甲寅	12 11 乙酉	**11 11** 乙卯	10 13 丙戌	9 13 丙辰	8 15 丁亥
十四	1 10 乙卯	12 12 丙戌	11 12 丙辰	**10 14** 丁亥	9 14 丁巳	8 16 戊子
十五	1 11 丙辰	12 13 丁亥	11 13 丁巳	10 15 戊子	9 15 戊午	8 17 己丑
十六	1 12 丁巳	12 14 戊子	11 14 戊午	10 16 己丑	**9 16** 己未	8 18 庚寅
十七	**1 13** 戊午	12 15 己丑	11 15 己未	10 17 庚寅	9 17 庚申	**8 19** 辛卯
十八	1 14 己未	**12 16** 庚寅	11 16 庚申	10 18 辛卯	9 18 辛酉	8 20 壬辰
十九	1 15 庚申	12 17 辛卯	11 17 辛酉	10 19 壬辰	9 19 壬戌	8 21 癸巳
二十	1 16 辛酉	12 18 壬辰	**11 18** 壬戌	10 20 癸巳	9 20 癸亥	8 22 甲午
廿一	1 17 壬戌	12 19 癸巳	11 19 癸亥	**10 21** 甲午	9 21 甲子	8 23 乙未
廿二	1 18 癸亥	12 20 甲午	11 20 甲子	10 22 乙未	9 22 乙丑	8 24 丙申
廿三	1 19 甲子	12 21 乙未	11 21 乙丑	10 23 丙申	**9 23** 丙寅	8 25 丁酉
廿四	**1 20** 乙丑	12 22 丙申	11 22 丙寅	10 24 丁酉	9 24 丁卯	**8 26** 戊戌
廿五	1 21 丙寅	**12 23** 丁酉	11 23 丁卯	10 25 戊戌	9 25 戊辰	8 27 己亥
廿六	1 22 丁卯	12 24 戊戌	11 24 戊辰	10 26 己亥	9 26 己巳	8 28 庚子
廿七	1 23 戊辰	12 25 己亥	**11 25** 己巳	10 27 庚子	9 27 庚午	8 29 辛丑
廿八	1 24 己巳	12 26 庚子	11 26 庚午	**10 28** 辛丑	9 28 辛未	8 30 壬寅
廿九	1 25 庚午	12 27 辛丑	11 27 辛未	10 29 壬寅	9 29 壬申	8 31 癸卯
三十	1 26 辛未		11 28 壬申		**9 30** 癸酉	

中華民國四十一年

歲次 壬辰

西曆一九五二年

太歲姓彭名泰

肖龍

小月六	大月五閏	小月五	大月四	小月三	大月二	小月正	月別
未 丁		午 丙	巳 乙	辰 甲	卯 癸	寅 壬	干支
紫 九		白 一	黑 二	碧 三	綠 四	黃 五	九星
七十 二初 22立 6大 時秋 時暑 32亥 8卯 分時 分時	六 十 12 小 時 暑 45 午 分 時	九廿 四十 19夏 2芒 時至 時種 13戌 21丑 分時 分時	八廿 二十 11小 21立 時滿 時夏 4午 54亥 分時 分時	六廿 一十 11穀 4清 時雨 時明 37午 16寅 分時 分時	六廿 十初 o春 23驚 時分 時蟄 14子 8夜 分時 分子	五廿 十初 o雨 4立 時水 時春 57子 54寅 分時 分時	節氣
曆國支干	曆國支干	曆國支干	曆國支干	曆國支干	曆國支干	曆國支干	曆農
7 22巳己	6 22亥己	5 24午庚	4 24子庚	3 26未辛	2 25丑辛	1 27申壬	一初
7 23午庚	6 23子庚	5 25未辛	4 25丑辛	3 27申壬	2 26寅壬	1 28酉癸	二初
7 24未辛	6 24丑辛	5 26申壬	4 26寅壬	3 28酉癸	2 27卯癸	1 29戌甲	三初
7 25申壬	6 25寅壬	5 27酉癸	4 27卯癸	3 29戌甲	2 28辰甲	1 30亥乙	四初
7 26酉癸	6 26卯癸	5 28戌甲	4 28辰甲	3 30亥乙	2 29巳乙	1 31子丙	五初
7 27戌甲	6 27辰甲	5 29亥乙	4 29巳乙	3 31子丙	3 1午丙	2 1丑丁	六初
7 28亥乙	6 28巳乙	5 30子丙	4 30午丙	4 1丑丁	3 2未丁	2 2寅戊	七初
7 29子丙	6 29午丙	5 31丑丁	5 1未丁	4 2寅戊	3 3申戊	2 3卯己	八初
7 30丑丁	6 30未丁	6 1寅戊	5 2申戊	4 3卯己	3 4酉己	2 4辰庚	九初
7 31寅戊	7 1申戊	6 2卯己	5 3酉己	4 4辰庚	3 5戌庚	2 5巳辛	十初
8 1卯己	7 2酉己	6 3辰庚	5 4戌庚	4 5巳辛	3 6亥辛	2 6午壬	一十
8 2辰庚	7 3戌庚	6 4巳辛	5 5亥辛	4 6午壬	3 7子壬	2 7未癸	二十
8 3巳辛	7 4亥辛	6 5午壬	5 6子壬	4 7未癸	3 8丑癸	2 8申甲	三十
8 4午壬	7 5子壬	6 6未癸	5 7丑癸	4 8申甲	3 9寅甲	2 9酉乙	四十
8 5未癸	7 6丑癸	6 7申甲	5 8寅甲	4 9酉乙	3 10卯乙	2 10戌丙	五十
8 6申甲	7 7寅甲	6 8酉乙	5 9卯乙	4 10戌丙	3 11辰丙	2 11亥丁	六十
8 7酉乙	7 8卯乙	6 9戌丙	5 10辰丙	4 11亥丁	3 12巳丁	2 12子戊	七十
8 8戌丙	7 9辰丙	6 10亥丁	5 11巳丁	4 12子戊	3 13午戊	2 13丑己	八十
8 9亥丁	7 10巳丁	6 11子戊	5 12午戊	4 13丑己	3 14未己	2 14寅庚	九十
8 10子戊	7 11午戊	6 12丑己	5 13未己	4 14寅庚	3 15申庚	2 15卯辛	十二
8 11丑己	7 12未己	6 13寅庚	5 14申庚	4 15卯辛	3 16酉辛	2 16辰壬	一廿
8 12寅庚	7 13申庚	6 14卯辛	5 15酉辛	4 16辰壬	3 17戌壬	2 17巳癸	二廿
8 13卯辛	7 14酉辛	6 15辰壬	5 16戌壬	4 17巳癸	3 18亥癸	2 18午甲	三廿
8 14辰壬	7 15戌壬	6 16巳癸	5 17亥癸	4 18午甲	3 19子甲	2 19未乙	四廿
8 15巳癸	7 16亥癸	6 17午甲	5 18子甲	4 19未乙	3 20丑乙	2 20申丙	五廿
8 16午甲	7 17子甲	6 18未乙	5 19丑乙	4 20申丙	3 21寅丙	2 21酉丁	六廿
8 17未乙	7 18丑乙	6 19申丙	5 20寅丙	4 21酉丁	3 22卯丁	2 22戌戊	七廿
8 18申丙	7 19寅丙	6 20酉丁	5 21卯丁	4 22戌戊	3 23辰戊	2 23亥己	八廿
8 19酉丁	7 20卯丁	6 21戌戊	5 22辰戊	4 23亥己	3 24巳己	2 24子庚	九廿
	7 21辰戊		5 23巳己		3 25午庚		十三

月別	大月二十	小月一十	大月十	小月九	大月八	大月七
干支	丑 癸	子 壬	亥 辛	戌 庚	酉 己	申 戊
九星	碧 三	綠 四	黃 五	白 六	赤 七	白 八
節氣	一廿 六初 10立 16大 時春 時寒 46巳 22申 分時 分時	十二 六初 23小 5冬 時寒 時至 3夜 44卯 分子 分時	一廿 六初 11大 16小 時雪 時雪 56午 36申 分時 分時	十二 五初 19立 19霜 時冬 時降 22戌 23戌 分時 分時	十二 五初 16寒 10秋 時露 時分 33申 24巳 分時 分時	十二 四初 1白 13處 時露 時暑 14丑 3未 分時 分時
農曆	曆國支干	曆國支干	曆國支干	曆國支干	曆國支干	曆國支干
初一	1 15 寅丙	12 17 酉丁	11 17 卯丁	10 19 戌戊	9 19 辰戊	8 20 戌戊
初二	1 16 卯丁	12 18 戌戊	11 18 辰戊	10 20 亥己	9 20 巳己	8 21 亥己
初三	1 17 辰戊	12 19 亥己	11 19 巳己	10 21 子庚	9 21 午庚	8 22 子庚
初四	1 18 巳己	12 20 子庚	11 20 午庚	10 22 丑辛	9 22 未辛	8 23 丑辛
初五	1 19 午庚	12 21 丑辛	11 21 未辛	10 23 寅壬	9 23 申壬	8 24 寅壬
初六	1 20 未辛	12 22 寅壬	11 22 申壬	10 24 卯癸	9 24 酉癸	8 25 卯癸
初七	1 21 申壬	12 23 卯癸	11 23 酉癸	10 25 辰甲	9 25 戌甲	8 26 辰甲
初八	1 22 酉癸	12 24 辰甲	11 24 戌甲	10 26 巳乙	9 26 亥乙	8 27 巳乙
初九	1 23 戌甲	12 25 巳乙	11 25 亥乙	10 27 午丙	9 27 子丙	8 28 午丙
初十	1 24 亥乙	12 26 午丙	11 26 子丙	10 28 未丁	9 28 丑丁	8 29 未丁
十一	1 25 子丙	12 27 未丁	11 27 丑丁	10 29 申戊	9 29 寅戊	8 30 申戊
十二	1 26 丑丁	12 28 申戊	11 28 寅戊	10 30 酉己	9 30 卯己	8 31 酉己
十三	1 27 寅戊	12 29 酉己	11 29 卯己	10 31 戌庚	10 1 辰庚	9 1 戌庚
十四	1 28 卯己	12 30 戌庚	11 30 辰庚	11 1 亥辛	10 2 巳辛	9 2 亥辛
十五	1 29 辰庚	12 31 亥辛	12 1 巳辛	11 2 子壬	10 3 午壬	9 3 子壬
十六	1 30 巳辛	1 1 子壬	12 2 午壬	11 3 丑癸	10 4 未癸	9 4 丑癸
十七	1 31 午壬	1 2 丑癸	12 3 未癸	11 4 寅甲	10 5 申甲	9 5 寅甲
十八	2 1 未癸	1 3 寅甲	12 4 申甲	11 5 卯乙	10 6 酉乙	9 6 卯乙
十九	2 2 申甲	1 4 卯乙	12 5 酉乙	11 6 辰丙	10 7 戌丙	9 7 辰丙
二十	2 3 酉乙	1 5 辰丙	12 6 戌丙	11 7 巳丁	10 8 亥丁	9 8 巳丁
廿一	2 4 戌丙	1 6 巳丁	12 7 亥丁	11 8 午戊	10 9 子戊	9 9 午戊
廿二	2 5 亥丁	1 7 午戊	12 8 子戊	11 9 未己	10 10 丑己	9 10 未己
廿三	2 6 子戊	1 8 未己	12 9 丑己	11 10 申庚	10 11 寅庚	9 11 申庚
廿四	2 7 丑己	1 9 申庚	12 10 寅庚	11 11 酉辛	10 12 卯辛	9 12 酉辛
廿五	2 8 寅庚	1 10 酉辛	12 11 卯辛	11 12 戌壬	10 13 辰壬	9 13 戌壬
廿六	2 9 卯辛	1 11 戌壬	12 12 辰壬	11 13 亥癸	10 14 巳癸	9 14 亥癸
廿七	2 10 辰壬	1 12 亥癸	12 13 巳癸	11 14 子甲	10 15 午甲	9 15 子甲
廿八	2 11 巳癸	1 13 子甲	12 14 午甲	11 15 丑乙	10 16 未乙	9 16 丑乙
廿九	2 12 午甲	1 14 丑乙	12 15 未乙	11 16 寅丙	10 17 申丙	9 17 寅丙
三十	2 13 未乙		12 16 申丙		10 18 酉丁	9 18 卯丁

中華民國四十二年

歲次癸巳

西曆一九五三年

太歲姓徐名舜

肖蛇

月別	正月小		二月大		三月小		四月小		五月大		六月大	
干支	甲寅		乙卯		丙辰		丁巳		戊午		己未	
九星	二黑		一白		九紫		八白		七赤		六白	
節氣	初六 雨水 6時42分卯時	廿一 驚蟄 5時3分卯時	初七 春分 6時1分卯時	廿二 清明 10時13分巳時	初七 穀雨 17時26分酉時	廿三 立夏 3時53分寅時	初九 小滿 16時54分申時	廿五 芒種 8時17分辰時	十二 夏至 1時o分丑時	廿七 小暑 18時36分酉時	十三 大暑 11時53分午時	廿九 立秋 4時15分寅時
農曆	干支	國曆	干支	國曆	干支	國曆	干支	國曆	干支	國曆	干支	國曆
初一	丙申	2 14	乙丑	**3 15**	乙未	4 14	甲子	5 13	癸巳	6 11	癸亥	7 11
初二	丁酉	**2 15**	丙寅	3 16	丙申	4 15	乙丑	5 14	甲午	6 12	甲子	**7 12**
初三	戊戌	2 16	丁卯	3 17	丁酉	4 16	丙寅	5 15	乙未	6 13	乙丑	7 13
初四	己亥	2 17	戊辰	3 18	戊戌	4 17	丁卯	5 16	丙申	**6 14**	丙寅	7 14
初五	庚子	2 18	己巳	3 19	己亥	4 18	戊辰	**5 17**	丁酉	6 15	丁卯	7 15
初六	辛丑	2 19	庚午	3 20	庚子	**4 19**	己巳	5 18	戊戌	6 16	戊辰	7 16
初七	壬寅	2 20	辛未	3 21	辛丑	4 20	庚午	5 19	己亥	6 17	己巳	7 17
初八	癸卯	2 21	壬申	**3 22**	壬寅	4 21	辛未	5 20	庚子	6 18	庚午	7 18
初九	甲辰	**2 22**	癸酉	3 23	癸卯	4 22	壬申	5 21	辛丑	6 19	辛未	**7 19**
初十	乙巳	2 23	甲戌	3 24	甲辰	4 23	癸酉	5 22	壬寅	6 20	壬申	7 20
十一	丙午	2 24	乙亥	3 25	乙巳	4 24	甲戌	5 23	癸卯	**6 21**	癸酉	7 21
十二	丁未	2 25	丙子	3 26	丙午	4 25	乙亥	**5 24**	甲辰	6 22	甲戌	7 22
十三	戊申	2 26	丁丑	3 27	丁未	**4 26**	丙子	5 25	乙巳	6 23	乙亥	7 23
十四	己酉	2 27	戊寅	3 28	戊申	4 27	丁丑	5 26	丙午	6 24	丙子	7 24
十五	庚戌	2 28	己卯	**3 29**	己酉	4 28	戊寅	5 27	丁未	6 25	丁丑	7 25
十六	辛亥	**3 1**	庚辰	3 30	庚戌	4 29	己卯	5 28	戊申	6 26	戊寅	**7 26**
十七	壬子	3 2	辛巳	3 31	辛亥	4 30	庚辰	5 29	己酉	6 27	己卯	7 27
十八	癸丑	3 3	壬午	4 1	壬子	5 1	辛巳	5 30	庚戌	**6 28**	庚辰	7 28
十九	甲寅	3 4	癸未	4 2	癸丑	5 2	壬午	**5 31**	辛亥	6 29	辛巳	7 29
二十	乙卯	3 5	甲申	4 3	甲寅	**5 3**	癸未	6 1	壬子	6 30	壬午	7 30
廿一	丙辰	3 6	乙酉	4 4	乙卯	5 4	甲申	6 2	癸丑	7 1	癸未	7 31
廿二	丁巳	3 7	丙戌	**4 5**	丙辰	5 5	乙酉	6 3	甲寅	7 2	甲申	8 1
廿三	戊午	**3 8**	丁亥	4 6	丁巳	5 6	丙戌	6 4	乙卯	7 3	乙酉	**8 2**
廿四	己未	3 9	戊子	4 7	戊午	5 7	丁亥	6 5	丙辰	7 4	丙戌	8 3
廿五	庚申	3 10	己丑	4 8	己未	5 8	戊子	6 6	丁巳	**7 5**	丁亥	8 4
廿六	辛酉	3 11	庚寅	4 9	庚申	5 9	己丑	**6 7**	戊午	7 6	戊子	8 5
廿七	壬戌	3 12	辛卯	4 10	辛酉	**5 10**	庚寅	6 8	己未	7 7	己丑	8 6
廿八	癸亥	3 13	壬辰	4 11	壬戌	5 11	辛卯	6 9	庚申	7 8	庚寅	8 7
廿九	甲子	3 14	癸巳	**4 12**	癸亥	5 12	壬辰	6 10	辛酉	7 9	辛卯	8 8
三十			甲午	4 13					壬戌	7 10	壬辰	**8 9**

月別	十二月小	十一月大	十月小	九月大	八月大	七月小
干支	乙丑	甲子	癸亥	壬戌	辛酉	庚申
九星	九紫	一白	二黑	三碧	四綠	五黃
節	初二 十六	初二 十七	初二 十六	初一 十七	初一 十六	十四
氣	小寒 4時46分 寅時 大寒 22時12分 亥時	大雪 17時38分 酉時 冬至 11時32分 午時	立冬 1時2分 丑時 小雪 22時23分 亥時	寒露 22時11分 亥時 霜降 1時7分 丑時	白露 6時54分 卯時 秋分 16時7分 申時	處暑 18時46分 酉時
農曆	國曆 干支	國曆 干支	國曆 干支	國曆 干支	國曆 干支	國曆 干支
初一	1 5 辛酉	12 6 辛卯	11 7 壬戌	10 8 壬辰	9 8 壬戌	8 10 癸巳
初二	1 6 壬戌	12 7 壬辰	11 8 癸亥	10 9 癸巳	9 9 癸亥	8 11 甲午
初三	1 7 癸亥	12 8 癸巳	11 9 甲子	10 10 甲午	9 10 甲子	8 12 乙未
初四	1 8 甲子	12 9 甲午	11 10 乙丑	10 11 乙未	9 11 乙丑	8 13 丙申
初五	1 9 乙丑	12 10 乙未	11 11 丙寅	10 12 丙申	9 12 丙寅	8 14 丁酉
初六	1 10 丙寅	12 11 丙申	11 12 丁卯	10 13 丁酉	9 13 丁卯	8 15 戊戌
初七	1 11 丁卯	12 12 丁酉	11 13 戊辰	10 14 戊戌	9 14 戊辰	8 16 己亥
初八	1 12 戊辰	12 13 戊戌	11 14 己巳	10 15 己亥	9 15 己巳	8 17 庚子
初九	1 13 己巳	12 14 己亥	11 15 庚午	10 16 庚子	9 16 庚午	8 18 辛丑
初十	1 14 庚午	12 15 庚子	11 16 辛未	10 17 辛丑	9 17 辛未	8 19 壬寅
十一	1 15 辛未	12 16 辛丑	11 17 壬申	10 18 壬寅	9 18 壬申	8 20 癸卯
十二	1 16 壬申	12 17 壬寅	11 18 癸酉	10 19 癸卯	9 19 癸酉	8 21 甲辰
十三	1 17 癸酉	12 18 癸卯	11 19 甲戌	10 20 甲辰	9 20 甲戌	8 22 乙巳
十四	1 18 甲戌	12 19 甲辰	11 20 乙亥	10 21 乙巳	9 21 乙亥	8 23 丙午
十五	1 19 乙亥	12 20 乙巳	11 21 丙子	10 22 丙午	9 22 丙子	8 24 丁未
十六	1 20 丙子	12 21 丙午	11 22 丁丑	10 23 丁未	9 23 丁丑	8 25 戊申
十七	1 21 丁丑	12 22 丁未	11 23 戊寅	10 24 戊申	9 24 戊寅	8 26 己酉
十八	1 22 戊寅	12 23 戊申	11 24 己卯	10 25 己酉	9 25 己卯	8 27 庚戌
十九	1 23 己卯	12 24 己酉	11 25 庚辰	10 26 庚戌	9 26 庚辰	8 28 辛亥
二十	1 24 庚辰	12 25 庚戌	11 26 辛巳	10 27 辛亥	9 27 辛巳	8 29 壬子
廿一	1 25 辛巳	12 26 辛亥	11 27 壬午	10 28 壬子	9 28 壬午	8 30 癸丑
廿二	1 26 壬午	12 27 壬子	11 28 癸未	10 29 癸丑	9 29 癸未	8 31 甲寅
廿三	1 27 癸未	12 28 癸丑	11 29 甲申	10 30 甲寅	9 30 甲申	9 1 乙卯
廿四	1 28 甲申	12 29 甲寅	11 30 乙酉	10 31 乙卯	10 1 乙酉	9 2 丙辰
廿五	1 29 乙酉	12 30 乙卯	12 1 丙戌	11 1 丙辰	10 2 丙戌	9 3 丁巳
廿六	1 30 丙戌	12 31 丙辰	12 2 丁亥	11 2 丁巳	10 3 丁亥	9 4 戊午
廿七	1 31 丁亥	1 1 丁巳	12 3 戊子	11 3 戊午	10 4 戊子	9 5 己未
廿八	2 1 戊子	1 2 戊午	12 4 己丑	11 4 己未	10 5 己丑	9 6 庚申
廿九	2 2 己丑	1 3 己未	12 5 庚寅	11 5 庚申	10 6 庚寅	9 7 辛酉
三十		1 4 庚申		11 6 辛酉	10 7 辛卯	

中華民國四十三年　歲次甲午

西曆一九五四年　太歲姓張名詞　肖馬

大月六	小月五	小月四	大月三	小月二	大月正	月別
未　辛	午　庚	巳　己	辰　戊	卯　丁	寅　丙	干支
碧　三	綠　四	黃　五	白　六	赤　七	白　八	九星
四廿 九初 17大 o小 時暑 時暑 45酉 20子 分時 分時	二廿 六初 6夏 14芒 時至 時種 55卯 2未 分時 分時	九十 四初 22小 9立 時滿 時夏 48亥 39巳 分時 分時	八十 三初 23穀 16清 時雨 時明 20夜 o申 分子 分時	七十 二初 11春 10驚 時分 時蟄 54午 49巳 分時 分時	七十 二初 12雨 16立 時水 時春 33午 31申 分時 分時	節 氣
曆國支干	曆國支干	曆國支干	曆國支干	曆國支干	曆國支干	曆農
6 30 巳丁	6 1 子戊	5 3 未己	4 3 丑己	3 5 申庚	2 3 寅庚	一初
7 1 午戊	6 2 丑己	5 4 申庚	4 4 寅庚	3 6 酉辛	2 4 卯辛	二初
7 2 未己	6 3 寅庚	5 5 酉辛	4 5 卯辛	3 7 戌壬	2 5 辰壬	三初
7 3 申庚	6 4 卯辛	5 6 戌壬	4 6 辰壬	3 8 亥癸	2 6 巳癸	四初
7 4 酉辛	6 5 辰壬	5 7 亥癸	4 7 巳癸	3 9 子甲	2 7 午甲	五初
7 5 戌壬	6 6 巳癸	5 8 子甲	4 8 午甲	3 10 丑乙	2 8 未乙	六初
7 6 亥癸	6 7 午甲	5 9 丑乙	4 9 未乙	3 11 寅丙	2 9 申丙	七初
7 7 子甲	6 8 未乙	5 10 寅丙	4 10 申丙	3 12 卯丁	2 10 酉丁	八初
7 8 丑乙	6 9 申丙	5 11 卯丁	4 11 酉丁	3 13 辰戊	2 11 戌戊	九初
7 9 寅丙	6 10 酉丁	5 12 辰戊	4 12 戌戊	3 14 巳己	2 12 亥己	十初
7 10 卯丁	6 11 戌戊	5 13 巳己	4 13 亥己	3 15 午庚	2 13 子庚	一十
7 11 辰戊	6 12 亥己	5 14 午庚	4 14 子庚	3 16 未辛	2 14 丑辛	二十
7 12 巳己	6 13 子庚	5 15 未辛	4 15 丑辛	3 17 申壬	2 15 寅壬	三十
7 13 午庚	6 14 丑辛	5 16 申壬	4 16 寅壬	3 18 酉癸	2 16 卯癸	四十
7 14 未辛	6 15 寅壬	5 17 酉癸	4 17 卯癸	3 19 戌甲	2 17 辰甲	五十
7 15 申壬	6 16 卯癸	5 18 戌甲	4 18 辰甲	3 20 亥乙	2 18 巳乙	六十
7 16 酉癸	6 17 辰甲	5 19 亥乙	4 19 巳乙	3 21 子丙	2 19 午丙	七十
7 17 戌甲	6 18 巳乙	5 20 子丙	4 20 午丙	3 22 丑丁	2 20 未丁	八十
7 18 亥乙	6 19 午丙	5 21 丑丁	4 21 未丁	3 23 寅戊	2 21 申戊	九十
7 19 子丙	6 20 未丁	5 22 寅戊	4 22 申戊	3 24 卯己	2 22 酉己	十二
7 20 丑丁	6 21 申戊	5 23 卯己	4 23 酉己	3 25 辰庚	2 23 戌庚	一廿
7 21 寅戊	6 22 酉己	5 24 辰庚	4 24 戌庚	3 26 巳辛	2 24 亥辛	二廿
7 22 卯己	6 23 戌庚	5 25 巳辛	4 25 亥辛	3 27 午壬	2 25 子壬	三廿
7 23 辰庚	6 24 亥辛	5 26 午壬	4 26 子壬	3 28 未癸	2 26 丑癸	四廿
7 24 巳辛	6 25 子壬	5 27 未癸	4 27 丑癸	3 29 申甲	2 27 寅甲	五廿
7 25 午壬	6 26 丑癸	5 28 申甲	4 28 寅甲	3 30 酉乙	2 28 卯乙	六廿
7 26 未癸	6 27 寅甲	5 29 酉乙	4 29 卯乙	3 31 戌丙	3 1 辰丙	七廿
7 27 申甲	6 28 卯乙	5 30 戌丙	4 30 辰丙	4 1 亥丁	3 2 巳丁	八廿
7 28 酉乙	6 29 辰丙	5 31 亥丁	5 1 巳丁	4 2 子戊	3 3 午戊	九廿
7 29 戌丙			5 2 午戊		3 4 未己	十三

月別	大月二十	大月一十	小月十	大月九	大月八	小月七
干支	丑 丁	子 丙	亥 乙	戌 甲	酉 癸	申 壬
九星	白 六	赤 七	白 八	紫 九	白 一	黑 二
節氣	八廿 三十 4大 10小 時寒 時寒 2寅 36巳 分時 分時	八廿 三十 17冬 23大 時至 時雪 25酉 29夜 分時 分子	八廿 三十 4小 6立 時雪 時冬 15寅 51卯 分時 分時	八廿 三十 6霜 3寒 時降 時露 57卯 58寅 分時 分時	七廿 二十 21秋 12白 時分 時露 56亥 39午 分時 分時	六廿 十初 0處 10立 時暑 時秋 37子 0巳 分時 分時
農曆	曆國支干	曆國支干	曆國支干	曆國支干	曆國支干	曆國支干
初一	12 25 卯乙	11 25 酉乙	10 27 辰丙	9 27 戌丙	8 28 辰丙	7 30 亥丁
初二	**12 26** 辰丙	11 26 戌丙	10 28 巳丁	9 28 亥丁	**8 29** 巳丁	7 31 子戊
初三	12 27 巳丁	11 27 亥丁	10 29 午戊	9 29 子戊	8 30 午戊	**8 1** 丑己
初四	12 28 午戊	**11 28** 子戊	10 30 未己	9 30 丑己	8 31 未己	8 2 寅庚
初五	12 29 未己	11 29 丑己	**10 31** 申庚	10 1 寅庚	9 1 申庚	8 3 卯辛
初六	12 30 申庚	11 30 寅庚	11 1 酉辛	10 2 卯辛	9 2 酉辛	8 4 辰壬
初七	12 31 酉辛	12 1 卯辛	11 2 戌壬	**10 3** 辰壬	9 3 戌壬	8 5 巳癸
初八	1 1 戌壬	12 2 辰壬	11 3 亥癸	10 4 巳癸	9 4 亥癸	8 6 午甲
初九	**1 2** 亥癸	12 3 巳癸	11 4 子甲	10 5 午甲	**9 5** 子甲	8 7 未乙
初十	1 3 子甲	12 4 午甲	11 5 丑乙	10 6 未乙	9 6 丑乙	**8 8** 申丙
十一	1 4 丑乙	**12 5** 未乙	11 6 寅丙	10 7 申丙	9 7 寅丙	8 9 酉丁
十二	1 5 寅丙	12 6 申丙	**11 7** 卯丁	10 8 酉丁	9 8 卯丁	8 10 戌戊
十三	1 6 卯丁	12 7 酉丁	11 8 辰戊	10 9 戌戊	9 9 辰戊	8 11 亥己
十四	1 7 辰戊	12 8 戌戊	11 9 巳己	**10 10** 亥己	9 10 巳己	8 12 子庚
十五	1 8 巳己	12 9 亥己	11 10 午庚	10 11 子庚	9 11 午庚	8 13 丑辛
十六	**1 9** 午庚	12 10 子庚	11 11 未辛	10 12 丑辛	**9 12** 未辛	8 14 寅壬
十七	1 10 未辛	12 11 丑辛	11 12 申壬	10 13 寅壬	9 13 申壬	**8 15** 卯癸
十八	1 11 申壬	**12 12** 寅壬	11 13 酉癸	10 14 卯癸	9 14 酉癸	8 16 辰甲
十九	1 12 酉癸	12 13 卯癸	**11 14** 戌甲	10 15 辰甲	9 15 戌甲	8 17 巳乙
二十	1 13 戌甲	12 14 辰甲	11 15 亥乙	10 16 巳乙	9 16 亥乙	8 18 午丙
廿一	1 14 亥乙	12 15 巳乙	11 16 子丙	**10 17** 午丙	9 17 子丙	8 19 未丁
廿二	1 15 子丙	12 16 午丙	11 17 丑丁	10 18 未丁	9 18 丑丁	8 20 申戊
廿三	**1 16** 丑丁	12 17 未丁	11 18 寅戊	10 19 申戊	**9 19** 寅戊	8 21 酉己
廿四	1 17 寅戊	12 18 申戊	11 19 卯己	10 20 酉己	9 20 卯己	**8 22** 戌庚
廿五	1 18 卯己	**12 19** 酉己	11 20 辰庚	10 21 戌庚	9 21 辰庚	8 23 亥辛
廿六	1 19 辰庚	12 20 戌庚	**11 21** 巳辛	10 22 亥辛	9 22 巳辛	8 24 子壬
廿七	1 20 巳辛	12 21 亥辛	11 22 午壬	10 23 子壬	9 23 午壬	8 25 丑癸
廿八	1 21 午壬	12 22 子壬	11 23 未癸	**10 24** 丑癸	9 24 未癸	8 26 寅甲
廿九	1 22 未癸	12 23 丑癸	11 24 申甲	10 25 寅甲	9 25 申甲	8 27 卯乙
三十	**1 23** 申甲	12 24 寅甲		10 26 卯乙	**9 26** 酉乙	

中華民國四十四年 歲次乙未

西曆一九五五年 太歲姓楊名賢

肖羊

月別	正月小	二月大	三月小	閏三月大	四月小	五月小	六月大
干支	戊寅	己卯	庚辰		辛巳	壬午	癸未
九星	五黃	四綠	三碧		二黑	一白	九紫
節氣	十二 立春 22時18分 亥時 廿七 雨水 18時19分 丑時	十三 驚蟄 16時32分 申時 廿八 春分 17時36分 酉時	十三 清明 21時39分 亥時 廿九 穀雨 4時58分 寅時	十五 立夏 15時18分 申時	初一 小滿 4時25分 寅時 十六 芒種 19時44分 戌時	初三 夏至 12時32分 午時 十九 小暑 6時7分 卯時	初五 大暑 23時25分 夜子 廿一 立秋 15時50分 申時
農曆	國曆 干支	國曆 干支	國曆 干支	國曆 干支	國曆 干支	國曆 干支	國曆 干支
初一	1 24 乙酉	2 22 甲寅	3 24 甲申	4 22 癸丑	**5 22** 癸未	6 20 壬子	7 19 辛巳
初二	1 25 丙戌	2 23 乙卯	3 25 乙酉	4 23 甲寅	5 23 甲申	6 21 癸丑	7 20 壬午
初三	1 26 丁亥	2 24 丙辰	3 26 丙戌	**4 24** 乙卯	5 24 乙酉	6 22 甲寅	7 21 癸未
初四	1 27 戊子	2 25 丁巳	**3 27** 丁亥	4 25 丙辰	5 25 丙戌	6 23 乙卯	7 22 甲申
初五	1 28 己丑	2 26 戊午	3 28 戊子	4 26 丁巳	5 26 丁亥	6 24 丙辰	7 23 乙酉
初六	1 29 庚寅	**2 27** 己未	3 29 己丑	4 27 戊午	5 27 戊子	6 25 丁巳	**7 24** 丙戌
初七	**1 30** 辛卯	2 28 庚申	3 30 庚寅	4 28 己未	5 28 己丑	**6 26** 戊午	7 25 丁亥
初八	1 31 壬辰	3 1 辛酉	3 31 辛卯	4 29 庚申	**5 29** 庚寅	6 27 己未	7 26 戊子
初九	2 1 癸巳	3 2 壬戌	4 1 壬辰	4 30 辛酉	5 30 辛卯	6 28 庚申	7 27 己丑
初十	2 2 甲午	3 3 癸亥	4 2 癸巳	**5 1** 壬戌	5 31 壬辰	6 29 辛酉	7 28 庚寅
十一	2 3 乙未	3 4 甲子	**4 3** 甲午	5 2 癸亥	6 1 癸巳	6 30 壬戌	7 29 辛卯
十二	2 4 丙申	3 5 乙丑	4 4 乙未	5 3 甲子	6 2 甲午	7 1 癸亥	7 30 壬辰
十三	2 5 丁酉	**3 6** 丙寅	4 5 丙申	5 4 乙丑	6 3 乙未	7 2 甲子	**7 31** 癸巳
十四	**2 6** 戊戌	3 7 丁卯	4 6 丁酉	5 5 丙寅	6 4 丙申	**7 3** 乙丑	8 1 甲午
十五	2 7 己亥	3 8 戊辰	4 7 戊戌	5 6 丁卯	**6 5** 丁酉	7 4 丙寅	8 2 乙未
十六	2 8 庚子	3 9 己巳	4 8 己亥	5 7 戊辰	6 6 戊戌	7 5 丁卯	8 3 丙申
十七	2 9 辛丑	3 10 庚午	4 9 庚子	**5 8** 己巳	6 7 己亥	7 6 戊辰	8 4 丁酉
十八	2 10 壬寅	3 11 辛未	**4 10** 辛丑	5 9 庚午	6 8 庚子	7 7 己巳	8 5 戊戌
十九	2 11 癸卯	3 12 壬申	4 11 壬寅	5 10 辛未	6 9 辛丑	7 8 庚午	8 6 己亥
二十	2 12 甲辰	**3 13** 癸酉	4 12 癸卯	5 11 壬申	6 10 壬寅	7 9 辛未	**8 7** 庚子
廿一	**2 13** 乙巳	3 14 甲戌	4 13 甲辰	5 12 癸酉	6 11 癸卯	**7 10** 壬申	8 8 辛丑
廿二	2 14 丙午	3 15 乙亥	4 14 乙巳	5 13 甲戌	**6 12** 甲辰	7 11 癸酉	8 9 壬寅
廿三	2 15 丁未	3 16 丙子	4 15 丙午	5 14 乙亥	6 13 乙巳	7 12 甲戌	8 10 癸卯
廿四	2 16 戊申	3 17 丁丑	4 16 丁未	**5 15** 丙子	6 14 丙午	7 13 乙亥	8 11 甲辰
廿五	2 17 己酉	3 18 戊寅	**4 17** 戊申	5 16 丁丑	6 15 丁未	7 14 丙子	8 12 乙巳
廿六	2 18 庚戌	3 19 己卯	4 18 己酉	5 17 戊寅	6 16 戊申	7 15 丁丑	8 13 丙午
廿七	2 19 辛亥	**3 20** 庚辰	4 19 庚戌	5 18 己卯	6 17 己酉	7 16 戊寅	**8 14** 丁未
廿八	**2 20** 壬子	3 21 辛巳	4 20 辛亥	5 19 庚辰	6 18 庚戌	**7 17** 己卯	8 15 戊申
廿九	2 21 癸丑	3 22 壬午	4 21 壬子	5 20 辛巳	**6 19** 辛亥	7 18 庚辰	8 16 己酉
三十		3 23 癸未		5 21 壬午			8 17 庚戌

月別	十二月大		十一月大		十月大		九月小		八月大		七月小	
干支	己丑		戊子		丁亥		丙戌		乙酉		甲申	
九星	三碧		四綠		五黃		六白		七赤		八白	
節氣	初九 大寒 9時49分 巳時	廿四 立春 4時13分 寅時	初九 冬至 23時12分 夜子時	廿四 小寒 16時31分 申時	初十 小雪 10時2分 巳時	廿五 大雪 5時23分 卯時	初九 霜降 12時44分 午時	廿四 立冬 12時46分 午時	初九 秋分 3時42分 寅時	廿四 寒露 9時53分 巳時	初七 處暑 6時20分 卯時	廿二 白露 18時32分 酉時
農曆	國曆	干支	國曆	干支	國曆	干支	國曆	干支	國曆	干支	國曆	干支
初一	1 13	己卯	12 14	己酉	11 14	己卯	**10 16**	庚戌	9 16	庚辰	8 18	辛亥
初二	1 14	庚辰	12 15	庚戌	11 15	庚辰	10 17	辛亥	9 17	辛巳	8 19	壬子
初三	**1 15**	辛巳	12 16	辛亥	11 16	辛巳	10 18	壬子	**9 18**	壬午	8 20	癸丑
初四	1 16	壬午	12 17	壬子	11 17	壬午	10 19	癸丑	9 19	癸未	**8 21**	甲寅
初五	1 17	癸未	**12 18**	癸丑	11 18	癸未	10 20	甲寅	9 20	甲申	8 22	乙卯
初六	1 18	甲申	12 19	甲寅	11 19	甲申	10 21	乙卯	9 21	乙酉	8 23	丙辰
初七	1 19	乙酉	12 20	乙卯	**11 20**	乙酉	10 22	丙辰	9 22	丙戌	8 24	丁巳
初八	1 20	丙戌	12 21	丙辰	11 21	丙戌	**10 23**	丁巳	9 23	丁亥	8 25	戊午
初九	1 21	丁亥	12 22	丁巳	11 22	丁亥	10 24	戊午	9 24	戊子	8 26	己未
初十	**1 22**	戊子	12 23	戊午	11 23	戊子	10 25	己未	**9 25**	己丑	8 27	庚申
十一	1 23	己丑	12 24	己未	11 24	己丑	10 26	庚申	9 26	庚寅	**8 28**	辛酉
十二	1 24	庚寅	**12 25**	庚申	11 25	庚寅	10 27	辛酉	9 27	辛卯	8 29	壬戌
十三	1 25	辛卯	12 26	辛酉	11 26	辛卯	10 28	壬戌	9 28	壬辰	8 30	癸亥
十四	1 26	壬辰	12 27	壬戌	**11 27**	壬辰	10 29	癸亥	9 29	癸巳	8 31	甲子
十五	1 27	癸巳	12 28	癸亥	11 28	癸巳	**10 30**	甲子	9 30	甲午	9 1	乙丑
十六	1 28	甲午	12 29	甲子	11 29	甲午	10 31	乙丑	10 1	乙未	9 2	丙寅
十七	**1 29**	乙未	12 30	乙丑	11 30	乙未	11 1	丙寅	**10 2**	丙申	9 3	丁卯
十八	1 30	丙申	12 31	丙寅	12 1	丙申	11 2	丁卯	10 3	丁酉	**9 4**	戊辰
十九	1 31	丁酉	**1 1**	丁卯	12 2	丁酉	11 3	戊辰	10 4	戊戌	9 5	己巳
二十	2 1	戊戌	1 2	戊辰	12 3	戊戌	11 4	己巳	10 5	己亥	9 6	庚午
廿一	2 2	己亥	1 3	己巳	**12 4**	己亥	11 5	庚午	10 6	庚子	9 7	辛未
廿二	2 3	庚子	1 4	庚午	12 5	庚子	**11 6**	辛未	10 7	辛丑	9 8	壬申
廿三	2 4	辛丑	1 5	辛未	12 6	辛丑	11 7	壬申	10 8	壬寅	9 9	癸酉
廿四	**2 5**	壬寅	1 6	壬申	12 7	壬寅	11 8	癸酉	**10 9**	癸卯	9 10	甲戌
廿五	2 6	癸卯	1 7	癸酉	12 8	癸卯	11 9	甲戌	10 10	甲辰	**9 11**	乙亥
廿六	2 7	甲辰	**1 8**	甲戌	12 9	甲辰	11 10	乙亥	10 11	乙巳	9 12	丙子
廿七	2 8	乙巳	1 9	乙亥	12 10	乙巳	11 11	丙子	10 12	丙午	9 13	丁丑
廿八	2 9	丙午	1 10	丙子	**12 11**	丙午	11 12	丁丑	10 13	丁未	9 14	戊寅
廿九	2 10	丁未	1 11	丁丑	12 12	丁未	**11 13**	戊寅	10 14	戊申	9 15	己卯
三十	2 11	戊申	1 12	戊寅	12 13	戊申			10 15	己酉		

中華民國四十五年 歲次丙申

西曆一九五六年　太歲姓管名仲　肖猴

月別	正月小		二月大		三月小		四月大		五月小		六月小	
干支	庚寅		辛卯		壬辰		癸巳		甲午		乙未	
九星	二黑		一白		九紫		八白		七赤		六白	
節氣	初九 雨水 0時5分子時	廿三 驚蟄 22時25分亥時	初九 春分 23時32分夜子	廿五 清明 3時32分寅時	初十 穀雨 10時44分巳時	廿五 立夏 21時11分亥時	十二 小滿 10時13分巳時	廿八 芒種 1時36分丑時	十三 夏至 18時24分酉時	廿九 小暑 11時59分午時	十六 大暑 5時21分卯時	
農曆	干支	國曆	干支	國曆	干支	國曆	干支	國曆	干支	國曆	干支	國曆
初一	己酉	2 12	戊寅	3 12	戊申	4 11	丁丑	5 10	丁未	6 9	丙子	7 8
初二	庚戌	2 13	己卯	3 13	己酉	4 12	戊寅	5 11	戊申	6 10	丁丑	7 9
初三	辛亥	2 14	庚辰	3 14	庚戌	4 13	己卯	5 12	己酉	6 11	戊寅	7 10
初四	壬子	2 15	辛巳	3 15	辛亥	4 14	庚辰	5 13	庚戌	6 12	己卯	7 11
初五	癸丑	2 16	壬午	3 16	壬子	4 15	辛巳	5 14	辛亥	6 13	庚辰	7 12
初六	甲寅	2 17	癸未	3 17	癸丑	4 16	壬午	5 15	壬子	6 14	辛巳	7 13
初七	乙卯	2 18	甲申	3 18	甲寅	4 17	癸未	5 16	癸丑	6 15	壬午	7 14
初八	丙辰	2 19	乙酉	3 19	乙卯	4 18	甲申	5 17	甲寅	6 16	癸未	7 15
初九	丁巳	2 20	丙戌	3 20	丙辰	4 19	乙酉	5 18	乙卯	6 17	甲申	7 16
初十	戊午	2 21	丁亥	3 21	丁巳	4 20	丙戌	5 19	丙辰	6 18	乙酉	7 17
十一	己未	2 22	戊子	3 22	戊午	4 21	丁亥	5 20	丁巳	6 19	丙戌	7 18
十二	庚申	2 23	己丑	3 23	己未	4 22	戊子	5 21	戊午	6 20	丁亥	7 19
十三	辛酉	2 24	庚寅	3 24	庚申	4 23	己丑	5 22	己未	6 21	戊子	7 20
十四	壬戌	2 25	辛卯	3 25	辛酉	4 24	庚寅	5 23	庚申	6 22	己丑	7 21
十五	癸亥	2 26	壬辰	3 26	壬戌	4 25	辛卯	5 24	辛酉	6 23	庚寅	7 22
十六	甲子	2 27	癸巳	3 27	癸亥	4 26	壬辰	5 25	壬戌	6 24	辛卯	7 23
十七	乙丑	2 28	甲午	3 28	甲子	4 27	癸巳	5 26	癸亥	6 25	壬辰	7 24
十八	丙寅	2 29	乙未	3 29	乙丑	4 28	甲午	5 27	甲子	6 26	癸巳	7 25
十九	丁卯	3 1	丙申	3 30	丙寅	4 29	乙未	5 28	乙丑	6 27	甲午	7 26
二十	戊辰	3 2	丁酉	3 31	丁卯	4 30	丙申	5 29	丙寅	6 28	乙未	7 27
廿一	己巳	3 3	戊戌	4 1	戊辰	5 1	丁酉	5 30	丁卯	6 29	丙申	7 28
廿二	庚午	3 4	己亥	4 2	己巳	5 2	戊戌	5 31	戊辰	6 30	丁酉	7 29
廿三	辛未	3 5	庚子	4 3	庚午	5 3	己亥	6 1	己巳	7 1	戊戌	7 30
廿四	壬申	3 6	辛丑	4 4	辛未	5 4	庚子	6 2	庚午	7 2	己亥	7 31
廿五	癸酉	3 7	壬寅	4 5	壬申	5 5	辛丑	6 3	辛未	7 3	庚子	8 1
廿六	甲戌	3 8	癸卯	4 6	癸酉	5 6	壬寅	6 4	壬申	7 4	辛丑	8 2
廿七	乙亥	3 9	甲辰	4 7	甲戌	5 7	癸卯	6 5	癸酉	7 5	壬寅	8 3
廿八	丙子	3 10	乙巳	4 8	乙亥	5 8	甲辰	6 6	甲戌	7 6	癸卯	8 4
廿九	丁丑	3 11	丙午	4 9	丙子	5 9	乙巳	6 7	乙亥	7 7	甲辰	8 5
三十			丁未	4 10			丙午	6 8				

月別	大月二十			大月一十			小月十			大月九			小月八			大月七		
干支	丑		辛	子		庚	亥		己	戌		戊	酉		丁	申		丙
九星	樂		九	白		一	黑		二	碧		三	綠		四	黃		五
節氣	十二 15大 時寒 39申 分時		五初 22小 時寒 11亥 分時	一廿 5冬 時至 0卯 分時		六初 11大 時雪 3午 分時	十二 15小 時雪 51申 分時		五初 18立 時冬 27酉 分時	十二 18霜 時降 35酉 分時		五初 15寒 時露 37申 分時	九十 9秋 時分 36巳 分時		四初 0白 時露 20子 分時	八十 12處 時暑 15午 分時		二初 21立 時秋 41亥 分時
農曆	暦國		支干	暦國		支干	暦國		支干	暦國		支干	暦國		支干	暦國		支干
初一	1	1	酉癸	**12**	**2**	卯癸	11	3	戌甲	10	4	辰甲	9	5	亥乙	8	6	巳乙
初二	1	2	戌甲	12	3	辰甲	**11**	**4**	亥乙	10	5	巳乙	9	6	子丙	8	7	午丙
初三	1	3	亥乙	12	4	巳乙	11	5	子丙	10	6	午丙	9	7	丑丁	8	8	未丁
初四	1	4	子丙	12	5	午丙	11	6	丑丁	**10**	**7**	未丁	9	8	寅戊	8	9	申戊
初五	1	5	丑丁	12	6	未丁	11	7	寅戊	10	8	申戊	**9**	**9**	卯己	8	10	酉己
初六	**1**	**6**	寅戊	12	7	申戊	11	8	卯己	10	9	酉己	9	10	辰庚	8	11	戌庚
初七	1	7	卯己	12	8	酉己	11	9	辰庚	10	10	戌庚	9	11	巳辛	**8**	**12**	亥辛
初八	1	8	辰庚	**12**	**9**	戌庚	11	10	巳辛	10	11	亥辛	9	12	午壬	8	13	子壬
初九	1	9	巳辛	12	10	亥辛	**11**	**11**	午壬	10	12	子壬	9	13	未癸	8	14	丑癸
初十	1	10	午壬	12	11	子壬	11	12	未癸	10	13	丑癸	9	14	申甲	8	15	寅甲
十一	1	11	未癸	12	12	丑癸	11	13	申甲	**10**	**14**	寅甲	9	15	酉乙	8	16	卯乙
十二	1	12	申甲	12	13	寅甲	11	14	酉乙	10	15	卯乙	**9**	**16**	戌丙	8	17	辰丙
十三	**1**	**13**	酉乙	12	14	卯乙	11	15	戌丙	10	16	辰丙	9	17	亥丁	8	18	巳丁
十四	1	14	戌丙	12	15	辰丙	11	16	亥丁	10	17	巳丁	9	18	子戊	**8**	**19**	午戊
十五	1	15	亥丁	**12**	**16**	巳丁	11	17	子戊	10	18	午戊	9	19	丑己	8	20	未己
十六	1	16	子戊	12	17	午戊	**11**	**18**	丑己	10	19	未己	9	20	寅庚	8	21	申庚
十七	1	17	丑己	12	18	未己	11	19	寅庚	10	20	申庚	9	21	卯辛	8	22	酉辛
十八	1	18	寅庚	12	19	申庚	11	20	卯辛	**10**	**21**	酉辛	9	22	辰壬	8	23	戌壬
十九	1	19	卯辛	12	20	酉辛	11	21	辰壬	10	22	戌壬	**9**	**23**	巳癸	8	24	亥癸
二十	**1**	**20**	辰壬	12	21	戌壬	11	22	巳癸	10	23	亥癸	9	24	午甲	8	25	子甲
廿一	1	21	巳癸	12	22	亥癸	11	23	午甲	10	24	子甲	9	25	未乙	**8**	**26**	丑乙
廿二	1	22	午甲	**12**	**23**	子甲	11	24	未乙	10	25	丑乙	9	26	申丙	8	27	寅丙
廿三	1	23	未乙	12	24	丑乙	**11**	**25**	申丙	10	26	寅丙	9	27	酉丁	8	28	卯丁
廿四	1	24	申丙	12	25	寅丙	11	26	酉丁	10	27	卯丁	9	28	戌戊	8	29	辰戊
廿五	1	25	酉丁	12	26	卯丁	11	27	戌戊	**10**	**28**	辰戊	9	29	亥己	8	30	巳己
廿六	1	26	戌戊	12	27	辰戊	11	28	亥己	10	29	巳己	**9**	**30**	子庚	8	31	午庚
廿七	**1**	**27**	亥己	12	28	巳己	11	29	子庚	10	30	午庚	10	1	丑辛	9	1	未辛
廿八	1	28	子庚	12	29	午庚	11	30	丑辛	10	31	未辛	10	2	寅壬	**9**	**2**	申壬
廿九	1	29	丑辛	**12**	**30**	未辛	12	1	寅壬	11	1	申壬	10	3	卯癸	9	3	酉癸
三十	1	30	寅壬	12	31	申壬				11	2	酉癸				9	4	戌甲

中華民國四十六年

歲次丁酉

西曆一九五七年

太歲姓康名傑

肖雞

月別	正月大		二月小		三月大		四月小		五月大		六月小	
干支	壬寅		癸卯		甲辰		乙巳		丙午		丁未	
九星	八白		七赤		六白		五黃		四綠		三碧	
節	初五	二十	初五	二十	初六	廿一	初七	廿二	初九	廿五	初十	廿六
氣	立春 9時55分巳時	雨水 5時58分卯時	驚蟄 4時11分寅時	春分 5時17分卯時	清明 9時19分巳時	穀雨 16時42分申時	立夏 2時59分丑時	小滿 16時11分申時	芒種 7時25分辰時	夏至 0時21分子時	小暑 17時49分酉時	大暑 11時15分午時
農曆	干支	國曆	干支	國曆	干支	國曆	干支	國曆	干支	國曆	干支	國曆
初一	癸卯	1 31	癸酉	3 2	壬寅	3 31	壬申	4 30	辛丑	5 29	辛未	6 28
初二	甲辰	2 1	甲戌	3 3	癸卯	4 1	癸酉	5 1	壬寅	5 30	壬申	6 29
初三	乙巳	2 2	乙亥	3 4	甲辰	4 2	甲戌	5 2	癸卯	5 31	癸酉	6 30
初四	丙午	2 3	丙子	3 5	乙巳	4 3	乙亥	5 3	甲辰	6 1	甲戌	7 1
初五	丁未	2 4	丁丑	3 6	丙午	4 4	丙子	5 4	乙巳	6 2	乙亥	7 2
初六	戊申	2 5	戊寅	3 7	丁未	4 5	丁丑	5 5	丙午	6 3	丙子	7 3
初七	己酉	2 6	己卯	3 8	戊申	4 6	戊寅	5 6	丁未	6 4	丁丑	7 4
初八	庚戌	2 7	庚辰	3 9	己酉	4 7	己卯	5 7	戊申	6 5	戊寅	7 5
初九	辛亥	2 8	辛巳	3 10	庚戌	4 8	庚辰	5 8	己酉	6 6	己卯	7 6
初十	壬子	2 9	壬午	3 11	辛亥	4 9	辛巳	5 9	庚戌	6 7	庚辰	7 7
十一	癸丑	2 10	癸未	3 12	壬子	4 10	壬午	5 10	辛亥	6 8	辛巳	7 8
十二	甲寅	2 11	甲申	3 13	癸丑	4 11	癸未	5 11	壬子	6 9	壬午	7 9
十三	乙卯	2 12	乙酉	3 14	甲寅	4 12	甲申	5 12	癸丑	6 10	癸未	7 10
十四	丙辰	2 13	丙戌	3 15	乙卯	4 13	乙酉	5 13	甲寅	6 11	甲申	7 11
十五	丁巳	2 14	丁亥	3 16	丙辰	4 14	丙戌	5 14	乙卯	6 12	乙酉	7 12
十六	戊午	2 15	戊子	3 17	丁巳	4 15	丁亥	5 15	丙辰	6 13	丙戌	7 13
十七	己未	2 16	己丑	3 18	戊午	4 16	戊子	5 16	丁巳	6 14	丁亥	7 14
十八	庚申	2 17	庚寅	3 19	己未	4 17	己丑	5 17	戊午	6 15	戊子	7 15
十九	辛酉	2 18	辛卯	3 20	庚申	4 18	庚寅	5 18	己未	6 16	己丑	7 16
二十	壬戌	2 19	壬辰	3 21	辛酉	4 19	辛卯	5 19	庚申	6 17	庚寅	7 17
廿一	癸亥	2 20	癸巳	3 22	壬戌	4 20	壬辰	5 20	辛酉	6 18	辛卯	7 18
廿二	甲子	2 21	甲午	3 23	癸亥	4 21	癸巳	5 21	壬戌	6 19	壬辰	7 19
廿三	乙丑	2 22	乙未	3 24	甲子	4 22	甲午	5 22	癸亥	6 20	癸巳	7 20
廿四	丙寅	2 23	丙申	3 25	乙丑	4 23	乙未	5 23	甲子	6 21	甲午	7 21
廿五	丁卯	2 24	丁酉	3 26	丙寅	4 24	丙申	5 24	乙丑	6 22	乙未	7 22
廿六	戊辰	2 25	戊戌	3 27	丁卯	4 25	丁酉	5 25	丙寅	6 23	丙申	7 23
廿七	己巳	2 26	己亥	3 28	戊辰	4 26	戊戌	5 26	丁卯	6 24	丁酉	7 24
廿八	庚午	2 27	庚子	3 29	己巳	4 27	己亥	5 27	戊辰	6 25	戊戌	7 25
廿九	辛未	2 28	辛丑	3 30	庚午	4 28	庚子	5 28	己巳	6 26	己亥	7 26
三十	壬申	3 1			辛未	4 29			庚午	6 27		

月別	小月二十	大月一十	小月十	大月九	小月八閏	大月八	小月七
干支	丑 癸	子 壬	亥 辛	戌 庚		酉 己	申 戊
九星	白 六	赤 七	白 八	紫 九		白 一	黑 二
節氣	六十 一初 15立 21大 時春 時寒 50申 29亥 分時 分時	七十 二初 4小 10冬 時寒 時至 5寅 49巳 分時 分時	六十 一初 16大 21小 時雪 時雪 57申 40亥 分時 分時	七十 二初 0立 0霜 時冬 時降 21子 25子 分時 分時	五十 21寒 時露 31亥 分時	十三 五十 15秋 6白 時分 時露 27申 13卯 分時 分時	八廿 三十 18處 3立 時暑 時秋 8酉 33寅 分時 分時
農曆	暦國支干	暦國支干	暦國支干	暦國支干	暦國支干	暦國支干	暦國支干
初一	1 20酉丁	12 21卯丁	11 22戌戊	10 23辰戊	9 24亥己	8 25巳己	7 27子庚
初二	1 21戌戊	12 22辰戊	11 23亥己	10 24巳己	9 25子庚	8 26午庚	7 28丑辛
初三	1 22亥己	12 23巳己	11 24子庚	10 25午庚	9 26丑辛	8 27未辛	7 29寅壬
初四	1 23子庚	12 24午庚	11 25丑辛	10 26未辛	9 27寅壬	8 28申壬	7 30卯癸
初五	1 24丑辛	12 25未辛	11 26寅壬	10 27申壬	9 28卯癸	8 29酉癸	7 31辰甲
初六	1 25寅壬	12 26申壬	11 27卯癸	10 28酉癸	9 29辰甲	8 30戌甲	8 1巳乙
初七	1 26卯癸	12 27酉癸	11 28辰甲	10 29戌甲	9 30巳乙	8 31亥乙	8 2午丙
初八	1 27辰甲	12 28戌甲	11 29巳乙	10 30亥乙	10 1午丙	9 1子丙	8 3未丁
初九	1 28巳乙	12 29亥乙	11 30午丙	10 31子丙	10 2未丁	9 2丑丁	8 4申戊
初十	1 29午丙	12 30子丙	12 1未丁	11 1丑丁	10 3申戊	9 3寅戊	8 5酉己
十一	1 30未丁	12 31丑丁	12 2申戊	11 2寅戊	10 4酉己	9 4卯己	8 6戌庚
十二	1 31申戊	1 1寅戊	12 3酉己	11 3卯己	10 5戌庚	9 5辰庚	8 7亥辛
十三	2 1酉己	1 2卯己	12 4戌庚	11 4辰庚	10 6亥辛	9 6巳辛	8 8子壬
十四	2 2戌庚	1 3辰庚	12 5亥辛	11 5巳辛	10 7子壬	9 7午壬	8 9丑癸
十五	2 3亥辛	1 4巳辛	12 6子壬	11 6午壬	10 8丑癸	9 8未癸	8 10寅甲
十六	2 4子壬	1 5午壬	12 7丑癸	11 7未癸	10 9寅甲	9 9申甲	8 11卯乙
十七	2 5丑癸	1 6未癸	12 8寅甲	11 8申甲	10 10卯乙	9 10酉乙	8 12辰丙
十八	2 6寅甲	1 7申甲	12 9卯乙	11 9酉乙	10 11辰丙	9 11戌丙	8 13巳丁
十九	2 7卯乙	1 8酉乙	12 10辰丙	11 10戌丙	10 12巳丁	9 12亥丁	8 14午戊
二十	2 8辰丙	1 9戌丙	12 11巳丁	11 11亥丁	10 13午戊	9 13子戊	8 15未己
廿一	2 9巳丁	1 10亥丁	12 12午戊	11 12子戊	10 14未己	9 14丑己	8 16申庚
廿二	2 10午戊	1 11子戊	12 13未己	11 13丑己	10 15申庚	9 15寅庚	8 17酉辛
廿三	2 11未己	1 12丑己	12 14申庚	11 14寅庚	10 16酉辛	9 16卯辛	8 18戌壬
廿四	2 12申庚	1 13寅庚	12 15酉辛	11 15卯辛	10 17戌壬	9 17辰壬	8 19亥癸
廿五	2 13酉辛	1 14卯辛	12 16戌壬	11 16辰壬	10 18亥癸	9 18巳癸	8 20子甲
廿六	2 14戌壬	1 15辰壬	12 17亥癸	11 17巳癸	10 19子甲	9 19午甲	8 21丑乙
廿七	2 15亥癸	1 16巳癸	12 18子甲	11 18午甲	10 20丑乙	9 20未乙	8 22寅丙
廿八	2 16子甲	1 17午甲	12 19丑乙	11 19未乙	10 21寅丙	9 21申丙	8 23卯丁
廿九	2 17丑乙	1 18未乙	12 20寅丙	11 20申丙	10 22卯丁	9 22酉丁	8 24辰戊
三十		1 19申丙		11 21酉丁		9 23戌戊	

中華民國四十七年　歲次戊戌

西曆一九五八年　太歲姓姜名武　肖狗

月別	正月大	二月大	三月大	四月小	五月大	六月小
干支	甲寅	乙卯	丙辰	丁巳	戊午	己未
九星	五黃	四綠	三碧	二黑	一白	九紫
節氣	初二 雨水 11時49分午時 十七 驚蟄 10時6分巳時	初二 春分 11時6分午時 十七 清明 15時13分申時	初二 穀雨 22時28分亥時 十八 立夏 8時50分辰時	初三 小滿 21時52分亥時 十九 芒種 13時13分未時	初六 夏至 5時58分卯時 廿一 小暑 23時34分夜子	初七 大暑 16時51分申時 廿三 立秋 9時18分巳時
農曆	國曆 干支	國曆 干支	國曆 干支	國曆 干支	國曆 干支	國曆 干支
初一	2 18 丙寅	3 20 丙申	4 19 丙寅	5 19 丙申	6 17 乙丑	7 17 乙未
初二	2 19 丁卯	3 21 丁酉	**4 20** 丁卯	5 20 丁酉	6 18 丙寅	7 18 丙申
初三	2 20 戊辰	3 22 戊戌	4 21 戊辰	5 21 戊戌	6 19 丁卯	7 19 丁酉
初四	2 21 己巳	**3 23** 己亥	4 22 己巳	5 22 己亥	6 20 戊辰	**7 20** 戊戌
初五	2 22 庚午	3 24 庚子	4 23 庚午	5 23 庚子	6 21 己巳	7 21 己亥
初六	**2 23** 辛未	3 25 辛丑	4 24 辛未	5 24 辛丑	**6 22** 庚午	7 22 庚子
初七	2 24 壬申	3 26 壬寅	4 25 壬申	**5 25** 壬寅	6 23 辛未	7 23 辛丑
初八	2 25 癸酉	3 27 癸卯	4 26 癸酉	5 26 癸卯	6 24 壬申	7 24 壬寅
初九	2 26 甲戌	3 28 甲辰	**4 27** 甲戌	5 27 甲辰	6 25 癸酉	7 25 癸卯
初十	2 27 乙亥	3 29 乙巳	4 28 乙亥	5 28 乙巳	6 26 甲戌	7 26 甲辰
十一	2 28 丙子	**3 30** 丙午	4 29 丙子	5 29 丙午	6 27 乙亥	**7 27** 乙巳
十二	3 1 丁丑	3 31 丁未	4 30 丁丑	5 30 丁未	6 28 丙子	7 28 丙午
十三	**3 2** 戊寅	4 1 戊申	5 1 戊寅	5 31 戊申	**6 29** 丁丑	7 29 丁未
十四	3 3 己卯	4 2 己酉	5 2 己卯	**6 1** 己酉	6 30 戊寅	7 30 戊申
十五	3 4 庚辰	4 3 庚戌	5 3 庚辰	6 2 庚戌	7 1 己卯	7 31 己酉
十六	3 5 辛巳	4 4 辛亥	**5 4** 辛巳	6 3 辛亥	7 2 庚辰	8 1 庚戌
十七	3 6 壬午	4 5 壬子	5 5 壬午	6 4 壬子	7 3 辛巳	8 2 辛亥
十八	3 7 癸未	**4 6** 癸丑	5 6 癸未	6 5 癸丑	7 4 壬午	**8 3** 壬子
十九	3 8 甲申	4 7 甲寅	5 7 甲申	6 6 甲寅	7 5 癸未	8 4 癸丑
二十	**3 9** 乙酉	4 8 乙卯	5 8 乙酉	6 7 乙卯	**7 6** 甲申	8 5 甲寅
廿一	3 10 丙戌	4 9 丙辰	5 9 丙戌	**6 8** 丙辰	7 7 乙酉	8 6 乙卯
廿二	3 11 丁亥	4 10 丁巳	5 10 丁亥	6 9 丁巳	7 8 丙戌	8 7 丙辰
廿三	3 12 戊子	4 11 戊午	**5 11** 戊子	6 10 戊午	7 9 丁亥	8 8 丁巳
廿四	3 13 己丑	4 12 己未	5 12 己丑	6 11 己未	7 10 戊子	8 9 戊午
廿五	3 14 庚寅	**4 13** 庚申	5 13 庚寅	6 12 庚申	7 11 己丑	**8 10** 己未
廿六	3 15 辛卯	4 14 辛酉	5 14 辛卯	6 13 辛酉	7 12 庚寅	8 11 庚申
廿七	**3 16** 壬辰	4 15 壬戌	5 15 壬辰	6 14 壬戌	**7 13** 辛卯	8 12 辛酉
廿八	3 17 癸巳	4 16 癸亥	5 16 癸巳	**6 15** 癸亥	7 14 壬辰	8 13 壬戌
廿九	3 18 甲午	4 17 甲子	5 17 甲午	6 16 甲子	7 15 癸巳	8 14 癸亥
三十	3 19 乙未	4 18 乙丑	**5 18** 乙未		7 16 甲午	

月別	大月二十	小月一十	大月十	小月九	大月八	小月七
干支	丑 乙	子 甲	亥 癸	戌 壬	酉 辛	申 庚
九星	碧 三	綠 四	黃 五	白 六	赤 七	白 八
節氣	七廿 三十 21立 3大 時春 時寒 43亥 20寅 分時 分時	七廿 二十 9小 16冬 時寒 時至 59巳 40申 分時 分時	七廿 三十 22大 3小 時雪 時雪 50亥 30寅 分時 分時	七廿 二十 6立 6霜 時冬 時降 13卯 12卯 分時 分時	七廿 一十 3寒 21秋 時露 時分 20寅 10亥 分時 分時	五廿 九初 12白 23處 時露 時暑 0午 47夜 分時 分子
農曆	曆國支干	曆國支干	曆國支干	曆國支干	曆國支干	曆國支干
初一	1 9 卯辛	12 11 戌壬	11 11 辰壬	10 13 亥癸	9 13 巳癸	8 15 子甲
初二	1 10 辰壬	12 12 亥癸	11 12 巳癸	10 14 子甲	9 14 午甲	8 16 丑乙
初三	1 11 巳癸	12 13 子甲	11 13 午甲	10 15 丑乙	9 15 未乙	8 17 寅丙
初四	1 12 午甲	12 14 丑乙	11 14 未乙	10 16 寅丙	9 16 申丙	8 18 卯丁
初五	1 13 未乙	12 15 寅丙	11 15 申丙	10 17 卯丁	9 17 酉丁	8 19 辰戊
初六	1 14 申丙	12 16 卯丁	11 16 酉丁	10 18 辰戊	9 18 戌戊	8 20 巳己
初七	1 15 酉丁	12 17 辰戊	11 17 戌戊	10. 19 巳己	9 19 亥己	8 21 午庚
初八	1 16 戌戊	12 18 巳己	11 18 亥己	10 20 午庚	9 20 子庚	8 22 未辛
初九	1 17 亥己	12 19 午庚	11 19 子庚	10 21 未辛	9 21 丑辛	8 23 申壬
初十	1 18 子庚	12 20 未辛	11 20 丑辛	10 22 申壬	9 22 寅壬	8 24 酉癸
十一	1 19 丑辛	12 21 申壬	11 21 寅壬	10 23 酉癸	9 23 卯癸	8 25 戌甲
十二	1 20 寅壬	12 22 酉癸	11 22 卯癸	10 24 戌甲	9 24 辰甲	8 26 亥乙
十三	1 21 卯癸	12 23 戌甲	11 23 辰甲	10 25 亥乙	9 25 巳乙	8 27 子丙
十四	1 22 辰甲	12 24 亥乙	11 24 巳乙	10 26 子丙	9 26 午丙	8 28 丑丁
十五	1 23 巳乙	12 25 子丙	11 25 午丙	10 27 丑丁	9 27 未丁	8 29 寅戊
十六	1 24 午丙	12 26 丑丁	11 26 未丁	10 28 寅戊	9 28 申戊	8 30 卯己
十七	1 25 未丁	12 27 寅戊	11 27 申戊	10 29 卯己	9 29 酉己	8 31 辰庚
十八	1 26 申戊	12 28 卯己	11 28 酉己	10 30 辰庚	9 30 戌庚	9 1 巳辛
十九	1 27 酉己	12 29 辰庚	11 29 戌庚	10 31 巳辛	10 1 亥辛	9 2 午壬
二十	1 28 戌庚	12 30 巳辛	11 30 亥辛	11 1 午壬	10 2 子壬	9 3 未癸
廿一	1 29 亥辛	12 31 午壬	12 1 子壬	11 2 未癸	10 3 丑癸	9 4 申甲
廿二	1 30 子壬	1 1 未癸	12 2 丑癸	11 3 申甲	10 4 寅甲	9 5 酉乙
廿三	1 31 丑癸	1 2 申甲	12 3 寅甲	11 4 酉乙	10 5 卯乙	9 6 戌丙
廿四	2 1 寅甲	1 3 酉乙	12 4 卯乙	11 5 戌丙	10 6 辰丙	9 7 亥丁
廿五	2 2 卯乙	1 4 戌丙	12 5 辰丙	11 6 亥丁	10 7 巳丁	9 8 子戊
廿六	2 3 辰丙	1 5 亥丁	12 6 巳丁	11 7 子戊	10 8 午戊	9 9 丑己
廿七	2 4 巳丁	1 6 子戊	12 7 午戊	11 8 丑己	10 9 未己	9 10 寅庚
廿八	2 5 午戊	1 7 丑己	12 8 未己	11 9 寅庚	10 10 申庚	9 11 卯辛
廿九	2 6 未己	1 8 寅庚	12 9 申庚	11 10 卯辛	10 11 酉辛	9 12 辰壬
三十	2 7 申庚		12 10 酉辛		10 12 戌壬	

小月六	大月五	小月四	大月三	大月二	小月正	月別
未 辛	午 庚	巳 己	辰 戊	卯 丁	寅 丙	干支
白 六	赤 七	白 八	紫 九	白 一	黑 二	九星
八十 三初 22大 5小 時暑 時暑 46亥 21卯 分時 分時	七十 一初 11夏 19芒 時至 時種 51午 1戌 分時 分時	五 十十 3 小 時 滿 43 寅 分 時	九廿 四十 14立 4穀 時夏 時雨 39未 17寅 分時 分時	八廿 三十 21清 16春 時明 時分 4亥 55申 分時 分時	七廿 二十 15驚 17雨 時蟄 時水 57申 38酉 分時 分時	節氣
曆國支干	曆國支干	曆國支干	曆國支干	曆國支干	曆國支干	曆農
7 6丑己	6 6未己	5 8寅庚	4 8申庚	3 9寅庚	2 8酉辛	一初
7 7寅庚	6 7申庚	5 9卯辛	4 9酉辛	3 10卯辛	2 9戌壬	二初
7 8卯辛	6 8酉辛	5 10辰壬	4 10戌壬	3 11辰壬	2 10亥癸	三初
7 9辰壬	6 9戌壬	5 11巳癸	4 11亥癸	3 12巳癸	2 11子甲	四初
7 10巳癸	6 10亥癸	5 12午甲	4 12子甲	3 13午甲	2 12丑乙	五初
7 11午甲	6 11子甲	5 13未乙	4 13丑乙	3 14未乙	2 13寅丙	六初
7 12未乙	6 12丑乙	5 14申丙	4 14寅丙	3 15申丙	2 14卯丁	七初
7 13申丙	6 13寅丙	5 15酉丁	4 15卯丁	3 16酉丁	2 15辰戊	八初
7 14酉丁	6 14卯丁	5 16戌戊	4 16辰戊	3 17戌戊	2 16巳己	九初
7 15戌戊	6 15辰戊	5 17亥己	4 17巳己	3 18亥己	2 17午庚	十初
7 16亥己	6 16巳己	5 18子庚	4 18午庚	3 19子庚	2 18未辛	一十
7 17子庚	6 17午庚	5 19丑辛	4 19未辛	3 20丑辛	2 19申壬	二十
7 18丑辛	6 18未辛	5 20寅壬	4 20申壬	3 21寅壬	2 20酉癸	三十
7 19寅壬	6 19申壬	5 21卯癸	4 21酉癸	3 22卯癸	2 21戌甲	四十
7 20卯癸	6 20酉癸	5 22辰甲	4 22戌甲	3 23辰甲	2 22亥乙	五十
7 21辰甲	6 21戌甲	5 23巳乙	4 23亥乙	3 24巳乙	2 23子丙	六十
7 22巳乙	6 22亥乙	5 24午丙	4 24子丙	3 25午丙	2 24丑丁	七十
7 23午丙	6 23子丙	5 25未丁	4 25丑丁	3 26未丁	2 25寅戊	八十
7 24未丁	6 24丑丁	5 26申戊	4 26寅戊	3 27申戊	2 26卯己	九十
7 25申戊	6 25寅戊	5 27酉己	4 27卯己	3 28酉己	2 27辰庚	十二
7 26酉己	6 26卯己	5 28戌庚	4 28辰庚	3 29戌庚	2 28巳辛	一廿
7 27戌庚	6 27辰庚	5 29亥辛	4 29巳辛	3 30亥辛	3 1午壬	二廿
7 28亥辛	6 28巳辛	5 30子壬	4 30午壬	3 31子壬	3 2未癸	三廿
7 29子壬	6 29午壬	5 31丑癸	5 1未癸	4 1丑癸	3 3申甲	四廿
7 30丑癸	6 30未癸	6 1寅甲	5 2申甲	4 2寅甲	3 4酉乙	五廿
7 31寅甲	7 1申甲	6 2卯乙	5 3酉乙	4 3卯乙	3 5戌丙	六廿
8 1卯乙	7 2酉乙	6 3辰丙	5 4戌丙	4 4辰丙	3 6亥丁	七廿
8 2辰丙	7 3戌丙	6 4巳丁	5 5亥丁	4 5巳丁	3 7子戊	八廿
8 3巳丁	7 4亥丁	6 5午戊	5 6子戊	4 6午戊	3 8丑己	九廿
	7 5子戊		5 7丑己	4 7未己		十三

中華民國四十八年 歲次己亥

西曆一九五九年

太歲姓謝名壽

肖猪

月別	小月二十	大月一十	小月十	大月九	小月八	大月七
干支	丑 丁	子 丙	亥 乙	戌 甲	酉 癸	申 壬
九星	紫 九	白 一	黑 二	碧 三	綠 四	黃 五
節氣	三廿 八初 9大 15小 時寒 時寒 10巳 43申 分時 分時	三廿 九初 22冬 4大 時至 時雪 35亥 38寅 分時 分時	三廿 八初 9小 12立 時雪 時冬 28巳 3午 分時 分時	三廿 八初 12霜 9寒 時降 時露 12午 11巳 分時 分時	二廿 六初 3秋 17白 時分 時露 9寅 49酉 分時 分時	一廿 五初 5處 15立 時暑 時秋 44卯 5申 分時 分時
農曆	曆國支干	曆國支干	曆國支干	曆國支干	曆國支干	曆國支干
初一	12 30 戌丙	11 30 辰丙	11 1 亥丁	10 2 巳丁	9 3 子戊	8 4 午戊
初二	12 31 亥丁	12 1 巳丁	11 2 子戊	10 3 午戊	9 4 丑己	8 5 未己
初三	1 1 子戊	12 2 午戊	11 3 丑己	10 4 未己	9 5 寅庚	8 6 申庚
初四	1 2 丑己	12 3 未己	11 4 寅庚	10 5 申庚	9 6 卯辛	8 7 酉辛
初五	1 3 寅庚	12 4 申庚	11 5 卯辛	10 6 酉辛	9 7 辰壬	8 8 戌壬
初六	1 4 卯辛	12 5 酉辛	11 6 辰壬	10 7 戌壬	9 8 巳癸	8 9 亥癸
初七	1 5 辰壬	12 6 戌壬	11 7 巳癸	10 8 亥癸	9 9 午甲	8 10 子甲
初八	1 6 巳癸	12 7 亥癸	11 8 午甲	10 9 子甲	9 10 未乙	8 11 丑乙
初九	1 7 午甲	12 8 子甲	11 9 未乙	10 10 丑乙	9 11 申丙	8 12 寅丙
初十	1 8 未乙	12 9 丑乙	11 10 申丙	10 11 寅丙	9 12 酉丁	8 13 卯丁
十一	1 9 申丙	12 10 寅丙	11 11 酉丁	10 12 卯丁	9 13 戌戊	8 14 辰戊
十二	1 10 酉丁	12 11 卯丁	11 12 戌戊	10 13 辰戊	9 14 亥己	8 15 巳己
十三	1 11 戌戊	12 12 辰戊	11 13 亥己	10 14 巳己	9 15 子庚	8 16 午庚
十四	1 12 亥己	12 13 巳己	11 14 子庚	10 15 午庚	9 16 丑辛	8 17 未辛
十五	1 13 子庚	12 14 午庚	11 15 丑辛	10 16 未辛	9 17 寅壬	8 18 申壬
十六	1 14 丑辛	12 15 未辛	11 16 寅壬	10 17 申壬	9 18 卯癸	8 19 酉癸
十七	1 15 寅壬	12 16 申壬	11 17 卯癸	10 18 酉癸	9 19 辰甲	8 20 戌甲
十八	1 16 卯癸	12 17 酉癸	11 18 辰甲	10 19 戌甲	9 20 巳乙	8 21 亥乙
十九	1 17 辰甲	12 18 戌甲	11 19 巳乙	10 20 亥乙	9 21 午丙	8 22 子丙
二十	1 18 巳乙	12 19 亥乙	11 20 午丙	10 21 子丙	9 22 未丁	8 23 丑丁
廿一	1 19 午丙	12 20 子丙	11 21 未丁	10 22 丑丁	9 23 申戊	8 24 寅戊
廿二	1 20 未丁	12 21 丑丁	11 22 申戊	10 23 寅戊	9 24 酉己	8 25 卯己
廿三	1 21 申戊	12 22 寅戊	11 23 酉己	10 24 卯己	9 25 戌庚	8 26 辰庚
廿四	1 22 酉己	12 23 卯己	11 24 戌庚	10 25 辰庚	9 26 亥辛	8 27 巳辛
廿五	1 23 戌庚	12 24 辰庚	11 25 亥辛	10 26 巳辛	9 27 子壬	8 28 午壬
廿六	1 24 亥辛	12 25 巳辛	11 26 子壬	10 27 午壬	9 28 丑癸	8 29 未癸
廿七	1 25 子壬	12 26 午壬	11 27 丑癸	10 28 未癸	9 29 寅甲	8 30 申甲
廿八	1 26 丑癸	12 27 未癸	11 28 寅甲	10 29 申甲	9 30 卯乙	8 31 酉乙
廿九	1 27 寅甲	12 28 申甲	11 29 卯乙	10 30 酉乙	10 1 辰丙	9 1 戌丙
三十		12 29 酉乙		10 31 戌丙		9 2 亥丁

中華民國四十九年

歲次　庚子

西曆一九六〇年

太歲姓虞名起

肖鼠

月別	正月大	二月小	三月大	四月小	五月大	六月大	閏六月小
干支	戊寅	己卯	庚辰	辛巳	壬午	癸未	
九星	八白	七赤	六白	五黃	四綠	三碧	
節氣	初九 立春 3時23分寅時 廿三 雨水 23時26分夜子	初八 驚蟄 21時36分亥時 廿三 春分 22時43分亥時	初十 清明 2時44分丑時 廿五 穀雨 10時6分巳時	初十 立夏 20時23分戌時 廿六 小滿 9時34分巳時	十三 芒種 0時49分子時 廿八 夏至 17時42分酉時	十四 小暑 11時13分午時 三十 大暑 4時38分寅時	十五 立秋 21時0分亥時
農曆	干支國曆	干支國曆	干支國曆	干支國曆	干支國曆	干支國曆	干支國曆
初一	1 28 乙卯	2 27 乙酉	**3 27** 甲寅	4 26 甲申	5 25 癸丑	6 24 癸未	**7 24** 癸丑
初二	1 29 丙辰	**2 28** 丙戌	3 28 乙卯	4 27 乙酉	5 26 甲寅	6 25 甲申	7 25 甲寅
初三	1 30 丁巳	2 29 丁亥	3 29 丙辰	4 28 丙戌	5 27 乙卯	**6 26** 乙酉	7 26 乙卯
初四	**1 31** 戊午	3 1 戊子	3 30 丁巳	4 29 丁亥	5 28 丙辰	6 27 丙戌	7 27 丙辰
初五	2 1 己未	3 2 己丑	3 31 戊午	4 30 戊子	**5 29** 丁巳	6 28 丁亥	7 28 丁巳
初六	2 2 庚申	3 3 庚寅	4 1 己未	**5 1** 己丑	5 30 戊午	6 29 戊子	7 29 戊午
初七	2 3 辛酉	3 4 辛卯	4 2 庚申	5 2 庚寅	5 31 己未	6 30 己丑	7 30 己未
初八	2 4 壬戌	3 5 壬辰	**4 3** 辛酉	5 3 辛卯	6 1 庚申	7 1 庚寅	**7 31** 庚申
初九	2 5 癸亥	**3 6** 癸巳	4 4 壬戌	5 4 壬辰	6 2 辛酉	7 2 辛卯	8 1 辛酉
初十	2 6 甲子	3 7 甲午	4 5 癸亥	5 5 癸巳	6 3 壬戌	**7 3** 壬辰	8 2 壬戌
十一	**2 7** 乙丑	3 8 乙未	4 6 甲子	5 6 甲午	6 4 癸亥	7 4 癸巳	8 3 癸亥
十二	2 8 丙寅	3 9 丙申	4 7 乙丑	5 7 乙未	**6 5** 甲子	7 5 甲午	8 4 甲子
十三	2 9 丁卯	3 10 丁酉	4 8 丙寅	**5 8** 丙申	6 6 乙丑	7 6 乙未	8 5 乙丑
十四	2 10 戊辰	3 11 戊戌	4 9 丁卯	5 9 丁酉	6 7 丙寅	7 7 丙申	8 6 丙寅
十五	2 11 己巳	3 12 己亥	**4 10** 戊辰	5 10 戊戌	6 8 丁卯	7 8 丁酉	**8 7** 丁卯
十六	2 12 庚午	**3 13** 庚子	4 11 己巳	5 11 己亥	6 9 戊辰	7 9 戊戌	8 8 戊辰
十七	2 13 辛未	3 14 辛丑	4 12 庚午	5 12 庚子	6 10 己巳	**7 10** 己亥	8 9 己巳
十八	**2 14** 壬申	3 15 壬寅	4 13 辛未	5 13 辛丑	6 11 庚午	7 11 庚子	8 10 庚午
十九	2 15 癸酉	3 16 癸卯	4 14 壬申	5 14 壬寅	**6 12** 辛未	7 12 辛丑	8 11 辛未
二十	2 16 甲戌	3 17 甲辰	4 15 癸酉	**5 15** 癸卯	6 13 壬申	7 13 壬寅	8 12 壬申
廿一	2 17 乙亥	3 18 乙巳	4 16 甲戌	5 16 甲辰	6 14 癸酉	7 14 癸卯	8 13 癸酉
廿二	2 18 丙子	3 19 丙午	**4 17** 乙亥	5 17 乙巳	6 15 甲戌	7 15 甲辰	**8 14** 甲戌
廿三	2 19 丁丑	**3 20** 丁未	4 18 丙子	5 18 丙午	6 16 乙亥	7 16 乙巳	8 15 乙亥
廿四	2 20 戊寅	3 21 戊申	4 19 丁丑	5 19 丁未	6 17 丙子	**7 17** 丙午	8 16 丙子
廿五	**2 21** 己卯	3 22 己酉	4 20 戊寅	5 20 戊申	6 18 丁丑	7 18 丁未	8 17 丁丑
廿六	2 22 庚辰	3 23 庚戌	4 21 己卯	5 21 己酉	**6 19** 戊寅	7 19 戊申	8 18 戊寅
廿七	2 23 辛巳	3 24 辛亥	4 22 庚辰	**5 22** 庚戌	6 20 己卯	7 20 己酉	8 19 己卯
廿八	2 24 壬午	3 25 壬子	4 23 辛巳	5 23 辛亥	6 21 庚辰	7 21 庚戌	8 20 庚辰
廿九	2 25 癸未	3 26 癸丑	**4 24** 壬午	5 24 壬子	6 22 辛巳	7 22 辛亥	**8 21** 辛巳
三十	2 26 甲申		4 25 癸未		6 23 壬午	7 23 壬子	

月別	小月二十			大月一十			小月十			大月九			小月八			大月七		
干支	丑　己			子　戊			亥　丁			戌　丙			酉　乙			申　甲		
九星	白　六			赤　七			白　八			紫　九			白　一			黑　二		
節氣	九十　四初 9立　15大 時春　時寒 23巳　1申 分時　分時			九十　五初 21小　4冬 時寒　時至 43亥　26寅 分時　分時			九十　四初 10大　15小 時雪　時雪 38巳　18申 分時　分時			九十　四初 18立　18霜 時冬　時降 2酉　2酉 分時　分時			八十　三初 15寒　8秋 時露　時分 9申　59辰 分時　分時			七十　二初 23白　11處 時露　時暑 46夜　35午 分子　分時		
農曆	曆國		支干	曆國		支干	曆國		支干	曆國		支干	曆國		支干	曆國		支干
初一	1	17	戌庚	**12**	**18**	辰庚	11	19	亥辛	10	20	巳辛	9	21	子壬	8	22	午壬
初二	1	18	亥辛	12	19	巳辛	**11**	**20**	子壬	10	21	午壬	9	22	丑癸	8	23	未癸
初三	1	19	子壬	12	20	午壬	11	21	丑癸	10	22	未癸	9	23	寅甲	8	24	申甲
初四	1	20	丑癸	12	21	未癸	11	22	寅甲	**10**	**23**	申甲	9	24	卯乙	8	25	酉乙
初五	1	21	寅甲	12	22	申甲	11	23	卯乙	10	24	酉乙	**9**	**25**	辰丙	8	26	戌丙
初六	**1**	**22**	卯乙	12	23	酉乙	11	24	辰丙	10	25	戌丙	9	26	巳丁	8	27	亥丁
初七	1	23	辰丙	12	24	戌丙	11	25	巳丁	10	26	亥丁	9	27	午戊	**8**	**28**	子戊
初八	1	24	巳丁	**12**	**25**	亥丁	11	26	午戊	10	27	子戊	9	28	未己	8	29	丑己
初九	1	25	午戊	12	26	子戊	**11**	**27**	未己	10	28	丑己	9	29	申庚	8	30	寅庚
初十	1	26	未己	12	27	丑己	11	28	申庚	10	29	寅庚	9	30	酉辛	8	31	卯辛
十一	1	27	申庚	12	28	寅庚	11	29	酉辛	**10**	**30**	卯辛	10	1	戌壬	9	1	辰壬
十二	1	28	酉辛	12	29	卯辛	11	30	戌壬	10	31	辰壬	**10**	**2**	亥癸	9	2	巳癸
十三	**1**	**29**	戌壬	12	30	辰壬	12	1	亥癸	11	1	巳癸	10	3	子甲	9	3	午甲
十四	1	30	亥癸	12	31	巳癸	12	2	子甲	11	2	午甲	10	4	丑乙	**9**	**4**	未乙
十五	1	31	子甲	**1**	**1**	午甲	12	3	丑乙	11	3	未乙	10	5	寅丙	9	5	申丙
十六	2	1	丑乙	1	2	未乙	**12**	**4**	寅丙	11	4	申丙	10	6	卯丁	9	6	酉丁
十七	2	2	寅丙	1	3	申丙	12	5	卯丁	11	5	酉丁	10	7	辰戊	9	7	戌戊
十八	2	3	卯丁	1	4	酉丁	12	6	辰戊	**11**	**6**	戌戊	10	8	巳己	9	8	亥己
十九	2	4	辰戊	1	5	戌戊	12	7	巳己	11	7	亥己	**10**	**9**	午庚	9	9	子庚
二十	**2**	**5**	巳己	1	6	亥己	12	8	午庚	11	8	子庚	10	10	未辛	9	10	丑辛
廿一	2	6	午庚	1	7	子庚	12	9	未辛	11	9	丑辛	10	11	申壬	**9**	**11**	寅壬
廿二	2	7	未辛	**1**	**8**	丑辛	12	10	申壬	11	10	寅壬	10	12	酉癸	9	12	卯癸
廿三	2	8	申壬	1	9	寅壬	**12**	**11**	酉癸	11	11	卯癸	10	13	戌甲	9	13	辰甲
廿四	2	9	酉癸	1	10	卯癸	12	12	戌甲	11	12	辰甲	10	14	亥乙	9	14	巳乙
廿五	2	10	戌甲	1	11	辰甲	12	13	亥乙	**11**	**13**	巳乙	10	15	子丙	9	15	午丙
廿六	2	11	亥乙	1	12	巳乙	12	14	子丙	11	14	午丙	**10**	**16**	丑丁	9	16	未丁
廿七	**2**	**12**	子丙	1	13	午丙	12	15	丑丁	11	15	未丁	10	17	寅戊	9	17	申戊
廿八	2	13	丑丁	1	14	未丁	12	16	寅戊	11	16	申戊	10	18	卯己	**9**	**18**	酉己
廿九	2	14	寅戊	**1**	**15**	申戊	12	17	卯己	11	17	酉己	10	19	辰庚	9	19	戌庚
三十				1	16	酉己				11	18	戌庚				9	20	亥辛

中華民國五十年　歲次辛丑

西曆一九六一年　太歲姓湯名信　肖牛

月別	正月大		二月小		三月大		四月小		五月大		六月小	
干支	庚寅		辛卯		壬辰		癸巳		甲午		乙未	
九星	五黃		四綠		三碧		二黑		一白		九紫	
節	初五	二十	初五	二十	初六	廿二	初七	廿三	初九	廿五	十一	廿七
氣	雨水 5時17分卯時	驚蟄 3時35分寅時	春分 4時32分寅時	清明 8時42分辰時	穀雨 15時55分申時	立夏 2時21分丑時	小滿 15時22分申時	芒種 6時46分卯時	夏至 23時30分夜子	小暑 17時7分酉時	大暑 10時24分巳時	立秋 2時49分丑時
農曆	干支	國曆	干支	國曆	干支	國曆	干支	國曆	干支	國曆	干支	國曆
初一	己卯	2 15	己酉	3 17	戊寅	4 15	戊申	5 15	丁丑	6 13	丁未	7 13
初二	庚辰	2 16	庚戌	3 18	己卯	4 16	己酉	5 16	戊寅	6 14	戊申	7 14
初三	辛巳	2 17	辛亥	3 19	庚辰	4 17	庚戌	5 17	己卯	6 15	己酉	7 15
初四	壬午	2 18	壬子	3 20	辛巳	4 18	辛亥	5 18	庚辰	6 16	庚戌	7 16
初五	癸未	2 19	癸丑	3 21	壬午	4 19	壬子	5 19	辛巳	6 17	辛亥	7 17
初六	甲申	2 20	甲寅	3 22	癸未	4 20	癸丑	5 20	壬午	6 18	壬子	7 18
初七	乙酉	2 21	乙卯	3 23	甲申	4 21	甲寅	5 21	癸未	6 19	癸丑	7 19
初八	丙戌	2 22	丙辰	3 24	乙酉	4 22	乙卯	5 22	甲申	6 20	甲寅	7 20
初九	丁亥	2 23	丁巳	3 25	丙戌	4 23	丙辰	5 23	乙酉	6 21	乙卯	7 21
初十	戊子	2 24	戊午	3 26	丁亥	4 24	丁巳	5 24	丙戌	6 22	丙辰	7 22
十一	己丑	2 25	己未	3 27	戊子	4 25	戊午	5 25	丁亥	6 23	丁巳	7 23
十二	庚寅	2 26	庚申	3 28	己丑	4 26	己未	5 26	戊子	6 24	戊午	7 24
十三	辛卯	2 27	辛酉	3 29	庚寅	4 27	庚申	5 27	己丑	6 25	己未	7 25
十四	壬辰	2 28	壬戌	3 30	辛卯	4 28	辛酉	5 28	庚寅	6 26	庚申	7 26
十五	癸巳	3 1	癸亥	3 31	壬辰	4 29	壬戌	5 29	辛卯	6 27	辛酉	7 27
十六	甲午	3 2	甲子	4 1	癸巳	4 30	癸亥	5 30	壬辰	6 28	壬戌	7 28
十七	乙未	3 3	乙丑	4 2	甲午	5 1	甲子	5 31	癸巳	6 29	癸亥	7 29
十八	丙申	3 4	丙寅	4 3	乙未	5 2	乙丑	6 1	甲午	6 30	甲子	7 30
十九	丁酉	3 5	丁卯	4 4	丙申	5 3	丙寅	6 2	乙未	7 1	乙丑	7 31
二十	戊戌	3 6	戊辰	4 5	丁酉	5 4	丁卯	6 3	丙申	7 2	丙寅	8 1
廿一	己亥	3 7	己巳	4 6	戊戌	5 5	戊辰	6 4	丁酉	7 3	丁卯	8 2
廿二	庚子	3 8	庚午	4 7	己亥	5 6	己巳	6 5	戊戌	7 4	戊辰	8 3
廿三	辛丑	3 9	辛未	4 8	庚子	5 7	庚午	6 6	己亥	7 5	己巳	8 4
廿四	壬寅	3 10	壬申	4 9	辛丑	5 8	辛未	6 7	庚子	7 6	庚午	8 5
廿五	癸卯	3 11	癸酉	4 10	壬寅	5 9	壬申	6 8	辛丑	7 7	辛未	8 6
廿六	甲辰	3 12	甲戌	4 11	癸卯	5 10	癸酉	6 9	壬寅	7 8	壬申	8 7
廿七	乙巳	3 13	乙亥	4 12	甲辰	5 11	甲戌	6 10	癸卯	7 9	癸酉	8 8
廿八	丙午	3 14	丙子	4 13	乙巳	5 12	乙亥	6 11	甲辰	7 10	甲戌	8 9
廿九	丁未	3 15	丁丑	4 14	丙午	5 13	丙子	6 12	乙巳	7 11	乙亥	8 10
三十	戊申	3 16			丁未	5 14			丙午	7 12		

月別	十二月大		十一月小		十月大		九月小		八月大		七月大	
干支	辛丑		庚子		己亥		戊戌		丁酉		丙申	
九星	三碧		四綠		五黃		六白		七赤		八白	
節氣	十五 大寒 20時58分戌時	三十 立春 15時18分申時	十五 冬至 10時20分巳時	初一 小寒 3時35分寅時	十五 小雪 21時8分亥時	三十 大雪 16時26分申時	十四 霜降 23時47分夜子	廿九 立冬 23時46分夜子	十四 秋分 14時43分未時	廿九 寒露 20時51分戌時	十三 處暑 17時19分酉時	廿九 白露 5時29分卯時
農曆	國曆	干支	國曆	干支	國曆	干支	國曆	干支	國曆	干支	國曆	干支
初一	1 6	甲辰	12 8	乙亥	11 8	乙巳	10 10	丙子	9 10	丙午	8 11	丙子
初二	1 7	乙巳	12 9	丙子	11 9	丙午	10 11	丁丑	9 11	丁未	8 12	丁丑
初三	1 8	丙午	12 10	丁丑	11 10	丁未	10 12	戊寅	9 12	戊申	8 13	戊寅
初四	1 9	丁未	12 11	戊寅	11 11	戊申	10 13	己卯	9 13	己酉	8 14	己卯
初五	1 10	戊申	12 12	己卯	11 12	己酉	10 14	庚辰	9 14	庚戌	8 15	庚辰
初六	1 11	己酉	12 13	庚辰	11 13	庚戌	10 15	辛巳	9 15	辛亥	8 16	辛巳
初七	1 12	庚戌	12 14	辛巳	11 14	辛亥	10 16	壬午	9 16	壬子	8 17	壬午
初八	1 13	辛亥	12 15	壬午	11 15	壬子	10 17	癸未	9 17	癸丑	8 18	癸未
初九	1 14	壬子	12 16	癸未	11 16	癸丑	10 18	甲申	9 18	甲寅	8 19	甲申
初十	1 15	癸丑	12 17	甲申	11 17	甲寅	10 19	乙酉	9 19	乙卯	8 20	乙酉
十一	1 16	甲寅	12 18	乙酉	11 18	乙卯	10 20	丙戌	9 20	丙辰	8 21	丙戌
十二	1 17	乙卯	12 19	丙戌	11 19	丙辰	10 21	丁亥	9 21	丁巳	8 22	丁亥
十三	1 18	丙辰	12 20	丁亥	11 20	丁巳	10 22	戊子	9 22	戊午	8 23	戊子
十四	1 19	丁巳	12 21	戊子	11 21	戊午	10 23	己丑	9 23	己未	8 24	己丑
十五	1 20	戊午	12 22	己丑	11 22	己未	10 24	庚寅	9 24	庚申	8 25	庚寅
十六	1 21	己未	12 23	庚寅	11 23	庚申	10 25	辛卯	9 25	辛酉	8 26	辛卯
十七	1 22	庚申	12 24	辛卯	11 24	辛酉	10 26	壬辰	9 26	壬戌	8 27	壬辰
十八	1 23	辛酉	12 25	壬辰	11 25	壬戌	10 27	癸巳	9 27	癸亥	8 28	癸巳
十九	1 24	壬戌	12 26	癸巳	11 26	癸亥	10 28	甲午	9 28	甲子	8 29	甲午
二十	1 25	癸亥	12 27	甲午	11 27	甲子	10 29	乙未	9 29	乙丑	8 30	乙未
廿一	1 26	甲子	12 28	乙未	11 28	乙丑	10 30	丙申	9 30	丙寅	8 31	丙申
廿二	1 27	乙丑	12 29	丙申	11 29	丙寅	10 31	丁酉	10 1	丁卯	9 1	丁酉
廿三	1 28	丙寅	12 30	丁酉	11 30	丁卯	11 1	戊戌	10 2	戊辰	9 2	戊戌
廿四	1 29	丁卯	12 31	戊戌	12 1	戊辰	11 2	己亥	10 3	己巳	9 3	己亥
廿五	1 30	戊辰	1 1	己亥	12 2	己巳	11 3	庚子	10 4	庚午	9 4	庚子
廿六	1 31	己巳	1 2	庚子	12 3	庚午	11 4	辛丑	10 5	辛未	9 5	辛丑
廿七	2 1	庚午	1 3	辛丑	12 4	辛未	11 5	壬寅	10 6	壬申	9 6	壬寅
廿八	2 2	辛未	1 4	壬寅	12 5	壬申	11 6	癸卯	10 7	癸酉	9 7	癸卯
廿九	2 3	壬申	1 5	癸卯	12 6	癸酉	11 7	甲辰	10 8	甲戌	9 8	甲辰
三十	2 4	癸酉			12 7	甲戌			10 9	乙亥	9 9	乙巳

中華民國五十一年　歲次壬寅

西曆一九六二年　太歲姓賀名諤　肖虎

月別	正月小		二月大		三月小		四月小		五月大		六月小	
干支	壬寅		癸卯		甲辰		乙巳		丙午		丁未	
九星	二黑		一白		九紫		八白		七赤		六白	
節氣	十五 雨水 11時15分午時		初一 驚蟄 9時30分巳時；十六 春分 10時30分巳時		初一 清明 14時34分未時；十六 穀雨 21時51分亥時		初三 立夏 8時10分辰時；十八 小滿 21時17分亥時		初五 芒種 12時31分午時；廿一 夏至 5時24分卯時		初六 小暑 22時51分亥時；廿二 大暑 16時18分申時	
農曆	干支	國曆	干支	國曆	干支	國曆	干支	國曆	干支	國曆	干支	國曆
初一	甲戌	2 5	癸卯	3 6	癸酉	4 5	壬寅	5 4	辛未	6 2	辛丑	7 2
初二	乙亥	2 6	甲辰	3 7	甲戌	4 6	癸卯	5 5	壬申	6 3	壬寅	7 3
初三	丙子	2 7	乙巳	3 8	乙亥	4 7	甲辰	5 6	癸酉	6 4	癸卯	7 4
初四	丁丑	2 8	丙午	3 9	丙子	4 8	乙巳	5 7	甲戌	6 5	甲辰	7 5
初五	戊寅	2 9	丁未	3 10	丁丑	4 9	丙午	5 8	乙亥	6 6	乙巳	7 6
初六	己卯	2 10	戊申	3 11	戊寅	4 10	丁未	5 9	丙子	6 7	丙午	7 7
初七	庚辰	2 11	己酉	3 12	己卯	4 11	戊申	5 10	丁丑	6 8	丁未	7 8
初八	辛巳	2 12	庚戌	3 13	庚辰	4 12	己酉	5 11	戊寅	6 9	戊申	7 9
初九	壬午	2 13	辛亥	3 14	辛巳	4 13	庚戌	5 12	己卯	6 10	己酉	7 10
初十	癸未	2 14	壬子	3 15	壬午	4 14	辛亥	5 13	庚辰	6 11	庚戌	7 11
十一	甲申	2 15	癸丑	3 16	癸未	4 15	壬子	5 14	辛巳	6 12	辛亥	7 12
十二	乙酉	2 16	甲寅	3 17	甲申	4 16	癸丑	5 15	壬午	6 13	壬子	7 13
十三	丙戌	2 17	乙卯	3 18	乙酉	4 17	甲寅	5 16	癸未	6 14	癸丑	7 14
十四	丁亥	2 18	丙辰	3 19	丙戌	4 18	乙卯	5 17	甲申	6 15	甲寅	7 15
十五	戊子	2 19	丁巳	3 20	丁亥	4 19	丙辰	5 18	乙酉	6 16	乙卯	7 16
十六	己丑	2 20	戊午	3 21	戊子	4 20	丁巳	5 19	丙戌	6 17	丙辰	7 17
十七	庚寅	2 21	己未	3 22	己丑	4 21	戊午	5 20	丁亥	6 18	丁巳	7 18
十八	辛卯	2 22	庚申	3 23	庚寅	4 22	己未	5 21	戊子	6 19	戊午	7 19
十九	壬辰	2 23	辛酉	3 24	辛卯	4 23	庚申	5 22	己丑	6 20	己未	7 20
二十	癸巳	2 24	壬戌	3 25	壬辰	4 24	辛酉	5 23	庚寅	6 21	庚申	7 21
廿一	甲午	2 25	癸亥	3 26	癸巳	4 25	壬戌	5 24	辛卯	6 22	辛酉	7 22
廿二	乙未	2 26	甲子	3 27	甲午	4 26	癸亥	5 25	壬辰	6 23	壬戌	7 23
廿三	丙申	2 27	乙丑	3 28	乙未	4 27	甲子	5 26	癸巳	6 24	癸亥	7 24
廿四	丁酉	2 28	丙寅	3 29	丙申	4 28	乙丑	5 27	甲午	6 25	甲子	7 25
廿五	戊戌	3 1	丁卯	3 30	丁酉	4 29	丙寅	5 28	乙未	6 26	乙丑	7 26
廿六	己亥	3 2	戊辰	3 31	戊戌	4 30	丁卯	5 29	丙申	6 27	丙寅	7 27
廿七	庚子	3 3	己巳	4 1	己亥	5 1	戊辰	5 30	丁酉	6 28	丁卯	7 28
廿八	辛丑	3 4	庚午	4 2	庚子	5 2	己巳	5 31	戊戌	6 29	戊辰	7 29
廿九	壬寅	3 5	辛未	4 3	辛丑	5 3	庚午	6 1	己亥	6 30	己巳	7 30
三十			壬申	4 4					庚子	7 1		

月別	十二月小	十一月大	十月大	九月小	八月大	七月大
干支	癸丑	壬子	辛亥	庚戌	己酉	戊申
九星	九紫	一白	二黑	三碧	四綠	五黃
節氣	十一 小寒 9時27分巳時 廿六 大寒 2時54分丑時	十一 大雪 22時17分亥時 廿六 冬至 16時15分申時	十二 立冬 5時35分卯時 廿七 小雪 3時3分寅時	十一 寒露 2時38分丑時 廿六 霜降 5時40分卯時	初十 白露 11時16分午時 廿五 秋分 20時35分戌時	初九 立秋 8時34分辰時 廿四 處暑 23時13分夜子
農曆	干支 國曆	干支 國曆	干支 國曆	干支 國曆	干支 國曆	干支 國曆
初一	12 27 己亥	11 27 己巳	10 28 己亥	9 29 庚午	8 30 庚子	7 31 庚午
初二	12 28 庚子	11 28 庚午	10 29 庚子	9 30 辛未	8 31 辛丑	8 1 辛未
初三	12 29 辛丑	11 29 辛未	10 30 辛丑	10 1 壬申	9 1 壬寅	8 2 壬申
初四	12 30 壬寅	11 30 壬申	10 31 壬寅	10 2 癸酉	9 2 癸卯	8 3 癸酉
初五	12 31 癸卯	12 1 癸酉	11 1 癸卯	10 3 甲戌	9 3 甲辰	8 4 甲戌
初六	1 1 甲辰	12 2 甲戌	11 2 甲辰	10 4 乙亥	9 4 乙巳	8 5 乙亥
初七	1 2 乙巳	12 3 乙亥	11 3 乙巳	10 5 丙子	9 5 丙午	8 6 丙子
初八	1 3 丙午	12 4 丙子	11 4 丙午	10 6 丁丑	9 6 丁未	8 7 丁丑
初九	1 4 丁未	12 5 丁丑	11 5 丁未	10 7 戊寅	9 7 戊申	8 8 戊寅
初十	1 5 戊申	12 6 戊寅	11 6 戊申	10 8 己卯	9 8 己酉	8 9 己卯
十一	1 6 己酉	12 7 己卯	11 7 己酉	10 9 庚辰	9 9 庚戌	8 10 庚辰
十二	1 7 庚戌	12 8 庚辰	11 8 庚戌	10 10 辛巳	9 10 辛亥	8 11 辛巳
十三	1 8 辛亥	12 9 辛巳	11 9 辛亥	10 11 壬午	9 11 壬子	8 12 壬午
十四	1 9 壬子	12 10 壬午	11 10 壬子	10 12 癸未	9 12 癸丑	8 13 癸未
十五	1 10 癸丑	12 11 癸未	11 11 癸丑	10 13 甲申	9 13 甲寅	8 14 甲申
十六	1 11 甲寅	12 12 甲申	11 12 甲寅	10 14 乙酉	9 14 乙卯	8 15 乙酉
十七	1 12 乙卯	12 13 乙酉	11 13 乙卯	10 15 丙戌	9 15 丙辰	8 16 丙戌
十八	1 13 丙辰	12 14 丙戌	11 14 丙辰	10 16 丁亥	9 16 丁巳	8 17 丁亥
十九	1 14 丁巳	12 15 丁亥	11 15 丁巳	10 17 戊子	9 17 戊午	8 18 戊子
二十	1 15 戊午	12 16 戊子	11 16 戊午	10 18 己丑	9 18 己未	8 19 己丑
廿一	1 16 己未	12 17 己丑	11 17 己未	10 19 庚寅	9 19 庚申	8 20 庚寅
廿二	1 17 庚申	12 18 庚寅	11 18 庚申	10 20 辛卯	9 20 辛酉	8 21 辛卯
廿三	1 18 辛酉	12 19 辛卯	11 19 辛酉	10 21 壬辰	9 21 壬戌	8 22 壬辰
廿四	1 19 壬戌	12 20 壬辰	11 20 壬戌	10 22 癸巳	9 22 癸亥	8 23 癸巳
廿五	1 20 癸亥	12 21 癸巳	11 21 癸亥	10 23 甲午	9 23 甲子	8 24 甲午
廿六	1 21 甲子	12 22 甲午	11 22 甲子	10 24 乙未	9 24 乙丑	8 25 乙未
廿七	1 22 乙丑	12 23 乙未	11 23 乙丑	10 25 丙申	9 25 丙寅	8 26 丙申
廿八	1 23 丙寅	12 24 丙申	11 24 丙寅	10 26 丁酉	9 26 丁卯	8 27 丁酉
廿九	1 24 丁卯	12 25 丁酉	11 25 丁卯	10 27 戊戌	9 27 戊辰	8 28 戊戌
三十		12 26 戊戌	11 26 戊辰		9 28 己巳	8 29 己亥

中華民國五十二年 歲次 癸卯

西曆一九六三年

太歲 姓皮名時

肖兔

小月六	大月五	小月四閏	小月四	大月三	小月二	大月正	月別
未 己	午 戊		巳 丁	辰 丙	卯 乙	寅 甲	干支
碧 三	綠 四		黃 五	白 六	赤 七	白 八	九星
九十 三初 14立 21大 時秋 時暑 26未 59亥 分時 分時	八十 二初 4小 11夏 時暑 時至 38寅 4午 分時 分時	五十 18芒 時種 15酉 分時	九廿 三十 2小 13立 時滿 時夏 58丑 52未 分時 分時	八廿 二十 3穀 20清 時雨 時明 36寅 19戌 分時 分時	六廿 一十 16春 15驚 時分 時蟄 20申 17申 分時 分時	六廿 一十 17雨 21立 時水 時春 9酉 8亥 分時 分時	節氣
曆國支干	曆國支干	曆國支干	曆國支干	曆國支干	曆國支干	曆國支干	曆農
7 21丑乙	6 21未乙	5 23寅丙	4 24酉丁	3 25卯丁	2 24戌戊	1 25辰戊	一初
7 22寅丙	6 22申丙	5 24卯丁	4 25戌戊	3 26辰戊	2 25亥己	1 26巳己	二初
7 23卯丁	6 23酉丁	5 25辰戊	4 26亥己	3 27巳己	2 26子庚	1 27午庚	三初
7 24辰戊	6 24戌戊	5 26巳己	4 27子庚	3 28午庚	2 27丑辛	1 28未辛	四初
7 25巳己	6 25亥己	5 27午庚	4 28丑辛	3 29未辛	2 28寅壬	1 29申壬	五初
7 26午庚	6 26子庚	5 28未辛	4 29寅壬	3 30申壬	3 1卯癸	1 30酉癸	六初
7 27未辛	6 27丑辛	5 29申壬	4 30卯癸	3 31酉癸	3 2辰甲	1 31戌甲	七初
7 28申壬	6 28寅壬	5 30酉癸	5 1辰甲	4 1戌甲	3 3巳乙	2 1亥乙	八初
7 29酉癸	6 29卯癸	5 31戌甲	5 2巳乙	4 2亥乙	3 4午丙	2 2子丙	九初
7 30戌甲	6 30辰甲	6 1亥乙	5 3午丙	4 3子丙	3 5未丁	2 3丑丁	十初
7 31亥乙	7 1巳乙	6 2子丙	5 4未丁	4 4丑丁	3 6申戊	2 4寅戊	一十
8 1子丙	7 2午丙	6 3丑丁	5 5申戊	4 5寅戊	3 7酉己	2 5卯己	二十
8 2丑丁	7 3未丁	6 4寅戊	5 6酉己	4 6卯己	3 8戌庚	2 6辰庚	三十
8 3寅戊	7 4申戊	6 5卯己	5 7戌庚	4 7辰庚	3 9亥辛	2 7巳辛	四十
8 4卯己	7 5酉己	6 6辰庚	5 8亥辛	4 8巳辛	3 10子壬	2 8午壬	五十
8 5辰庚	7 6戌庚	6 7巳辛	5 9子壬	4 9午壬	3 11丑癸	2 9未癸	六十
8 6巳辛	7 7亥辛	6 8午壬	5 10丑癸	4 10未癸	3 12寅甲	2 10申甲	七十
8 7午壬	7 8子壬	6 9未癸	5 11寅甲	4 11申甲	3 13卯乙	2 11酉乙	八十
8 8未癸	7 9丑癸	6 10申甲	5 12卯乙	4 12酉乙	3 14辰丙	2 12戌丙	九十
8 9申甲	7 10寅甲	6 11酉乙	5 13辰丙	4 13戌丙	3 15巳丁	2 13亥丁	十二
8 10酉乙	7 11卯乙	6 12戌丙	5 14巳丁	4 14亥丁	3 16午戊	2 14子戊	一廿
8 11戌丙	7 12辰丙	6 13亥丁	5 15午戊	4 15子戊	3 17未己	2 15丑己	二廿
8 12亥丁	7 13巳丁	6 14子戊	5 16未己	4 16丑己	3 18申庚	2 16寅庚	三廿
8 13子戊	7 14午戊	6 15丑己	5 17申庚	4 17寅庚	3 19酉辛	2 17卯辛	四廿
8 14丑己	7 15未己	6 16寅庚	5 18酉辛	4 18卯辛	3 20戌壬	2 18辰壬	五廿
8 15寅庚	7 16申庚	6 17卯辛	5 19戌壬	4 19辰壬	3 21亥癸	2 19巳癸	六廿
8 16卯辛	7 17酉辛	6 18辰壬	5 20亥癸	4 20巳癸	3 22子甲	2 20午甲	七廿
8 17辰壬	7 18戌壬	6 19巳癸	5 21子甲	4 21午甲	3 23丑乙	2 21未乙	八廿
8 18巳癸	7 19亥癸	6 20午甲	5 22丑乙	4 22未乙	3 24寅丙	2 22申丙	九廿
	7 20子甲			4 23申丙		2 23酉丁	十三

月別	小月二十	大月一十	大月十	大月九	小月八	大月七
干支	丑 乙	子 甲	亥 癸	戌 壬	酉 辛	申 庚
九星	白 六	赤 七	白 八	紫 九	白 一	黑 二
節氣	二廿 七初 3立 8大 時春 時寒 5寅 41辰 分時 分時	二廿 七初 15小 22冬 時寒 時至 22申 2亥 分時 分時	三廿 八初 4大 8小 時雪 時雪 13寅 50辰 分時 分時	三廿 八初 11立 11霜 時冬 時降 32午 29午 分時 分時	二廿 七初 8寒 2秋 時露 時分 36辰 24丑 分時 分時	一廿 六初 17白 4處 時露 時暑 12酉 58寅 分時 分時
農曆	曆國 支干	曆國 支干	曆國 支干	曆國 支干	曆國 支干	曆國 支干
初一	1 15 亥癸	12 16 巳癸	11 16 亥癸	10 17 巳癸	9 18 子甲	8 19 午甲
初二	1 16 子甲	12 17 午甲	11 17 子甲	10 18 午甲	9 19 丑乙	8 20 未乙
初三	1 17 丑乙	12 18 未乙	11 18 丑乙	10 19 未乙	9 20 寅丙	8 21 申丙
初四	1 18 寅丙	12 19 申丙	11 19 寅丙	10 20 申丙	9 21 卯丁	8 22 酉丁
初五	1 19 卯丁	12 20 酉丁	11 20 卯丁	10 21 酉丁	9 22 辰戊	8 23 戌戊
初六	1 20 辰戊	12 21 戌戊	11 21 辰戊	10 22 戌戊	9 23 巳己	8 24 亥己
初七	1 21 巳己	12 22 亥己	11 22 巳己	10 23 亥己	9 24 午庚	8 25 子庚
初八	1 22 午庚	12 23 子庚	11 23 午庚	10 24 子庚	9 25 未辛	8 26 丑辛
初九	1 23 未辛	12 24 丑辛	11 24 未辛	10 25 丑辛	9 26 申壬	8 27 寅壬
初十	1 24 申壬	12 25 寅壬	11 25 申壬	10 26 寅壬	9 27 酉癸	8 28 卯癸
十一	1 25 酉癸	12 26 卯癸	11 26 酉癸	10 27 卯癸	9 28 戌甲	8 29 辰甲
十二	1 26 戌甲	12 27 辰甲	11 27 戌甲	10 28 辰甲	9 29 亥乙	8 30 巳乙
十三	1 27 亥乙	12 28 巳乙	11 28 亥乙	10 29 巳乙	9 30 子丙	8 31 午丙
十四	1 28 子丙	12 29 午丙	11 29 子丙	10 30 午丙	10 1 丑丁	9 1 未丁
十五	1 29 丑丁	12 30 未丁	11 30 丑丁	10 31 未丁	10 2 寅戊	9 2 申戊
十六	1 30 寅戊	12 31 申戊	12 1 寅戊	11 1 申戊	10 3 卯己	9 3 酉己
十七	1 31 卯己	1 1 酉己	12 2 卯己	11 2 酉己	10 4 辰庚	9 4 戌庚
十八	2 1 辰庚	1 2 戌庚	12 3 辰庚	11 3 戌庚	10 5 巳辛	9 5 亥辛
十九	2 2 巳辛	1 3 亥辛	12 4 巳辛	11 4 亥辛	10 6 午壬	9 6 子壬
二十	2 3 午壬	1 4 子壬	12 5 午壬	11 5 子壬	10 7 未癸	9 7 丑癸
廿一	2 4 未癸	1 5 丑癸	12 6 未癸	11 6 丑癸	10 8 申甲	9 8 寅甲
廿二	2 5 申甲	1 6 寅甲	12 7 申甲	11 7 寅甲	10 9 酉乙	9 9 卯乙
廿三	2 6 酉乙	1 7 卯乙	12 8 酉乙	11 8 卯乙	10 10 戌丙	9 10 辰丙
廿四	2 7 戌丙	1 8 辰丙	11 9 戌丙	11 9 辰丙	10 11 亥丁	9 11 巳丁
廿五	2 8 亥丁	1 9 巳丁	11 10 亥丁	11 10 巳丁	10 12 子戊	9 12 午戊
廿六	2 9 子戊	1 10 午戊	11 11 子戊	11 11 午戊	10 13 丑己	9 13 未己
廿七	2 10 丑己	1 11 未己	11 12 丑己	11 12 未己	10 14 寅庚	9 14 申庚
廿八	2 11 寅庚	1 12 申庚	11 13 寅庚	11 13 申庚	10 15 卯辛	9 15 酉辛
廿九	2 12 卯辛	1 13 酉辛	11 14 卯辛	11 14 酉辛	10 16 辰壬	9 16 戌壬
三十		1 14 戌壬	12 15 辰壬	11 15 戌壬		9 17 亥癸

中華民國五十三年 歲次甲辰

西曆一九六四年 太歲姓李名成 肖龍

農曆	正月 干支	國曆	二月 干支	國曆	三月 干支	國曆	四月 干支	國曆	五月 干支	國曆	六月 干支	國曆
月別	正月大		二月小		三月大		四月小		五月小		六月大	
干支	丙寅		丁卯		戊辰		己巳		庚午		辛未	
九星	五黃		四綠		三碧		二黑		一白		九紫	
節氣	初七 雨水 22時57分亥時	廿二 驚蟄 21時16分亥時	初七 春分 22時10分亥時	廿三 清明 2時18分丑時	初九 穀雨 9時27分巳時	廿四 立夏 19時51分戌時	初十 小滿 8時50分辰時	廿六 芒種 0時12分子時	十二 夏至 16時57分申時	廿八 小暑 10時32分巳時	十五 大暑 3時53分寅時	三十 立秋 20時16分戌時
初一	壬辰	2 13	壬戌	3 14	辛卯	**4 12**	辛酉	5 12	庚寅	6 10	己未	7 9
初二	癸巳	2 14	癸亥	**3 15**	壬辰	4 13	壬戌	5 13	辛卯	6 11	庚申	7 10
初三	甲午	2 15	甲子	3 16	癸巳	4 14	癸亥	5 14	壬辰	6 12	辛酉	7 11
初四	乙未	**2 16**	乙丑	3 17	甲午	4 15	甲子	5 15	癸巳	6 13	壬戌	**7 12**
初五	丙申	2 17	丙寅	3 18	乙未	4 16	乙丑	5 16	甲午	**6 14**	癸亥	7 13
初六	丁酉	2 18	丁卯	3 19	丙申	4 17	丙寅	**5 17**	乙未	6 15	甲子	7 14
初七	戊戌	2 19	戊辰	3 20	丁酉	4 18	丁卯	5 18	丙申	6 16	乙丑	7 15
初八	己亥	2 20	己巳	3 21	戊戌	**4 19**	戊辰	5 19	丁酉	6 17	丙寅	7 16
初九	庚子	2 21	庚午	**3 22**	己亥	4 20	己巳	5 20	戊戌	6 18	丁卯	7 17
初十	辛丑	2 22	辛未	3 23	庚子	4 21	庚午	5 21	己亥	6 19	戊辰	7 18
十一	壬寅	**2 23**	壬申	3 24	辛丑	4 22	辛未	5 22	庚子	6 20	己巳	**7 19**
十二	癸卯	2 24	癸酉	3 25	壬寅	4 23	壬申	5 23	辛丑	**6 21**	庚午	7 20
十三	甲辰	2 25	甲戌	3 26	癸卯	4 24	癸酉	**5 24**	壬寅	6 22	辛未	7 21
十四	乙巳	2 26	乙亥	3 27	甲辰	4 25	甲戌	5 25	癸卯	6 23	壬申	7 22
十五	丙午	2 27	丙子	3 28	乙巳	**4 26**	乙亥	5 26	甲辰	6 24	癸酉	7 23
十六	丁未	2 28	丁丑	**3 29**	丙午	4 27	丙子	5 27	乙巳	6 25	甲戌	7 24
十七	戊申	2 29	戊寅	3 30	丁未	4 28	丁丑	5 28	丙午	6 26	乙亥	7 25
十八	己酉	**3 1**	己卯	3 31	戊申	4 29	戊寅	5 29	丁未	6 27	丙子	**7 26**
十九	庚戌	3 2	庚辰	4 1	己酉	4 30	己卯	5 30	戊申	**6 28**	丁丑	7 27
二十	辛亥	3 3	辛巳	4 2	庚戌	5 1	庚辰	**5 31**	己酉	6 29	戊寅	7 28
廿一	壬子	3 4	壬午	4 3	辛亥	5 2	辛巳	6 1	庚戌	6 30	己卯	7 29
廿二	癸丑	3 5	癸未	4 4	壬子	**5 3**	壬午	6 2	辛亥	7 1	庚辰	7 30
廿三	甲寅	3 6	甲申	**4 5**	癸丑	5 4	癸未	6 3	壬子	7 2	辛巳	7 31
廿四	乙卯	3 7	乙酉	4 6	甲寅	5 5	甲申	6 4	癸丑	7 3	壬午	8 1
廿五	丙辰	**3 8**	丙戌	4 7	乙卯	5 6	乙酉	6 5	甲寅	7 4	癸未	**8 2**
廿六	丁巳	3 9	丁亥	4 8	丙辰	5 7	丙戌	6 6	乙卯	**7 5**	甲申	8 3
廿七	戊午	3 10	戊子	4 9	丁巳	5 8	丁亥	**6 7**	丙辰	7 6	乙酉	8 4
廿八	己未	3 11	己丑	4 10	戊午	5 9	戊子	6 8	丁巳	7 7	丙戌	8 5
廿九	庚申	3 12	庚寅	4 11	己未	**5 10**	己丑	6 9	戊午	7 8	丁亥	8 6
三十	辛酉	3 13			庚申	5 11					戊子	8 7

月別	十二月大		十一月大		十月大		九月小		八月大		七月小	
干支	丁丑		丙子		乙亥		甲戌		癸酉		壬申	
九星	三碧		四綠		五黃		六白		七赤		八白	
節氣	初三 小寒 21時2分 亥時	十八 大寒 14時29分 未時	初四 大雪 9時53分 巳時	十九 冬至 3時50分 寅時	初四 立冬 17時15分 酉時	十九 小雪 14時39分 未時	初三 寒露 14時22分 未時	十八 霜降 17時21分 酉時	初二 白露 0時0分 夜子	十八 秋分 8時17分 辰時	十六 處暑 10時51分 巳時	
農曆	國曆	干支	國曆	干支	國曆	干支	國曆	干支	國曆	干支	國曆	干支
初一	1 3	丁巳	12 4	丁亥	11 4	丁巳	10 6	戊子	9 6	戊午	8 8	己丑
初二	1 4	戊午	12 5	戊子	11 5	戊午	10 7	己丑	9 7	己未	8 9	庚寅
初三	1 5	己未	12 6	己丑	11 6	己未	10 8	庚寅	9 8	庚申	8 10	辛卯
初四	1 6	庚申	12 7	庚寅	11 7	庚申	10 9	辛卯	9 9	辛酉	8 11	壬辰
初五	1 7	辛酉	12 8	辛卯	11 8	辛酉	10 10	壬辰	9 10	壬戌	8 12	癸巳
初六	1 8	壬戌	12 9	壬辰	11 9	壬戌	10 11	癸巳	9 11	癸亥	8 13	甲午
初七	1 9	癸亥	12 10	癸巳	11 10	癸亥	10 12	甲午	9 12	甲子	8 14	乙未
初八	1 10	甲子	12 11	甲午	11 11	甲子	10 13	乙未	9 13	乙丑	8 15	丙申
初九	1 11	乙丑	12 12	乙未	11 12	乙丑	10 14	丙申	9 14	丙寅	8 16	丁酉
初十	1 12	丙寅	12 13	丙申	11 13	丙寅	10 15	丁酉	9 15	丁卯	8 17	戊戌
十一	1 13	丁卯	12 14	丁酉	11 14	丁卯	10 16	戊戌	9 16	戊辰	8 18	己亥
十二	1 14	戊辰	12 15	戊戌	11 15	戊辰	10 17	己亥	9 17	己巳	8 19	庚子
十三	1 15	己巳	12 16	己亥	11 16	己巳	10 18	庚子	9 18	庚午	8 20	辛丑
十四	1 16	庚午	12 17	庚子	11 17	庚午	10 19	辛丑	9 19	辛未	8 21	壬寅
十五	1 17	辛未	12 18	辛丑	11 18	辛未	10 20	壬寅	9 20	壬申	8 22	癸卯
十六	1 18	壬申	12 19	壬寅	11 19	壬申	10 21	癸卯	9 21	癸酉	8 23	甲辰
十七	1 19	癸酉	12 20	癸卯	11 20	癸酉	10 22	甲辰	9 22	甲戌	8 24	乙巳
十八	1 20	甲戌	12 21	甲辰	11 21	甲戌	10 23	乙巳	9 23	乙亥	8 25	丙午
十九	1 21	乙亥	12 22	乙巳	11 22	乙亥	10 24	丙午	9 24	丙子	8 26	丁未
二十	1 22	丙子	12 23	丙午	11 23	丙子	10 25	丁未	9 25	丁丑	8 27	戊申
廿一	1 23	丁丑	12 24	丁未	11 24	丁丑	10 26	戊申	9 26	戊寅	8 28	己酉
廿二	1 24	戊寅	12 25	戊申	11 25	戊寅	10 27	己酉	9 27	己卯	8 29	庚戌
廿三	1 25	己卯	12 26	己酉	11 26	己卯	10 28	庚戌	9 28	庚辰	8 30	辛亥
廿四	1 26	庚辰	12 27	庚戌	11 27	庚辰	10 29	辛亥	9 29	辛巳	8 31	壬子
廿五	1 27	辛巳	12 28	辛亥	11 28	辛巳	10 30	壬子	9 30	壬午	9 1	癸丑
廿六	1 28	壬午	12 29	壬子	11 29	壬午	10 31	癸丑	10 1	癸未	9 2	甲寅
廿七	1 29	癸未	12 30	癸丑	11 30	癸未	11 1	甲寅	10 2	甲申	9 3	乙卯
廿八	1 30	甲申	12 31	甲寅	12 1	甲申	11 2	乙卯	10 3	乙酉	9 4	丙辰
廿九	1 31	乙酉	1 1	乙卯	12 2	乙酉	11 3	丙辰	10 4	丙戌	9 5	丁巳
三十	2 1	丙戌	1 2	丙辰	12 3	丙戌			10 5	丁亥		

中華民國五十四年　歲次乙巳

西曆一九六五年　太歲姓吳名逐　肖蛇

月別	正月小		二月大		三月小		四月大		五月小		六月小	
干支	戊寅		己卯		庚辰		辛巳		壬午		癸未	
九星	二黑		一白		九紫		八白		七赤		六白	
節氣	初三 立春 8時46分辰時	十八 雨水 4時48分寅時	初四 驚蟄 3時1分寅時	十九 春分 4時5分寅時	初四 清明 8時7分辰時	十九 穀雨 15時26分申時	初六 立夏 1時42分丑時	廿一 小滿 14時50分未時	初七 芒種 6時2分卯時	廿二 夏至 22時56分亥時	初九 小暑 16時22分申時	廿五 大暑 9時48分巳時
農曆	干支	國曆	干支	國曆	干支	國曆	干支	國曆	干支	國曆	干支	國曆
初一	丁亥	2 2	丙辰	3 3	丙戌	4 2	乙卯	5 1	乙酉	5 31	甲寅	6 29
初二	戊子	2 3	丁巳	3 4	丁亥	4 3	丙辰	5 2	丙戌	6 1	乙卯	6 30
初三	己丑	2 4	戊午	3 5	戊子	4 4	丁巳	5 3	丁亥	6 2	丙辰	7 1
初四	庚寅	2 5	己未	3 6	己丑	4 5	戊午	5 4	戊子	6 3	丁巳	7 2
初五	辛卯	2 6	庚申	3 7	庚寅	4 6	己未	5 5	己丑	6 4	戊午	7 3
初六	壬辰	2 7	辛酉	3 8	辛卯	4 7	庚申	5 6	庚寅	6 5	己未	7 4
初七	癸巳	2 8	壬戌	3 9	壬辰	4 8	辛酉	5 7	辛卯	6 6	庚申	7 5
初八	甲午	2 9	癸亥	3 10	癸巳	4 9	壬戌	5 8	壬辰	6 7	辛酉	7 6
初九	乙未	2 10	甲子	3 11	甲午	4 10	癸亥	5 9	癸巳	6 8	壬戌	7 7
初十	丙申	2 11	乙丑	3 12	乙未	4 11	甲子	5 10	甲午	6 9	癸亥	7 8
十一	丁酉	2 12	丙寅	3 13	丙申	4 12	乙丑	5 11	乙未	6 10	甲子	7 9
十二	戊戌	2 13	丁卯	3 14	丁酉	4 13	丙寅	5 12	丙申	6 11	乙丑	7 10
十三	己亥	2 14	戊辰	3 15	戊戌	4 14	丁卯	5 13	丁酉	6 12	丙寅	7 11
十四	庚子	2 15	己巳	3 16	己亥	4 15	戊辰	5 14	戊戌	6 13	丁卯	7 12
十五	辛丑	2 16	庚午	3 17	庚子	4 16	己巳	5 15	己亥	6 14	戊辰	7 13
十六	壬寅	2 17	辛未	3 18	辛丑	4 17	庚午	5 16	庚子	6 15	己巳	7 14
十七	癸卯	2 18	壬申	3 19	壬寅	4 18	辛未	5 17	辛丑	6 16	庚午	7 15
十八	甲辰	2 19	癸酉	3 20	癸卯	4 19	壬申	5 18	壬寅	6 17	辛未	7 16
十九	乙巳	2 20	甲戌	3 21	甲辰	4 20	癸酉	5 19	癸卯	6 18	壬申	7 17
二十	丙午	2 21	乙亥	3 22	乙巳	4 21	甲戌	5 20	甲辰	6 19	癸酉	7 18
廿一	丁未	2 22	丙子	3 23	丙午	4 22	乙亥	5 21	乙巳	6 20	甲戌	7 19
廿二	戊申	2 23	丁丑	3 24	丁未	4 23	丙子	5 22	丙午	6 21	乙亥	7 20
廿三	己酉	2 24	戊寅	3 25	戊申	4 24	丁丑	5 23	丁未	6 22	丙子	7 21
廿四	庚戌	2 25	己卯	3 26	己酉	4 25	戊寅	5 24	戊申	6 23	丁丑	7 22
廿五	辛亥	2 26	庚辰	3 27	庚戌	4 26	己卯	5 25	己酉	6 24	戊寅	7 23
廿六	壬子	2 27	辛巳	3 28	辛亥	4 27	庚辰	5 26	庚戌	6 25	己卯	7 24
廿七	癸丑	2 28	壬午	3 29	壬子	4 28	辛巳	5 27	辛亥	6 26	庚辰	7 25
廿八	甲寅	3 1	癸未	3 30	癸丑	4 29	壬午	5 28	壬子	6 27	辛巳	7 26
廿九	乙卯	3 2	甲申	3 31	甲寅	4 30	癸未	5 29	癸丑	6 28	壬午	7 27
三十			乙酉	4 1			甲申	5 30				

月別	十二月小	十一月大	十月大	九月小	八月小	七月大
干支	己丑	戊子	丁亥	丙戌	乙酉	甲申
九星	九紫	一白	二黑	三碧	四綠	五黃
節氣	十五 小寒 丑時 2時55分 廿九 大寒 戌時 20時20分	十五 大雪 申時 15時46分 三十 冬至 巳時 9時41分	十五 立冬 夜子 23時7分 三十 小雪 戌時 20時29分	十四 寒露 戌時 20時11分 廿九 霜降 夜子 23時10分	十三 白露 寅時 4時48分 廿八 秋分 未時 14時6分	十二 立秋 丑時 2時5分 廿七 處暑 申時 16時43分
農曆	國曆 干支	國曆 干支	國曆 干支	國曆 干支	國曆 干支	國曆 干支
初一	12 23 辛亥	11 23 辛巳	**10 24** 辛亥	9 25 壬午	8 27 癸丑	7 28 癸未
初二	12 24 壬子	11 24 壬午	10 25 壬子	**9 26** 癸未	8 28 甲寅	7 29 甲申
初三	12 25 癸丑	11 25 癸未	10 26 癸丑	9 27 甲申	**8 29** 乙卯	7 30 乙酉
初四	**12 26** 甲寅	11 26 甲申	10 27 甲寅	9 28 乙酉	8 30 丙辰	7 31 丙戌
初五	12 27 乙卯	11 27 乙酉	10 28 乙卯	9 29 丙戌	8 31 丁巳	**8 1** 丁亥
初六	12 28 丙辰	**11 28** 丙戌	10 29 丙辰	9 30 丁亥	9 1 戊午	8 2 戊子
初七	12 29 丁巳	11 29 丁亥	10 30 丁巳	10 1 戊子	9 2 己未	8 3 己丑
初八	12 30 戊午	11 30 戊子	**10 31** 戊午	10 2 己丑	9 3 庚申	8 4 庚寅
初九	12 31 己未	12 1 己丑	11 1 己未	**10 3** 庚寅	9 4 辛酉	8 5 辛卯
初十	1 1 庚申	12 2 庚寅	11 2 庚申	10 4 辛卯	**9 5** 壬戌	8 6 壬辰
十一	**1 2** 辛酉	12 3 辛卯	11 3 辛酉	10 5 壬辰	9 6 癸亥	8 7 癸巳
十二	1 3 壬戌	12 4 壬辰	11 4 壬戌	10 6 癸巳	9 7 甲子	**8 8** 甲午
十三	1 4 癸亥	**12 5** 癸巳	11 5 癸亥	10 7 甲午	9 8 乙丑	8 9 乙未
十四	1 5 甲子	12 6 甲午	11 6 甲子	10 8 乙未	9 9 丙寅	8 10 丙申
十五	1 6 乙丑	12 7 乙未	**11 7** 乙丑	10 9 丙申	9 10 丁卯	8 11 丁酉
十六	1 7 丙寅	12 8 丙申	11 8 丙寅	**10 10** 丁酉	9 11 戊辰	8 12 戊戌
十七	1 8 丁卯	12 9 丁酉	11 9 丁卯	10 11 戊戌	**9 12** 己巳	8 13 己亥
十八	**1 9** 戊辰	12 10 戊戌	11 10 戊辰	10 12 己亥	9 13 庚午	8 14 庚子
十九	1 10 己巳	12 11 己亥	11 11 己巳	10 13 庚子	9 14 辛未	**8 15** 辛丑
二十	1 11 庚午	**12 12** 庚子	11 12 庚午	10 14 辛丑	9 15 壬申	8 16 壬寅
廿一	1 12 辛未	12 13 辛丑	11 13 辛未	10 15 壬寅	9 16 癸酉	8 17 癸卯
廿二	1 13 壬申	12 14 壬寅	**11 14** 壬申	10 16 癸卯	9 17 甲戌	8 18 甲辰
廿三	1 14 癸酉	12 15 癸卯	11 15 癸酉	**10 17** 甲辰	9 18 乙亥	8 19 乙巳
廿四	1 15 甲戌	12 16 甲辰	11 16 甲戌	10 18 乙巳	**9 19** 丙子	8 20 丙午
廿五	**1 16** 乙亥	12 17 乙巳	11 17 乙亥	10 19 丙午	9 20 丁丑	8 21 丁未
廿六	1 17 丙子	12 18 丙午	11 18 丙子	10 20 丁未	9 21 戊寅	**8 22** 戊申
廿七	1 18 丁丑	**12 19** 丁未	11 19 丁丑	10 21 戊申	9 22 己卯	8 23 己酉
廿八	1 19 戊寅	12 20 戊申	11 20 戊寅	10 22 己酉	9 23 庚辰	8 24 庚戌
廿九	1 20 己卯	12 21 己酉	**11 21** 己卯	10 23 庚戌	9 24 辛巳	8 25 辛亥
三十		12 22 庚戌	11 22 庚辰			8 26 壬子

中華民國五十五年

歲次丙午

西曆一九六六年

太歲姓文名折

肖馬

小月六	小月五	大月四	小月三閏	大月三	大月二	大月正	月別
未 乙	午 甲	巳 癸		辰 壬	卯 辛	寅 庚	干支
碧 三	綠 四	黃 五		白 六	赤 七	白 八	九星
二廿 六初 7立 15大 時秋 時暑 49辰 23申 分時 分時	九十 四初 22小 4夏 時暑 時至 7亥 34寅 分時 分時	八十 二初 11芒 20小 時種 時滿 50午 32戌 分時 分時	六十 7立 時夏 31辰 分時	十三 五十 21穀 13清 時雨 時明 12亥 57未 分時 分時	十三 五十 9春 8驚 時分 時蟄 53巳 51辰 分時 分時	十三 五十 10雨 14立 時水 時春 38巳 38未 分時 分時	節氣
曆國支干	曆國支干	曆國支干	曆國支干	曆國支干	曆國支干	曆國支干	曆農
7 18寅戊	6 19酉己	5 20卯己	4 21戌庚	3 22辰庚	2 20戌庚	1 21辰庚	一初
7 19卯己	6 20戌庚	5 21辰庚	4 22亥辛	3 23巳辛	2 21亥辛	1 22巳辛	二初
7 20辰庚	6 21亥辛	5 22巳辛	4 23子壬	3 24午壬	2 22子壬	1 23午壬	三初
7 21巳辛	6 22子壬	5 23午壬	4 24丑癸	3 25未癸	2 23丑癸	1 24未癸	四初
7 22午壬	6 23丑癸	5 24未癸	4 25寅甲	3 26申甲	2 24寅甲	1 25申甲	五初
7 23未癸	6 24寅甲	5 25申甲	4 26卯乙	3 27酉乙	2 25卯乙	1 26酉乙	六初
7 24申甲	6 25卯乙	5 26酉乙	4 27辰丙	3 28戌丙	2 26辰丙	1 27戌丙	七初
7 25酉乙	6 26辰丙	5 27戌丙	4 28巳丁	3 29亥丁	2 27巳丁	1 28亥丁	八初
7 26戌丙	6 27巳丁	5 28亥丁	4 29午戊	3 30子戊	2 28午戊	1 29子戊	九初
7 27亥丁	6 28午戊	5 29子戊	4 30未己	3 31丑己	3 1未己	1 30丑己	十初
7 28子戊	6 29未己	5 30丑己	5 1申庚	4 1寅庚	3 2申庚	1 31寅庚	一十
7 29丑己	6 30申庚	5 31寅庚	5 2酉辛	4 2卯辛	3 3酉辛	2 1卯辛	二十
7 30寅庚	7 1酉辛	6 1卯辛	5 3戌壬	4 3辰壬	3 4戌壬	2 2辰壬	三十
7 31卯辛	7 2戌壬	6 2辰壬	5 4亥癸	4 4巳癸	3 5亥癸	2 3巳癸	四十
8 1辰壬	7 3亥癸	6 3巳癸	5 5子甲	4 5午甲	3 6子甲	2 4午甲	五十
8 2巳癸	7 4子甲	6 4午甲	5 6丑乙	4 6未乙	3 7丑乙	2 5未乙	六十
8 3午甲	7 5丑乙	6 5未乙	5 7寅丙	4 7申丙	3 8寅丙	2 6申丙	七十
8 4未乙	7 6寅丙	6 6申丙	5 8卯丁	4 8酉丁	3 9卯丁	2 7酉丁	八十
8 5申丙	7 7卯丁	6 7酉丁	5 9辰戊	4 9戌戊	3 10辰戊	2 8戌戊	九十
8 6酉丁	7 8辰戊	6 8戌戊	5 10巳己	4 10亥己	3 11巳己	2 9亥己	十二
8 7戌戊	7 9巳己	6 9亥己	5 11午庚	4 11子庚	3 12午庚	2 10子庚	一廿
8 8亥己	7 10午庚	6 10子庚	5 12未辛	4 12丑辛	3 13未辛	2 11丑辛	二廿
8 9子庚	7 11未辛	6 11丑辛	5 13申壬	4 13寅壬	3 14申壬	2 12寅壬	三廿
8 10丑辛	7 12申壬	6 12寅壬	5 14酉癸	4 14卯癸	3 15酉癸	2 13卯癸	四廿
8 11寅壬	7 13酉癸	6 13卯癸	5 15戌甲	4 15辰甲	3 16戌甲	2 14辰甲	五廿
8 12卯癸	7 14戌甲	6 14辰甲	5 16亥乙	4 16巳乙	3 17亥乙	2 15巳乙	六廿
8 13辰甲	7 15亥乙	6 15巳乙	5 17子丙	4 17午丙	3 18子丙	2 16午丙	七廿
8 14巳乙	7 16子丙	6 16午丙	5 18丑丁	4 18未丁	3 19丑丁	2 17未丁	八廿
8 15午丙	7 17丑丁	6 17未丁	5 19寅戊	4 19申戊	3 20寅戊	2 18申戊	九廿
		6 18申戊		4 20酉己	3 21卯己	2 19酉己	十三

月別	小月二十	大月一十	大月十	小月九	小月八	大月七
干支	丑 辛	子 庚	亥 己	戌 戊	酉 丁	申 丙
九星	白 六	赤 七	白 八	紫 九	白 一	黑 二
節氣	五廿 一十 20立 2大 時春 時寒 31戌 8丑 分時 分時	六廿 一十 8小 15冬 時寒 時至 48辰 28申 分時 分時	六廿 二十 21大 2小 時雪 時雪 38亥 14丑 分時 分時	六廿 一十 4立 4霜 時冬 時降 56寅 51寅 分時 分時	五廿 九初 1寒 19秋 時露 時分 57丑 43戌 分時 分時	四廿 八初 10白 22處 時露 時暑 32巳 18亥 分時 分時
農曆	曆國支干	曆國支干	曆國支干	曆國支干	曆國支干	曆國支干
初一	1 11 亥乙	12 12 巳乙	11 12 亥乙	10 14 午丙	9 15 丑丁	8 16 未丁
初二	1 12 子丙	12 13 午丙	11 13 子丙	10 15 未丁	9 16 寅戊	8 17 申戊
初三	1 13 丑丁	12 14 未丁	11 14 丑丁	10 16 申戊	9 17 卯己	8 18 酉己
初四	1 14 寅戊	12 15 申戊	11 15 寅戊	10 17 酉己	9 18 辰庚	8 19 戌庚
初五	1 15 卯己	12 16 酉己	11 16 卯己	10 18 戌庚	9 19 巳辛	8 20 亥辛
初六	1 16 辰庚	12 17 戌庚	11 17 辰庚	10 19 亥辛	9 20 午壬	8 21 子壬
初七	1 17 巳辛	12 18 亥辛	11 18 巳辛	10 20 子壬	9 21 未癸	8 22 丑癸
初八	1 18 午壬	12 19 子壬	11 19 午壬	10 21 丑癸	9 22 申甲	8 23 寅甲
初九	1 19 未癸	12 20 丑癸	11 20 未癸	10 22 寅甲	9 23 酉乙	8 24 卯乙
初十	1 20 申甲	12 21 寅甲	11 21 申甲	10 23 卯乙	9 24 戌丙	8 25 辰丙
十一	1 21 酉乙	12 22 卯乙	11 22 酉乙	10 24 辰丙	9 25 亥丁	8 26 巳丁
十二	1 22 戌丙	12 23 辰丙	11 23 戌丙	10 25 巳丁	9 26 子戊	8 27 午戊
十三	1 23 亥丁	12 24 巳丁	11 24 亥丁	10 26 午戊	9 27 丑己	8 28 未己
十四	1 24 子戊	12 25 午戊	11 25 子戊	10 27 未己	9 28 寅庚	8 29 申庚
十五	1 25 丑己	12 26 未己	11 26 丑己	10 28 申庚	9 29 卯辛	8 30 酉辛
十六	1 26 寅庚	12 27 申庚	11 27 寅庚	10 29 酉辛	9 30 辰壬	8 31 戌壬
十七	1 27 卯辛	12 28 酉辛	11 28 卯辛	10 30 戌壬	10 1 巳癸	9 1 亥癸
十八	1 28 辰壬	12 29 戌壬	11 29 辰壬	10 31 亥癸	10 2 午甲	9 2 子甲
十九	1 29 巳癸	12 30 亥癸	11 30 巳癸	11 1 子甲	10 3 未乙	9 3 丑乙
二十	1 30 午甲	12 31 子甲	12 1 午甲	11 2 丑乙	10 4 申丙	9 4 寅丙
廿一	1 31 未乙	1 1 丑乙	12 2 未乙	11 3 寅丙	10 5 酉丁	9 5 卯丁
廿二	2 1 申丙	1 2 寅丙	12 3 申丙	11 4 卯丁	10 6 戌戊	9 6 辰戊
廿三	2 2 酉丁	1 3 卯丁	12 4 酉丁	11 5 辰戊	10 7 亥己	9 7 巳己
廿四	2 3 戌戊	1 4 辰戊	12 5 戌戊	11 6 巳己	10 8 子庚	9 8 午庚
廿五	2 4 亥己	1 5 巳己	12 6 亥己	11 7 午庚	10 9 丑辛	9 9 未辛
廿六	2 5 子庚	1 6 午庚	12 7 子庚	11 8 未辛	10 10 寅壬	9 10 申壬
廿七	2 6 丑辛	1 7 未辛	12 8 丑辛	11 9 申壬	10 11 卯癸	9 11 酉癸
廿八	2 7 寅壬	1 8 申壬	12 9 寅壬	11 10 酉癸	10 12 辰甲	9 12 戌甲
廿九	2 8 卯癸	1 9 酉癸	12 10 卯癸	11 11 戌甲	10 13 巳乙	9 13 亥乙
三十		1 10 戌甲	12 11 辰甲			9 14 子丙

中華民國五十六年　歲次丁未

西暦一九六七年　太歲姓繆名丙　肖羊

月別	正月大	二月大	三月小	四月大	五月大	六月小
干支	壬寅	癸卯	甲辰	乙巳	丙午	丁未
九星	五黃	四綠	三碧	二黑	一白	九紫
節氣	十一 雨水 16時24分 申時 廿六 驚蟄 14時42分 未時	十一 春分 15時37分 申時 廿六 清明 19時45分 戌時	十二 穀雨 2時55分 丑時 廿七 立夏 13時18分 未時	十四 小滿 2時18分 丑時 廿九 芒種 17時36分 酉時	十五 夏至 10時23分 巳時	初一 小暑 3時54分 寅時 十六 大暑 21時16分 亥時

農暦	正月干支	正月國暦	二月干支	二月國暦	三月干支	三月國暦	四月干支	四月國暦	五月干支	五月國暦	六月干支	六月國暦
初一	甲辰	2 9	甲戌	3 11	甲辰	4 10	癸酉	5 9	癸卯	6 8	癸酉	7 8
初二	乙巳	2 10	乙亥	3 12	乙巳	4 11	甲戌	5 10	甲辰	6 9	甲戌	7 9
初三	丙午	2 11	丙子	3 13	丙午	4 12	乙亥	5 11	乙巳	6 10	乙亥	7 10
初四	丁未	2 12	丁丑	3 14	丁未	4 13	丙子	5 12	丙午	6 11	丙子	7 11
初五	戊申	2 13	戊寅	3 15	戊申	4 14	丁丑	5 13	丁未	6 12	丁丑	7 12
初六	己酉	2 14	己卯	3 16	己酉	4 15	戊寅	5 14	戊申	6 13	戊寅	7 13
初七	庚戌	2 15	庚辰	3 17	庚戌	4 16	己卯	5 15	己酉	6 14	己卯	7 14
初八	辛亥	2 16	辛巳	3 18	辛亥	4 17	庚辰	5 16	庚戌	6 15	庚辰	7 15
初九	壬子	2 17	壬午	3 19	壬子	4 18	辛巳	5 17	辛亥	6 16	辛巳	7 16
初十	癸丑	2 18	癸未	3 20	癸丑	4 19	壬午	5 18	壬子	6 17	壬午	7 17
十一	甲寅	2 19	甲申	3 21	甲寅	4 20	癸未	5 19	癸丑	6 18	癸未	7 18
十二	乙卯	2 20	乙酉	3 22	乙卯	4 21	甲申	5 20	甲寅	6 19	甲申	7 19
十三	丙辰	2 21	丙戌	3 23	丙辰	4 22	乙酉	5 21	乙卯	6 20	乙酉	7 20
十四	丁巳	2 22	丁亥	3 24	丁巳	4 23	丙戌	5 22	丙辰	6 21	丙戌	7 21
十五	戊午	2 23	戊子	3 25	戊午	4 24	丁亥	5 23	丁巳	6 22	丁亥	7 22
十六	己未	2 24	己丑	3 26	己未	4 25	戊子	5 24	戊午	6 23	戊子	7 23
十七	庚申	2 25	庚寅	3 27	庚申	4 26	己丑	5 25	己未	6 24	己丑	7 24
十八	辛酉	2 26	辛卯	3 28	辛酉	4 27	庚寅	5 26	庚申	6 25	庚寅	7 25
十九	壬戌	2 27	壬辰	3 29	壬戌	4 28	辛卯	5 27	辛酉	6 26	辛卯	7 26
二十	癸亥	2 28	癸巳	3 30	癸亥	4 29	壬辰	5 28	壬戌	6 27	壬辰	7 27
廿一	甲子	3 1	甲午	3 31	甲子	4 30	癸巳	5 29	癸亥	6 28	癸巳	7 28
廿二	乙丑	3 2	乙未	4 1	乙丑	5 1	甲午	5 30	甲子	6 29	甲午	7 29
廿三	丙寅	3 3	丙申	4 2	丙寅	5 2	乙未	5 31	乙丑	6 30	乙未	7 30
廿四	丁卯	3 4	丁酉	4 3	丁卯	5 3	丙申	6 1	丙寅	7 1	丙申	7 31
廿五	戊辰	3 5	戊戌	4 4	戊辰	5 4	丁酉	6 2	丁卯	7 2	丁酉	8 1
廿六	己巳	3 6	己亥	4 5	己巳	5 5	戊戌	6 3	戊辰	7 3	戊戌	8 2
廿七	庚午	3 7	庚子	4 6	庚午	5 6	己亥	6 4	己巳	7 4	己亥	8 3
廿八	辛未	3 8	辛丑	4 7	辛未	5 7	庚子	6 5	庚午	7 5	庚子	8 4
廿九	壬申	3 9	壬寅	4 8	壬申	5 8	辛丑	6 6	辛未	7 6	辛丑	8 5
三十	癸酉	3 10	癸卯	4 9			壬寅	6 7	壬申	7 7		

月別	十二月大		十一月小		十月大		九月小		八月大		七月小	
干支	癸丑		壬子		辛亥		庚戌		己酉		戊申	
九星	三碧		四綠		五黃		六白		七赤		八白	
節氣	初七 小寒 14時26分 未時	廿二 大寒 7時54分 辰時	初七 大雪 3時18分 寅時	廿一 冬至 21時17分 亥時	初七 立冬 10時38分 巳時	廿二 小雪 8時5分 辰時	初六 寒露 7時42分 辰時	廿一 霜降 10時44分 巳時	初五 白露 16時18分 申時	廿一 秋分 1時38分 丑時	初三 立秋 13時35分 未時	十九 處暑 4時13分 寅時
農曆	國曆	干支	國曆	干支	國曆	干支	國曆	干支	國曆	干支	國曆	干支
初一	12 31	己巳	12 2	庚子	11 2	庚午	10 4	辛丑	9 4	辛未	8 6	壬寅
初二	1 1	庚午	12 3	辛丑	11 3	辛未	10 5	壬寅	9 5	壬申	8 7	癸卯
初三	1 2	辛未	12 4	壬寅	11 4	壬申	10 6	癸卯	9 6	癸酉	8 8	甲辰
初四	1 3	壬申	12 5	癸卯	11 5	癸酉	10 7	甲辰	9 7	甲戌	8 9	乙巳
初五	1 4	癸酉	12 6	甲辰	11 6	甲戌	10 8	乙巳	9 8	乙亥	8 10	丙午
初六	1 5	甲戌	12 7	乙巳	11 7	乙亥	10 9	丙午	9 9	丙子	8 11	丁未
初七	1 6	乙亥	12 8	丙午	11 8	丙子	10 10	丁未	9 10	丁丑	8 12	戊申
初八	1 7	丙子	12 9	丁未	11 9	丁丑	10 11	戊申	9 11	戊寅	8 13	己酉
初九	1 8	丁丑	12 10	戊申	11 10	戊寅	10 12	己酉	9 12	己卯	8 14	庚戌
初十	1 9	戊寅	12 11	己酉	11 11	己卯	10 13	庚戌	9 13	庚辰	8 15	辛亥
十一	1 10	己卯	12 12	庚戌	11 12	庚辰	10 14	辛亥	9 14	辛巳	8 16	壬子
十二	1 11	庚辰	12 13	辛亥	11 13	辛巳	10 15	壬子	9 15	壬午	8 17	癸丑
十三	1 12	辛巳	12 14	壬子	11 14	壬午	10 16	癸丑	9 16	癸未	8 18	甲寅
十四	1 13	壬午	12 15	癸丑	11 15	癸未	10 17	甲寅	9 17	甲申	8 19	乙卯
十五	1 14	癸未	12 16	甲寅	11 16	甲申	10 18	乙卯	9 18	乙酉	8 20	丙辰
十六	1 15	甲申	12 17	乙卯	11 17	乙酉	10 19	丙辰	9 19	丙戌	8 21	丁巳
十七	1 16	乙酉	12 18	丙辰	11 18	丙戌	10 20	丁巳	9 20	丁亥	8 22	戊午
十八	1 17	丙戌	12 19	丁巳	11 19	丁亥	10 21	戊午	9 21	戊子	8 23	己未
十九	1 18	丁亥	12 20	戊午	11 20	戊子	10 22	己未	9 22	己丑	8 24	庚申
二十	1 19	戊子	12 21	己未	11 21	己丑	10 23	庚申	9 23	庚寅	8 25	辛酉
廿一	1 20	己丑	12 22	庚申	11 22	庚寅	10 24	辛酉	9 24	辛卯	8 26	壬戌
廿二	1 21	庚寅	12 23	辛酉	11 23	辛卯	10 25	壬戌	9 25	壬辰	8 27	癸亥
廿三	1 22	辛卯	12 24	壬戌	11 24	壬辰	10 26	癸亥	9 26	癸巳	8 28	甲子
廿四	1 23	壬辰	12 25	癸亥	11 25	癸巳	10 27	甲子	9 27	甲午	8 29	乙丑
廿五	1 24	癸巳	12 26	甲子	11 26	甲午	10 28	乙丑	9 28	乙未	8 30	丙寅
廿六	1 25	甲午	12 27	乙丑	11 27	乙未	10 29	丙寅	9 29	丙申	8 31	丁卯
廿七	1 26	乙未	12 28	丙寅	11 28	丙申	10 30	丁卯	9 30	丁酉	9 1	戊辰
廿八	1 27	丙申	12 29	丁卯	11 29	丁酉	10 31	戊辰	10 1	戊戌	9 2	己巳
廿九	1 28	丁酉	12 30	戊辰	11 30	戊戌	11 1	己巳	10 2	己亥	9 3	庚午
三十	1 29	戊戌			12 1	己亥			10 3	庚子		

中華民國五十七年

歲次 戊申

西曆 一九六八年

太歲 姓俞名忠

肖猴

月別	正月小	二月大	三月小	四月大	五月大	六月小
干支	甲寅	乙卯	丙辰	丁巳	戊午	己未
九星	二黑	一白	九紫	八白	七赤	六白
節	初七	初七	初八	初九	初十	十二
氣	立春 2時8分丑時	驚蟄 20時18分戌時	清明 1時21分丑時	立夏 18時56分酉時	芒種 23時19分夜子時	小暑 9時42分巳時
節	廿一	廿二	廿三	廿五	廿六	廿八
氣	雨水 22時9分亥時	春分 21時22分亥時	穀雨 8時41分辰時	小滿 8時6分辰時	夏至 16時13分申時	大暑 3時8分寅時
農曆	干支 國曆	干支 國曆	干支 國曆	干支 國曆	干支 國曆	干支 國曆
初一	己亥 1 30	戊辰 2 28	戊戌 3 29	丁卯 4 27	丁酉 5 27	丁卯 6 26
初二	庚子 1 31	己巳 2 29	己亥 3 30	戊辰 **4 28**	戊戌 5 28	戊辰 6 27
初三	辛丑 2 1	庚午 3 1	庚子 **3 31**	己巳 4 29	己亥 5 29	己巳 6 28
初四	壬寅 2 2	辛未 3 2	辛丑 4 1	庚午 4 30	庚子 5 30	庚午 6 29
初五	癸卯 2 3	壬申 **3 3**	壬寅 4 2	辛未 5 1	辛丑 5 31	辛未 **6 30**
初六	甲辰 **2 4**	癸酉 3 4	癸卯 4 3	壬申 5 2	壬寅 6 1	壬申 7 1
初七	乙巳 2 5	甲戌 3 5	甲辰 4 4	癸酉 5 3	癸卯 **6 2**	癸酉 7 2
初八	丙午 2 6	乙亥 3 6	乙巳 4 5	甲戌 5 4	甲辰 6 3	甲戌 7 3
初九	丁未 2 7	丙子 3 7	丙午 4 6	乙亥 **5 5**	乙巳 6 4	乙亥 7 4
初十	戊申 2 8	丁丑 3 8	丁未 **4 7**	丙子 5 6	丙午 6 5	丙子 7 5
十一	己酉 2 9	戊寅 3 9	戊申 4 8	丁丑 5 7	丁未 6 6	丁丑 7 6
十二	庚戌 2 10	己卯 **3 10**	己酉 4 9	戊寅 5 8	戊申 6 7	戊寅 **7 7**
十三	辛亥 **2 11**	庚辰 3 11	庚戌 4 10	己卯 5 9	己酉 6 8	己卯 7 8
十四	壬子 2 12	辛巳 3 12	辛亥 4 11	庚辰 5 10	庚戌 **6 9**	庚辰 7 9
十五	癸丑 2 13	壬午 3 13	壬子 4 12	辛巳 5 11	辛亥 6 10	辛巳 7 10
十六	甲寅 2 14	癸未 3 14	癸丑 4 13	壬午 **5 12**	壬子 6 11	壬午 7 11
十七	乙卯 2 15	甲申 3 15	甲寅 **4 14**	癸未 5 13	癸丑 6 12	癸未 7 12
十八	丙辰 2 16	乙酉 3 16	乙卯 4 15	甲申 5 14	甲寅 6 13	甲申 7 13
十九	丁巳 2 17	丙戌 **3 17**	丙辰 4 16	乙酉 5 15	乙卯 6 14	乙酉 **7 14**
二十	戊午 **2 18**	丁亥 3 18	丁巳 4 17	丙戌 5 16	丙辰 6 15	丙戌 7 15
廿一	己未 2 19	戊子 3 19	戊午 4 18	丁亥 5 17	丁巳 **6 16**	丁亥 7 16
廿二	庚申 2 20	己丑 3 20	己未 4 19	戊子 5 18	戊午 6 17	戊子 7 17
廿三	辛酉 2 21	庚寅 3 21	庚申 4 20	己丑 **5 19**	己未 6 18	己丑 7 18
廿四	壬戌 2 22	辛卯 3 22	辛酉 **4 21**	庚寅 5 20	庚申 6 19	庚寅 7 19
廿五	癸亥 2 23	壬辰 3 23	壬戌 4 22	辛卯 5 21	辛酉 6 20	辛卯 7 20
廿六	甲子 2 24	癸巳 **3 24**	癸亥 4 23	壬辰 5 22	壬戌 6 21	壬辰 **7 21**
廿七	乙丑 **2 25**	甲午 3 25	甲子 4 24	癸巳 5 23	癸亥 6 22	癸巳 7 22
廿八	丙寅 2 26	乙未 3 26	乙丑 4 25	甲午 5 24	甲子 **6 23**	甲午 7 23
廿九	丁卯 2 27	丙申 3 27	丙寅 4 26	乙未 5 25	乙丑 6 24	乙未 7 24
三十		丁酉 3 28		丙申 **5 26**	丙寅 6 25	

月別	大月二十	小月一十	大月十	小月九	大月八	小月七閏	大月七
干支	丑　乙	子　甲	亥　癸	戌　壬	酉　辛		申　庚
九星	紫　九	白　一	黑　二	碧　三	綠　四		黃　五
節氣	八十 三初 7立 13小 時春 時寒 59辰 38未 分時 分時	七十 三初 20小 3冬 時寒 時至 17戌 0寅 分時 分時	八十 三初 9大 13小 時雪 時雪 9巳 49未 分時 分時	七十 二初 16立 16霜 時冬 時降 29申 30申 分時 分時	七十 二初 13寒 7秋 時露 時分 35未 26辰 分時 分時	五十 22白 時露 12亥 分時	十三 四十 10處 19立 時暑 時秋 3巳 27戌 分時 分時
農曆	曆國支干	曆國支干	曆國支干	曆國支干	曆國支干	曆國支干	曆國支干
初一	1 18巳癸	12 20子甲	11 20午甲	10 22丑乙	**9 22**未乙	8 24寅丙	7 25申丙
初二	**1 19**午甲	12 21丑乙	11 21未乙	10 23寅丙	9 23申丙	**8 25**卯丁	7 26酉丁
初三	1 20未乙	**12 22**寅丙	11 22申丙	10 24卯丁	9 24酉丁	8 26辰戊	7 27戌戊
初四	1 21申丙	12 23卯丁	11 23酉丁	10 25辰戊	9 25戌戊	8 27巳己	**7 28**亥己
初五	1 22酉丁	12 24辰戊	**11 24**戌戊	10 26巳己	9 26亥己	8 28午庚	7 29子庚
初六	1 23戌戊	12 25巳己	11 25亥己	**10 27**午庚	9 27子庚	8 29未辛	7 30丑辛
初七	1 24亥己	12 26午庚	11 26子庚	10 28未辛	9 28丑辛	8 30申壬	7 31寅壬
初八	1 25子庚	12 27未辛	11 27丑辛	10 29申壬	**9 29**寅壬	8 31酉癸	8 1卯癸
初九	**1 26**丑辛	12 28申壬	11 28寅壬	10 30酉癸	9 30卯癸	**9 1**戌甲	8 2辰甲
初十	1 27寅壬	**12 29**酉癸	11 29卯癸	10 31戌甲	10 1辰甲	9 2亥乙	8 3巳乙
十一	1 28卯癸	12 30戌甲	11 30辰甲	11 1亥乙	10 2巳乙	9 3子丙	**8 4**午丙
十二	1 29辰甲	12 31亥乙	**12 1**巳乙	11 2子丙	10 3午丙	9 4丑丁	8 5未丁
十三	1 30巳乙	1 1子丙	12 2午丙	**11 3**丑丁	10 4未丁	9 5寅戊	8 6申戊
十四	1 31午丙	1 2丑丁	12 3未丁	11 4寅戊	10 5申戊	9 6卯己	8 7酉己
十五	2 1未丁	1 3寅戊	12 4申戊	11 5卯己	**10 6**酉己	9 7辰庚	8 8戌庚
十六	**2 2**申戊	1 4卯己	12 5酉己	11 6辰庚	10 7戌庚	**9 8**巳辛	8 9亥辛
十七	2 3酉己	**1 5**辰庚	12 6戌庚	11 7巳辛	10 8亥辛	9 9午壬	8 10子壬
十八	2 4戌庚	1 6巳辛	12 7亥辛	11 8午壬	10 9子壬	9 10未癸	**8 11**丑癸
十九	2 5亥辛	1 7午壬	**12 8**子壬	11 9未癸	10 10丑癸	9 11申甲	8 12寅甲
二十	2 6子壬	1 8未癸	12 9丑癸	**11 10**申甲	10 11寅甲	9 12酉乙	8 13卯乙
廿一	2 7丑癸	1 9申甲	12 10寅甲	11 11酉乙	10 12卯乙	9 13戌丙	8 14辰丙
廿二	2 8寅甲	1 10酉乙	12 11卯乙	11 12戌丙	**10 13**辰丙	9 14亥丁	8 15巳丁
廿三	**2 9**卯乙	1 11戌丙	12 12辰丙	11 13亥丁	10 14巳丁	**9 15**子戊	8 16午戊
廿四	2 10辰丙	**1 12**亥丁	12 13巳丁	11 14子戊	10 15午戊	9 16丑己	8 17未己
廿五	2 11巳丁	1 13子戊	12 14午戊	11 15丑己	10 16未己	9 17寅庚	**8 18**申庚
廿六	2 12午戊	1 14丑己	**12 15**未己	11 16寅庚	10 17申庚	9 18卯辛	8 19酉辛
廿七	2 13未己	1 15寅庚	12 16申庚	**11 17**卯辛	10 18酉辛	9 19辰壬	8 20戌壬
廿八	2 14申庚	1 16卯辛	12 17酉辛	11 18辰壬	10 19戌壬	9 20巳癸	8 21亥癸
廿九	2 15酉辛	1 17辰壬	12 18戌壬	11 19巳癸	**10 20**亥癸	9 21午甲	8 22子甲
三十	**2 16**戌壬		12 19亥癸		10 21子甲		8 23丑乙

中華民國五十八年　歲次己酉

西曆一九六九年　太歲姓程名寅　肖鷄

月別	正月小		二月大		三月小		四月大		五月小		六月大	
干支	丙寅		丁卯		戊辰		己巳		庚午		辛未	
九星	八白		七赤		六白		五黃		四綠		三碧	
節氣	初三 雨水 3時55分寅時	十八 驚蟄 2時11分丑時	初四 春分 3時8分寅時	十九 清明 7時15分辰時	初四 穀雨 14時27分未時	二十 立夏 0時50分子時	初六 小滿 13時50分未時	廿二 芒種 5時12分卯時	初七 夏至 21時55分亥時	廿三 小暑 15時32分申時	初十 大暑 8時48分辰時	廿六 立秋 1時14分丑時
農曆	國曆	干支	國曆	干支	國曆	干支	國曆	干支	國曆	干支	國曆	干支
初一	2 17	癸亥	3 18	壬辰	4 17	壬戌	5 16	辛卯	**6 15**	辛酉	7 14	庚寅
初二	2 18	甲子	3 19	癸巳	4 18	癸亥	5 17	壬辰	6 16	壬戌	7 15	辛卯
初三	2 19	乙丑	3 20	甲午	4 19	甲子	**5 18**	癸巳	6 17	癸亥	7 16	壬辰
初四	2 20	丙寅	3 21	乙未	**4 20**	乙丑	5 19	甲午	6 18	甲子	7 17	癸巳
初五	2 21	丁卯	3 22	丙申	4 21	丙寅	5 20	乙未	6 19	乙丑	7 18	甲午
初六	2 22	戊辰	**3 23**	丁酉	4 22	丁卯	5 21	丙申	6 20	丙寅	7 19	乙未
初七	**2 23**	己巳	3 24	戊戌	4 23	戊辰	5 22	丁酉	6 21	丁卯	**7 20**	丙申
初八	2 24	庚午	3 25	己亥	4 24	己巳	5 23	戊戌	**6 22**	戊辰	7 21	丁酉
初九	2 25	辛未	3 26	庚子	4 25	庚午	5 24	己亥	6 23	己巳	7 22	戊戌
初十	2 26	壬申	3 27	辛丑	4 26	辛未	**5 25**	庚子	6 24	庚午	7 23	己亥
十一	2 27	癸酉	3 28	壬寅	**4 27**	壬申	5 26	辛丑	6 25	辛未	7 24	庚子
十二	2 28	甲戌	3 29	癸卯	4 28	癸酉	5 27	壬寅	6 26	壬申	7 25	辛丑
十三	3 1	乙亥	**3 30**	甲辰	4 29	甲戌	5 28	癸卯	6 27	癸酉	7 26	壬寅
十四	**3 2**	丙子	3 31	乙巳	4 30	乙亥	5 29	甲辰	6 28	甲戌	**7 27**	癸卯
十五	3 3	丁丑	4 1	丙午	5 1	丙子	5 30	乙巳	**6 29**	乙亥	7 28	甲辰
十六	3 4	戊寅	4 2	丁未	5 2	丁丑	5 31	丙午	6 30	丙子	7 29	乙巳
十七	3 5	己卯	4 3	戊申	5 3	戊寅	**6 1**	丁未	7 1	丁丑	7 30	丙午
十八	3 6	庚辰	4 4	己酉	**5 4**	己卯	6 2	戊申	7 2	戊寅	7 31	丁未
十九	3 7	辛巳	4 5	庚戌	5 5	庚辰	6 3	己酉	7 3	己卯	8 1	戊申
二十	3 8	壬午	**4 6**	辛亥	5 6	辛巳	6 4	庚戌	7 4	庚辰	8 2	己酉
廿一	**3 9**	癸未	4 7	壬子	5 7	壬午	6 5	辛亥	7 5	辛巳	**8 3**	庚戌
廿二	3 10	甲申	4 8	癸丑	5 8	癸未	6 6	壬子	**7 6**	壬午	8 4	辛亥
廿三	3 11	乙酉	4 9	甲寅	5 9	甲申	6 7	癸丑	7 7	癸未	8 5	壬子
廿四	3 12	丙戌	4 10	乙卯	5 10	乙酉	**6 8**	甲寅	7 8	甲申	8 6	癸丑
廿五	3 13	丁亥	4 11	丙辰	**5 11**	丙戌	6 9	乙卯	7 9	乙酉	8 7	甲寅
廿六	3 14	戊子	4 12	丁巳	5 12	丁亥	6 10	丙辰	7 10	丙戌	8 8	乙卯
廿七	3 15	己丑	**4 13**	戊午	5 13	戊子	6 11	丁巳	7 11	丁亥	8 9	丙辰
廿八	**3 16**	庚寅	4 14	己未	5 14	己丑	6 12	戊午	7 12	戊子	**8 10**	丁巳
廿九	3 17	辛卯	4 15	庚申	5 15	庚寅	6 13	己未	**7 13**	己丑	8 11	戊午
三十			4 16	辛酉			6 14	庚申			8 12	己未

月別	七月大		八月小		九月大		十月小		十一月大		十二月小	
干支	壬申		癸酉		甲戌		乙亥		丙子		丁丑	
九星	二黑		一白		九紫		八白		七赤		六白	
節氣	十一 處暑 15時43分申時	廿七 白露 3時56分寅時	十二 秋分 13時7分未時	廿七 寒露 19時17分戌時	十三 霜降 22時11分亥時	廿八 立冬 22時12分亥時	十三 小雪 19時31分戌時	廿八 大雪 14時51分未時	十四 冬至 8時44分辰時	廿九 小寒 1時59分丑時	十三 大寒 19時23分戌時	廿八 立春 13時46分未時
農曆	干支	國曆	干支	國曆	干支	國曆	干支	國曆	干支	國曆	干支	國曆
初一	庚申	8 13	庚寅	9 12	己未	10 11	己丑	11 10	戊午	12 9	戊子	1 8
初二	辛酉	8 14	辛卯	9 13	庚申	10 12	庚寅	11 11	己未	12 10	己丑	1 9
初三	壬戌	8 15	壬辰	9 14	辛酉	10 13	辛卯	11 12	庚申	12 11	庚寅	1 10
初四	癸亥	8 16	癸巳	9 15	壬戌	10 14	壬辰	11 13	辛酉	12 12	辛卯	1 11
初五	甲子	8 17	甲午	9 16	癸亥	10 15	癸巳	11 14	壬戌	12 13	壬辰	1 12
初六	乙丑	8 18	乙未	9 17	甲子	10 16	甲午	11 15	癸亥	12 14	癸巳	1 13
初七	丙寅	8 19	丙申	9 18	乙丑	10 17	乙未	11 16	甲子	12 15	甲午	1 14
初八	丁卯	8 20	丁酉	9 19	丙寅	10 18	丙申	11 17	乙丑	12 16	乙未	1 15
初九	戊辰	8 21	戊戌	9 20	丁卯	10 19	丁酉	11 18	丙寅	12 17	丙申	1 16
初十	己巳	8 22	己亥	9 21	戊辰	10 20	戊戌	11 19	丁卯	12 18	丁酉	1 17
十一	庚午	8 23	庚子	9 22	己巳	10 21	己亥	11 20	戊辰	12 19	戊戌	1 18
十二	辛未	8 24	辛丑	9 23	庚午	10 22	庚子	11 21	己巳	12 20	己亥	1 19
十三	壬申	8 25	壬寅	9 24	辛未	10 23	辛丑	11 22	庚午	12 21	庚子	1 20
十四	癸酉	8 26	癸卯	9 25	壬申	10 24	壬寅	11 23	辛未	12 22	辛丑	1 21
十五	甲戌	8 27	甲辰	9 26	癸酉	10 25	癸卯	11 24	壬申	12 23	壬寅	1 22
十六	乙亥	8 28	乙巳	9 27	甲戌	10 26	甲辰	11 25	癸酉	12 24	癸卯	1 23
十七	丙子	8 29	丙午	9 28	乙亥	10 27	乙巳	11 26	甲戌	12 25	甲辰	1 24
十八	丁丑	8 30	丁未	9 29	丙子	10 28	丙午	11 27	乙亥	12 26	乙巳	1 25
十九	戊寅	8 31	戊申	9 30	丁丑	10 29	丁未	11 28	丙子	12 27	丙午	1 26
二十	己卯	9 1	己酉	10 1	戊寅	10 30	戊申	11 29	丁丑	12 28	丁未	1 27
廿一	庚辰	9 2	庚戌	10 2	己卯	10 31	己酉	11 30	戊寅	12 29	戊申	1 28
廿二	辛巳	9 3	辛亥	10 3	庚辰	11 1	庚戌	12 1	己卯	12 30	己酉	1 29
廿三	壬午	9 4	壬子	10 4	辛巳	11 2	辛亥	12 2	庚辰	12 31	庚戌	1 30
廿四	癸未	9 5	癸丑	10 5	壬午	11 3	壬子	12 3	辛巳	1 1	辛亥	1 31
廿五	甲申	9 6	甲寅	10 6	癸未	11 4	癸丑	12 4	壬午	1 2	壬子	2 1
廿六	乙酉	9 7	乙卯	10 7	甲申	11 5	甲寅	12 5	癸未	1 3	癸丑	2 2
廿七	丙戌	9 8	丙辰	10 8	乙酉	11 6	乙卯	12 6	甲申	1 4	甲寅	2 3
廿八	丁亥	9 9	丁巳	10 9	丙戌	11 7	丙辰	12 7	乙酉	1 5	乙卯	2 4
廿九	戊子	9 10	戊午	10 10	丁亥	11 8	丁巳	12 8	丙戌	1 6	丙辰	2 5
三十	己丑	9 11			戊子	11 9			丁亥	1 7		

中華民國五十九年

歲次 庚戌

西曆一九七〇年

太歲姓化名秋

肖狗

月別	正月大		二月小		三月小		四月大		五月小		六月大	
干支	戊寅		己卯		庚辰		辛巳		壬午		癸未	
九星	五黃		四綠		三碧		二黑		一白		九紫	
節氣	十四 雨水 9時41分巳時	廿九 驚蟄 7時51分辰時	十四 春分 8時55分辰時	廿九 清明 12時54分午時	十五 穀雨 20時14分戌時		初二 立夏 6時28分卯時	十七 小滿 19時39分戌時	初三 芒種 10時51分巳時	十九 夏至 3時43分寅時	初五 小暑 21時14分亥時	廿一 大暑 14時38分未時
農曆	干支	國曆	干支	國曆	干支	國曆	干支	國曆	干支	國曆	干支	國曆
初一	丁巳	2 6	丁亥	**3 8**	丙辰	4 6	乙酉	5 5	乙卯	6 4	甲申	7 3
初二	戊午	2 7	戊子	3 9	丁巳	4 7	丙戌	5 6	丙辰	6 5	乙酉	7 4
初三	己未	**2 8**	己丑	3 10	戊午	4 8	丁亥	5 7	丁巳	6 6	丙戌	**7 5**
初四	庚申	2 9	庚寅	3 11	己未	4 9	戊子	5 8	戊午	**6 7**	丁亥	7 6
初五	辛酉	2 10	辛卯	3 12	庚申	4 10	己丑	5 9	己未	6 8	戊子	7 7
初六	壬戌	2 11	壬辰	3 13	辛酉	4 11	庚寅	**5 10**	庚申	6 9	己丑	7 8
初七	癸亥	2 12	癸巳	3 14	壬戌	**4 12**	辛卯	5 11	辛酉	6 10	庚寅	7 9
初八	甲子	2 13	甲午	**3 15**	癸亥	4 13	壬辰	5 12	壬戌	6 11	辛卯	7 10
初九	乙丑	2 14	乙未	3 16	甲子	4 14	癸巳	5 13	癸亥	6 12	壬辰	7 11
初十	丙寅	**2 15**	丙申	3 17	乙丑	4 15	甲午	5 14	甲子	6 13	癸巳	**7 12**
十一	丁卯	2 16	丁酉	3 18	丙寅	4 16	乙未	5 15	乙丑	**6 14**	甲午	7 13
十二	戊辰	2 17	戊戌	3 19	丁卯	4 17	丙申	5 16	丙寅	6 15	乙未	7 14
十三	己巳	2 18	己亥	3 20	戊辰	4 18	丁酉	**5 17**	丁卯	6 16	丙申	7 15
十四	庚午	2 19	庚子	3 21	己巳	**4 19**	戊戌	5 18	戊辰	6 17	丁酉	7 16
十五	辛未	2 20	辛丑	**3 22**	庚午	4 20	己亥	5 19	己巳	6 18	戊戌	7 17
十六	壬申	2 21	壬寅	3 23	辛未	4 21	庚子	5 20	庚午	6 19	己亥	7 18
十七	癸酉	**2 22**	癸卯	3 24	壬申	4 22	辛丑	5 21	辛未	6 20	庚子	**7 19**
十八	甲戌	2 23	甲辰	3 25	癸酉	4 23	壬寅	5 22	壬申	**6 21**	辛丑	7 20
十九	乙亥	2 24	乙巳	3 26	甲戌	4 24	癸卯	5 23	癸酉	6 22	壬寅	7 21
二十	丙子	2 25	丙午	3 27	乙亥	4 25	甲辰	**5 24**	甲戌	6 23	癸卯	7 22
廿一	丁丑	2 26	丁未	3 28	丙子	**4 26**	乙巳	5 25	乙亥	6 24	甲辰	7 23
廿二	戊寅	2 27	戊申	**3 29**	丁丑	4 27	丙午	5 26	丙子	6 25	乙巳	7 24
廿三	己卯	2 28	己酉	3 30	戊寅	4 28	丁未	5 27	丁丑	6 26	丙午	7 25
廿四	庚辰	**3 1**	庚戌	3 31	己卯	4 29	戊申	5 28	戊寅	6 27	丁未	**7 26**
廿五	辛巳	3 2	辛亥	4 1	庚辰	4 30	己酉	5 29	己卯	**6 28**	戊申	7 27
廿六	壬午	3 3	壬子	4 2	辛巳	5 1	庚戌	5 30	庚辰	6 29	己酉	7 28
廿七	癸未	3 4	癸丑	4 3	壬午	5 2	辛亥	**5 31**	辛巳	6 30	庚戌	7 29
廿八	甲申	3 5	甲寅	4 4	癸未	**5 3**	壬子	6 1	壬午	7 1	辛亥	7 30
廿九	乙酉	3 6	乙卯	**4 5**	甲申	5 4	癸丑	6 2	癸未	7 2	壬子	7 31
三十	丙戌	3 7					甲寅	6 3			癸丑	8 1

月別	大月二十	小月一十	大月十	大月九	小月八	大月七
干支	丑　己	子　戊	亥　丁	戌　丙	酉　乙	申　甲
九星	碧　三	綠　四	黃　五	白　六	赤　七	白　八
節氣	五廿 1時14分 大寒丑時　十初 7時45分 小寒辰時	四廿 14時36分 冬至未時　九初 20時41分 大雪戌時	五廿 1時23分 小雪丑時　十初 4時1分 立冬寅時	五廿 4時2分 霜降寅時　十初 1時6分 寒露丑時	三廿 18時56分 秋分酉時　八初 9時42分 白露巳時	二廿 21時33分 處暑亥時　七初 6時58分 立秋卯時
農曆	曆國　支干	曆國　支干	曆國　支干	曆國　支干	曆國　支干	曆國　支干
初一	12 28 午壬	11 29 丑癸	10 30 未癸	9 30 丑癸	9 1 申甲	8 2 寅甲
初二	12 29 未癸	11 30 寅甲	10 31 申甲	10 1 寅甲	9 2 酉乙	8 3 卯乙
初三	12 30 申甲	12 1 卯乙	11 1 酉乙	10 2 卯乙	9 3 戌丙	8 4 辰丙
初四	12 31 酉乙	12 2 辰丙	11 2 戌丙	10 3 辰丙	9 4 亥丁	8 5 巳丁
初五	1 1 戌丙	12 3 巳丁	11 3 亥丁	10 4 巳丁	9 5 子戊	8 6 午戊
初六	1 2 亥丁	12 4 午戊	11 4 子戊	10 5 午戊	9 6 丑己	8 7 未己
初七	1 3 子戊	12 5 未己	11 5 丑己	10 6 未己	9 7 寅庚	8 8 申庚
初八	1 4 丑己	12 6 申庚	11 6 寅庚	10 7 申庚	9 8 卯辛	8 9 酉辛
初九	1 5 寅庚	12 7 酉辛	11 7 卯辛	10 8 酉辛	9 9 辰壬	8 10 戌壬
初十	1 6 卯辛	12 8 戌壬	11 8 辰壬	10 9 戌壬	9 10 巳癸	8 11 亥癸
十一	1 7 辰壬	12 9 亥癸	11 9 巳癸	10 10 亥癸	9 11 午甲	8 12 子甲
十二	1 8 巳癸	12 10 子甲	11 10 午甲	10 11 子甲	9 12 未乙	8 13 丑乙
十三	1 9 午甲	12 11 丑乙	11 11 未乙	10 12 丑乙	9 13 申丙	8 14 寅丙
十四	1 10 未乙	12 12 寅丙	11 12 申丙	10 13 寅丙	9 14 酉丁	8 15 卯丁
十五	1 11 申丙	12 13 卯丁	11 13 酉丁	10 14 卯丁	9 15 戌戊	8 16 辰戊
十六	1 12 酉丁	12 14 辰戊	11 14 戌戊	10 15 辰戊	9 16 亥己	8 17 巳己
十七	1 13 戌戊	12 15 巳己	11 15 亥己	10 16 巳己	9 17 子庚	8 18 午庚
十八	1 14 亥己	12 16 午庚	11 16 子庚	10 17 午庚	9 18 丑辛	8 19 未辛
十九	1 15 子庚	12 17 未辛	11 17 丑辛	10 18 未辛	9 19 寅壬	8 20 申壬
二十	1 16 丑辛	12 18 申壬	11 18 寅壬	10 19 申壬	9 20 卯癸	8 21 酉癸
廿一	1 17 寅壬	12 19 酉癸	11 19 卯癸	10 20 酉癸	9 21 辰甲	8 22 戌甲
廿二	1 18 卯癸	12 20 戌甲	11 20 辰甲	10 21 戌甲	9 22 巳乙	8 23 亥乙
廿三	1 19 辰甲	12 21 亥乙	11 21 巳乙	10 22 亥乙	9 23 午丙	8 24 子丙
廿四	1 20 巳乙	12 22 子丙	11 22 午丙	10 23 子丙	9 24 未丁	8 25 丑丁
廿五	1 21 午丙	12 23 丑丁	11 23 未丁	10 24 丑丁	9 25 申戊	8 26 寅戊
廿六	1 22 未丁	12 24 寅戊	11 24 申戊	10 25 寅戊	9 26 酉己	8 27 卯己
廿七	1 23 申戊	12 25 卯己	11 25 酉己	10 26 卯己	9 27 戌庚	8 28 辰庚
廿八	1 24 酉己	12 26 辰庚	11 26 戌庚	10 27 辰庚	9 28 亥辛	8 29 巳辛
廿九	1 25 戌庚	12 27 巳辛	11 27 亥辛	10 28 巳辛	9 29 子壬	8 30 午壬
三十	1 26 亥辛		11 28 子壬	10 29 午壬		8 31 未癸

中華民國六十年 歲次辛亥

西曆一九七一年

太歲姓葉名堅

肖猪

月別	正月小	二月大	三月小	四月小	五月大	閏五月小	六月大
干支	庚寅	辛卯	壬辰	癸巳	甲午		乙未
九星	二黑	一白	九紫	八白	七赤		六白
節氣	初九 立春 19時26分戌時；廿四 雨水 15時27分申時	初十 驚蟄 13時35分未時；廿五 春分 14時38分未時	初十 清明 18時36分酉時；廿六 穀雨 1時54分丑時	十二 立夏 12時8分午時；廿八 小滿 1時15分丑時	十四 芒種 16時29分申時；三十 夏至 9時20分巳時	十六 小暑 2時51分丑時	初二 大暑 20時15分戌時；十八 立秋 12時40分午時
農曆	干支國曆	干支國曆	干支國曆	干支國曆	干支國曆	干支國曆	干支國曆
初一	壬子 1 27	辛巳 2 25	辛亥 3 27	庚辰 4 25	己酉 5 24	己卯 6 23	戊申 7 22
初二	癸丑 1 28	壬午 2 26	壬子 3 28	辛巳 4 26	庚戌 5 25	庚辰 6 24	己酉 7 23
初三	甲寅 1 29	癸未 2 27	癸丑 3 29	壬午 4 27	辛亥 5 26	辛巳 6 25	庚戌 7 24
初四	乙卯 1 30	甲申 2 28	甲寅 3 30	癸未 4 28	壬子 5 27	壬午 6 26	辛亥 7 25
初五	丙辰 1 31	乙酉 3 1	乙卯 3 31	甲申 4 29	癸丑 5 28	癸未 6 27	壬子 7 26
初六	丁巳 2 1	丙戌 3 2	丙辰 4 1	乙酉 4 30	甲寅 5 29	甲申 6 28	癸丑 7 27
初七	戊午 2 2	丁亥 3 3	丁巳 4 2	丙戌 5 1	乙卯 5 30	乙酉 6 29	甲寅 7 28
初八	己未 2 3	戊子 3 4	戊午 4 3	丁亥 5 2	丙辰 5 31	丙戌 6 30	乙卯 7 29
初九	庚申 2 4	己丑 3 5	己未 4 4	戊子 5 3	丁巳 6 1	丁亥 7 1	丙辰 7 30
初十	辛酉 2 5	庚寅 3 6	庚申 4 5	己丑 5 4	戊午 6 2	戊子 7 2	丁巳 7 31
十一	壬戌 2 6	辛卯 3 7	辛酉 4 6	庚寅 5 5	己未 6 3	己丑 7 3	戊午 8 1
十二	癸亥 2 7	壬辰 3 8	壬戌 4 7	辛卯 5 6	庚申 6 4	庚寅 7 4	己未 8 2
十三	甲子 2 8	癸巳 3 9	癸亥 4 8	壬辰 5 7	辛酉 6 5	辛卯 7 5	庚申 8 3
十四	乙丑 2 9	甲午 3 10	甲子 4 9	癸巳 5 8	壬戌 6 6	壬辰 7 6	辛酉 8 4
十五	丙寅 2 10	乙未 3 11	乙丑 4 10	甲午 5 9	癸亥 6 7	癸巳 7 7	壬戌 8 5
十六	丁卯 2 11	丙申 3 12	丙寅 4 11	乙未 5 10	甲子 6 8	甲午 7 8	癸亥 8 6
十七	戊辰 2 12	丁酉 3 13	丁卯 4 12	丙申 5 11	乙丑 6 9	乙未 7 9	甲子 8 7
十八	己巳 2 13	戊戌 3 14	戊辰 4 13	丁酉 5 12	丙寅 6 10	丙申 7 10	乙丑 8 8
十九	庚午 2 14	己亥 3 15	己巳 4 14	戊戌 5 13	丁卯 6 11	丁酉 7 11	丙寅 8 9
二十	辛未 2 15	庚子 3 16	庚午 4 15	己亥 5 14	戊辰 6 12	戊戌 7 12	丁卯 8 10
廿一	壬申 2 16	辛丑 3 17	辛未 4 16	庚子 5 15	己巳 6 13	己亥 7 13	戊辰 8 11
廿二	癸酉 2 17	壬寅 3 18	壬申 4 17	辛丑 5 16	庚午 6 14	庚子 7 14	己巳 8 12
廿三	甲戌 2 18	癸卯 3 19	癸酉 4 18	壬寅 5 17	辛未 6 15	辛丑 7 15	庚午 8 13
廿四	乙亥 2 19	甲辰 3 20	甲戌 4 19	癸卯 5 18	壬申 6 16	壬寅 7 16	辛未 8 14
廿五	丙子 2 20	乙巳 3 21	乙亥 4 20	甲辰 5 19	癸酉 6 17	癸卯 7 17	壬申 8 15
廿六	丁丑 2 21	丙午 3 22	丙子 4 21	乙巳 5 20	甲戌 6 18	甲辰 7 18	癸酉 8 16
廿七	戊寅 2 22	丁未 3 23	丁丑 4 22	丙午 5 21	乙亥 6 19	乙巳 7 19	甲戌 8 17
廿八	己卯 2 23	戊申 3 24	戊寅 4 23	丁未 5 22	丙子 6 20	丙午 7 20	乙亥 8 18
廿九	庚辰 2 24	己酉 3 25	己卯 4 24	戊申 5 23	丁丑 6 21	丁未 7 21	丙子 8 19
三十		庚戌 3 26			戊寅 6 22		丁丑 8 20

月別	十二月大	十一月小	十月大	九月大	八月大	七月小
干支	辛丑	庚子	己亥	戊戌	丁酉	丙申
九星	九紫	一白	二黑	三碧	四綠	五黃
節氣	初六 大寒 7時0分辰時 廿一 立春 1時20分丑時	初五 冬至 20時24分戌時 二十 小寒 13時43分未時	初六 小雪 7時14分辰時 廿一 大雪 2時36分丑時	初六 霜降 9時53分巳時 廿一 立冬 9時57分巳時	初六 秋分 11時45分子時 廿一 寒露 6時59分卯時	初四 處暑 3時15分寅時 十九 白露 17時30分申時
農曆	干支 國曆	干支 國曆	干支 國曆	干支 國曆	干支 國曆	干支 國曆
初一	1 16 丙午	12 18 丁丑	11 18 丁未	10 19 丁丑	9 19 丁未	8 21 戊寅
初二	1 17 丁未	12 19 戊寅	11 19 戊申	10 20 戊寅	9 20 戊申	8 22 己卯
初三	1 18 戊申	12 20 己卯	11 20 己酉	10 21 己卯	9 21 己酉	8 23 庚辰
初四	1 19 己酉	12 21 庚辰	11 21 庚戌	10 22 庚辰	9 22 庚戌	8 24 辛巳
初五	1 20 庚戌	12 22 辛巳	11 22 辛亥	10 23 辛巳	9 23 辛亥	8 25 壬午
初六	1 21 辛亥	12 23 壬午	11 23 壬子	10 24 壬午	9 24 壬子	8 26 癸未
初七	1 22 壬子	12 24 癸未	11 24 癸丑	10 25 癸未	9 25 癸丑	8 27 甲申
初八	1 23 癸丑	12 25 甲申	11 25 甲寅	10 26 甲申	9 26 甲寅	8 28 乙酉
初九	1 24 甲寅	12 26 乙酉	11 26 乙卯	10 27 乙酉	9 27 乙卯	8 29 丙戌
初十	1 25 乙卯	12 27 丙戌	11 27 丙辰	10 28 丙戌	9 28 丙辰	8 30 丁亥
十一	1 26 丙辰	12 28 丁亥	11 28 丁巳	10 29 丁亥	9 29 丁巳	8 31 戊子
十二	1 27 丁巳	12 29 戊子	11 29 戊午	10 30 戊子	9 30 戊午	9 1 己丑
十三	1 28 戊午	12 30 己丑	11 30 己未	10 31 己丑	10 1 己未	9 2 庚寅
十四	1 29 己未	12 31 庚寅	12 1 庚申	11 1 庚寅	10 2 庚申	9 3 辛卯
十五	1 30 庚申	1 1 辛卯	12 2 辛酉	11 2 辛卯	10 3 辛酉	9 4 壬辰
十六	1 31 辛酉	1 2 壬辰	12 3 壬戌	11 3 壬辰	10 4 壬戌	9 5 癸巳
十七	2 1 壬戌	1 3 癸巳	12 4 癸亥	11 4 癸巳	10 5 癸亥	9 6 甲午
十八	2 2 癸亥	1 4 甲午	12 5 甲子	11 5 甲午	10 6 甲子	9 7 乙未
十九	2 3 甲子	1 5 乙未	12 6 乙丑	11 6 乙未	10 7 乙丑	9 8 丙申
二十	2 4 乙丑	1 6 丙申	12 7 丙寅	11 7 丙申	10 8 丙寅	9 9 丁酉
廿一	2 5 丙寅	1 7 丁酉	12 8 丁卯	11 8 丁酉	10 9 丁卯	9 10 戊戌
廿二	2 6 丁卯	1 8 戊戌	12 9 戊辰	11 9 戊戌	10 10 戊辰	9 11 己亥
廿三	2 7 戊辰	1 9 己亥	12 10 己巳	11 10 己亥	10 11 己巳	9 12 庚子
廿四	2 8 己巳	1 10 庚子	12 11 庚午	11 11 庚子	10 12 庚午	9 13 辛丑
廿五	2 9 庚午	1 11 辛丑	12 12 辛未	11 12 辛丑	10 13 辛未	9 14 壬寅
廿六	2 10 辛未	1 12 壬寅	12 13 壬申	11 13 壬寅	10 14 壬申	9 15 癸卯
廿七	2 11 壬申	1 13 癸卯	12 14 癸酉	11 14 癸卯	10 15 癸酉	9 16 甲辰
廿八	2 12 癸酉	1 14 甲辰	12 15 甲戌	11 15 甲辰	10 16 甲戌	9 17 乙巳
廿九	2 13 甲戌	1 15 乙巳	12 16 乙亥	11 16 乙巳	10 17 乙亥	9 18 丙午
三十	2 14 乙亥		12 17 丙子	11 17 丙午	10 18 丙子	

中華民國六十一年

歲次 壬子

西曆一九七二年

太歲姓邱名德

肖鼠

月別	正月小		二月大		三月小		四月小		五月大		六月小	
干支	壬寅		癸卯		甲辰		乙巳		丙午		丁未	
九星	八白		七赤		六白		五黃		四綠		三碧	
節氣	初五 雨水 21時12分亥時	二十 驚蟄 19時28分戌時	初六 春分 20時22分戌時	廿二 清明 11時29分子時	初七 穀雨 7時38分辰時	廿二 立夏 18時16分酉時	初九 小滿 7時0分辰時	廿四 芒種 22時22分亥時	十一 夏至 15時6分申時	廿七 小暑 8時43分辰時	十三 大暑 2時3分丑時	廿八 立秋 18時29分酉時
農曆	國曆	干支	國曆	干支	國曆	干支	國曆	干支	國曆	干支	國曆	干支
初一	2 15	丙子	3 15	乙巳	4 14	乙亥	5 13	甲辰	**6 11**	癸酉	7 11	癸卯
初二	2 16	丁丑	3 16	丙午	4 15	丙子	**5 14**	乙巳	6 12	甲戌	7 12	甲辰
初三	2 17	戊寅	3 17	丁未	**4 16**	丁丑	5 15	丙午	6 13	乙亥	7 13	乙巳
初四	2 18	己卯	3 18	戊申	4 17	戊寅	5 16	丁未	6 14	丙子	7 14	丙午
初五	2 19	庚辰	**3 19**	己酉	4 18	己卯	5 17	戊申	6 15	丁丑	7 15	丁未
初六	**2 20**	辛巳	3 20	庚戌	4 19	庚辰	5 18	己酉	6 16	戊寅	**7 16**	戊申
初七	2 21	壬午	3 21	辛亥	4 20	辛巳	5 19	庚戌	6 17	己卯	7 17	己酉
初八	2 22	癸未	3 22	壬子	4 21	壬午	5 20	辛亥	**6 18**	庚辰	7 18	庚戌
初九	2 23	甲申	3 23	癸丑	4 22	癸未	**5 21**	壬子	6 19	辛巳	7 19	辛亥
初十	2 24	乙酉	3 24	甲寅	**4 23**	甲申	5 22	癸丑	6 20	壬午	7 20	壬子
十一	2 25	丙戌	3 25	乙卯	4 24	乙酉	5 23	甲寅	6 21	癸未	7 21	癸丑
十二	2 26	丁亥	**3 26**	丙辰	4 25	丙戌	5 24	乙卯	6 22	甲申	7 22	甲寅
十三	**2 27**	戊子	3 27	丁巳	4 26	丁亥	5 25	丙辰	6 23	乙酉	**7 23**	乙卯
十四	2 28	己丑	3 28	戊午	4 27	戊子	5 26	丁巳	6 24	丙戌	7 24	丙辰
十五	2 29	庚寅	3 29	己未	4 28	己丑	5 27	戊午	**6 25**	丁亥	7 25	丁巳
十六	3 1	辛卯	3 30	庚申	4 29	庚寅	**5 28**	己未	6 26	戊子	7 26	戊午
十七	3 2	壬辰	3 31	辛酉	**4 30**	辛卯	5 29	庚申	6 27	己丑	7 27	己未
十八	3 3	癸巳	4 1	壬戌	5 1	壬辰	5 30	辛酉	6 28	庚寅	7 28	庚申
十九	3 4	甲午	**4 2**	癸亥	5 2	癸巳	5 31	壬戌	6 29	辛卯	7 29	辛酉
二十	**3 5**	乙未	4 3	甲子	5 3	甲午	6 1	癸亥	6 30	壬辰	**7 30**	壬戌
廿一	3 6	丙申	4 4	乙丑	5 4	乙未	6 2	甲子	7 1	癸巳	7 31	癸亥
廿二	3 7	丁酉	4 5	丙寅	5 5	丙申	6 3	乙丑	**7 2**	甲午	8 1	甲子
廿三	3 8	戊戌	4 6	丁卯	5 6	丁酉	**6 4**	丙寅	7 3	乙未	8 2	乙丑
廿四	3 9	己亥	4 7	戊辰	**5 7**	戊戌	6 5	丁卯	7 4	丙申	8 3	丙寅
廿五	3 10	庚子	4 8	己巳	5 8	己亥	6 6	戊辰	7 5	丁酉	8 4	丁卯
廿六	3 11	辛丑	**4 9**	庚午	5 9	庚子	6 7	己巳	7 6	戊戌	8 5	戊辰
廿七	**3 12**	壬寅	4 10	辛未	5 10	辛丑	6 8	庚午	7 7	己亥	**8 6**	己巳
廿八	3 13	癸卯	4 11	壬申	5 11	壬寅	6 9	辛未	7 8	庚子	8 7	庚午
廿九	3 14	甲辰	4 12	癸酉	5 12	癸卯	6 10	壬申	**7 9**	辛丑	8 8	辛未
三十			4 13	甲戌					7 10	壬寅		

月別	十二月大		十一月小		十月大		九月大		八月小		七月大	
干支	癸丑		壬子		辛亥		庚戌		己酉		戊申	
九星	六白		七赤		八白		九紫		一白		二黑	
節氣	初二 小寒 19時26分戌時；十七 大寒 12時48分午時		初二 大雪 8時19分辰時；十七 冬至 2時13分丑時		初二 立冬 15時40分申時；十七 小雪 13時3分未時		初六 寒露 12時42分午時；十七 霜降 15時42分申時		十六 秋分 6時33分卯時		十五 處暑 9時3分巳時；三十 白露 21時15分亥時	
農曆	干支	國曆	干支	國曆	干支	國曆	干支	國曆	干支	國曆	干支	國曆
初一	庚子	1 4	辛未	12 6	辛丑	11 6	辛未	10 7	壬寅	9 8	壬申	8 9
初二	辛丑	1 5	壬申	12 7	壬寅	11 7	壬申	10 8	癸卯	9 9	癸酉	8 10
初三	壬寅	1 6	癸酉	12 8	癸卯	11 8	癸酉	10 9	甲辰	9 10	甲戌	8 11
初四	癸卯	1 7	甲戌	12 9	甲辰	11 9	甲戌	10 10	乙巳	9 11	乙亥	8 12
初五	甲辰	1 8	乙亥	12 10	乙巳	11 10	乙亥	10 11	丙午	9 12	丙子	8 13
初六	乙巳	1 9	丙子	12 11	丙午	11 11	丙子	10 12	丁未	9 13	丁丑	8 14
初七	丙午	1 10	丁丑	12 12	丁未	11 12	丁丑	10 13	戊申	9 14	戊寅	8 15
初八	丁未	1 11	戊寅	12 13	戊申	11 13	戊寅	10 14	己酉	9 15	己卯	8 16
初九	戊申	1 12	己卯	12 14	己酉	11 14	己卯	10 15	庚戌	9 16	庚辰	8 17
初十	己酉	1 13	庚辰	12 15	庚戌	11 15	庚辰	10 16	辛亥	9 17	辛巳	8 18
十一	庚戌	1 14	辛巳	12 16	辛亥	11 16	辛巳	10 17	壬子	9 18	壬午	8 19
十二	辛亥	1 15	壬午	12 17	壬子	11 17	壬午	10 18	癸丑	9 19	癸未	8 20
十三	壬子	1 16	癸未	12 18	癸丑	11 18	癸未	10 19	甲寅	9 20	甲申	8 21
十四	癸丑	1 17	甲申	12 19	甲寅	11 19	甲申	10 20	乙卯	9 21	乙酉	8 22
十五	甲寅	1 18	乙酉	12 20	乙卯	11 20	乙酉	10 21	丙辰	9 22	丙戌	8 23
十六	乙卯	1 19	丙戌	12 21	丙辰	11 21	丙戌	10 22	丁巳	9 23	丁亥	8 24
十七	丙辰	1 20	丁亥	12 22	丁巳	11 22	丁亥	10 23	戊午	9 24	戊子	8 25
十八	丁巳	1 21	戊子	12 23	戊午	11 23	戊子	10 24	己未	9 25	己丑	8 26
十九	戊午	1 22	己丑	12 24	己未	11 24	己丑	10 25	庚申	9 26	庚寅	8 27
二十	己未	1 23	庚寅	12 25	庚申	11 25	庚寅	10 26	辛酉	9 27	辛卯	8 28
廿一	庚申	1 24	辛卯	12 26	辛酉	11 26	辛卯	10 27	壬戌	9 28	壬辰	8 29
廿二	辛酉	1 25	壬辰	12 27	壬戌	11 27	壬辰	10 28	癸亥	9 29	癸巳	8 30
廿三	壬戌	1 26	癸巳	12 28	癸亥	11 28	癸巳	10 29	甲子	9 30	甲午	8 31
廿四	癸亥	1 27	甲午	12 29	甲子	11 29	甲午	10 30	乙丑	10 1	乙未	9 1
廿五	甲子	1 28	乙未	12 30	乙丑	11 30	乙未	10 31	丙寅	10 2	丙申	9 2
廿六	乙丑	1 29	丙申	12 31	丙寅	12 1	丙申	11 1	丁卯	10 3	丁酉	9 3
廿七	丙寅	1 30	丁酉	1 1	丁卯	12 2	丁酉	11 2	戊辰	10 4	戊戌	9 4
廿八	丁卯	1 31	戊戌	1 2	戊辰	12 3	戊戌	11 3	己巳	10 5	己亥	9 5
廿九	戊辰	2 1	己亥	1 3	己巳	12 4	己亥	11 4	庚午	10 6	庚子	9 6
三十	己巳	2 2			庚午	12 5	庚子	11 5			辛丑	9 7

大 月 六	小 月 五	小 月 四	大 月 三	小 月 二	大 月 正	月別
未 己	午 戊	巳 丁	辰 丙	卯 乙	寅 甲	干支
紫 九	白 一	黑 二	碧 三	綠 四	黃 五	九星
四廿 八初	一廿 六初	九十 三初	八十 三初	七十 二初	七十 二初	節
7大 14小 時暑 時暑 56辰 28未 分時 分時	21夏 4芒 時至 時種 1亥 7寅 分時 分時	12小 23立 時滿 時夏 54午 47夜 分時 分子	1穀 6清 時雨 時明 30未 14卯 分時 分時	2春 1驚 時分 時蟄 13丑 13丑 分時 分時	3雨 7立 時水 時春 1寅 4辰 分時 分時	氣
暦國 支干	暦國 支干	暦國 支干	暦國 支干	暦國 支干	暦國 支干	暦農
6 30 酉丁	6 1 辰戊	5 3 亥己	4 3 巳己	3 5 子庚	2 3 午庚	一初
7 1 戌戊	6 2 巳己	5 4 子庚	4 4 午庚	3 6 丑辛	2 4 未辛	二初
7 2 亥己	6 3 午庚	5 5 丑辛	4 5 未辛	3 7 寅壬	2 5 申壬	三初
7 3 子庚	6 4 未辛	5 6 寅壬	4 6 申壬	3 8 卯癸	2 6 酉癸	四初
7 4 丑辛	6 5 申壬	5 7 卯癸	4 7 酉癸	3 9 辰甲	2 7 戌甲	五初
7 5 寅壬	6 6 酉癸	5 8 辰甲	4 8 戌甲	3 10 巳乙	2 8 亥乙	六初
7 6 卯癸	6 7 戌甲	5 9 巳乙	4 9 亥乙	3 11 午丙	2 9 子丙	七初
7 7 辰甲	6 8 亥乙	5 10 午丙	4 10 子丙	3 12 未丁	2 10 丑丁	八初
7 8 巳乙	6 9 子丙	5 11 未丁	4 11 丑丁	3 13 申戊	2 11 寅戊	九初
7 9 午丙	6 10 丑丁	5 12 申戊	4 12 寅戊	3 14 酉己	2 12 卯己	十初
7 10 未丁	6 11 寅戊	5 13 酉己	4 13 卯己	3 15 戌庚	2 13 辰庚	一十
7 11 申戊	6 12 卯己	5 14 戌庚	4 14 辰庚	3 16 亥辛	2 14 巳辛	二十
7 12 酉己	6 13 辰庚	5 15 亥辛	4 15 巳辛	3 17 子壬	2 15 午壬	三十
7 13 戌庚	6 14 巳辛	5 16 子壬	4 16 午壬	3 18 丑癸	2 16 未癸	四十
7 14 亥辛	6 15 午壬	5 17 丑癸	4 17 未癸	3 19 寅甲	2 17 申甲	五十
7 15 子壬	6 16 未癸	5 18 寅甲	4 18 申甲	3 20 卯乙	2 18 酉乙	六十
7 16 丑癸	6 17 申甲	5 19 卯乙	4 19 酉乙	3 21 辰丙	2 19 戌丙	七十
7 17 寅甲	6 18 酉乙	5 20 辰丙	4 20 戌丙	3 22 巳丁	2 20 亥丁	八十
7 18 卯乙	6 19 戌丙	5 21 巳丁	4 21 亥丁	3 23 午戊	2 21 子戊	九十
7 19 辰丙	6 20 亥丁	5 22 午戊	4 22 子戊	3 24 未己	2 22 丑己	十二
7 20 巳丁	6 21 子戊	5 23 未己	4 23 丑己	3 25 申庚	2 23 寅庚	一廿
7 21 午戊	6 22 丑己	5 24 申庚	4 24 寅庚	3 26 酉辛	2 24 卯辛	二廿
7 22 未己	6 23 寅庚	5 25 酉辛	4 25 卯辛	3 27 戌壬	2 25 辰壬	三廿
7 23 申庚	6 24 卯辛	5 26 戌壬	4 26 辰壬	3 28 亥癸	2 26 巳癸	四廿
7 24 酉辛	6 25 辰壬	5 27 亥癸	4 27 巳癸	3 29 子甲	2 27 午甲	五廿
7 25 戌壬	6 26 巳癸	5 28 子甲	4 28 午甲	3 30 丑乙	2 28 未乙	六廿
7 26 亥癸	6 27 午甲	5 29 丑乙	4 29 未乙	3 31 寅丙	3 1 申丙	七廿
7 27 子甲	6 28 未乙	5 30 寅丙	4 30 申丙	4 1 卯丁	3 2 酉丁	八廿
7 28 丑乙	6 29 申丙	5 31 卯丁	5 1 酉丁	4 2 辰戊	3 3 戌戊	九廿
7 29 寅丙			5 2 戌戊		3 4 亥己	十三

中華民國六十二年

歲次 癸丑

西暦一九七三年

太歲姓林名薄

肖牛

月別	大月二十	小月一十	大月十	大月九	小月八	小月七
干支	丑 乙	子 甲	亥 癸	戌 壬	酉 辛	申 庚
九星	碧 三	綠 四	黃 五	白 六	赤 七	白 八
節氣	八廿 四十 18時46分 大寒酉時 1時20分 小寒丑時	八廿 三十 8時8分 冬至辰時 14時11分 大雪未時	八廿 三十 18時54分 小雪酉時 21時28分 立冬亥時	八廿 三十 21時30分 霜降亥時 18時27分 寒露酉時	七廿 二十 12時21分 秋分午時 3時0分 白露寅時	五廿 十初 14時54分 處暑未時 0時13分 立秋子時
農曆	曆國 支干	曆國 支干	曆國 支干	曆國 支干	曆國 支干	曆國 支干
初一	12 24 午甲	11 25 丑乙	10 26 未乙	9 26 丑乙	8 28 申丙	7 30 卯丁
初二	12 25 未乙	11 26 寅丙	10 27 申丙	9 27 寅丙	8 29 酉丁	7 31 辰戊
初三	12 26 申丙	11 27 卯丁	10 28 酉丁	9 28 卯丁	8 30 戌戊	8 1 巳己
初四	12 27 酉丁	11 28 辰戊	10 29 戌戊	9 29 辰戊	8 31 亥己	8 2 午庚
初五	12 28 戌戊	11 29 巳己	10 30 亥己	9 30 巳己	9 1 子庚	8 3 未辛
初六	12 29 亥己	11 30 午庚	10 31 子庚	10 1 午庚	9 2 丑辛	8 4 申壬
初七	12 30 子庚	12 1 未辛	11 1 丑辛	10 2 未辛	9 3 寅壬	8 5 酉癸
初八	12 31 丑辛	12 2 申壬	11 2 寅壬	10 3 申壬	9 4 卯癸	8 6 戌甲
初九	1 1 寅壬	12 3 酉癸	11 3 卯癸	10 4 酉癸	9 5 辰甲	8 7 亥乙
初十	1 2 卯癸	12 4 戌甲	11 4 辰甲	10 5 戌甲	9 6 巳乙	8 8 子丙
十一	1 3 辰甲	12 5 亥乙	11 5 巳乙	10 6 亥乙	9 7 午丙	8 9 丑丁
十二	1 4 巳乙	12 6 子丙	11 6 午丙	10 7 子丙	9 8 未丁	8 10 寅戊
十三	1 5 午丙	12 7 丑丁	11 7 未丁	10 8 丑丁	9 9 申戊	8 11 卯己
十四	1 6 未丁	12 8 寅戊	11 8 申戊	10 9 寅戊	9 10 酉己	8 12 辰庚
十五	1 7 申戊	12 9 卯己	11 9 酉己	10 10 卯己	9 11 戌庚	8 13 巳辛
十六	1 8 酉己	12 10 辰庚	11 10 戌庚	10 11 辰庚	9 12 亥辛	8 14 午壬
十七	1 9 戌庚	12 11 巳辛	11 11 亥辛	10 12 巳辛	9 13 子壬	8 15 未癸
十八	1 10 亥辛	12 12 午壬	11 12 子壬	10 13 午壬	9 14 丑癸	8 16 申甲
十九	1 11 子壬	12 13 未癸	11 13 丑癸	10 14 未癸	9 15 寅甲	8 17 酉乙
二十	1 12 丑癸	12 14 申甲	11 14 寅甲	10 15 申甲	9 16 卯乙	8 18 戌丙
廿一	1 13 寅甲	12 15 酉乙	11 15 卯乙	10 16 酉乙	9 17 辰丙	8 19 亥丁
廿二	1 14 卯乙	12 16 戌丙	11 16 辰丙	10 17 戌丙	9 18 巳丁	8 20 子戊
廿三	1 15 辰丙	12 17 亥丁	11 17 巳丁	10 18 亥丁	9 19 午戊	8 21 丑己
廿四	1 16 巳丁	12 18 子戊	11 18 午戊	10 19 子戊	9 20 未己	8 22 寅庚
廿五	1 17 午戊	12 19 丑己	11 19 未己	10 20 丑己	9 21 申庚	8 23 卯辛
廿六	1 18 未己	12 20 寅庚	11 20 申庚	10 21 寅庚	9 22 酉辛	8 24 辰壬
廿七	1 19 申庚	12 21 卯辛	11 21 酉辛	10 22 卯辛	9 23 戌壬	8 25 巳癸
廿八	1 20 酉辛	12 22 辰壬	11 22 戌壬	10 23 辰壬	9 24 亥癸	8 26 午甲
廿九	1 21 戌壬	12 23 巳癸	11 23 亥癸	10 24 巳癸	9 25 子甲	8 27 未乙
三十	1 22 亥癸		11 24 子甲	10 25 午甲		

中華民國六十三年　歲次甲寅

西曆一九七四年　太歲姓張名朝　肖虎

月別	正月大	二月大	三月小	四月大	閏四月小	五月小	六月大
干支	丙寅	丁卯	戊辰	己巳		庚午	辛未
九星	二黑	一白	九紫	八白		七赤	六白
節氣	十三 立春 13時0分未時 廿八 雨水 8時59分辰時	十三 驚蟄 7時7分辰時 廿八 春分 8時7分辰時	十三 清明 12時5分午時 廿八 穀雨 19時19分戌時	十五 立夏 5時34分卯時 三十 小滿 18時36分酉時	十六 芒種 9時52分巳時	初三 夏至 2時38分丑時 十八 小暑 20時13分戌時	初五 大暑 13時30分未時 廿一 立秋 5時57分卯時
農曆	干支 國曆	干支 國曆	干支 國曆	干支 國曆	干支 國曆	干支 國曆	干支 國曆
初一	甲子 1 23	甲午 2 22	甲子 3 24	癸巳 4 22	癸亥 5 22	壬辰 6 20	辛酉 7 19
初二	乙丑 1 24	乙未 2 23	乙丑 3 25	甲午 4 23	甲子 5 23	癸巳 6 21	壬戌 7 20
初三	丙寅 1 25	丙申 2 24	丙寅 3 26	乙未 4 24	乙丑 5 24	甲午 6 22	癸亥 7 21
初四	丁卯 1 26	丁酉 2 25	丁卯 3 27	丙申 4 25	丙寅 5 25	乙未 6 23	甲子 7 22
初五	戊辰 1 27	戊戌 2 26	戊辰 3 28	丁酉 4 26	丁卯 5 26	丙申 6 24	乙丑 7 23
初六	己巳 1 28	己亥 2 27	己巳 3 29	戊戌 4 27	戊辰 5 27	丁酉 6 25	丙寅 7 24
初七	庚午 1 29	庚子 2 28	庚午 3 30	己亥 4 28	己巳 5 28	戊戌 6 26	丁卯 7 25
初八	辛未 1 30	辛丑 3 1	辛未 3 31	庚子 4 29	庚午 5 29	己亥 6 27	戊辰 7 26
初九	壬申 1 31	壬寅 3 2	壬申 4 1	辛丑 4 30	辛未 5 30	庚子 6 28	己巳 7 27
初十	癸酉 2 1	癸卯 3 3	癸酉 4 2	壬寅 5 1	壬申 5 31	辛丑 6 29	庚午 7 28
十一	甲戌 2 2	甲辰 3 4	甲戌 4 3	癸卯 5 2	癸酉 6 1	壬寅 6 30	辛未 7 29
十二	乙亥 2 3	乙巳 3 5	乙亥 4 4	甲辰 5 3	甲戌 6 2	癸卯 7 1	壬申 7 30
十三	丙子 2 4	丙午 3 6	丙子 4 5	乙巳 5 4	乙亥 6 3	甲辰 7 2	癸酉 7 31
十四	丁丑 2 5	丁未 3 7	丁丑 4 6	丙午 5 5	丙子 6 4	乙巳 7 3	甲戌 8 1
十五	戊寅 2 6	戊申 3 8	戊寅 4 7	丁未 5 6	丁丑 6 5	丙午 7 4	乙亥 8 2
十六	己卯 2 7	己酉 3 9	己卯 4 8	戊申 5 7	戊寅 6 6	丁未 7 5	丙子 8 3
十七	庚辰 2 8	庚戌 3 10	庚辰 4 9	己酉 5 8	己卯 6 7	戊申 7 6	丁丑 8 4
十八	辛巳 2 9	辛亥 3 11	辛巳 4 10	庚戌 5 9	庚辰 6 8	己酉 7 7	戊寅 8 5
十九	壬午 2 10	壬子 3 12	壬午 4 11	辛亥 5 10	辛巳 6 9	庚戌 7 8	己卯 8 6
二十	癸未 2 11	癸丑 3 13	癸未 4 12	壬子 5 11	壬午 6 10	辛亥 7 9	庚辰 8 7
廿一	甲申 2 12	甲寅 3 14	甲申 4 13	癸丑 5 12	癸未 6 11	壬子 7 10	辛巳 8 8
廿二	乙酉 2 13	乙卯 3 15	乙酉 4 14	甲寅 5 13	甲申 6 12	癸丑 7 11	壬午 8 9
廿三	丙戌 2 14	丙辰 3 16	丙戌 4 15	乙卯 5 14	乙酉 6 13	甲寅 7 12	癸未 8 10
廿四	丁亥 2 15	丁巳 3 17	丁亥 4 16	丙辰 5 15	丙戌 6 14	乙卯 7 13	甲申 8 11
廿五	戊子 2 16	戊午 3 18	戊子 4 17	丁巳 5 16	丁亥 6 15	丙辰 7 14	乙酉 8 12
廿六	己丑 2 17	己未 3 19	己丑 4 18	戊午 5 17	戊子 6 16	丁巳 7 15	丙戌 8 13
廿七	庚寅 2 18	庚申 3 20	庚寅 4 19	己未 5 18	己丑 6 17	戊午 7 16	丁亥 8 14
廿八	辛卯 2 19	辛酉 3 21	辛卯 4 20	庚申 5 19	庚寅 6 18	己未 7 17	戊子 8 15
廿九	壬辰 2 20	壬戌 3 22	壬辰 4 21	辛酉 5 20	辛卯 6 19	庚申 7 18	己丑 8 16
三十	癸巳 2 21	癸亥 3 23		壬戌 5 21			庚寅 8 17

月別	十二月大	十一月小	十月大	九月大	八月小	七月小
干支	丁丑	丙子	乙亥	甲戌	癸酉	壬申
九星	九紫	一白	二黑	三碧	四綠	五黃
節氣	初十 大寒 0時36分 子時 廿四 立春 18時59分 酉時	初九 冬至 13時56分 未時 廿四 小寒 7時18分 辰時	初十 小雪 0時39分 子時 廿四 大雪 20時5分 戌時	初十 霜降 3時11分 寅時 廿五 立冬 3時18分 寅時	初八 秋分 17時59分 酉時 廿四 寒露 0時15分 子時	初六 處暑 20時29分 戌時 廿二 白露 8時45分 辰時
農曆	干支 國曆	干支 國曆	干支 國曆	干支 國曆	干支 國曆	干支 國曆
初一	戊午 1 12	己丑 12 14	己未 11 14	己丑 10 15	庚申 9 16	辛卯 8 18
初二	己未 1 13	庚寅 12 15	庚申 11 15	庚寅 10 16	辛酉 9 17	壬辰 8 19
初三	庚申 1 14	辛卯 12 16	辛酉 11 16	辛卯 10 17	壬戌 9 18	癸巳 8 20
初四	辛酉 1 15	壬辰 12 17	壬戌 11 17	壬辰 10 18	癸亥 9 19	甲午 8 21
初五	壬戌 1 16	癸巳 12 18	癸亥 11 18	癸巳 10 19	甲子 9 20	乙未 8 22
初六	癸亥 1 17	甲午 12 19	甲子 11 19	甲午 10 20	乙丑 9 21	丙申 8 23
初七	甲子 1 18	乙未 12 20	乙丑 11 20	乙未 10 21	丙寅 9 22	丁酉 8 24
初八	乙丑 1 19	丙申 12 21	丙寅 11 21	丙申 10 22	丁卯 9 23	戊戌 8 25
初九	丙寅 1 20	丁酉 12 22	丁卯 11 22	丁酉 10 23	戊辰 9 24	己亥 8 26
初十	丁卯 1 21	戊戌 12 23	戊辰 11 23	戊戌 10 24	己巳 9 25	庚子 8 27
十一	戊辰 1 22	己亥 12 24	己巳 11 24	己亥 10 25	庚午 9 26	辛丑 8 28
十二	己巳 1 23	庚子 12 25	庚午 11 25	庚子 10 26	辛未 9 27	壬寅 8 29
十三	庚午 1 24	辛丑 12 26	辛未 11 26	辛丑 10 27	壬申 9 28	癸卯 8 30
十四	辛未 1 25	壬寅 12 27	壬申 11 27	壬寅 10 28	癸酉 9 29	甲辰 8 31
十五	壬申 1 26	癸卯 12 28	癸酉 11 28	癸卯 10 29	甲戌 9 30	乙巳 9 1
十六	癸酉 1 27	甲辰 12 29	甲戌 11 29	甲辰 10 30	乙亥 10 1	丙午 9 2
十七	甲戌 1 28	乙巳 12 30	乙亥 11 30	乙巳 10 31	丙子 10 2	丁未 9 3
十八	乙亥 1 29	丙午 12 31	丙子 12 1	丙午 11 1	丁丑 10 3	戊申 9 4
十九	丙子 1 30	丁未 1 1	丁丑 12 2	丁未 11 2	戊寅 10 4	己酉 9 5
二十	丁丑 1 31	戊申 1 2	戊寅 12 3	戊申 11 3	己卯 10 5	庚戌 9 6
廿一	戊寅 2 1	己酉 1 3	己卯 12 4	己酉 11 4	庚辰 10 6	辛亥 9 7
廿二	己卯 2 2	庚戌 1 4	庚辰 12 5	庚戌 11 5	辛巳 10 7	壬子 9 8
廿三	庚辰 2 3	辛亥 1 5	辛巳 12 6	辛亥 11 6	壬午 10 8	癸丑 9 9
廿四	辛巳 2 4	壬子 1 6	壬午 12 7	壬子 11 7	癸未 10 9	甲寅 9 10
廿五	壬午 2 5	癸丑 1 7	癸未 12 8	癸丑 11 8	甲申 10 10	乙卯 9 11
廿六	癸未 2 6	甲寅 1 8	甲申 12 9	甲寅 11 9	乙酉 10 11	丙辰 9 12
廿七	甲申 2 7	乙卯 1 9	乙酉 12 10	乙卯 11 10	丙戌 10 12	丁巳 9 13
廿八	乙酉 2 8	丙辰 1 10	丙戌 12 11	丙辰 11 11	丁亥 10 13	戊午 9 14
廿九	丙戌 2 9	丁巳 1 11	丁亥 12 12	丁巳 11 12	戊子 10 14	己未 9 15
三十	丁亥 2 10		戊子 12 13	戊午 11 13		

中華民國六十四年 歲次 乙卯

西曆一九七五年

太歲 姓方名清

肖兔

月別	正月大		二月大		三月小		四月大		五月小		六月小	
干支	戊寅		己卯		庚辰		辛巳		壬午		癸未	
九星	八白		七赤		六白		五黃		四綠		三碧	
節氣	初九 雨水 14時50分未時	廿四 驚蟄 13時7分未時	初九 春分 13時7分未時	廿四 清明 18時2分酉時	初十 穀雨 1時7分丑時	廿五 立夏 11時27分午時	十二 小滿 0時24分子時	廿七 芒種 15時42分申時	十三 夏至 8時27分辰時	廿九 小暑 2時0分丑時	十五 大暑 19時22分戌時	
農曆	干支	國曆	干支	國曆	干支	國曆	干支	國曆	干支	國曆	干支	國曆
初一	戊子	2 11	戊午	3 13	戊子	4 12	丁巳	5 11	丁亥	6 10	丙辰	7 9
初二	己丑	2 12	己未	3 14	己丑	4 13	戊午	5 12	戊子	6 11	丁巳	7 10
初三	庚寅	2 13	庚申	3 15	庚寅	4 14	己未	5 13	己丑	6 12	戊午	7 11
初四	辛卯	2 14	辛酉	3 16	辛卯	4 15	庚申	5 14	庚寅	6 13	己未	7 12
初五	壬辰	2 15	壬戌	3 17	壬辰	4 16	辛酉	5 15	辛卯	6 14	庚申	7 13
初六	癸巳	2 16	癸亥	3 18	癸巳	4 17	壬戌	5 16	壬辰	6 15	辛酉	7 14
初七	甲午	2 17	甲子	3 19	甲午	4 18	癸亥	5 17	癸巳	6 16	壬戌	7 15
初八	乙未	2 18	乙丑	3 20	乙未	4 19	甲子	5 18	甲午	6 17	癸亥	7 16
初九	丙申	2 19	丙寅	3 21	丙申	4 20	乙丑	5 19	乙未	6 18	甲子	7 17
初十	丁酉	2 20	丁卯	3 22	丁酉	4 21	丙寅	5 20	丙申	6 19	乙丑	7 18
十一	戊戌	2 21	戊辰	3 23	戊戌	4 22	丁卯	5 21	丁酉	6 20	丙寅	7 19
十二	己亥	2 22	己巳	3 24	己亥	4 23	戊辰	5 22	戊戌	6 21	丁卯	7 20
十三	庚子	2 23	庚午	3 25	庚子	4 24	己巳	5 23	己亥	6 22	戊辰	7 21
十四	辛丑	2 24	辛未	3 26	辛丑	4 25	庚午	5 24	庚子	6 23	己巳	7 22
十五	壬寅	2 25	壬申	3 27	壬寅	4 26	辛未	5 25	辛丑	6 24	庚午	7 23
十六	癸卯	2 26	癸酉	3 28	癸卯	4 27	壬申	5 26	壬寅	6 25	辛未	7 24
十七	甲辰	2 27	甲戌	3 29	甲辰	4 28	癸酉	5 27	癸卯	6 26	壬申	7 25
十八	乙巳	2 28	乙亥	3 30	乙巳	4 29	甲戌	5 28	甲辰	6 27	癸酉	7 26
十九	丙午	3 1	丙子	3 31	丙午	4 30	乙亥	5 29	乙巳	6 28	甲戌	7 27
二十	丁未	3 2	丁丑	4 1	丁未	5 1	丙子	5 30	丙午	6 29	乙亥	7 28
廿一	戊申	3 3	戊寅	4 2	戊申	5 2	丁丑	5 31	丁未	6 30	丙子	7 29
廿二	己酉	3 4	己卯	4 3	己酉	5 3	戊寅	6 1	戊申	7 1	丁丑	7 30
廿三	庚戌	3 5	庚辰	4 4	庚戌	5 4	己卯	6 2	己酉	7 2	戊寅	7 31
廿四	辛亥	3 6	辛巳	4 5	辛亥	5 5	庚辰	6 3	庚戌	7 3	己卯	8 1
廿五	壬子	3 7	壬午	4 6	壬子	5 6	辛巳	6 4	辛亥	7 4	庚辰	8 2
廿六	癸丑	3 8	癸未	4 7	癸丑	5 7	壬午	6 5	壬子	7 5	辛巳	8 3
廿七	甲寅	3 9	甲申	4 8	甲寅	5 8	癸未	6 6	癸丑	7 6	壬午	8 4
廿八	乙卯	3 10	乙酉	4 9	乙卯	5 9	甲申	6 7	甲寅	7 7	癸未	8 5
廿九	丙辰	3 11	丙戌	4 10	丙辰	5 10	乙酉	6 8	乙卯	7 8	甲申	8 6
三十	丁巳	3 12	丁亥	4 11			丙戌	6 9				

月別	十二月大	十一月小	十月大	九月小	八月小	七月大
干支	己丑	戊子	丁亥	丙戌	乙酉	甲申
九星	六白	七赤	八白	九紫	一白	二黑
節氣	初六 小寒 12時59分午時 廿一 大寒 6時27分卯時	初六 大雪 1時46分丑時 二十 冬至 19時46分戌時	初六 立冬 9時3分巳時 廿一 小雪 6時31分卯時	初五 寒露 6時2分卯時 二十 霜降 9時6分巳時	初三 白露 14時33分未時 十八 秋分 23時55分夜子	初二 立秋 11時45分午時 十八 處暑 2時24分丑時
農曆	國曆 干支	國曆 干支	國曆 干支	國曆 干支	國曆 干支	國曆 干支
初一	1 1 壬子	12 3 癸未	11 3 癸丑	10 5 甲申	9 6 乙卯	8 7 乙酉
初二	1 2 癸丑	12 4 甲申	11 4 甲寅	10 6 乙酉	9 7 丙辰	8 8 丙戌
初三	1 3 甲寅	12 5 乙酉	11 5 乙卯	10 7 丙戌	9 8 丁巳	8 9 丁亥
初四	1 4 乙卯	12 6 丙戌	11 6 丙辰	10 8 丁亥	9 9 戊午	8 10 戊子
初五	1 5 丙辰	12 7 丁亥	11 7 丁巳	10 9 戊子	9 10 己未	8 11 己丑
初六	1 6 丁巳	12 8 戊子	11 8 戊午	10 10 己丑	9 11 庚申	8 12 庚寅
初七	1 7 戊午	12 9 己丑	11 9 己未	10 11 庚寅	9 12 辛酉	8 13 辛卯
初八	1 8 己未	12 10 庚寅	11 10 庚申	10 12 辛卯	9 13 壬戌	8 14 壬辰
初九	1 9 庚申	12 11 辛卯	11 11 辛酉	10 13 壬辰	9 14 癸亥	8 15 癸巳
初十	1 10 辛酉	12 12 壬辰	11 12 壬戌	10 14 癸巳	9 15 甲子	8 16 甲午
十一	1 11 壬戌	12 13 癸巳	11 13 癸亥	10 15 甲午	9 16 乙丑	8 17 乙未
十二	1 12 癸亥	12 14 甲午	11 14 甲子	10 16 乙未	9 17 丙寅	8 18 丙申
十三	1 13 甲子	12 15 乙未	11 15 乙丑	10 17 丙申	9 18 丁卯	8 19 丁酉
十四	1 14 乙丑	12 16 丙申	11 16 丙寅	10 18 丁酉	9 19 戊辰	8 20 戊戌
十五	1 15 丙寅	12 17 丁酉	11 17 丁卯	10 19 戊戌	9 20 己巳	8 21 己亥
十六	1 16 丁卯	12 18 戊戌	11 18 戊辰	10 20 己亥	9 21 庚午	8 22 庚子
十七	1 17 戊辰	12 19 己亥	11 19 己巳	10 21 庚子	9 22 辛未	8 23 辛丑
十八	1 18 己巳	12 20 庚子	11 20 庚午	10 22 辛丑	9 23 壬申	8 24 壬寅
十九	1 19 庚午	12 21 辛丑	11 21 辛未	10 23 壬寅	9 24 癸酉	8 25 癸卯
二十	1 20 辛未	12 22 壬寅	11 22 壬申	10 24 癸卯	9 25 甲戌	8 26 甲辰
廿一	1 21 壬申	12 23 癸卯	11 23 癸酉	10 25 甲辰	9 26 乙亥	8 27 乙巳
廿二	1 22 癸酉	12 24 甲辰	11 24 甲戌	10 26 乙巳	9 27 丙子	8 28 丙午
廿三	1 23 甲戌	12 25 乙巳	11 25 乙亥	10 27 丙午	9 28 丁丑	8 29 丁未
廿四	1 24 乙亥	12 26 丙午	11 26 丙子	10 28 丁未	9 29 戊寅	8 30 戊申
廿五	1 25 丙子	12 27 丁未	11 27 丁丑	10 29 戊申	9 30 己卯	8 31 己酉
廿六	1 26 丁丑	12 28 戊申	11 28 戊寅	10 30 己酉	10 1 庚辰	9 1 庚戌
廿七	1 27 戊寅	12 29 己酉	11 29 己卯	10 31 庚戌	10 2 辛巳	9 2 辛亥
廿八	1 28 己卯	12 30 庚戌	11 30 庚辰	11 1 辛亥	10 3 壬午	9 3 壬子
廿九	1 29 庚辰	12 31 辛亥	12 1 辛巳	11 2 壬子	10 4 癸未	9 4 癸丑
三十	1 30 辛巳		12 2 壬午			9 5 甲寅

中華民國六十五年

歲次 丙辰

西曆一九七六年

太歲姓辛名亞

肖龍

月別	正月大		二月大		三月小		四月大		五月小		六月大	
干支	庚寅		辛卯		壬辰		癸巳		甲午		乙未	
九星	五黃		四綠		三碧		二黑		一白		九紫	
節氣	初六 立春 0時40分子時	二十 雨水 20時40分戌時	初五 驚蟄 18時48分酉時	二十 春分 19時50分戌時	初五 清明 23時47分夜子	廿一 穀雨 7時3分辰時	初七 立夏 17時15分酉時	廿三 小滿 6時21分卯時	初八 芒種 21時31分亥時	廿四 夏至 14時24分未時	初十 小暑 7時51分辰時	廿七 大暑 1時18分丑時
農曆	干支	國曆	干支	國曆	干支	國曆	干支	國曆	干支	國曆	干支	國曆
初一	壬午	1 31	壬子	3 1	壬午	3 31	辛亥	4 29	辛巳	5 29	庚戌	6 27
初二	癸未	2 1	癸丑	3 2	癸未	4 1	壬子	4 30	壬午	5 30	辛亥	6 28
初三	甲申	2 2	甲寅	3 3	甲申	4 2	癸丑	5 1	癸未	5 31	壬子	6 29
初四	乙酉	2 3	乙卯	3 4	乙酉	4 3	甲寅	5 2	甲申	6 1	癸丑	6 30
初五	丙戌	2 4	丙辰	3 5	丙戌	4 4	乙卯	5 3	乙酉	6 2	甲寅	7 1
初六	丁亥	2 5	丁巳	3 6	丁亥	4 5	丙辰	5 4	丙戌	6 3	乙卯	7 2
初七	戊子	2 6	戊午	3 7	戊子	4 6	丁巳	5 5	丁亥	6 4	丙辰	7 3
初八	己丑	2 7	己未	3 8	己丑	4 7	戊午	5 6	戊子	6 5	丁巳	7 4
初九	庚寅	2 8	庚申	3 9	庚寅	4 8	己未	5 7	己丑	6 6	戊午	7 5
初十	辛卯	2 9	辛酉	3 10	辛卯	4 9	庚申	5 8	庚寅	6 7	己未	7 6
十一	壬辰	2 10	壬戌	3 11	壬辰	4 10	辛酉	5 9	辛卯	6 8	庚申	7 7
十二	癸巳	2 11	癸亥	3 12	癸巳	4 11	壬戌	5 10	壬辰	6 9	辛酉	7 8
十三	甲午	2 12	甲子	3 13	甲午	4 12	癸亥	5 11	癸巳	6 10	壬戌	7 9
十四	乙未	2 13	乙丑	3 14	乙未	4 13	甲子	5 12	甲午	6 11	癸亥	7 10
十五	丙申	2 14	丙寅	3 15	丙申	4 14	乙丑	5 13	乙未	6 12	甲子	7 11
十六	丁酉	2 15	丁卯	3 16	丁酉	4 15	丙寅	5 14	丙申	6 13	乙丑	7 12
十七	戊戌	2 16	戊辰	3 17	戊戌	4 16	丁卯	5 15	丁酉	6 14	丙寅	7 13
十八	己亥	2 17	己巳	3 18	己亥	4 17	戊辰	5 16	戊戌	6 15	丁卯	7 14
十九	庚子	2 18	庚午	3 19	庚子	4 18	己巳	5 17	己亥	6 16	戊辰	7 15
二十	辛丑	2 19	辛未	3 20	辛丑	4 19	庚午	5 18	庚子	6 17	己巳	7 16
廿一	壬寅	2 20	壬申	3 21	壬寅	4 20	辛未	5 19	辛丑	6 18	庚午	7 17
廿二	癸卯	2 21	癸酉	3 22	癸卯	4 21	壬申	5 20	壬寅	6 19	辛未	7 18
廿三	甲辰	2 22	甲戌	3 23	甲辰	4 22	癸酉	5 21	癸卯	6 20	壬申	7 19
廿四	乙巳	2 23	乙亥	3 24	乙巳	4 23	甲戌	5 22	甲辰	6 21	癸酉	7 20
廿五	丙午	2 24	丙子	3 25	丙午	4 24	乙亥	5 23	乙巳	6 22	甲戌	7 21
廿六	丁未	2 25	丁丑	3 26	丁未	4 25	丙子	5 24	丙午	6 23	乙亥	7 22
廿七	戊申	2 26	戊寅	3 27	戊申	4 26	丁丑	5 25	丁未	6 24	丙子	7 23
廿八	己酉	2 27	己卯	3 28	己酉	4 27	戊寅	5 26	戊申	6 25	丁丑	7 24
廿九	庚戌	2 28	庚辰	3 29	庚戌	4 28	己卯	5 27	己酉	6 26	戊寅	7 25
三十	辛亥	2 29	辛巳	3 30			庚辰	5 28			己卯	7 26

月別	大月二十	小月一十	大月十	小月九	小月八閏	大月八	小月七
干支	丑 辛	子 庚	亥 己	戌 戊		酉 丁	申 丙
九星	碧 三	綠 四	黃 五	白 六		赤 七	白 八
節氣	七十 二初 6立 12大 時春 時寒 34卯 15午 分時 分時	六十 二初 18小 1冬 時寒 時至 51酉 35丑 分時 分時	七十 二初 7大 12小 時雪 時雪 41辰 22午 分時 分時	六十 一初 14立 14霜 時冬 時降 59申 58申 分時 分時	五 十 11 寒 時 露 58 午 分 時	十三 四十 5秋 20白 時分 時露 48卯 28戌 分時 分時	八廿 二十 8處 17立 時暑 時秋 18辰 38酉 分時 分時
農曆	暦國支干	暦國支干	暦國支干	暦國支干	暦國支干	暦國支干	暦國支干
初一	1 19子丙	12 21未丁	**11 21**丑丁	10 23申戊	9 24卯己	8 25酉己	7 27辰庚
初二	1 20丑丁	12 22申戊	11 22寅戊	**10 24**酉己	9 25辰庚	8 26戌庚	7 28巳辛
初三	1 21寅戊	12 23酉己	11 23卯己	10 25戌庚	**9 26**巳辛	8 27亥辛	7 29午壬
初四	1 22卯己	12 24戌庚	11 24辰庚	10 26亥辛	9 27午壬	8 28子壬	7 30未癸
初五	**1 23**辰庚	12 25亥辛	11 25巳辛	10 27子壬	9 28未癸	**8 29**丑癸	7 31申甲
初六	1 24巳辛	**12 26**子壬	11 26午壬	10 28丑癸	9 29申甲	8 30寅甲	**8 1**酉乙
初七	1 25午壬	12 27丑癸	11 27未癸	10 29寅甲	9 30酉乙	8 31卯乙	8 2戌丙
初八	1 26未癸	12 28寅甲	**11 28**申甲	10 30卯乙	10 1戌丙	9 1辰丙	8 3亥丁
初九	1 27申甲	12 29卯乙	11 29酉乙	**10 31**辰丙	10 2亥丁	9 2巳丁	8 4子戊
初十	1 28酉乙	12 30辰丙	11 30戌丙	11 1巳丁	**10 3**子戊	9 3午戊	8 5丑己
十一	1 29戌丙	12 31巳丁	12 1亥丁	11 2午戊	10 4丑己	9 4未己	8 6寅庚
十二	**1 30**亥丁	1 1午戊	12 2子戊	11 3未己	10 5寅庚	**9 5**申庚	8 7卯辛
十三	1 31子戊	**1 2**未己	12 3丑己	11 4申庚	10 6卯辛	9 6酉辛	**8 8**辰壬
十四	2 1丑己	1 3申庚	12 4寅庚	11 5酉辛	10 7辰壬	9 7戌壬	8 9巳癸
十五	2 2寅庚	1 4酉辛	**12 5**卯辛	11 6戌壬	10 8巳癸	9 8亥癸	8 10午甲
十六	2 3卯辛	1 5戌壬	12 6辰壬	**11 7**亥癸	10 9午甲	9 9子甲	8 11未乙
十七	2 4辰壬	1 6亥癸	12 7巳癸	11 8子甲	**10 10**未乙	9 10丑乙	8 12申丙
十八	2 5巳癸	1 7子甲	12 8午甲	11 9丑乙	10 11申丙	9 11寅丙	8 13酉丁
十九	**2 6**午甲	1 8丑乙	12 9未乙	11 10寅丙	10 12酉丁	**9 12**卯丁	8 14戌戊
二十	2 7未乙	**1 9**寅丙	12 10申丙	11 11卯丁	10 13戌戊	9 13辰戊	**8 15**亥己
廿一	2 8申丙	1 10卯丁	12 11酉丁	11 12辰戊	10 14亥己	9 14巳己	8 16子庚
廿二	2 9酉丁	1 11辰戊	**12 12**戌戊	11 13巳己	10 15子庚	9 15午庚	8 17丑辛
廿三	2 10戌戊	1 12巳己	12 13亥己	**11 14**午庚	10 16丑辛	9 16未辛	8 18寅壬
廿四	2 11亥己	1 13午庚	12 14子庚	11 15未辛	**10 17**寅壬	9 17申壬	8 19卯癸
廿五	2 12子庚	1 14未辛	12 15丑辛	11 16申壬	10 18卯癸	9 18酉癸	8 20辰甲
廿六	**2 13**丑辛	1 15申壬	12 16寅壬	11 17酉癸	10 19辰甲	**9 19**戌甲	8 21巳乙
廿七	2 14寅壬	**1 16**酉癸	12 17卯癸	11 18戌甲	10 20巳乙	9 20亥乙	**8 22**午丙
廿八	2 15卯癸	1 17戌甲	12 18辰甲	11 19亥乙	10 21午丙	9 21子丙	8 23未丁
廿九	2 16辰甲	1 18亥乙	**12 19**巳乙	11 20子丙	10 22未丁	9 22丑丁	8 24申戊
三十	2 17巳乙		12 20午丙			9 23寅戊	

中華民國六十六年　歲次丁巳

西曆一九七七年　太歲姓易名彥　肖蛇

月別	正月大		二月小		三月大		四月大		五月小		六月大	
干支	壬寅		癸卯		甲辰		乙巳		丙午		丁未	
九星	二黑		一白		九紫		八白		七赤		六白	
節氣	初二 雨水 2時31分丑時	十七 驚蟄 0時44分子時	初二 春分 1時43分丑時	十七 清明 5時40分卯時	初三 穀雨 12時57分午時	十八 立夏 23時16分夜子	初四 小滿 12時14分午時	二十 芒種 3時32分寅時	初五 夏至 20時14分戌時	廿一 小暑 13時48分未時	初八 大暑 7時4分辰時	廿三 立秋 23時30分夜子
農曆	干支	國曆	干支	國曆	干支	國曆	干支	國曆	干支	國曆	干支	國曆
初一	丙午	2 18	丙子	3 20	乙巳	4 18	乙亥	5 18	乙巳	6 17	甲戌	7 16
初二	丁未	2 19	丁丑	3 21	丙午	4 19	丙子	5 19	丙午	6 18	乙亥	7 17
初三	戊申	2 20	戊寅	3 22	丁未	4 20	丁丑	5 20	丁未	6 19	丙子	7 18
初四	己酉	2 21	己卯	3 23	戊申	4 21	戊寅	5 21	戊申	6 20	丁丑	7 19
初五	庚戌	2 22	庚辰	3 24	己酉	4 22	己卯	5 22	己酉	6 21	戊寅	7 20
初六	辛亥	2 23	辛巳	3 25	庚戌	4 23	庚辰	5 23	庚戌	6 22	己卯	7 21
初七	壬子	2 24	壬午	3 26	辛亥	4 24	辛巳	5 24	辛亥	6 23	庚辰	7 22
初八	癸丑	2 25	癸未	3 27	壬子	4 25	壬午	5 25	壬子	6 24	辛巳	7 23
初九	甲寅	2 26	甲申	3 28	癸丑	4 26	癸未	5 26	癸丑	6 25	壬午	7 24
初十	乙卯	2 27	乙酉	3 29	甲寅	4 27	甲申	5 27	甲寅	6 26	癸未	7 25
十一	丙辰	2 28	丙戌	3 30	乙卯	4 28	乙酉	5 28	乙卯	6 27	甲申	7 26
十二	丁巳	3 1	丁亥	3 31	丙辰	4 29	丙戌	5 29	丙辰	6 28	乙酉	7 27
十三	戊午	3 2	戊子	4 1	丁巳	4 30	丁亥	5 30	丁巳	6 29	丙戌	7 28
十四	己未	3 3	己丑	4 2	戊午	5 1	戊子	5 31	戊午	6 30	丁亥	7 29
十五	庚申	3 4	庚寅	4 3	己未	5 2	己丑	6 1	己未	7 1	戊子	7 30
十六	辛酉	3 5	辛卯	4 4	庚申	5 3	庚寅	6 2	庚申	7 2	己丑	7 31
十七	壬戌	3 6	壬辰	4 5	辛酉	5 4	辛卯	6 3	辛酉	7 3	庚寅	8 1
十八	癸亥	3 7	癸巳	4 6	壬戌	5 5	壬辰	6 4	壬戌	7 4	辛卯	8 2
十九	甲子	3 8	甲午	4 7	癸亥	5 6	癸巳	6 5	癸亥	7 5	壬辰	8 3
二十	乙丑	3 9	乙未	4 8	甲子	5 7	甲午	6 6	甲子	7 6	癸巳	8 4
廿一	丙寅	3 10	丙申	4 9	乙丑	5 8	乙未	6 7	乙丑	7 7	甲午	8 5
廿二	丁卯	3 11	丁酉	4 10	丙寅	5 9	丙申	6 8	丙寅	7 8	乙未	8 6
廿三	戊辰	3 12	戊戌	4 11	丁卯	5 10	丁酉	6 9	丁卯	7 9	丙申	8 7
廿四	己巳	3 13	己亥	4 12	戊辰	5 11	戊戌	6 10	戊辰	7 10	丁酉	8 8
廿五	庚午	3 14	庚子	4 13	己巳	5 12	己亥	6 11	己巳	7 11	戊戌	8 9
廿六	辛未	3 15	辛丑	4 14	庚午	5 13	庚子	6 12	庚午	7 12	己亥	8 10
廿七	壬申	3 16	壬寅	4 15	辛未	5 14	辛丑	6 13	辛未	7 13	庚子	8 11
廿八	癸酉	3 17	癸卯	4 16	壬申	5 15	壬寅	6 14	壬申	7 14	辛丑	8 12
廿九	甲戌	3 18	甲辰	4 17	癸酉	5 16	癸卯	6 15	癸酉	7 15	壬寅	8 13
三十	乙亥	3 19			甲戌	5 17	甲辰	6 16			癸卯	8 14

月別	小月二十	小月一十	大月十	小月九	大月八	小月七
干支	丑 癸	子 壬	亥 辛	戌 庚	酉 己	申 戊
九星	紫 九	白 一	黑 二	碧 三	綠 四	黃 五
節氣	七廿 二十 12立 18大 時春 時寒 27午 4酉 分時 分時	七廿 二十 0小 7冬 時寒 時至 44子 24辰 分時 分時	七廿 二十 13大 18小 時雪 時雪 31未 12酉 分時 分時	六廿 一十 20立 20霜 時冬 時降 46戌 41戌 分時 分時	六廿 一十 17寒 11秋 時露 時分 44酉 29午 分時 分時	五廿 九初 2白 14處 時露 時暑 16丑 0未 分時 分時
農曆	曆國 支干	曆國 支干	曆國 支干	曆國 支干	曆國 支干	曆國 支干
初一	1 9 未辛	12 11 寅壬	11 11 申壬	10 13 卯癸	9 13 酉癸	8 15 辰甲
初二	1 10 申壬	12 12 卯癸	11 12 酉癸	10 14 辰甲	9 14 戌甲	8 16 巳乙
初三	1 11 酉癸	12 13 辰甲	11 13 戌甲	10 15 巳乙	9 15 亥乙	8 17 午丙
初四	1 12 戌甲	12 14 巳乙	11 14 亥乙	10 16 午丙	9 16 子丙	8 18 未丁
初五	1 13 亥乙	12 15 午丙	11 15 子丙	10 17 未丁	9 17 丑丁	8 19 申戊
初六	1 14 子丙	12 16 未丁	11 16 丑丁	10 18 申戊	9 18 寅戊	8 20 酉己
初七	1 15 丑丁	12 17 申戊	11 17 寅戊	10 19 酉己	9 19 卯己	8 21 戌庚
初八	1 16 寅戊	12 18 酉己	11 18 卯己	10 20 戌庚	9 20 辰庚	8 22 亥辛
初九	1 17 卯己	12 19 戌庚	11 19 辰庚	10 21 亥辛	9 21 巳辛	8 23 子壬
初十	1 18 辰庚	12 20 亥辛	11 20 巳辛	10 22 子壬	9 22 午壬	8 24 丑癸
十一	1 19 巳辛	12 21 子壬	11 21 午壬	10 23 丑癸	9 23 未癸	8 25 寅甲
十二	1 20 午壬	12 22 丑癸	11 22 未癸	10 24 寅甲	9 24 申甲	8 26 卯乙
十三	1 21 未癸	12 23 寅甲	11 23 申甲	10 25 卯乙	9 25 酉乙	8 27 辰丙
十四	1 22 申甲	12 24 卯乙	11 24 酉乙	10 26 辰丙	9 26 戌丙	8 28 巳丁
十五	1 23 酉乙	12 25 辰丙	11 25 戌丙	10 27 巳丁	9 27 亥丁	8 29 午戊
十六	1 24 戌丙	12 26 巳丁	11 26 亥丁	10 28 午戊	9 28 子戊	8 30 未己
十七	1 25 亥丁	12 27 午戊	11 27 子戊	10 29 未己	9 29 丑己	8 31 申庚
十八	1 26 子戊	12 28 未己	11 28 丑己	10 30 申庚	9 30 寅庚	9 1 酉辛
十九	1 27 丑己	12 29 申庚	11 29 寅庚	10 31 酉辛	10 1 卯辛	9 2 戌壬
二十	1 28 寅庚	12 30 酉辛	11 30 卯辛	11 1 戌壬	10 2 辰壬	9 3 亥癸
廿一	1 29 卯辛	12 31 戌壬	12 1 辰壬	11 2 亥癸	10 3 巳癸	9 4 子甲
廿二	1 30 辰壬	1 1 亥癸	12 2 巳癸	11 3 子甲	10 4 午甲	9 5 丑乙
廿三	1 31 巳癸	1 2 子甲	12 3 午甲	11 4 丑乙	10 5 未乙	9 6 寅丙
廿四	2 1 午甲	1 3 丑乙	12 4 未乙	11 5 寅丙	10 6 申丙	9 7 卯丁
廿五	2 2 未乙	1 4 寅丙	12 5 申丙	11 6 卯丁	10 7 酉丁	9 8 辰戊
廿六	2 3 申丙	1 5 卯丁	12 6 酉丁	11 7 辰戊	10 8 戌戊	9 9 巳己
廿七	2 4 酉丁	1 6 辰戊	12 7 戌戊	11 8 巳己	10 9 亥己	9 10 午庚
廿八	2 5 戌戊	1 7 巳己	12 8 亥己	11 9 午庚	10 10 子庚	9 11 未辛
廿九	2 6 亥己	1 8 午庚	12 9 子庚	11 10 未辛	10 11 丑辛	9 12 申壬
三十			12 10 丑辛		10 12 寅壬	

中華民國六十七年　歲次戊午

西曆一九七八年　太歲姓姚名黎　肖馬

月別	正月大		二月小		三月大		四月大		五月小		六月大	
干支	甲寅		乙卯		丙辰		丁巳		戊午		己未	
九星	八白		七赤		六白		五黃		四綠		三碧	
節氣	十三 雨水 8時21分 辰時	廿八 驚蟄 6時38分 卯時	十三 春分 7時34分 辰時	廿八 清明 11時39分 午時	十四 穀雨 18時50分 酉時	三十 立夏 5時9分 卯時	十五 小滿 18時9分 酉時		初一 芒種 9時23分 巳時	十七 夏至 2時10分 丑時	初三 小暑 19時37分 戌時	十九 大暑 13時0分 未時
農曆	干支	國曆	干支	國曆	干支	國曆	干支	國曆	干支	國曆	干支	國曆
初一	庚子	2 7	庚午	3 9	己亥	4 7	己巳	5 7	己亥	6 6	戊辰	7 5
初二	辛丑	2 8	辛未	3 10	庚子	4 8	庚午	5 8	庚子	6 7	己巳	7 6
初三	壬寅	2 9	壬申	3 11	辛丑	4 9	辛未	5 9	辛丑	6 8	庚午	7 7
初四	癸卯	2 10	癸酉	3 12	壬寅	4 10	壬申	5 10	壬寅	6 9	辛未	7 8
初五	甲辰	2 11	甲戌	3 13	癸卯	4 11	癸酉	5 11	癸卯	6 10	壬申	7 9
初六	乙巳	2 12	乙亥	3 14	甲辰	4 12	甲戌	5 12	甲辰	6 11	癸酉	7 10
初七	丙午	2 13	丙子	3 15	乙巳	4 13	乙亥	5 13	乙巳	6 12	甲戌	7 11
初八	丁未	2 14	丁丑	3 16	丙午	4 14	丙子	5 14	丙午	6 13	乙亥	7 12
初九	戊申	2 15	戊寅	3 17	丁未	4 15	丁丑	5 15	丁未	6 14	丙子	7 13
初十	己酉	2 16	己卯	3 18	戊申	4 16	戊寅	5 16	戊申	6 15	丁丑	7 14
十一	庚戌	2 17	庚辰	3 19	己酉	4 17	己卯	5 17	己酉	6 16	戊寅	7 15
十二	辛亥	2 18	辛巳	3 20	庚戌	4 18	庚辰	5 18	庚戌	6 17	己卯	7 16
十三	壬子	2 19	壬午	3 21	辛亥	4 19	辛巳	5 19	辛亥	6 18	庚辰	7 17
十四	癸丑	2 20	癸未	3 22	壬子	4 20	壬午	5 20	壬子	6 19	辛巳	7 18
十五	甲寅	2 21	甲申	3 23	癸丑	4 21	癸未	5 21	癸丑	6 20	壬午	7 19
十六	乙卯	2 22	乙酉	3 24	甲寅	4 22	甲申	5 22	甲寅	6 21	癸未	7 20
十七	丙辰	2 23	丙戌	3 25	乙卯	4 23	乙酉	5 23	乙卯	6 22	甲申	7 21
十八	丁巳	2 24	丁亥	3 26	丙辰	4 24	丙戌	5 24	丙辰	6 23	乙酉	7 22
十九	戊午	2 25	戊子	3 27	丁巳	4 25	丁亥	5 25	丁巳	6 24	丙戌	7 23
二十	己未	2 26	己丑	3 28	戊午	4 26	戊子	5 26	戊午	6 25	丁亥	7 24
廿一	庚申	2 27	庚寅	3 29	己未	4 27	己丑	5 27	己未	6 26	戊子	7 25
廿二	辛酉	2 28	辛卯	3 30	庚申	4 28	庚寅	5 28	庚申	6 27	己丑	7 26
廿三	壬戌	3 1	壬辰	3 31	辛酉	4 29	辛卯	5 29	辛酉	6 28	庚寅	7 27
廿四	癸亥	3 2	癸巳	4 1	壬戌	4 30	壬辰	5 30	壬戌	6 29	辛卯	7 28
廿五	甲子	3 3	甲午	4 2	癸亥	5 1	癸巳	5 31	癸亥	6 30	壬辰	7 29
廿六	乙丑	3 4	乙未	4 3	甲子	5 2	甲午	6 1	甲子	7 1	癸巳	7 30
廿七	丙寅	3 5	丙申	4 4	乙丑	5 3	乙未	6 2	乙丑	7 2	甲午	7 31
廿八	丁卯	3 6	丁酉	4 5	丙寅	5 4	丙申	6 3	丙寅	7 3	乙未	8 1
廿九	戊辰	3 7	戊戌	4 6	丁卯	5 5	丁酉	6 4	丁卯	7 4	丙申	8 2
三十	己巳	3 8			戊辰	5 6	戊戌	6 5			丁酉	8 3

月別	小月二十	大月一十	小 月 十	大 月 九	小 月 八	大 月 七
干支	丑 乙	子 甲	亥 癸	戌 壬	酉 辛	申 庚
九星	白 六	赤 七	白 八	紫 九	白 一	黑 二
節氣	三廿 八初 0大 6小 時寒 時寒 0早 32卯 分子 分時	三廿 八初 13冬 19大 時至 時雪 21未 20戌 分時 分時	三廿 八初 0小 2立 時雪 時冬 5子 34丑 分時 分時	三廿 七初 2霜 23寒 時降 時露 37丑 31夜 分時 分子	一廿 六初 17秋 8白 時分 時露 26酉 3辰 分時 分時	十二 五初 19處 5立 時暑 時秋 57戌 18卯 分時 分時
農曆	暦國支干	暦國支干	暦國支干	暦國支干	暦國支干	暦國支干
初一	12 30 寅丙	11 30 申丙	11 1 卯丁	10 2 酉丁	9 3 辰戊	8 4 戌戊
初二	12 31 卯丁	12 1 酉丁	11 2 辰戊	10 3 戌戊	9 4 巳己	8 5 亥己
初三	1 1 辰戊	12 2 戌戊	11 3 巳己	10 4 亥己	9 5 午庚	8 6 子庚
初四	1 2 巳己	12 3 亥己	11 4 午庚	10 5 子庚	9 6 未辛	8 7 丑辛
初五	1 3 午庚	12 4 子庚	11 5 未辛	10 6 丑辛	9 7 申壬	8 8 寅壬
初六	1 4 未辛	12 5 丑辛	11 6 申壬	10 7 寅壬	9 8 酉癸	8 9 卯癸
初七	1 5 申壬	12 6 寅壬	11 7 酉癸	10 8 卯癸	9 9 戌甲	8 10 辰甲
初八	1 6 酉癸	12 7 卯癸	11 8 戌甲	10 9 辰甲	9 10 亥乙	8 11 巳乙
初九	1 7 戌甲	12 8 辰甲	11 9 亥乙	10 10 巳乙	9 11 子丙	8 12 午丙
初十	1 8 亥乙	12 9 巳乙	11 10 子丙	10 11 午丙	9 12 丑丁	8 13 未丁
十一	1 9 子丙	12 10 午丙	11 11 丑丁	10 12 未丁	9 13 寅戊	8 14 申戊
十二	1 10 丑丁	12 11 未丁	11 12 寅戊	10 13 申戊	9 14 卯己	8 15 酉己
十三	1 11 寅戊	12 12 申戊	11 13 卯己	10 14 酉己	9 15 辰庚	8 16 戌庚
十四	1 12 卯己	12 13 酉己	11 14 辰庚	10 15 戌庚	9 16 巳辛	8 17 亥辛
十五	1 13 辰庚	12 14 戌庚	11 15 巳辛	10 16 亥辛	9 17 午壬	8 18 子壬
十六	1 14 巳辛	12 15 亥辛	11 16 午壬	10 17 子壬	9 18 未癸	8 19 丑癸
十七	1 15 午壬	12 16 子壬	11 17 未癸	10 18 丑癸	9 19 申甲	8 20 寅甲
十八	1 16 未癸	12 17 丑癸	11 18 申甲	10 19 寅甲	9 20 酉乙	8 21 卯乙
十九	1 17 申甲	12 18 寅甲	11 19 酉乙	10 20 卯乙	9 21 戌丙	8 22 辰丙
二十	1 18 酉乙	12 19 卯乙	11 20 戌丙	10 21 辰丙	9 22 亥丁	8 23 巳丁
廿一	1 19 戌丙	12 20 辰丙	11 21 亥丁	10 22 巳丁	9 23 子戊	8 24 午戊
廿二	1 20 亥丁	12 21 巳丁	11 22 子戊	10 23 午戊	9 24 丑己	8 25 未己
廿三	1 21 子戊	12 22 午戊	11 23 丑己	10 24 未己	9 25 寅庚	8 26 申庚
廿四	1 22 丑己	12 23 未己	11 24 寅庚	10 25 申庚	9 26 卯辛	8 27 酉辛
廿五	1 23 寅庚	12 24 申庚	11 25 卯辛	10 26 酉辛	9 27 辰壬	8 28 戌壬
廿六	1 24 卯辛	12 25 酉辛	11 26 辰壬	10 27 戌壬	9 28 巳癸	8 29 亥癸
廿七	1 25 辰壬	12 26 戌壬	11 27 巳癸	10 28 亥癸	9 29 午甲	8 30 子甲
廿八	1 26 巳癸	12 27 亥癸	11 28 午甲	10 29 子甲	9 30 未乙	8 31 丑乙
廿九	1 27 午甲	12 28 子甲	11 29 未乙	10 30 丑乙	10 1 申丙	9 1 寅丙
三十		12 29 丑乙		10 31 寅丙		9 2 卯丁

中華民國六十八年　歲次己未

西曆一九七九年　太歲姓傅名稅　肖羊

月別	正月大		二月小		三月小		四月大		五月小		六月大	
干支	丙寅		丁卯		戊辰		己巳		庚午		辛未	
九星	五黃		四綠		三碧		二黑		一白		九紫	
節氣	初八 立春 18時13分 酉時	廿三 雨水 14時14分 未時	初八 驚蟄 12時20分 午時	廿三 春分 13時22分 未時	初九 清明 17時18分 酉時	廿五 穀雨 0時36分 子時	十一 立夏 10時47分 巳時	廿六 小滿 23時54分 夜子	二十 芒種 15時5分 申時	廿八 夏至 7時56分 辰時	十五 小暑 1時25分 丑時	三十 大暑 18時49分 酉時
農曆	干支	國曆	干支	國曆	干支	國曆	干支	國曆	干支	國曆	干支	國曆
初一	乙未	**1 28**	乙丑	2 27	甲午	3 28	癸亥	4 26	癸巳	5 26	壬戌	**6 24**
初二	丙申	1 29	丙寅	2 28	乙未	3 29	甲子	4 27	甲午	**5 27**	癸亥	6 25
初三	丁酉	1 30	丁卯	3 1	丙申	3 30	乙丑	4 28	乙未	5 28	甲子	6 26
初四	戊戌	1 31	戊辰	3 2	丁酉	3 31	丙寅	**4 29**	丙申	5 29	乙丑	6 27
初五	己亥	2 1	己巳	3 3	戊戌	**4 1**	丁卯	4 30	丁酉	5 30	丙寅	6 28
初六	庚子	2 2	庚午	**3 4**	己亥	4 2	戊辰	5 1	戊戌	5 31	丁卯	6 29
初七	辛丑	2 3	辛未	3 5	庚子	4 3	己巳	5 2	己亥	6 1	戊辰	6 30
初八	壬寅	**2 4**	壬申	3 6	辛丑	4 4	庚午	5 3	庚子	6 2	己巳	**7 1**
初九	癸卯	2 5	癸酉	3 7	壬寅	4 5	辛未	5 4	辛丑	**6 3**	庚午	7 2
初十	甲辰	2 6	甲戌	3 8	癸卯	4 6	壬申	5 5	壬寅	6 4	辛未	7 3
十一	乙巳	2 7	乙亥	3 9	甲辰	4 7	癸酉	**5 6**	癸卯	6 5	壬申	7 4
十二	丙午	2 8	丙子	3 10	乙巳	**4 8**	甲戌	5 7	甲辰	6 6	癸酉	7 5
十三	丁未	2 9	丁丑	**3 11**	丙午	4 9	乙亥	5 8	乙巳	6 7	甲戌	7 6
十四	戊申	2 10	戊寅	3 12	丁未	4 10	丙子	5 9	丙午	6 8	乙亥	7 7
十五	己酉	**2 11**	己卯	3 13	戊申	4 11	丁丑	5 10	丁未	6 9	丙子	**7 8**
十六	庚戌	2 12	庚辰	3 14	己酉	4 12	戊寅	5 11	戊申	**6 10**	丁丑	7 9
十七	辛亥	2 13	辛巳	3 15	庚戌	4 13	己卯	5 12	己酉	6 11	戊寅	7 10
十八	壬子	2 14	壬午	3 16	辛亥	4 14	庚辰	**5 13**	庚戌	6 12	己卯	7 11
十九	癸丑	2 15	癸未	3 17	壬子	**4 15**	辛巳	5 14	辛亥	6 13	庚辰	7 12
二十	甲寅	2 16	甲申	**3 18**	癸丑	4 16	壬午	5 15	壬子	6 14	辛巳	7 13
廿一	乙卯	2 17	乙酉	3 19	甲寅	4 17	癸未	5 16	癸丑	6 15	壬午	7 14
廿二	丙辰	**2 18**	丙戌	3 20	乙卯	4 18	甲申	5 17	甲寅	6 16	癸未	**7 15**
廿三	丁巳	2 19	丁亥	3 21	丙辰	4 19	乙酉	5 18	乙卯	**6 17**	甲申	7 16
廿四	戊午	2 20	戊子	3 22	丁巳	4 20	丙戌	5 19	丙辰	6 18	乙酉	7 17
廿五	己未	2 21	己丑	3 23	戊午	4 21	丁亥	**5 20**	丁巳	6 19	丙戌	7 18
廿六	庚申	2 22	庚寅	3 24	己未	**4 22**	戊子	5 21	戊午	6 20	丁亥	7 19
廿七	辛酉	2 23	辛卯	**3 25**	庚申	4 23	己丑	5 22	己未	6 21	戊子	7 20
廿八	壬戌	2 24	壬辰	3 26	辛酉	4 24	庚寅	5 23	庚申	6 22	己丑	7 21
廿九	癸亥	**2 25**	癸巳	3 27	壬戌	4 25	辛卯	5 24	辛酉	6 23	庚寅	**7 22**
三十	甲子	2 26					壬辰	5 25			辛卯	7 23

月別	小月二十	大月一十	小 月 十	大 月 九	大 月 八	小 月 七	大月六閏
干支	丑 丁	子 丙	亥 乙	戌 甲	酉 癸	申 壬	
九星	碧 三	綠 四	黃 五	白 六	赤 七	白 八	
節氣	九十 四初 0立 5大 時春 時寒 10子 49卯 分時 分時	九十 四初 12小 19冬 時寒 時至 29午 10戌 分時 分時	九十 四初 1大 5小 時雪 時雪 18丑 54卯 分時 分時	九十 四初 8立 8霜 時冬 時降 33辰 28辰 分時 分時	九十 三初 5寒 23秋 時露 時分 30卯 17夜 分時 分子	七十 二初 14白 1處 時露 時暑 0未 47丑 分時 分時	六 十 11 立 時 秋 11 午 分 時
農曆	曆國 支干	曆國 支干	曆國 支干	曆國 支干	曆國 支干	曆國 支干	曆國 支干
初一	1 18寅庚	12 19申庚	11 20卯辛	10 21酉辛	9 21卯辛	8 23戌壬	7 24辰壬
初二	1 19卯辛	12 20酉辛	11 21辰壬	10 22戌壬	9 22辰壬	8 24亥癸	7 25巳癸
初三	1 20辰壬	12 21戌壬	11 22巳癸	10 23亥癸	9 23巳癸	8 25子甲	7 26午甲
初四	1 21巳癸	12 22亥癸	11 23午甲	10 24子甲	9 24午甲	8 26丑乙	7 27未乙
初五	1 22午甲	12 23子甲	11 24未乙	10 25丑乙	9 25未乙	8 27寅丙	7 28申丙
初六	1 23未乙	12 24丑乙	11 25申丙	10 26寅丙	9 26申丙	8 28卯丁	7 29酉丁
初七	1 24申丙	12 25寅丙	11 26酉丁	10 27卯丁	9 27酉丁	8 29辰戊	7 30戌戊
初八	1 25酉丁	12 26卯丁	11 27戌戊	10 28辰戊	9 28戌戊	8 30巳己	7 31亥己
初九	1 26戌戊	12 27辰戊	11 28亥己	10 29巳己	9 29亥己	8 31午庚	8 1子庚
初十	1 27亥己	12 28巳己	11 29子庚	10 30午庚	9 30子庚	9 1未辛	8 2丑辛
十一	1 28子庚	12 29午庚	11 30丑辛	10 31未辛	10 1丑辛	9 2申壬	8 3寅壬
十二	1 29丑辛	12 30未辛	12 1寅壬	11 1申壬	10 2寅壬	9 3酉癸	8 4卯癸
十三	1 30寅壬	12 31申壬	12 2卯癸	11 2酉癸	10 3卯癸	9 4戌甲	8 5辰甲
十四	1 31卯癸	1 1酉癸	12 3辰甲	11 3戌甲	10 4辰甲	9 5亥乙	8 6巳乙
十五	2 1辰甲	1 2戌甲	12 4巳乙	11 4亥乙	10 5巳乙	9 6子丙	8 7午丙
十六	2 2巳乙	1 3亥乙	12 5午丙	11 5子丙	10 6午丙	9 7丑丁	8 8未丁
十七	2 3午丙	1 4子丙	12 6未丁	11 6丑丁	10 7未丁	9 8寅戊	8 9申戊
十八	2 4未丁	1 5丑丁	12 7申戊	11 7寅戊	10 8申戊	9 9卯己	8 10酉己
十九	2 5申戊	1 6寅戊	12 8酉己	11 8卯己	10 9酉己	9 10辰庚	8 11戌庚
二十	2 6酉己	1 7卯己	12 9戌庚	11 9辰庚	10 10戌庚	9 11巳辛	8 12亥辛
廿一	2 7戌庚	1 8辰庚	12 10亥辛	11 10巳辛	10 11亥辛	9 12午壬	8 13子壬
廿二	2 8亥辛	1 9巳辛	12 11子壬	11 11午壬	10 12子壬	9 13未癸	8 14丑癸
廿三	2 9子壬	1 10午壬	12 12丑癸	11 12未癸	10 13丑癸	9 14申甲	8 15寅甲
廿四	2 10丑癸	1 11未癸	12 13寅甲	11 13申甲	10 14寅甲	9 15酉乙	8 16卯乙
廿五	2 11寅甲	1 12申甲	12 14卯乙	11 14酉乙	10 15卯乙	9 16戌丙	8 17辰丙
廿六	2 12卯乙	1 13酉乙	12 15辰丙	11 15戌丙	10 16辰丙	9 17亥丁	8 18巳丁
廿七	2 13辰丙	1 14戌丙	12 16巳丁	11 16亥丁	10 17巳丁	9 18子戊	8 19午戊
廿八	2 14巳丁	1 15亥丁	12 17午戊	11 17子戊	10 18午戊	9 19丑己	8 20未己
廿九	2 15午戊	1 16子戊	12 18未己	11 18丑己	10 19未己	9 20寅庚	8 21申庚
三十		1 17丑己		11 19寅庚	10 20申庚		8 22酉辛

中華民國六十九年 歲次庚申

西曆一九八〇年 太歲姓毛名倖 肖猴

月別	正月大		二月小		三月小		四月大		五月小		六月大	
干支	戊寅		己卯		庚辰		辛巳		壬午		癸未	
九星	二黑		一白		九紫		八白		七赤		六白	
節氣	初四 雨水 20時2分戌時	十九 驚蟄 18時17分酉時	初四 春分 19時10分戌時	十九 清明 23時15分夜子	初六 穀雨 6時23分卯時	廿一 立夏 16時45分申時	初八 小滿 5時42分卯時	廿三 芒種 21時14分亥時	初九 夏至 13時47分未時	廿五 小暑 7時24分辰時	初十 大暑 0時42分子時	廿七 立秋 17時9分酉時
農曆	干支	國曆	干支	國曆	干支	國曆	干支	國曆	干支	國曆	干支	國曆
初一	己未	2 16	己丑	3 17	戊午	4 15	丁亥	5 14	丁巳	6 13	丙戌	7 12
初二	庚申	**2 17**	庚寅	3 18	己未	4 16	戊子	5 15	戊午	6 14	丁亥	**7 13**
初三	辛酉	2 18	辛卯	3 19	庚申	4 17	己丑	5 16	己未	**6 15**	戊子	7 14
初四	壬戌	2 19	壬辰	3 20	辛酉	4 18	庚寅	5 17	庚申	6 16	己丑	7 15
初五	癸亥	2 20	癸巳	3 21	壬戌	4 19	辛卯	**5 18**	辛酉	6 17	庚寅	7 16
初六	甲子	2 21	甲午	3 22	癸亥	**4 20**	壬辰	5 19	壬戌	6 18	辛卯	7 17
初七	乙丑	2 22	乙未	**3 23**	甲子	4 21	癸巳	5 20	癸亥	6 19	壬辰	7 18
初八	丙寅	2 23	丙申	3 24	乙丑	4 22	甲午	5 21	甲子	6 20	癸巳	7 19
初九	丁卯	**2 24**	丁酉	3 25	丙寅	4 23	乙未	5 22	乙丑	6 21	甲午	**7 20**
初十	戊辰	2 25	戊戌	3 26	丁卯	4 24	丙申	5 23	丙寅	**6 22**	乙未	7 21
十一	己巳	2 26	己亥	3 27	戊辰	4 25	丁酉	5 24	丁卯	6 23	丙申	7 22
十二	庚午	2 27	庚子	3 28	己巳	4 26	戊戌	**5 25**	戊辰	6 24	丁酉	7 23
十三	辛未	2 28	辛丑	3 29	庚午	**4 27**	己亥	5 26	己巳	6 25	戊戌	7 24
十四	壬申	2 29	壬寅	**3 30**	辛未	4 28	庚子	5 27	庚午	6 26	己亥	7 25
十五	癸酉	3 1	癸卯	3 31	壬申	4 29	辛丑	5 28	辛未	6 27	庚子	7 26
十六	甲戌	**3 2**	甲辰	4 1	癸酉	4 30	壬寅	5 29	壬申	6 28	辛丑	**7 27**
十七	乙亥	3 3	乙巳	4 2	甲戌	5 1	癸卯	5 30	癸酉	**6 29**	壬寅	7 28
十八	丙子	3 4	丙午	4 3	乙亥	5 2	甲辰	5 31	甲戌	6 30	癸卯	7 29
十九	丁丑	3 5	丁未	4 4	丙子	5 3	乙巳	**6 1**	乙亥	7 1	甲辰	7 30
二十	戊寅	3 6	戊申	4 5	丁丑	**5 4**	丙午	6 2	丙子	7 2	乙巳	7 31
廿一	己卯	3 7	己酉	**4 6**	戊寅	5 5	丁未	6 3	丁丑	7 3	丙午	8 1
廿二	庚辰	3 8	庚戌	4 7	己卯	5 6	戊申	6 4	戊寅	7 4	丁未	8 2
廿三	辛巳	**3 9**	辛亥	4 8	庚辰	5 7	己酉	6 5	己卯	7 5	戊申	**8 3**
廿四	壬午	3 10	壬子	4 9	辛巳	5 8	庚戌	6 6	庚辰	**7 6**	己酉	8 4
廿五	癸未	3 11	癸丑	4 10	壬午	5 9	辛亥	6 7	辛巳	7 7	庚戌	8 5
廿六	甲申	3 12	甲寅	4 11	癸未	5 10	壬子	**6 8**	壬午	7 8	辛亥	8 6
廿七	乙酉	3 13	乙卯	4 12	甲申	**5 11**	癸丑	6 9	癸未	7 9	壬子	8 7
廿八	丙戌	3 14	丙辰	**4 13**	乙酉	5 12	甲寅	6 10	甲申	7 10	癸丑	8 8
廿九	丁亥	3 15	丁巳	4 14	丙戌	5 13	乙卯	6 11	乙酉	7 11	甲寅	8 9
三十	戊子	**3 16**					丙辰	6 12			乙卯	**8 10**

月別	大月二十		大月一十		小月十		大月九		大月八		小月七	
干支	丑	己	子	戊	亥	丁	戌	丙	酉	乙	申	甲
九星	紫	九	白	一	黑	二	碧	三	綠	四	黃	五
節	十三	五十	十三	六十	一初	五十	十三	五十	十三	五十	八廿	三十
氣	5立 時春 56卯 分時	11大 時寒 37午 分時	18小 時寒 13酉 分時	0冬 時至 56子 分時	7大 時雪 2辰 分時	11小 時雪 42午 分時	14立 時冬 19未 分時	14霜 時降 18未 分時	11寒 時露 20午 分時	5秋 時分 9卯 分時	19白 時露 54戌 分時	7處 時暑 41辰 分時
農曆	曆國	支干	曆國	支干	曆國	支干	曆國	支干	曆國	支干	曆國	支干
初一	1 6	申甲	12 7	寅甲	11 8	酉乙	10 9	卯乙	9 9	酉乙	8 11	辰丙
初二	1 7	酉乙	12 8	卯乙	11 9	戌丙	10 10	辰丙	9 10	戌丙	8 12	巳丁
初三	1 8	戌丙	12 9	辰丙	11 10	亥丁	10 11	巳丁	9 11	亥丁	8 13	午戊
初四	1 9	亥丁	12 10	巳丁	11 11	子戊	10 12	午戊	9 12	子戊	8 14	未己
初五	1 10	子戊	12 11	午戊	11 12	丑己	10 13	未己	9 13	丑己	8 15	申庚
初六	1 11	丑己	12 12	未己	11 13	寅庚	10 14	申庚	9 14	寅庚	8 16	酉辛
初七	1 12	寅庚	12 13	申庚	11 14	卯辛	10 15	酉辛	9 15	卯辛	8 17	戌壬
初八	1 13	卯辛	12 14	酉辛	11 15	辰壬	10 16	戌壬	9 16	辰壬	8 18	亥癸
初九	1 14	辰壬	12 15	戌壬	11 16	巳癸	10 17	亥癸	9 17	巳癸	8 19	子甲
初十	1 15	巳癸	12 16	亥癸	11 17	午甲	10 18	子甲	9 18	午甲	8 20	丑乙
十一	1 16	午甲	12 17	子甲	11 18	未乙	10 19	丑乙	9 19	未乙	8 21	寅丙
十二	1 17	未乙	12 18	丑乙	11 19	申丙	10 20	寅丙	9 20	申丙	8 22	卯丁
十三	1 18	申丙	12 19	寅丙	11 20	酉丁	10 21	卯丁	9 21	酉丁	8 23	辰戊
十四	1 19	酉丁	12 20	卯丁	11 21	戌戊	10 22	辰戊	9 22	戌戊	8 24	巳己
十五	1 20	戌戊	12 21	辰戊	11 22	亥己	10 23	巳己	9 23	亥己	8 25	午庚
十六	1 21	亥己	12 22	巳己	11 23	子庚	10 24	午庚	9 24	子庚	8 26	未辛
十七	1 22	子庚	12 23	午庚	11 24	丑辛	10 25	未辛	9 25	丑辛	8 27	申壬
十八	1 23	丑辛	12 24	未辛	11 25	寅壬	10 26	申壬	9 26	寅壬	8 28	酉癸
十九	1 24	寅壬	12 25	申壬	11 26	卯癸	10 27	酉癸	9 27	卯癸	8 29	戌甲
二十	1 25	卯癸	12 26	酉癸	11 27	辰甲	10 28	戌甲	9 28	辰甲	8 30	亥乙
廿一	1 26	辰甲	12 27	戌甲	11 28	巳乙	10 29	亥乙	9 29	巳乙	8 31	子丙
廿二	1 27	巳乙	12 28	亥乙	11 29	午丙	10 30	子丙	9 30	午丙	9 1	丑丁
廿三	1 28	午丙	12 29	子丙	11 30	未丁	10 31	丑丁	10 1	未丁	9 2	寅戊
廿四	1 29	未丁	12 30	丑丁	12 1	申戊	11 1	寅戊	10 2	申戊	9 3	卯己
廿五	1 30	申戊	12 31	寅戊	12 2	酉己	11 2	卯己	10 3	酉己	9 4	辰庚
廿六	1 31	酉己	1 1	卯己	12 3	戌庚	11 3	辰庚	10 4	戌庚	9 5	巳辛
廿七	2 1	戌庚	1 2	辰庚	12 4	亥辛	11 4	巳辛	10 5	亥辛	9 6	午壬
廿八	2 2	亥辛	1 3	巳辛	12 5	子壬	11 5	午壬	10 6	子壬	9 7	未癸
廿九	2 3	子壬	1 4	午壬	12 6	丑癸	11 6	未癸	10 7	丑癸	9 8	申甲
三十	2 4	丑癸	1 5	未癸			11 7	申甲	10 8	寅甲		

中華民國七十年

歲次 辛酉

西曆一九八一年

太歲 姓文名政

肖鷄

月別	正月小	二月大	三月小	四月小	五月大	六月小
干支	庚寅	辛卯	壬辰	癸巳	甲午	乙未
九星	八白	七赤	六白	五黃	四綠	三碧
節氣	十五 雨水 1時52分 卯時	初一 驚蟄 0時5分 子時 十六 春分 0時3分 子時	初一 清明 5時5分 卯時 十六 穀雨 12時19分 午時	初二 立夏 22時35分 亥時 十八 小滿 11時39分 午時	初五 芒種 2時53分 丑時 二十 夏至 19時45分 戌時	初六 小暑 13時12分 未時 廿二 大暑 6時40分 卯時
農曆	干支 國曆	干支 國曆	干支 國曆	干支 國曆	干支 國曆	干支 國曆
初一	甲寅 2 5	癸未 3 6	癸丑 4 5	壬午 5 4	辛亥 6 2	辛巳 7 2
初二	乙卯 2 6	甲申 3 7	甲寅 4 6	癸未 5 5	壬子 6 3	壬午 7 3
初三	丙辰 2 7	乙酉 3 8	乙卯 4 7	甲申 5 6	癸丑 6 4	癸未 7 4
初四	丁巳 2 8	丙戌 3 9	丙辰 4 8	乙酉 5 7	甲寅 6 5	甲申 7 5
初五	戊午 2 9	丁亥 3 10	丁巳 4 9	丙戌 5 8	乙卯 6 6	乙酉 7 6
初六	己未 2 10	戊子 3 11	戊午 4 10	丁亥 5 9	丙辰 6 7	丙戌 7 7
初七	庚申 2 11	己丑 3 12	己未 4 11	戊子 5 10	丁巳 6 8	丁亥 7 8
初八	辛酉 2 12	庚寅 3 13	庚申 4 12	己丑 5 11	戊午 6 9	戊子 7 9
初九	壬戌 2 13	辛卯 3 14	辛酉 4 13	庚寅 5 12	己未 6 10	己丑 7 10
初十	癸亥 2 14	壬辰 3 15	壬戌 4 14	辛卯 5 13	庚申 6 11	庚寅 7 11
十一	甲子 2 15	癸巳 3 16	癸亥 4 15	壬辰 5 14	辛酉 6 12	辛卯 7 12
十二	乙丑 2 16	甲午 3 17	甲子 4 16	癸巳 5 15	壬戌 6 13	壬辰 7 13
十三	丙寅 2 17	乙未 3 18	乙丑 4 17	甲午 5 16	癸亥 6 14	癸巳 7 14
十四	丁卯 2 18	丙申 3 19	丙寅 4 18	乙未 5 17	甲子 6 15	甲午 7 15
十五	戊辰 2 19	丁酉 3 20	丁卯 4 19	丙申 5 18	乙丑 6 16	乙未 7 16
十六	己巳 2 20	戊戌 3 21	戊辰 4 20	丁酉 5 19	丙寅 6 17	丙申 7 17
十七	庚午 2 21	己亥 3 22	己巳 4 21	戊戌 5 20	丁卯 6 18	丁酉 7 18
十八	辛未 2 22	庚子 3 23	庚午 4 22	己亥 5 21	戊辰 6 19	戊戌 7 19
十九	壬申 2 23	辛丑 3 24	辛未 4 23	庚子 5 22	己巳 6 20	己亥 7 20
二十	癸酉 2 24	壬寅 3 25	壬申 4 24	辛丑 5 23	庚午 6 21	庚子 7 21
廿一	甲戌 2 25	癸卯 3 26	癸酉 4 25	壬寅 5 24	辛未 6 22	辛丑 7 22
廿二	乙亥 2 26	甲辰 3 27	甲戌 4 26	癸卯 5 25	壬申 6 23	壬寅 7 23
廿三	丙子 2 27	乙巳 3 28	乙亥 4 27	甲辰 5 26	癸酉 6 24	癸卯 7 24
廿四	丁丑 2 28	丙午 3 29	丙子 4 28	乙巳 5 27	甲戌 6 25	甲辰 25
廿五	戊寅 3 1	丁未 3 30	丁丑 4 29	丙午 5 28	乙亥 6 26	乙巳 26
廿六	己卯 3 2	戊申 3 31	戊寅 4 30	丁未 5 29	丙子 6 27	丙午 7 27
廿七	庚辰 3 3	己酉 4 1	己卯 5 1	戊申 5 30	丁丑 6 28	丁未 7
廿八	辛巳 3 4	庚戌 4 2	庚辰 5 2	己酉 5 31	戊寅 6 29	戊申 7 29
廿九	壬午 3 5	辛亥 4 3	辛巳 5 3	庚戌 6 1	己卯 6 30	己酉 7 30
三十		壬子 4 4			庚辰 7 1	

月別	大月二十	大月一十	小月十	大月九	大月八	小月七
干支	丑 辛	子 庚	亥 己	戌 戊	酉 丁	申 丙
九星	白 六	赤 七	白 八	紫 九	白 一	黑 二
節氣	六廿 二十 17大 0小 時寒 時寒 30酉 3子 分時 分時	七廿 二十 6冬 12大 時至 時雪 51卯 52午 分時 分時	六廿 一十 17小 20立 時雪 時冬 36酉 9戌 分時 分時	六廿 一十 20霜 17寒 時降 時露 13戌 10酉 分時 分時	六廿 一十 10秋 1白 時分 時露 6巳 43丑 分時 分時	四廿 八初 13處 22立 時暑 時秋 38未 57夜 分時 分子
農曆	曆國支干	曆國支干	曆國支干	曆國支干	曆國支干	曆國支干
初一	12 26 寅戊	11 26 申戊	10 28 卯己	9 28 酉己	8 29 卯己	7 31 戌庚
初二	12 27 卯己	11 27 酉己	10 29 辰庚	9 29 戌庚	8 30 辰庚	8 1 亥辛
初三	12 28 辰庚	11 28 戌庚	10 30 巳辛	9 30 亥辛	8 31 巳辛	8 2 子壬
初四	12 29 巳辛	11 29 亥辛	10 31 午壬	10 1 子壬	9 1 午壬	8 3 丑癸
初五	12 30 午壬	11 30 子壬	11 1 未癸	10 2 丑癸	9 2 未癸	8 4 寅甲
初六	12 31 未癸	12 1 丑癸	11 2 申甲	10 3 寅甲	9 3 申甲	8 5 卯乙
初七	1 1 申甲	12 2 寅甲	11 3 酉乙	10 4 卯乙	9 4 酉乙	8 6 辰丙
初八	1 2 酉乙	12 3 卯乙	11 4 戌丙	10 5 辰丙	9 5 戌丙	8 7 巳丁
初九	1 3 戌丙	12 4 辰丙	11 5 亥丁	10 6 巳丁	9 6 亥丁	8 8 午戊
初十	1 4 亥丁	12 5 巳丁	11 6 子戊	10 7 午戊	9 7 子戊	8 9 未己
十一	1 5 子戊	12 6 午戊	11 7 丑己	10 8 未己	9 8 丑己	8 10 申庚
十二	1 6 丑己	12 7 未己	11 8 寅庚	10 9 申庚	9 9 寅庚	8 11 酉辛
十三	1 7 寅庚	12 8 申庚	11 9 卯辛	10 10 酉辛	9 10 卯辛	8 12 戌壬
十四	1 8 卯辛	12 9 酉辛	11 10 辰壬	10 11 戌壬	9 11 辰壬	8 13 亥癸
十五	1 9 辰壬	12 10 戌壬	11 11 巳癸	10 12 亥癸	9 12 巳癸	8 14 子甲
十六	1 10 巳癸	12 11 亥癸	11 12 午甲	10 13 子甲	9 13 午甲	8 15 丑乙
十七	1 11 午甲	12 12 子甲	11 13 未乙	10 14 丑乙	9 14 未乙	8 16 寅丙
十八	1 12 未乙	12 13 丑乙	11 14 申丙	10 15 寅丙	9 15 申丙	8 17 卯丁
十九	1 13 申丙	12 14 寅丙	11 15 酉丁	10 16 卯丁	9 16 酉丁	8 18 辰戊
二十	1 14 酉丁	12 15 卯丁	11 16 戌戊	10 17 辰戊	9 17 戌戊	8 19 巳己
廿一	1 15 戌戊	12 16 辰戊	11 17 亥己	10 18 巳己	9 18 亥己	8 20 午庚
廿二	1 16 亥己	12 17 巳己	11 18 子庚	10 19 午庚	9 19 子庚	8 21 未辛
廿三	1 17 子庚	12 18 午庚	11 19 丑辛	10 20 未辛	9 20 丑辛	8 22 申壬
廿四	1 18 丑辛	12 19 未辛	11 20 寅壬	10 21 申壬	9 21 寅壬	8 23 酉癸
廿五	1 19 寅壬	12 20 申壬	11 21 卯癸	10 22 酉癸	9 22 卯癸	8 24 戌甲
廿六	1 20 卯癸	12 21 酉癸	11 22 辰甲	10 23 戌甲	9 23 辰甲	8 25 亥乙
廿七	1 21 辰甲	12 22 戌甲	11 23 巳乙	10 24 亥乙	9 24 巳乙	8 26 子丙
廿八	1 22 巳乙	12 23 亥乙	11 24 午丙	10 25 子丙	9 25 午丙	8 27 丑丁
廿九	1 23 午丙	12 24 子丙	11 25 未丁	10 26 丑丁	9 26 未丁	8 28 寅戊
三十	1 24 未丁	12 25 丑丁		10 27 寅戊	9 27 申戊	

中華民國七十一年

歲次 壬戌

西曆一九八二年

太歲姓洪名范

肖狗

小 月六	大 月五	小月四閏	小 月四	大 月三	小 月二	大 月正	月別
未 丁	午 丙		巳 乙	辰 甲	卯 癸	寅 壬	干支
紫 九	白 一		黑 二	碧 三	綠 四	黃 五	九星
九十 三初 4立 12大 時秋 時暑 4辰 16午 分時 分時	七十 二初 18小 1夏 時暑 時至 55戌 23丑 分時 分時	五 十 8 芒 時 種 36 辰 分 時	八廿 三十 17小 4立 時滿 時夏 22酉 21寅 分時 分時	七廿 二十 18穀 10清 時雨 時明 9酉 54巳 分時 分時	六廿 一十 6春 5驚 時分 時蟄 56卯 57卯 分時 分時	六廿 一十 7雨 11立 時水 時春 47辰 46午 分時 分時	節 氣
曆國支干	曆國支干	曆國支干	曆國支干	曆國支干	曆國支干	曆國支干	曆農
7 21巳乙	6 21亥乙	**5 23**午丙	4 24丑丁	3 25未丁	2 24寅戊	1 25申戊	一初
7 22午丙	6 22子丙	5 24未丁	**4 25**寅戊	3 26申戊	2 25卯己	1 26酉己	二初
7 23未丁	6 23丑丁	5 25申戊	4 26卯己	3 27酉己	2 26辰庚	1 27戌庚	三初
7 24申戊	6 24寅戊	5 26酉己	4 27辰庚	**3 28**戌庚	2 27巳辛	1 28亥辛	四初
7 25酉己	6 25卯己	5 27戌庚	4 28巳辛	3 29亥辛	**2 28**午壬	1 29子壬	五初
7 26戌庚	6 26辰庚	5 28亥辛	4 29午壬	3 30子壬	3 1未癸	1 30丑癸	六初
7 27亥辛	**6 27**巳辛	5 29子壬	4 30未癸	3 31丑癸	3 2申甲	**1 31**寅甲	七初
7 28子壬	6 28午壬	**5 30**丑癸	5 1申甲	4 1寅甲	3 3酉乙	2 1卯乙	八初
7 29丑癸	6 29未癸	5 31寅甲	**5 2**酉乙	4 2卯乙	3 4戌丙	2 2辰丙	九初
7 30寅甲	6 30申甲	6 1卯乙	5 3戌丙	4 3辰丙	3 5亥丁	2 3巳丁	十初
7 31卯乙	7 1酉乙	6 2辰丙	5 4亥丁	**4 4**巳丁	3 6子戊	2 4午戊	一十
8 1辰丙	7 2戌丙	6 3巳丁	5 5子戊	4 5午戊	**3 7**丑己	2 5未己	二十
8 2巳丁	7 3亥丁	6 4午戊	5 6丑己	4 6未己	3 8寅庚	2 6申庚	三十
8 3午戊	**7 4**子戊	6 5未己	5 7寅庚	4 7申庚	3 9卯辛	**2 7**酉辛	四十
8 4未己	7 5丑己	**6 6**申庚	5 8卯辛	4 8酉辛	3 10辰壬	2 8戌壬	五十
8 5申庚	7 6寅庚	6 7酉辛	**5 9**辰壬	4 9戌壬	3 11巳癸	2 9亥癸	六十
8 6酉辛	7 7卯辛	6 8戌壬	5 10巳癸	4 10亥癸	3 12午甲	2 10子甲	七十
8 7戌壬	7 8辰壬	6 9亥癸	5 11午甲	**4 11**子甲	3 13未乙	2 11丑乙	八十
8 8亥癸	7 9巳癸	6 10子甲	5 12未乙	4 12丑乙	**3 14**申丙	2 12寅丙	九十
8 9子甲	7 10午甲	6 11丑乙	5 13申丙	4 13寅丙	3 15酉丁	2 13卯丁	十二
8 10丑乙	**7 11**未乙	6 12寅丙	5 14酉丁	4 14卯丁	3 16戌戊	**2 14**辰戊	一廿
8 11寅丙	7 12申丙	**6 13**卯丁	5 15戌戊	4 15辰戊	3 17亥己	2 15巳己	二廿
8 12卯丁	7 13酉丁	6 14辰戊	**5 16**亥己	4 16巳己	3 18子庚	2 16午庚	三廿
8 13辰戊	7 14戌戊	6 15巳己	5 17子庚	4 17午庚	3 19丑辛	2 17未辛	四廿
8 14巳己	7 15亥己	6 16午庚	5 18丑辛	**4 18**未辛	3 20寅壬	2 18申壬	五廿
8 15午庚	7 16子庚	6 17未辛	5 19寅壬	4 19申壬	**3 21**卯癸	2 19酉癸	六廿
8 16未辛	7 17丑辛	6 18申壬	5 20卯癸	4 20酉癸	3 22辰甲	2 20戌甲	七廿
8 17申壬	**7 18**寅壬	6 19酉癸	5 21辰甲	4 21戌甲	3 23巳乙	**2 21**亥乙	八廿
8 18酉癸	7 19卯癸	**6 20**戌甲	5 22巳乙	4 22亥乙	3 24午丙	2 22子丙	九廿
	7 20辰甲			4 23子丙		2 23丑丁	十三

月別	大月二十	大月一十	大 月 十	小 月九	大 月八	小 月七
干支	丑 癸	子 壬	亥 辛	戌 庚	酉 己	申 戊
九星	碧 三	綠 四	黃 五	白 六	赤 七	白 八
節氣	二廿 七初 17立 23大 時春 時寒 35酉 4夜 分時 時子	三廿 八初 5小 12冬 時寒 時至 53卯 39午 分時 分時	三廿 八初 18大 23小 時雪 時雪 48酉 24夜 分時 分子	三廿 八初 2立 1霜 時冬 時降 4丑 59丑 分時 分時	二廿 七初 23寒 16秋 時露 時分 2夜 47申 分子 分時	一廿 五初 7白 19處 時露 時暑 32辰 15戌 分時 分時
農曆	暦國 支干	暦國 支干	暦國 支干	暦國 支干	暦國 支干	暦國 支干
初一	1 14 寅壬	12 15 申壬	11 15 寅壬	**10 17** 酉癸	9 17 卯癸	8 19 戌甲
初二	1 15 卯癸	12 16 酉癸	11 16 卯癸	10 18 戌甲	9 18 辰甲	8 20 亥乙
初三	**1 16** 辰甲	12 17 戌甲	11 17 辰甲	10 19 亥乙	**9 19** 巳乙	8 21 子丙
初四	1 17 巳乙	12 18 亥乙	11 18 巳乙	10 20 子丙	9 20 午丙	**8 22** 丑丁
初五	1 18 午丙	**12 19** 子丙	11 19 午丙	10 21 丑丁	9 21 未丁	8 23 寅戊
初六	1 19 未丁	12 20 丑丁	11 20 未丁	10 22 寅戊	9 22 申戊	8 24 卯己
初七	1 20 申戊	12 21 寅戊	**11 21** 申戊	10 23 卯己	9 23 酉己	8 25 辰庚
初八	1 21 酉己	12 22 卯己	11 22 酉己	**10 24** 辰庚	9 24 戌庚	8 26 巳辛
初九	1 22 戌庚	12 23 辰庚	11 23 戌庚	10 25 巳辛	9 25 亥辛	8 27 午壬
初十	**1 23** 亥辛	12 24 巳辛	11 24 亥辛	10 26 午壬	**9 26** 子壬	8 28 未癸
十一	1 24 子壬	12 25 午壬	11 25 子壬	10 27 未癸	9 27 丑癸	**8 29** 申甲
十二	1 25 丑癸	**12 26** 未癸	11 26 丑癸	10 28 申甲	9 28 寅甲	8 30 酉乙
十三	1 26 寅甲	12 27 申甲	11 27 寅甲	10 29 酉乙	9 29 卯乙	8 31 戌丙
十四	1 27 卯乙	12 28 酉乙	**11 28** 卯乙	10 30 戌丙	9 30 辰丙	9 1 亥丁
十五	1 28 辰丙	12 29 戌丙	11 29 辰丙	**10 31** 亥丁	10 1 巳丁	9 2 子戊
十六	1 29 巳丁	12 30 亥丁	11 30 巳丁	11 1 子戊	10 2 午戊	9 3 丑己
十七	**1 30** 午戊	12 31 子戊	12 1 午戊	11 2 丑己	**10 3** 未己	9 4 寅庚
十八	1 31 未己	1 1 丑己	12 2 未己	11 3 寅庚	10 4 申庚	**9 5** 卯辛
十九	2 1 申庚	**1 2** 寅庚	12 3 申庚	11 4 卯辛	10 5 酉辛	9 6 辰壬
二十	2 2 酉辛	1 3 卯辛	12 4 酉辛	11 5 辰壬	10 6 戌壬	9 7 巳癸
廿一	2 3 戌壬	1 4 辰壬	**12 5** 戌壬	11 6 巳癸	10 7 亥癸	9 8 午甲
廿二	2 4 亥癸	1 5 巳癸	12 6 亥癸	**11 7** 午甲	10 8 子甲	9 9 未乙
廿三	2 5 子甲	1 6 午甲	12 7 子甲	11 8 未乙	10 9 丑乙	9 10 申丙
廿四	**2 6** 丑乙	1 7 未乙	12 8 丑乙	11 9 申丙	**10 10** 寅丙	9 11 酉丁
廿五	2 7 寅丙	1 8 申丙	12 9 寅丙	11 10 酉丁	10 11 卯丁	**9 12** 戌戊
廿六	2 8 卯丁	**1 9** 酉丁	12 10 卯丁	11 11 戌戊	10 12 辰戊	9 13 亥己
廿七	2 9 辰戊	1 10 戌戊	12 11 辰戊	11 12 亥己	10 13 巳己	9 14 子庚
廿八	2 10 巳己	1 11 亥己	**12 12** 巳己	11 13 子庚	10 14 午庚	9 15 丑辛
廿九	2 11 午庚	1 12 子庚	12 13 午庚	**11 14** 丑辛	10 15 未辛	9 16 寅壬
三十	2 12 未辛	1 13 丑辛	12 14 未辛		10 16 申壬	

中華民國七十二年

歲次癸亥

西曆一九八三年

太歲姓虞名程

肖猪

月別	正月大		二月小		三月大		四月小		五月小		六月大	
干支	甲寅		乙卯		丙辰		丁巳		戊午		己未	
九星	二黑		一白		九紫		八白		七赤		六白	
節	初七	廿二	初七	廿二	初八	廿四	初九	廿五	初十	廿八	十四	三十
氣	雨水 13時21分 未時	驚蟄 11時45分 午時	春分 12時34分 午夜	清明 16時48分 申時	穀雨 23時53分 夜子	立夏 10時22分 巳時	小滿 23時16分 夜子	芒種 14時44分 未時	夏至 7時22分 辰時	小暑 0時7分 子時	大暑 18時14分 酉時	立秋 10時51分 巳時
農曆	干支	國曆	干支	國曆	干支	國曆	干支	國曆	干支	國曆	干支	國曆
初一	**壬申**	**2 13**	壬寅	3 15	辛未	4 13	辛丑	5 13	庚午	6 11	**己亥**	**7 10**
初二	癸酉	2 14	癸卯	3 16	壬申	4 14	壬寅	5 14	**辛未**	**6 12**	庚子	7 11
初三	甲戌	2 15	甲辰	3 17	癸酉	4 15	**癸卯**	**5 15**	壬申	6 13	辛丑	7 12
初四	乙亥	2 16	乙巳	3 18	甲戌	4 16	甲辰	5 16	癸酉	6 14	壬寅	7 13
初五	丙子	2 17	丙午	3 19	**乙亥**	**4 17**	乙巳	5 17	甲戌	6 15	癸卯	7 14
初六	丁丑	2 18	**丁未**	**3 20**	丙子	4 18	丙午	5 18	乙亥	6 16	甲辰	7 15
初七	戊寅	2 19	戊申	3 21	丁丑	4 19	丁未	5 19	丙子	6 17	乙巳	7 16
初八	**己卯**	**2 20**	己酉	3 22	戊寅	4 20	戊申	5 20	丁丑	6 18	**丙午**	**7 17**
初九	庚辰	2 21	庚戌	3 23	己卯	4 21	己酉	5 21	**戊寅**	**6 19**	丁未	7 18
初十	辛巳	2 22	辛亥	3 24	庚辰	4 22	**庚戌**	**5 22**	己卯	6 20	戊申	7 19
十一	壬午	2 23	壬子	3 25	辛巳	4 23	辛亥	5 23	庚辰	6 21	己酉	7 20
十二	癸未	2 24	癸丑	3 26	**壬午**	**4 24**	壬子	5 24	辛巳	6 22	庚戌	7 21
十三	甲申	2 25	**甲寅**	**3 27**	癸未	4 25	癸丑	5 25	壬午	6 23	辛亥	7 22
十四	乙酉	2 26	乙卯	3 28	甲申	4 26	甲寅	5 26	癸未	6 24	壬子	7 23
十五	**丙戌**	**2 27**	丙辰	3 29	乙酉	4 27	乙卯	5 27	甲申	6 25	**癸丑**	**7 24**
十六	丁亥	2 28	丁巳	3 30	丙戌	4 28	丙辰	5 28	**乙酉**	**6 26**	甲寅	7 25
十七	戊子	3 1	戊午	3 31	丁亥	4 29	**丁巳**	**5 29**	丙戌	6 27	乙卯	7 26
十八	己丑	3 2	己未	4 1	戊子	4 30	戊午	5 30	丁亥	6 28	丙辰	7 27
十九	庚寅	3 3	庚申	4 2	**己丑**	**5 1**	己未	5 31	戊子	6 29	丁巳	7 28
二十	辛卯	3 4	**辛酉**	**4 3**	庚寅	5 2	庚申	6 1	己丑	6 30	戊午	7 29
廿一	壬辰	3 5	壬戌	4 4	辛卯	5 3	辛酉	6 2	庚寅	7 1	己未	7 30
廿二	**癸巳**	**3 6**	癸亥	4 5	壬辰	5 4	壬戌	6 3	辛卯	7 2	**庚申**	**7 31**
廿三	甲午	3 7	甲子	4 6	癸巳	5 5	癸亥	6 4	**壬辰**	**7 3**	辛酉	8 1
廿四	乙未	3 8	乙丑	4 7	甲午	5 6	**甲子**	**6 5**	癸巳	7 4	壬戌	8 2
廿五	丙申	3 9	丙寅	4 8	乙未	5 7	乙丑	6 6	甲午	7 5	癸亥	8 3
廿六	丁酉	3 10	丁卯	4 9	**丙申**	**5 8**	丙寅	6 7	乙未	7 6	甲子	8 4
廿七	戊戌	3 11	**戊辰**	**4 10**	丁酉	5 9	丁卯	6 8	丙申	7 7	乙丑	8 5
廿八	己亥	3 12	己巳	4 11	戊戌	5 10	戊辰	6 9	丁酉	7 8	丙寅	8 6
廿九	**庚子**	**3 13**	庚午	4 12	己亥	5 11	己巳	6 10	戊戌	7 9	**丁卯**	**8 7**
三十	辛丑	3 14			庚子	5 12					戊辰	8 8

月别	大月二十	大月一十	小月十	大月九	小月八	小月七
干支	丑 乙	子 甲	亥 癸	戌 壬	酉 辛	申 庚
九星	紫 九	白 一	黑 二	碧 三	綠 四	黃 五
節氣	九十 四初 4大 11小 時寒 時寒 53寅 43午 分時 分時	九十 五初 18冬 0大 時至 時雪 15酉 34子 分時 分時	九十 四初 5小 7立 時雪 時冬 2卯 54辰 分時 分時	九十 四初 7霜 4寒 時降 時露 40辰 59寅 分時 分時	七十 二初 22秋 13白 時分 時露 34亥 35未 分時 分時	六十 1處 時暑 10丑 分時
農曆	曆國 支干	曆國 支干	曆國 支干	曆國 支干	曆國 支干	曆國 支干
初一	1 3 申丙	12 4 寅丙	11 5 酉丁	10 6 卯丁	9 7 戌戊	8 9 巳己
初二	1 4 酉丁	12 5 卯丁	11 6 戌戊	10 7 辰戊	9 8 亥己	8 10 午庚
初三	1 5 戌戊	12 6 辰戊	11 7 亥己	10 8 巳己	9 9 子庚	8 11 未辛
初四	1 6 亥己	12 7 巳己	11 8 子庚	10 9 午庚	9 10 丑辛	8 12 申壬
初五	1 7 子庚	12 8 午庚	11 9 丑辛	10 10 未辛	9 11 寅壬	8 13 酉癸
初六	1 8 丑辛	12 9 未辛	11 10 寅壬	10 11 申壬	9 12 卯癸	8 14 戌甲
初七	1 9 寅壬	12 10 申壬	11 11 卯癸	10 12 酉癸	9 13 辰甲	8 15 亥乙
初八	1 10 卯癸	12 11 酉癸	11 12 辰甲	10 13 戌甲	9 14 巳乙	8 16 子丙
初九	1 11 辰甲	12 12 戌甲	11 13 巳乙	10 14 亥乙	9 15 午丙	8 17 丑丁
初十	1 12 巳乙	12 13 亥乙	11 14 午丙	10 15 子丙	9 16 未丁	8 18 寅戊
十一	1 13 午丙	12 14 子丙	11 15 未丁	10 16 丑丁	9 17 申戊	8 19 卯己
十二	1 14 未丁	12 15 丑丁	11 16 申戊	10 17 寅戊	9 18 酉己	8 20 辰庚
十三	1 15 申戊	12 16 寅戊	11 17 酉己	10 18 卯己	9 19 戌庚	8 21 巳辛
十四	1 16 酉己	12 17 卯己	11 18 戌庚	10 19 辰庚	9 20 亥辛	8 22 午壬
十五	1 17 戌庚	12 18 辰庚	11 19 亥辛	10 20 巳辛	9 21 子壬	8 23 未癸
十六	1 18 亥辛	12 19 巳辛	11 20 子壬	10 21 午壬	9 22 丑癸	8 24 申甲
十七	1 19 子壬	12 20 午壬	11 21 丑癸	10 22 未癸	9 23 寅甲	8 25 酉乙
十八	1 20 丑癸	12 21 未癸	11 22 寅甲	10 23 申甲	9 24 卯乙	8 26 戌丙
十九	1 21 寅甲	12 22 申甲	11 23 卯乙	10 24 酉乙	9 25 辰丙	8 27 亥丁
二十	1 22 卯乙	12 23 酉乙	11 24 辰丙	10 25 戌丙	9 26 巳丁	8 28 子戊
廿一	1 23 辰丙	12 24 戌丙	11 25 巳丁	10 26 亥丁	9 27 午戊	8 29 丑己
廿二	1 24 巳丁	12 25 亥丁	11 26 午戊	10 27 子戊	9 28 未己	8 30 寅庚
廿三	1 25 午戊	12 26 子戊	11 27 未己	10 28 丑己	9 29 申庚	8 31 卯辛
廿四	1 26 未己	12 27 丑己	11 28 申庚	10 29 寅庚	9 30 酉辛	9 1 辰壬
廿五	1 27 申庚	12 28 寅庚	11 29 酉辛	10 30 卯辛	10 1 戌壬	9 2 巳癸
廿六	1 28 酉辛	12 29 卯辛	11 30 戌壬	10 31 辰壬	10 2 亥癸	9 3 午甲
廿七	1 29 戌壬	12 30 辰壬	12 1 亥癸	11 1 巳癸	10 3 子甲	9 4 未乙
廿八	1 30 亥癸	12 31 巳癸	12 2 子甲	11 2 午甲	10 4 丑乙	9 5 申丙
廿九	1 31 子甲	1 1 午甲	12 3 丑乙	11 3 未乙	10 5 寅丙	9 6 酉丁
三十	2 1 丑乙	1 2 未乙		11 4 申丙		

中華民國七十三年 歲次 甲子

西曆 一九八四年

太歲 姓金名赤

肖鼠

月別	正月大	二月小	三月大	四月大	五月小	六月小
干支	丙寅	丁卯	戊辰	己巳	庚午	辛未
九星	八白	七赤	六白	五黃	四綠	三碧
節氣	初三 立春 23時25分夜子；十八 雨水 19時10分戌時	初三 驚蟄 17時35分酉時；十八 春分 18時23分酉時	初四 清明 22時38分亥時；二十 穀雨 5時42分卯時	初五 立夏 16時12分申時；廿一 小滿 5時5分卯時	初六 芒種 20時34分戌時；廿二 夏至 13時11分未時	初九 小暑 6時57分卯時；廿五 大暑 0時3分子時
農曆	干支 國曆	干支 國曆	干支 國曆	干支 國曆	干支 國曆	干支 國曆
初一	丙寅 2 2	丙申 3 3	乙丑 4 1	乙未 5 1	乙丑 5 31	甲午 6 29
初二	丁卯 2 3	丁酉 3 4	丙寅 4 2	丙申 5 2	丙寅 6 1	乙未 6 30
初三	戊辰 2 4	戊戌 3 5	丁卯 4 3	丁酉 5 3	丁卯 6 2	丙申 7 1
初四	己巳 2 5	己亥 3 6	戊辰 4 4	戊戌 5 4	戊辰 6 3	丁酉 7 2
初五	庚午 2 6	庚子 3 7	己巳 4 5	己亥 5 5	己巳 6 4	戊戌 7 3
初六	辛未 2 7	辛丑 3 8	庚午 4 6	庚子 5 6	庚午 6 5	己亥 7 4
初七	壬申 2 8	壬寅 3 9	辛未 4 7	辛丑 5 7	辛未 6 6	庚子 7 5
初八	癸酉 2 9	癸卯 3 10	壬申 4 8	壬寅 5 8	壬申 6 7	辛丑 7 6
初九	甲戌 2 10	甲辰 3 11	癸酉 4 9	癸卯 5 9	癸酉 6 8	壬寅 7 7
初十	乙亥 2 11	乙巳 3 12	甲戌 4 10	甲辰 5 10	甲戌 6 9	癸卯 7 8
十一	丙子 2 12	丙午 3 13	乙亥 4 11	乙巳 5 11	乙亥 6 10	甲辰 7 9
十二	丁丑 2 13	丁未 3 14	丙子 4 12	丙午 5 12	丙子 6 11	乙巳 7 10
十三	戊寅 2 14	戊申 3 15	丁丑 4 13	丁未 5 13	丁丑 6 12	丙午 7 11
十四	己卯 2 15	己酉 3 16	戊寅 4 14	戊申 5 14	戊寅 6 13	丁未 7 12
十五	庚辰 2 16	庚戌 3 17	己卯 4 15	己酉 5 15	己卯 6 14	戊申 7 13
十六	辛巳 2 17	辛亥 3 18	庚辰 4 16	庚戌 5 16	庚辰 6 15	己酉 7 14
十七	壬午 2 18	壬子 3 19	辛巳 4 17	辛亥 5 17	辛巳 6 16	庚戌 7 15
十八	癸未 2 19	癸丑 3 20	壬午 4 18	壬子 5 18	壬午 6 17	辛亥 7 16
十九	甲申 2 20	甲寅 3 21	癸未 4 19	癸丑 5 19	癸未 6 18	壬子 7 17
二十	乙酉 2 21	乙卯 3 22	甲申 4 20	甲寅 5 20	甲申 6 19	癸丑 7 18
廿一	丙戌 2 22	丙辰 3 23	乙酉 4 21	乙卯 5 21	乙酉 6 20	甲寅 7 19
廿二	丁亥 2 23	丁巳 3 24	丙戌 4 22	丙辰 5 22	丙戌 6 21	乙卯 7 20
廿三	戊子 2 24	戊午 3 25	丁亥 4 23	丁巳 5 23	丁亥 6 22	丙辰 7 21
廿四	己丑 2 25	己未 3 26	戊子 4 24	戊午 5 24	戊子 6 23	丁巳 7 22
廿五	庚寅 2 26	庚申 3 27	己丑 4 25	己未 5 25	己丑 6 24	戊午 7 23
廿六	辛卯 2 27	辛酉 3 28	庚寅 4 26	庚申 5 26	庚寅 6 25	己未 7 24
廿七	壬辰 2 28	壬戌 3 29	辛卯 4 27	辛酉 5 27	辛卯 6 26	庚申 7 25
廿八	癸巳 2 29	癸亥 3 30	壬辰 4 28	壬戌 5 28	壬辰 6 27	辛酉 7 26
廿九	甲午 3 1	甲子 3 31	癸巳 4 29	癸亥 5 29	癸巳 6 28	壬戌 7 27
三十	乙未 3 2		甲午 4 30	甲子 5 30		

月別	大月二十	大月一十	小月十閏	大月十	小月九	小月八	大月七
干支	丑　丁	子　丙		亥　乙	戌　甲	酉　癸	申　壬
九星	白　六	赤　七		白　八	紫　九	白　一	黑　二
節氣	十三 五十 0雨 5立 時水 時春 2丑 15卯 分時 分時	十三 五十 10大 17小 時寒 時寒 44巳 33酉 分時 分時	一初 五十 23冬 6大 時至 時雪 6子 24卯 分時 分時	十三 五十 10小 13立 時雪 時冬 53巳 14未 分時 分時	九廿 四十 13霜 10寒 時降 時露 31未 49巳 分時 分時	八廿 二十 4秋 19白 時分 時露 25寅 25戌 分時 分時	七廿 一十 7處 16立 時暑 時秋 1辰 41申 分時 分時
農曆	曆國支干	曆國支干	曆國支干	曆國支干	曆國支干	曆國支干	曆國支干
初一	1 21申庚	12 22寅庚	11 23酉辛	10 24卯辛	9 25戌壬	8 27巳癸	7 28亥癸
初二	1 22酉辛	**12 23**卯辛	11 24戌壬	10 25辰壬	9 26亥癸	8 28午甲	**7 29**子甲
初三	1 23戌壬	12 24辰壬	**11 25**亥癸	10 26巳癸	9 27子甲	8 29未乙	7 30丑乙
初四	1 24亥癸	12 25巳癸	11 26子甲	10 27午甲	9 28丑乙	8 30申丙	7 31寅丙
初五	1 25子甲	12 26午甲	11 27丑乙	**10 28**未乙	9 29寅丙	8 31酉丁	8 1卯丁
初六	1 26丑乙	12 27未乙	11 28寅丙	10 29申丙	**9 30**卯丁	9 1戌戊	8 2辰戊
初七	**1 27**寅丙	12 28申丙	11 29卯丁	10 30酉丁	10 1辰戊	**9 2**亥己	8 3巳己
初八	1 28卯丁	12 29酉丁	11 30辰戊	10 31戌戊	10 2巳己	9 3子庚	8 4午庚
初九	1 29辰戊	**12 30**戌戊	12 1巳己	11 1亥己	10 3午庚	9 4丑辛	**8 5**未辛
初十	1 30巳己	12 31亥己	**12 2**午庚	11 2子庚	10 4未辛	9 5寅壬	8 6申壬
十一	1 31午庚	1 1子庚	12 3未辛	11 3丑辛	10 5申壬	9 6卯癸	8 7酉癸
十二	2 1未辛	1 2丑辛	12 4申壬	**11 4**寅壬	10 6酉癸	9 7辰甲	8 8戌甲
十三	2 2申壬	1 3寅壬	12 5酉癸	11 5卯癸	**10 7**戌甲	9 8巳乙	8 9亥乙
十四	**2 3**酉癸	1 4卯癸	12 6戌甲	11 6辰甲	10 8亥乙	**9 9**午丙	8 10子丙
十五	2 4戌甲	1 5辰甲	12 7亥乙	11 7巳乙	10 9子丙	9 10未丁	8 11丑丁
十六	2 5亥乙	**1 6**巳乙	12 8子丙	11 8午丙	10 10丑丁	9 11申戊	**8 12**寅戊
十七	2 6子丙	1 7午丙	**12 9**丑丁	11 9未丁	10 11寅戊	9 12酉己	8 13卯己
十八	2 7丑丁	1 8未丁	12 10寅戊	11 10申戊	10 12卯己	9 13戌庚	8 14辰庚
十九	2 8寅戊	1 9申戊	12 11卯己	**11 11**酉己	10 13辰庚	9 14亥辛	8 15巳辛
二十	2 9卯己	1 10酉己	12 12辰庚	11 12戌庚	**10 14**巳辛	9 15子壬	8 16午壬
廿一	**2 10**辰庚	1 11戌庚	12 13巳辛	11 13亥辛	10 15午壬	**9 16**丑癸	8 17未癸
廿二	2 11巳辛	1 12亥辛	12 14午壬	11 14子壬	10 16未癸	9 17寅甲	8 18申甲
廿三	2 12午壬	**1 13**子壬	12 15未癸	11 15丑癸	10 17申甲	9 18卯乙	**8 19**酉乙
廿四	2 13未癸	1 14丑癸	**12 16**申甲	11 16寅甲	10 18酉乙	9 19辰丙	8 20戌丙
廿五	2 14申甲	1 15寅甲	12 17酉乙	11 17卯乙	10 19戌丙	9 20巳丁	8 21亥丁
廿六	2 15酉乙	1 16卯乙	12 18戌丙	**11 18**辰丙	10 20亥丁	9 21午戊	8 22子戊
廿七	2 16戌丙	1 17辰丙	12 19亥丁	11 19巳丁	**10 21**子戊	9 22未己	8 23丑己
廿八	**2 17**亥丁	1 18巳丁	12 20子戊	11 20午戊	10 22丑己	**9 23**申庚	8 24寅庚
廿九	2 18子戊	1 19午戊	12 21丑己	11 21未己	10 23寅庚	9 24酉辛	8 25卯辛
三十	2 19丑己	**1 20**未己		11 22申庚			**8 26**辰壬

中華民國七十四年 歲次乙丑

西曆一九八五年 太歲姓陳名泰 肖牛

月別	正月小		二月大		三月大		四月小		五月大		六月小	
干支	戊寅		己卯		庚辰		辛巳		壬午		癸未	
九星	五黃		四綠		三碧		二黑		一白		九紫	
節氣	十四 驚蟄 23時25分 夜子		初一 春分 0時15分 子時 十六 清明 4時28分 寅時		初一 穀雨 11時34分 午時 十六 立夏 22時2分 亥時		初二 小滿 10時56分 巳時 十八 芒種 2時24分 丑時		初四 夏至 19時2分 戌時 二十 小暑 12時47分 午時		初六 大暑 5時54分 卯時 廿一 立秋 22時29分 亥時	
農曆	國曆	干支	國曆	干支	國曆	干支	國曆	干支	國曆	干支	國曆	干支
初一	2 20	庚寅	3 21	己未	4 20	己丑	5 20	己未	6 18	戊子	7 18	戊午
初二	2 21	辛卯	3 22	庚申	4 21	庚寅	5 21	庚申	6 19	己丑	7 19	己未
初三	2 22	壬辰	3 23	辛酉	4 22	辛卯	5 22	辛酉	6 20	庚寅	7 20	庚申
初四	2 23	癸巳	3 24	壬戌	4 23	壬辰	5 23	壬戌	6 21	辛卯	7 21	辛酉
初五	2 24	甲午	3 25	癸亥	4 24	癸巳	5 24	癸亥	6 22	壬辰	7 22	壬戌
初六	2 25	乙未	3 26	甲子	4 25	甲午	5 25	甲子	6 23	癸巳	7 23	癸亥
初七	2 26	丙申	3 27	乙丑	4 26	乙未	5 26	乙丑	6 24	甲午	7 24	甲子
初八	2 27	丁酉	3 28	丙寅	4 27	丙申	5 27	丙寅	6 25	乙未	7 25	乙丑
初九	2 28	戊戌	3 29	丁卯	4 28	丁酉	5 28	丁卯	6 26	丙申	7 26	丙寅
初十	3 1	己亥	3 30	戊辰	4 29	戊戌	5 29	戊辰	6 27	丁酉	7 27	丁卯
十一	3 2	庚子	3 31	己巳	4 30	己亥	5 30	己巳	6 28	戊戌	7 28	戊辰
十二	3 3	辛丑	4 1	庚午	5 1	庚子	5 31	庚午	6 29	己亥	7 29	己巳
十三	3 4	壬寅	4 2	辛未	5 2	辛丑	6 1	辛未	6 30	庚子	7 30	庚午
十四	3 5	癸卯	4 3	壬申	5 3	壬寅	6 2	壬申	7 1	辛丑	7 31	辛未
十五	3 6	甲辰	4 4	癸酉	5 4	癸卯	6 3	癸酉	7 2	壬寅	8 1	壬申
十六	3 7	乙巳	4 5	甲戌	5 5	甲辰	6 4	甲戌	7 3	癸卯	8 2	癸酉
十七	3 8	丙午	4 6	乙亥	5 6	乙巳	6 5	乙亥	7 4	甲辰	8 3	甲戌
十八	3 9	丁未	4 7	丙子	5 7	丙午	6 6	丙子	7 5	乙巳	8 4	乙亥
十九	3 10	戊申	4 8	丁丑	5 8	丁未	6 7	丁丑	7 6	丙午	8 5	丙子
二十	3 11	己酉	4 9	戊寅	5 9	戊申	6 8	戊寅	7 7	丁未	8 6	丁丑
廿一	3 12	庚戌	4 10	己卯	5 10	己酉	6 9	己卯	7 8	戊申	8 7	戊寅
廿二	3 13	辛亥	4 11	庚辰	5 11	庚戌	6 10	庚辰	7 9	己酉	8 8	己卯
廿三	3 14	壬子	4 12	辛巳	5 12	辛亥	6 11	辛巳	7 10	庚戌	8 9	庚辰
廿四	3 15	癸丑	4 13	壬午	5 13	壬子	6 12	壬午	7 11	辛亥	8 10	辛巳
廿五	3 16	甲寅	4 14	癸未	5 14	癸丑	6 13	癸未	7 12	壬子	8 11	壬午
廿六	3 17	乙卯	4 15	甲申	5 15	甲寅	6 14	甲申	7 13	癸丑	8 12	癸未
廿七	3 18	丙辰	4 16	乙酉	5 16	乙卯	6 15	乙酉	7 14	甲寅	8 13	甲申
廿八	3 19	丁巳	4 17	丙戌	5 17	丙辰	6 16	丙戌	7 15	乙卯	8 14	乙酉
廿九	3 20	戊午	4 18	丁亥	5 18	丁巳	6 17	丁亥	7 16	丙辰	8 15	丙戌
三十			4 19	戊子	5 19	戊午			7 17	丁巳		

月別	大月二十	小月一十	大月十	小月九	小月八	大月七
干支	丑 己	子 戊	亥 丁	戌 丙	酉 乙	申 甲
九星	碧 三	綠 四	黃 五	白 六	赤 七	白 八
節氣	六廿 一十 11立 時春 3午 分時 16大 時寒 33申 分時	五廿 一十 23小 時寒 21夜 分子 5冬 時至 55卯 分時	六廿 一十 12大 時雪 12午 分時 16小 時雪 42申 分時	五廿 十初 19立 時冬 32戌 分時 19霜 時降 20戌 分時	四廿 九初 16寒 時露 37申 分時 10秋 時分 14巳 分時	四廿 八初 1白 時露 13丑 分時 12處 時暑 50午 分時
農曆	曆國 支干	曆國 支干	曆國 支干	曆國 支干	曆國 支干	曆國 支干
初一	1 10 寅甲	12 12 酉乙	11 12 卯乙	10 14 戌丙	**9 15** 巳丁	8 16 亥丁
初二	1 11 卯乙	12 13 戌丙	11 13 辰丙	10 15 亥丁	9 16 午戊	8 17 子戊
初三	**1 12** 辰丙	12 14 亥丁	11 14 巳丁	10 16 子戊	9 17 未己	**8 18** 丑己
初四	1 13 巳丁	**12 15** 子戊	11 15 午戊	10 17 丑己	9 18 申庚	8 19 寅庚
初五	1 14 午戊	12 16 丑己	11 16 未己	10 18 寅庚	9 19 酉辛	8 20 卯辛
初六	1 15 未己	12 17 寅庚	**11 17** 申庚	10 19 卯辛	9 20 戌壬	8 21 辰壬
初七	1 16 申庚	12 18 卯辛	11 18 酉辛	**10 20** 辰壬	9 21 亥癸	8 22 巳癸
初八	1 17 酉辛	12 19 辰壬	11 19 戌壬	10 21 巳癸	**9 22** 子甲	8 23 午甲
初九	1 18 戌壬	12 20 巳癸	11 20 亥癸	10 22 午甲	9 23 丑乙	8 24 未乙
初十	**1 19** 亥癸	12 21 午甲	11 21 子甲	10 23 未乙	9 24 寅丙	**8 25** 申丙
十一	1 20 子甲	**12 22** 未乙	11 22 丑乙	10 24 申丙	9 25 卯丁	8 26 酉丁
十二	1 21 丑乙	12 23 申丙	11 23 寅丙	10 25 酉丁	9 26 辰戊	8 27 戌戊
十三	1 22 寅丙	12 24 酉丁	**11 24** 卯丁	10 26 戌戊	9 27 巳己	8 28 亥己
十四	1 23 卯丁	12 25 戌戊	11 25 辰戊	**10 27** 亥己	9 28 午庚	8 29 子庚
十五	1 24 辰戊	12 26 亥己	11 26 巳己	10 28 子庚	**9 29** 未辛	8 30 丑辛
十六	1 25 巳己	12 27 子庚	11 27 午庚	10 29 丑辛	9 30 申壬	8 31 寅壬
十七	**1 26** 午庚	12 28 丑辛	11 28 未辛	10 30 寅壬	10 1 酉癸	**9 1** 卯癸
十八	1 27 未辛	**12 29** 寅壬	11 29 申壬	10 31 卯癸	10 2 戌甲	9 2 辰甲
十九	1 28 申壬	12 30 卯癸	11 30 酉癸	11 1 辰甲	10 3 亥乙	9 3 巳乙
二十	1 29 酉癸	12 31 辰甲	**12 1** 戌甲	11 2 巳乙	10 4 子丙	9 4 午丙
廿一	1 30 戌甲	1 1 巳乙	12 2 亥乙	**11 3** 午丙	10 5 丑丁	9 5 未丁
廿二	1 31 亥乙	1 2 午丙	12 3 子丙	11 4 未丁	**10 6** 寅戊	9 6 申戊
廿三	2 1 子丙	1 3 未丁	12 4 丑丁	11 5 申戊	10 7 卯己	9 7 酉己
廿四	**2 2** 丑丁	1 4 申戊	12 5 寅戊	11 6 酉己	10 8 辰庚	**9 8** 戌庚
廿五	2 3 寅戊	**1 5** 酉己	12 6 卯己	11 7 戌庚	10 9 巳辛	9 9 亥辛
廿六	2 4 卯己	1 6 戌庚	12 7 辰庚	11 8 亥辛	10 10 午壬	9 10 子壬
廿七	2 5 辰庚	1 7 亥辛	**12 8** 巳辛	11 9 子壬	10 11 未癸	9 11 丑癸
廿八	2 6 巳辛	1 8 子壬	12 9 午壬	**11 10** 丑癸	10 12 申甲	9 12 寅甲
廿九	2 7 午壬	1 9 丑癸	12 10 未癸	11 11 寅甲	**10 13** 酉乙	9 13 卯乙
三十	2 8 未癸		12 11 申甲			9 14 辰丙

中華民國七十五年

歲次 丙寅

西曆一九八六年

太歲姓沈名興

肖虎

月別	正月小		二月大		三月大		四月小		五月大		六月大	
干支	庚寅		辛卯		壬辰		癸巳		甲午		乙未	
九星	二黑		一白		九紫		八白		七赤		六白	
節氣	十一 雨水 6時50分 卯時	廿六 驚蟄 5時13分 卯時	十二 春分 6時4分 卯時	廿七 清明 10時16分 巳時	十二 穀雨 17時23分 酉時	廿八 立夏 3時50分 寅時	十三 小滿 16時45分 申時	廿九 芒種 8時12分 辰時	十六 夏至 0時51分 子時		初一 小暑 18時35分 酉時	十七 大暑 11時43分 午時
農曆	國曆	干支	國曆	干支	國曆	干支	國曆	干支	國曆	干支	國曆	干支
初一	2 9	甲申	3 10	癸丑	4 9	癸未	5 9	癸丑	6 7	壬午	7 7	壬子
初二	2 10	乙酉	3 11	甲寅	4 10	甲申	5 10	甲寅	6 8	癸未	7 8	癸丑
初三	2 11	丙戌	3 12	乙卯	4 11	乙酉	5 11	乙卯	6 9	甲申	7 9	甲寅
初四	2 12	丁亥	3 13	丙辰	4 12	丙戌	5 12	丙辰	6 10	乙酉	7 10	乙卯
初五	2 13	戊子	3 14	丁巳	4 13	丁亥	5 13	丁巳	6 11	丙戌	7 11	丙辰
初六	2 14	己丑	3 15	戊午	4 14	戊子	5 14	戊午	6 12	丁亥	7 12	丁巳
初七	2 15	庚寅	3 16	己未	4 15	己丑	5 15	己未	6 13	戊子	7 13	戊午
初八	2 16	辛卯	3 17	庚申	4 16	庚寅	5 16	庚申	6 14	己丑	7 14	己未
初九	2 17	壬辰	3 18	辛酉	4 17	辛卯	5 17	辛酉	6 15	庚寅	7 15	庚申
初十	2 18	癸巳	3 19	壬戌	4 18	壬辰	5 18	壬戌	6 16	辛卯	7 16	辛酉
十一	2 19	甲午	3 20	癸亥	4 19	癸巳	5 19	癸亥	6 17	壬辰	7 17	壬戌
十二	2 20	乙未	3 21	甲子	4 20	甲午	5 20	甲子	6 18	癸巳	7 18	癸亥
十三	2 21	丙申	3 22	乙丑	4 21	乙未	5 21	乙丑	6 19	甲午	7 19	甲子
十四	2 22	丁酉	3 23	丙寅	4 22	丙申	5 22	丙寅	6 20	乙未	7 20	乙丑
十五	2 23	戊戌	3 24	丁卯	4 23	丁酉	5 23	丁卯	6 21	丙申	7 21	丙寅
十六	2 24	己亥	3 25	戊辰	4 24	戊戌	5 24	戊辰	6 22	丁酉	7 22	丁卯
十七	2 25	庚子	3 26	己巳	4 25	己亥	5 25	己巳	6 23	戊戌	7 23	戊辰
十八	2 26	辛丑	3 27	庚午	4 26	庚子	5 26	庚午	6 24	己亥	7 24	己巳
十九	2 27	壬寅	3 28	辛未	4 27	辛丑	5 27	辛未	6 25	庚子	7 25	庚午
二十	2 28	癸卯	3 29	壬申	4 28	壬寅	5 28	壬申	6 26	辛丑	7 26	辛未
廿一	3 1	甲辰	3 30	癸酉	4 29	癸卯	5 29	癸酉	6 27	壬寅	7 27	壬申
廿二	3 2	乙巳	3 31	甲戌	4 30	甲辰	5 30	甲戌	6 28	癸卯	7 28	癸酉
廿三	3 3	丙午	4 1	乙亥	5 1	乙巳	5 31	乙亥	6 29	甲辰	7 29	甲戌
廿四	3 4	丁未	4 2	丙子	5 2	丙午	6 1	丙子	6 30	乙巳	7 30	乙亥
廿五	3 5	戊申	4 3	丁丑	5 3	丁未	6 2	丁丑	7 1	丙午	7 31	丙子
廿六	3 6	己酉	4 4	戊寅	5 4	戊申	6 3	戊寅	7 2	丁未	8 1	丁丑
廿七	3 7	庚戌	4 5	己卯	5 5	己酉	6 4	己卯	7 3	戊申	8 2	戊寅
廿八	3 8	辛亥	4 6	庚辰	5 6	庚戌	6 5	庚辰	7 4	己酉	8 3	己卯
廿九	3 9	壬子	4 7	辛巳	5 7	辛亥	6 6	辛巳	7 5	庚戌	8 4	庚辰
三十			4 8	壬午	5 8	壬子			7 6	辛亥	8 5	辛巳

月別	七月小	八月大	九月小	十月大	十一月小	十二月小
干支	丙申	丁酉	戊戌	己亥	庚子	辛丑
九星	五黃	四綠	三碧	二黑	一白	九紫
節氣	初三 立秋 4時17分寅時 十八 處暑 18時39分酉時	初五 白露 7時1分辰時 二十 秋分 16時3分申時	初五 寒露 22時25分亥時 廿一 霜降 1時9分丑時	初七 立冬 1時20分丑時 廿一 小雪 22時31分亥時	初六 大雪 18時1分酉時 廿一 冬至 11時44分午時	初七 小寒 5時9分卯時 廿一 大寒 22時22分亥時
農曆	干支 國曆	干支 國曆	干支 國曆	干支 國曆	干支 國曆	干支 國曆
初一	8 6 壬午	9 4 辛亥	10 4 辛巳	11 2 庚戌	12 2 庚辰	12 31 己酉
初二	8 7 癸未	9 5 壬子	10 5 壬午	11 3 辛亥	12 3 辛巳	1 1 庚戌
初三	8 8 甲申	9 6 癸丑	10 6 癸未	11 4 壬子	12 4 壬午	1 2 辛亥
初四	8 9 乙酉	9 7 甲寅	10 7 甲申	11 5 癸丑	12 5 癸未	1 3 壬子
初五	8 10 丙戌	9 8 乙卯	10 8 乙酉	11 6 甲寅	12 6 甲申	1 4 癸丑
初六	8 11 丁亥	9 9 丙辰	10 9 丙戌	11 7 乙卯	12 7 乙酉	1 5 甲寅
初七	8 12 戊子	9 10 丁巳	10 10 丁亥	11 8 丙辰	12 8 丙戌	1 6 乙卯
初八	8 13 己丑	9 11 戊午	10 11 戊子	11 9 丁巳	12 9 丁亥	1 7 丙辰
初九	8 14 庚寅	9 12 己未	10 12 己丑	11 10 戊午	12 10 戊子	1 8 丁巳
初十	8 15 辛卯	9 13 庚申	10 13 庚寅	11 11 己未	12 11 己丑	1 9 戊午
十一	8 16 壬辰	9 14 辛酉	10 14 辛卯	11 12 庚申	12 12 庚寅	1 10 己未
十二	8 17 癸巳	9 15 壬戌	10 15 壬辰	11 13 辛酉	12 13 辛卯	1 11 庚申
十三	8 18 甲午	9 16 癸亥	10 16 癸巳	11 14 壬戌	12 14 壬辰	1 12 辛酉
十四	8 19 乙未	9 17 甲子	10 17 甲午	11 15 癸亥	12 15 癸巳	1 13 壬戌
十五	8 20 丙申	9 18 乙丑	10 18 乙未	11 16 甲子	12 16 甲午	1 14 癸亥
十六	8 21 丁酉	9 19 丙寅	10 19 丙申	11 17 乙丑	12 17 乙未	1 15 甲子
十七	8 22 戊戌	9 20 丁卯	10 20 丁酉	11 18 丙寅	12 18 丙申	1 16 乙丑
十八	8 23 己亥	9 21 戊辰	10 21 戊戌	11 19 丁卯	12 19 丁酉	1 17 丙寅
十九	8 24 庚子	9 22 己巳	10 22 己亥	11 20 戊辰	12 20 戊戌	1 18 丁卯
二十	8 25 辛丑	9 23 庚午	10 23 庚子	11 21 己巳	12 21 己亥	1 19 戊辰
廿一	8 26 壬寅	9 24 辛未	10 24 辛丑	11 22 庚午	12 22 庚子	1 20 己巳
廿二	8 27 癸卯	9 25 壬申	10 25 壬寅	11 23 辛未	12 23 辛丑	1 21 庚午
廿三	8 28 甲辰	9 26 癸酉	10 26 癸卯	11 24 壬申	12 24 壬寅	1 22 辛未
廿四	8 29 乙巳	9 27 甲戌	10 27 甲辰	11 25 癸酉	12 25 癸卯	1 23 壬申
廿五	8 30 丙午	9 28 乙亥	10 28 乙巳	11 26 甲戌	12 26 甲辰	1 24 癸酉
廿六	8 31 丁未	9 29 丙子	10 29 丙午	11 27 乙亥	12 27 乙巳	1 25 甲戌
廿七	9 1 戊申	9 30 丁丑	10 30 丁未	11 28 丙子	12 28 丙午	1 26 乙亥
廿八	9 2 己酉	10 1 戊寅	10 31 戊申	11 29 丁丑	12 29 丁未	1 27 丙子
廿九	9 3 庚戌	10 2 己卯	11 1 己酉	11 30 戊寅	12 30 戊申	1 28 丁丑
三十		10 3 庚辰		12 1 己卯		

中華民國七十六年 歲次 丁卯

西曆一九八七年 太歲姓耿名章 肖兔

大月六	大月五	小月四	大月三	小月二	大月正	月別
未 丁	午 丙	巳 乙	辰 甲	卯 癸	寅 壬	干支
碧 三	綠 四	黃 五	白 六	赤 七	白 八	九星
八廿 三十 17時32分 大暑酉時 0時22分 小暑子時	七廿 一十 6時39分 夏至卯時 13時59分 芒種未時	四廿 九初 22時33分 小滿亥時 9時37分 立夏巳時	三廿 八初 23時11分 穀雨夜子 16時3分 清明申時	廿二 七初 11時52分 春分午時 10時59分 驚蟄巳時	二廿 七初 12時39分 雨水午時 16時50分 立春申時	節氣
曆國支干	曆國支干	曆國支干	曆國支干	曆國支干	曆國支干	曆農
6 26 午丙	5 27 子丙	4 28 未丁	3 29 丑丁	2 28 申戊	1 29 寅戊	一初
6 27 未丁	5 28 丑丁	4 29 申戊	3 30 寅戊	3 1 酉己	1 30 卯己	二初
6 28 申戊	5 29 寅戊	4 30 酉己	3 31 卯己	3 2 戌庚	1 31 辰庚	三初
6 29 酉己	5 30 卯己	5 1 戌庚	4 1 辰庚	3 3 亥辛	2 1 巳辛	四初
6 30 戌庚	5 31 辰庚	5 2 亥辛	4 2 巳辛	3 4 子壬	2 2 午壬	五初
7 1 亥辛	6 1 巳辛	5 3 子壬	4 3 午壬	3 5 丑癸	2 3 未癸	六初
7 2 子壬	6 2 午壬	5 4 丑癸	4 4 未癸	3 6 寅甲	2 4 申甲	七初
7 3 丑癸	6 3 未癸	5 5 寅甲	4 5 申甲	3 7 卯乙	2 5 酉乙	八初
7 4 寅甲	6 4 申甲	5 6 卯乙	4 6 酉乙	3 8 辰丙	2 6 戌丙	九初
7 5 卯乙	6 5 酉乙	5 7 辰丙	4 7 戌丙	3 9 巳丁	2 7 亥丁	十初
7 6 辰丙	6 6 戌丙	5 8 巳丁	4 8 亥丁	3 10 午戊	2 8 子戊	一十
7 7 巳丁	6 7 亥丁	5 9 午戊	4 9 子戊	3 11 未己	2 9 丑己	二十
7 8 午戊	6 8 子戊	5 10 未己	4 10 丑己	3 12 申庚	2 10 寅庚	三十
7 9 未己	6 9 丑己	5 11 申庚	4 11 寅庚	3 13 酉辛	2 11 卯辛	四十
7 10 申庚	6 10 寅庚	5 12 酉辛	4 12 卯辛	3 14 戌壬	2 12 辰壬	五十
7 11 酉辛	6 11 卯辛	5 13 戌壬	4 13 辰壬	3 15 亥癸	2 13 巳癸	六十
7 12 戌壬	6 12 辰壬	5 14 亥癸	4 14 巳癸	3 16 子甲	2 14 午甲	七十
7 13 亥癸	6 13 巳癸	5 15 子甲	4 15 午甲	3 17 丑乙	2 15 未乙	八十
7 14 子甲	6 14 午甲	5 16 丑乙	4 16 未乙	3 18 寅丙	2 16 申丙	九十
7 15 丑乙	6 15 未乙	5 17 寅丙	4 17 申丙	3 19 卯丁	2 17 酉丁	十二
7 16 寅丙	6 16 申丙	5 18 卯丁	4 18 酉丁	3 20 辰戊	2 18 戌戊	一廿
7 17 卯丁	6 17 酉丁	5 19 辰戊	4 19 戌戊	3 21 巳己	2 19 亥己	二廿
7 18 辰戊	6 18 戌戊	5 20 巳己	4 20 亥己	3 22 午庚	2 20 子庚	三廿
7 19 巳己	6 19 亥己	5 21 午庚	4 21 子庚	3 23 未辛	2 21 丑辛	四廿
7 20 午庚	6 20 子庚	5 22 未辛	4 22 丑辛	3 24 申壬	2 22 寅壬	五廿
7 21 未辛	6 21 丑辛	5 23 申壬	4 23 寅壬	3 25 酉癸	2 23 卯癸	六廿
7 22 申壬	6 22 寅壬	5 24 酉癸	4 24 卯癸	3 26 戌甲	2 24 辰甲	七廿
7 23 酉癸	6 23 卯癸	5 25 戌甲	4 25 辰甲	3 27 亥乙	2 25 巳乙	八廿
7 24 戌甲	6 24 辰甲	5 26 亥乙	4 26 巳乙	3 28 子丙	2 26 午丙	九廿
7 25 亥乙	6 25 巳乙		4 27 午丙		2 27 未丁	十三

月別	小月二十	小月一十	大月十	小月九	大月八	大月七	小月六閏
干支	丑 癸	子 壬	亥 辛	戌 庚	酉 己	申 戊	
九星	白 六	赤 七	白 八	紫 九	白 一	黑 二	
節	七十 三初	七十 二初	七十 三初	七十 二初	七十 一初	六十 一初	四 十
氣	22立 4大 時春 時寒 38亥 11寅 分時 分時	10小 17冬 時寒 時至 56巳 33酉 分時 分時	23大 4小 時雪 時雪 47夜 20寅 分子 分時	7立 6霜 時冬 時降 7辰 58卯 分時 分時	4寒 21秋 時露 時分 12寅 52亥 分時 分時	12白 0處 時露 時暑 48午 28子 分時 分時	10 立 時 秋 4 巳 分 時
農曆	曆國支干	曆國支干	曆國支干	曆國支干	曆國支干	曆國支干	曆國支干
初一	1 19酉癸	12 21辰甲	11 21戌甲	10 23巳乙	9 23亥乙	8 24巳乙	**7 26**子丙
初二	1 20戌甲	12 22巳乙	**11 22**亥乙	10 24午丙	9 24子丙	8 25午丙	7 27丑丁
初三	1 21亥乙	12 23午丙	11 23子丙	**10 25**未丁	9 25丑丁	8 26未丁	7 28寅戊
初四	1 22子丙	12 24未丁	11 24丑丁	10 26申戊	9 26寅戊	8 27申戊	7 29卯己
初五	1 23丑丁	12 25申戊	11 25寅戊	10 27酉己	**9 27**卯己	8 28酉己	7 30辰庚
初六	**1 24**寅戊	12 26酉己	11 26卯己	10 28戌庚	9 28辰庚	8 29戌庚	7 31巳辛
初七	1 25卯己	**12 27**戌庚	11 27辰庚	10 29亥辛	9 29巳辛	**8 30**亥辛	8 1午壬
初八	1 26辰庚	12 28亥辛	11 28巳辛	10 30子壬	9 30午壬	8 31子壬	**8 2**未癸
初九	1 27巳辛	12 29子壬	**11 29**午壬	10 31丑癸	10 1未癸	9 1丑癸	8 3申甲
初十	1 28午壬	12 30丑癸	11 30未癸	**11 1**寅甲	10 2申甲	9 2寅甲	8 4酉乙
十一	1 29未癸	12 31寅甲	12 1申甲	11 2卯乙	10 3酉乙	9 3卯乙	8 5戌丙
十二	1 30申甲	1 1卯乙	12 2酉乙	11 3辰丙	**10 4**戌丙	9 4辰丙	8 6亥丁
十三	**1 31**酉乙	1 2辰丙	12 3戌丙	11 4巳丁	10 5亥丁	9 5巳丁	8 7子戊
十四	2 1戌丙	**1 3**巳丁	12 4亥丁	11 5午戊	10 6子戊	**9 6**午戊	8 8丑己
十五	2 2亥丁	1 4午戊	12 5子戊	11 6未己	10 7丑己	9 7未己	**8 9**寅庚
十六	2 3子戊	1 5未己	**12 6**丑己	11 7申庚	10 8寅庚	9 8申庚	8 10卯辛
十七	2 4丑己	1 6申庚	12 7寅庚	**11 8**酉辛	10 9卯辛	9 9酉辛	8 11辰壬
十八	2 5寅庚	1 7酉辛	12 8卯辛	11 9戌壬	10 10辰壬	9 10戌壬	8 12巳癸
十九	2 6卯辛	1 8戌壬	12 9辰壬	11 10亥癸	**10 11**巳癸	9 11亥癸	8 13午甲
二十	**2 7**辰壬	1 9亥癸	12 10巳癸	11 11子甲	10 12午甲	9 12子甲	8 14未乙
廿一	2 8巳癸	**1 10**子甲	12 11午甲	11 12丑乙	10 13未乙	**9 13**丑乙	8 15申丙
廿二	2 9午甲	1 11丑乙	12 12未乙	11 13寅丙	10 14申丙	9 14寅丙	**8 16**酉丁
廿三	2 10未乙	1 12寅丙	**12 13**申丙	11 14卯丁	10 15酉丁	9 15卯丁	8 17戌戊
廿四	2 11申丙	1 13卯丁	12 14酉丁	**11 15**辰戊	10 16戌戊	9 16辰戊	8 18亥己
廿五	2 12酉丁	1 14辰戊	12 15戌戊	11 16巳己	10 17亥己	9 17巳己	8 19子庚
廿六	2 13戌戊	1 15巳己	12 16亥己	11 17午庚	**10 18**子庚	9 18午庚	8 20丑辛
廿七	**2 14**亥己	1 16午庚	12 17子庚	11 18未辛	10 19丑辛	9 19未辛	8 21寅壬
廿八	2 15子庚	**1 17**未辛	12 18丑辛	11 19申壬	10 20寅壬	**9 20**申壬	8 22卯癸
廿九	2 16丑辛	1 18申壬	12 19寅壬	11 20酉癸	10 21卯癸	9 21酉癸	**8 23**辰甲
三十			**12 20**卯癸		10 22辰甲	9 22戌甲	

中華民國七十七年 歲次 戊辰

西曆一九八八年 太歲姓趙名達 肖龍

月別	正月大		二月小		三月大		四月小		五月大		六月小	
干支	甲寅		乙卯		丙辰		丁巳		戊午		己未	
九星	五黃		四綠		三碧		二黑		一白		九紫	
節氣	初三 雨水 18時28分酉時	十八 驚蟄 16時48分申時	初三 春分 17時41分酉時	十八 清明 21時51分亥時	初五 穀雨 4時59分寅時	二十 立夏 15時25分申時	初六 小滿 4時22分寅時	廿一 芒種 19時47分戌時	初八 夏至 12時28分午時	廿四 小暑 6時10分卯時	初九 大暑 23時21分夜子	廿五 立秋 15時52分申時
農曆	干支	國曆	干支	國曆	干支	國曆	干支	國曆	干支	國曆	干支	國曆
初一	壬寅	2 17	壬申	3 18	辛丑	4 16	辛未	5 16	庚子	6 14	庚午	7 14
初二	癸卯	2 18	癸酉	3 19	壬寅	4 17	壬申	5 17	辛丑	6 15	辛未	7 15
初三	甲辰	2 19	甲戌	3 20	癸卯	4 18	癸酉	5 18	壬寅	6 16	壬申	7 16
初四	乙巳	2 20	乙亥	3 21	甲辰	4 19	甲戌	5 19	癸卯	6 17	癸酉	7 17
初五	丙午	2 21	丙子	3 22	乙巳	4 20	乙亥	5 20	甲辰	6 18	甲戌	7 18
初六	丁未	2 22	丁丑	3 23	丙午	4 21	丙子	5 21	乙巳	6 19	乙亥	7 19
初七	戊申	2 23	戊寅	3 24	丁未	4 22	丁丑	5 22	丙午	6 20	丙子	7 20
初八	己酉	2 24	己卯	3 25	戊申	4 23	戊寅	5 23	丁未	6 21	丁丑	7 21
初九	庚戌	2 25	庚辰	3 26	己酉	4 24	己卯	5 24	戊申	6 22	戊寅	7 22
初十	辛亥	2 26	辛巳	3 27	庚戌	4 25	庚辰	5 25	己酉	6 23	己卯	7 23
十一	壬子	2 27	壬午	3 28	辛亥	4 26	辛巳	5 26	庚戌	6 24	庚辰	7 24
十二	癸丑	2 28	癸未	3 29	壬子	4 27	壬午	5 27	辛亥	6 25	辛巳	7 25
十三	甲寅	2 29	甲申	3 30	癸丑	4 28	癸未	5 28	壬子	6 26	壬午	7 26
十四	乙卯	3 1	乙酉	3 31	甲寅	4 29	甲申	5 29	癸丑	6 27	癸未	7 27
十五	丙辰	3 2	丙戌	4 1	乙卯	4 30	乙酉	5 30	甲寅	6 28	甲申	7 28
十六	丁巳	3 3	丁亥	4 2	丙辰	5 1	丙戌	5 31	乙卯	6 29	乙酉	7 29
十七	戊午	3 4	戊子	4 3	丁巳	5 2	丁亥	6 1	丙辰	6 30	丙戌	7 30
十八	己未	3 5	己丑	4 4	戊午	5 3	戊子	6 2	丁巳	7 1	丁亥	7 31
十九	庚申	3 6	庚寅	4 5	己未	5 4	己丑	6 3	戊午	7 2	戊子	8 1
二十	辛酉	3 7	辛卯	4 6	庚申	5 5	庚寅	6 4	己未	7 3	己丑	8 2
廿一	壬戌	3 8	壬辰	4 7	辛酉	5 6	辛卯	6 5	庚申	7 4	庚寅	8 3
廿二	癸亥	3 9	癸巳	4 8	壬戌	5 7	壬辰	6 6	辛酉	7 5	辛卯	8 4
廿三	甲子	3 10	甲午	4 9	癸亥	5 8	癸巳	6 7	壬戌	7 6	壬辰	8 5
廿四	乙丑	3 11	乙未	4 10	甲子	5 9	甲午	6 8	癸亥	7 7	癸巳	8 6
廿五	丙寅	3 12	丙申	4 11	乙丑	5 10	乙未	6 9	甲子	7 8	甲午	8 7
廿六	丁卯	3 13	丁酉	4 12	丙寅	5 11	丙申	6 10	乙丑	7 9	乙未	8 8
廿七	戊辰	3 14	戊戌	4 13	丁卯	5 12	丁酉	6 11	丙寅	7 10	丙申	8 9
廿八	己巳	3 15	己亥	4 14	戊辰	5 13	戊戌	6 12	丁卯	7 11	丁酉	8 10
廿九	庚午	3 16	庚子	4 15	己巳	5 14	己亥	6 13	戊辰	7 12	戊戌	8 11
三十	辛未	3 17			庚午	5 15			己巳	7 13		

月別	小月二十	大月一十	大月十	小月九	大月八	大月七
干支	丑 乙	子 甲	亥 癸	戌 壬	酉 辛	申 庚
九星	碧 三	綠 四	黃 五	白 六	赤 七	白 八
節氣	八廿 三十 4立 10大 時春 時寒 26寅 1巳 分時 分時	八廿 三十 16小 23冬 時寒 時至 44申 22夜 分時 分子	九廿 四十 5大 10小 時雪 時雪 35卯 9巳 分時 分時	八廿 三十 12立 12霜 時冬 時降 55午 47午 分時 分時	八廿 三十 10寒 3秋 時露 時分 0巳 41寅 分時 分時	七廿 二十 18白 6處 時露 時暑 36酉 17卯 分時 分時
農曆	曆國 支干	曆國 支干	曆國 支干	曆國 支干	曆國 支干	曆國 支干
初一	1 8 辰戊	12 9 戌戊	11 9 辰戊	10 11 亥己	9 11 巳己	8 12 亥己
初二	1 9 巳己	12 10 亥己	11 10 巳己	10 12 子庚	9 12 午庚	8 13 子庚
初三	1 10 午庚	12 11 子庚	11 11 午庚	10 13 丑辛	9 13 未辛	8 14 丑辛
初四	1 11 未辛	12 12 丑辛	11 12 未辛	10 14 寅壬	9 14 申壬	8 15 寅壬
初五	1 12 申壬	12 13 寅壬	11 13 申壬	10 15 卯癸	9 15 酉癸	8 16 卯癸
初六	1 13 酉癸	12 14 卯癸	11 14 酉癸	10 16 辰甲	9 16 戌甲	8 17 辰甲
初七	1 14 戌甲	12 15 辰甲	11 15 戌甲	10 17 巳乙	9 17 亥乙	8 18 巳乙
初八	1 15 亥乙	12 16 巳乙	11 16 亥乙	10 18 午丙	9 18 子丙	8 19 午丙
初九	1 16 子丙	12 17 午丙	11 17 子丙	10 19 未丁	9 19 丑丁	8 20 未丁
初十	1 17 丑丁	12 18 未丁	11 18 丑丁	10 20 申戊	9 20 寅戊	8 21 申戊
十一	1 18 寅戊	12 19 申戊	11 19 寅戊	10 21 酉己	9 21 卯己	8 22 酉己
十二	1 19 卯己	12 20 酉己	11 20 卯己	10 22 戌庚	9 22 辰庚	8 23 戌庚
十三	1 20 辰庚	12 21 戌庚	11 21 辰庚	10 23 亥辛	9 23 巳辛	8 24 亥辛
十四	1 21 巳辛	12 22 亥辛	11 22 巳辛	10 24 子壬	9 24 午壬	8 25 子壬
十五	1 22 午壬	12 23 子壬	11 23 午壬	10 25 丑癸	9 25 未癸	8 26 丑癸
十六	1 23 未癸	12 24 丑癸	11 24 未癸	10 26 寅甲	9 26 申甲	8 27 寅甲
十七	1 24 申甲	12 25 寅甲	11 25 申甲	10 27 卯乙	9 27 酉乙	8 28 卯乙
十八	1 25 酉乙	12 26 卯乙	11 26 酉乙	10 28 辰丙	9 28 戌丙	8 29 辰丙
十九	1 26 戌丙	12 27 辰丙	11 27 戌丙	10 29 巳丁	9 29 亥丁	8 30 巳丁
二十	1 27 亥丁	12 28 巳丁	11 28 亥丁	10 30 午戊	9 30 子戊	8 31 午戊
廿一	1 28 子戊	12 29 午戊	11 29 子戊	10 31 未己	10 1 丑己	9 1 未己
廿二	1 29 丑己	12 30 未己	11 30 丑己	11 1 申庚	10 2 寅庚	9 2 申庚
廿三	1 30 寅庚	12 31 申庚	12 1 寅庚	11 2 酉辛	10 3 卯辛	9 3 酉辛
廿四	1 31 卯辛	1 1 酉辛	12 2 卯辛	11 3 戌壬	10 4 辰壬	9 4 戌壬
廿五	2 1 辰壬	1 2 戌壬	12 3 辰壬	11 4 亥癸	10 5 巳癸	9 5 亥癸
廿六	2 2 巳癸	1 3 亥癸	12 4 巳癸	11 5 子甲	10 6 午甲	9 6 子甲
廿七	2 3 午甲	1 4 子甲	12 5 午甲	11 6 丑乙	10 7 未乙	9 7 丑乙
廿八	2 4 未乙	1 5 丑乙	12 6 未乙	11 7 寅丙	10 8 申丙	9 8 寅丙
廿九	2 5 申丙	1 6 寅丙	12 7 申丙	11 8 卯丁	10 9 酉丁	9 9 卯丁
三十		1 7 卯丁	12 8 酉丁		10 10 戌戊	9 10 辰戊

中華民國七十八年

歲次 己巳

西曆 一九八八年

太歲 姓郭名燦

肖蛇

月別	正月大		二月小		三月小		四月大		五月小		六月小	
干支	丙寅		丁卯		戊辰		己巳		庚午		辛未	
九星	二黑		一白		九紫		八白		七赤		六白	
節	十四	廿八	十三	廿九	十五		初一	十七	初三	十八	初五	廿一
氣	雨水 0時19分子時	驚蟄 22時36分亥時	春分 23時32分夜子	清明 3時39分寅時	穀雨 10時51分巳時		立夏 21時13分亥時	小滿 10時13分巳時	芒種 1時35分丑時	夏至 18時19分酉時	小暑 11時58分午時	大暑 5時12分卯時
農曆	干支	國曆	干支	國曆	干支	國曆	干支	國曆	干支	國曆	干支	國曆
初一	丁酉	2 6	丁卯	3 8	丙申	4 6	乙丑	5 5	乙未	6 4	甲子	7 3
初二	戊戌	2 7	戊辰	3 9	丁酉	4 7	丙寅	5 6	丙申	6 5	乙丑	7 4
初三	己亥	2 8	己巳	3 10	戊戌	4 8	丁卯	5 7	丁酉	6 6	丙寅	7 5
初四	庚子	2 9	庚午	3 11	己亥	4 9	戊辰	5 8	戊戌	6 7	丁卯	7 6
初五	辛丑	2 10	辛未	3 12	庚子	4 10	己巳	5 9	己亥	6 8	戊辰	7 7
初六	壬寅	2 11	壬申	3 13	辛丑	4 11	庚午	5 10	庚子	6 9	己巳	7 8
初七	癸卯	2 12	癸酉	3 14	壬寅	4 12	辛未	5 11	辛丑	6 10	庚午	7 9
初八	甲辰	2 13	甲戌	3 15	癸卯	4 13	壬申	5 12	壬寅	6 11	辛未	7 10
初九	乙巳	2 14	乙亥	3 16	甲辰	4 14	癸酉	5 13	癸卯	6 12	壬申	7 11
初十	丙午	2 15	丙子	3 17	乙巳	4 15	甲戌	5 14	甲辰	6 13	癸酉	7 12
十一	丁未	2 16	丁丑	3 18	丙午	4 16	乙亥	5 15	乙巳	6 14	甲戌	7 13
十二	戊申	2 17	戊寅	3 19	丁未	4 17	丙子	5 16	丙午	6 15	乙亥	7 14
十三	己酉	2 18	己卯	3 20	戊申	4 18	丁丑	5 17	丁未	6 16	丙子	7 15
十四	庚戌	2 19	庚辰	3 21	己酉	4 19	戊寅	5 18	戊申	6 17	丁丑	7 16
十五	辛亥	2 20	辛巳	3 22	庚戌	4 20	己卯	5 19	己酉	6 18	戊寅	7 17
十六	壬子	2 21	壬午	3 23	辛亥	4 21	庚辰	5 20	庚戌	6 19	己卯	7 18
十七	癸丑	2 22	癸未	3 24	壬子	4 22	辛巳	5 21	辛亥	6 20	庚辰	7 19
十八	甲寅	2 23	甲申	3 25	癸丑	4 23	壬午	5 22	壬子	6 21	辛巳	7 20
十九	乙卯	2 24	乙酉	3 26	甲寅	4 24	癸未	5 23	癸丑	6 22	壬午	7 21
二十	丙辰	2 25	丙戌	3 27	乙卯	4 25	甲申	5 24	甲寅	6 23	癸未	7 22
廿一	丁巳	2 26	丁亥	3 28	丙辰	4 26	乙酉	5 25	乙卯	6 24	甲申	7 23
廿二	戊午	2 27	戊子	3 29	丁巳	4 27	丙戌	5 26	丙辰	6 25	乙酉	7 24
廿三	己未	2 28	己丑	3 30	戊午	4 28	丁亥	5 27	丁巳	6 26	丙戌	7 25
廿四	庚申	3 1	庚寅	3 31	己未	4 29	戊子	5 28	戊午	6 27	丁亥	7 26
廿五	辛酉	3 2	辛卯	4 1	庚申	4 30	己丑	5 29	己未	6 28	戊子	7 27
廿六	壬戌	3 3	壬辰	4 2	辛酉	5 1	庚寅	5 30	庚申	6 29	己丑	7 28
廿七	癸亥	3 4	癸巳	4 3	壬戌	5 2	辛卯	5 31	辛酉	6 30	庚寅	7 29
廿八	甲子	3 5	甲午	4 4	癸亥	5 3	壬辰	6 1	壬戌	7 1	辛卯	7 30
廿九	乙丑	3 6	乙未	4 5	甲子	5 4	癸巳	6 2	癸亥	7 2	壬辰	7 31
三十	丙寅	3 7					甲午	6 3				

月別	七月大	八月大	九月小	十月大	十一月大	十二月大
干支	壬申	癸酉	甲戌	乙亥	丙子	丁丑
九星	五黃	四綠	三碧	二黑	一白	九紫
節氣	初七 立秋 21時41分 亥時 廿三 處暑 12時8分 午時	初九 白露 0時25分 子時 廿四 秋分 9時32分 巳時	初九 寒露 15時49分 申時 廿四 霜降 18時38分 酉時	初十 立冬 18時44分 酉時 廿五 小雪 10時1分 申時	初十 大雪 11時24分 午時 廿五 冬至 5時14分 卯時	初九 小寒 22時33分 亥時 廿四 大寒 15時52分 申時
農曆	干支 國曆	干支 國曆	干支 國曆	干支 國曆	干支 國曆	干支 國曆
初一	癸巳 8 1	癸亥 8 31	癸巳 9 30	壬戌 **10 29**	壬辰 11 28	壬戌 12 28
初二	甲午 8 2	甲子 9 1	甲午 **10 1**	癸亥 10 30	癸巳 11 29	癸亥 12 29
初三	乙未 8 3	乙丑 9 2	乙未 10 2	甲子 10 31	甲午 11 30	甲子 12 30
初四	丙申 8 4	丙寅 **9 3**	丙申 10 3	乙丑 11 1	乙未 12 1	乙丑 **12 31**
初五	丁酉 8 5	丁卯 9 4	丁酉 10 4	丙寅 11 2	丙申 12 2	丙寅 1 1
初六	戊戌 **8 6**	戊辰 9 5	戊戌 10 5	丁卯 11 3	丁酉 **12 3**	丁卯 1 2
初七	己亥 8 7	己巳 9 6	己亥 10 6	戊辰 11 4	戊戌 12 4	戊辰 1 3
初八	庚子 8 8	庚午 9 7	庚子 10 7	己巳 **11 5**	己亥 12 5	己巳 1 4
初九	辛丑 8 9	辛未 9 8	辛丑 **10 8**	庚午 11 6	庚子 12 6	庚午 1 5
初十	壬寅 8 10	壬申 9 9	壬寅 10 9	辛未 11 7	辛丑 12 7	辛未 1 6
十一	癸卯 8 11	癸酉 **9 10**	癸卯 10 10	壬申 11 8	壬寅 12 8	壬申 **1 7**
十二	甲辰 8 12	甲戌 9 11	甲辰 10 11	癸酉 11 9	癸卯 12 9	癸酉 1 8
十三	乙巳 **8 13**	乙亥 9 12	乙巳 10 12	甲戌 11 10	甲辰 **12 10**	甲戌 1 9
十四	丙午 8 14	丙子 9 13	丙午 10 13	乙亥 11 11	乙巳 12 11	乙亥 1 10
十五	丁未 8 15	丁丑 9 14	丁未 10 14	丙子 **11 12**	丙午 12 12	丙子 1 11
十六	戊申 8 16	戊寅 9 15	戊申 **10 15**	丁丑 11 13	丁未 12 13	丁丑 1 12
十七	己酉 8 17	己卯 9 16	己酉 10 16	戊寅 11 14	戊申 12 14	戊寅 1 13
十八	庚戌 8 18	庚辰 **9 17**	庚戌 10 17	己卯 11 15	己酉 12 15	己卯 **1 14**
十九	辛亥 8 19	辛巳 9 18	辛亥 10 18	庚辰 11 16	庚戌 12 16	庚辰 1 15
二十	壬子 **8 20**	壬午 9 19	壬子 10 19	辛巳 11 17	辛亥 **12 17**	辛巳 1 16
廿一	癸丑 8 21	癸未 9 20	癸丑 10 20	壬午 11 18	壬子 12 18	壬午 1 17
廿二	甲寅 8 22	甲申 9 21	甲寅 10 21	癸未 **11 19**	癸丑 12 19	癸未 1 18
廿三	乙卯 8 23	乙酉 9 22	乙卯 **10 22**	甲申 11 20	甲寅 12 20	甲申 1 19
廿四	丙辰 8 24	丙戌 9 23	丙辰 10 23	乙酉 11 21	乙卯 12 21	乙酉 1 20
廿五	丁巳 8 25	丁亥 **9 24**	丁巳 10 24	丙戌 11 22	丙辰 12 22	丙戌 **1 21**
廿六	戊午 8 26	戊子 9 25	戊午 10 25	丁亥 11 23	丁巳 12 23	丁亥 1 22
廿七	己未 **8 27**	己丑 9 26	己未 10 26	戊子 11 24	戊午 **12 24**	戊子 1 23
廿八	庚申 8 28	庚寅 9 27	庚申 10 27	己丑 11 25	己未 12 25	己丑 1 24
廿九	辛酉 8 29	辛卯 9 28	辛酉 10 28	庚寅 **11 26**	庚申 12 26	庚寅 1 25
三十	壬戌 8 30	壬辰 9 29		辛卯 11 27	辛酉 12 27	辛卯 1 26

中華民國七十九年

歲次 庚午

西曆一九九〇年

太歲 姓王名清

肖馬

小月六	小月五閏	大月五	小月四	小月三	大月二	小月正	月別
未 癸		午 壬	巳 辛	辰 庚	卯 己	寅 戊	干支
碧 三		綠 四	黃 五	白 六	赤 七	白 八	九星
八十 二初 3立 11大 時秋 時暑 30寅 2午 分時 分時	五十 17 小 時 暑 47 酉 分 時	十三 四十 0夏 7芒 時至 時種 9子 24辰 分時 分時	七廿 二十 16小 3立 時滿 時夏 3申 2寅 分時 分時	五廿 十初 16穀 9清 時雨 時明 41申 28巳 分時 分時	五廿 十初 5春 4驚 時分 時蟄 22卯 25寅 分時 分時	四廿 九初 6雨 10立 時水 時春 9卯 15巳 分時 分時	節 氣
暦國支干	暦國支干	暦國支干	暦國支干	暦國支干	暦國支干	暦國支干	暦農
7 22子戊	6 23未己	5 24丑己	4 25申庚	3 27卯辛	2 25酉辛	1 27辰壬	一初
7 23丑己	6 24申庚	5 25寅庚	4 26酉辛	3 28辰壬	2 26戌壬	1 28巳癸	二初
7 24寅庚	6 25酉辛	5 26卯辛	4 27戌壬	3 29巳癸	2 27亥癸	1 29午甲	三初
7 25卯辛	6 26戌壬	5 27辰壬	4 28亥癸	3 30午甲	2 28子甲	1 30未乙	四初
7 26辰壬	6 27亥癸	5 28巳癸	4 29子甲	3 31未乙	3 1丑乙	1 31申丙	五初
7 27巳癸	6 28子甲	5 29午甲	4 30丑乙	4 1申丙	3 2寅丙	2 1酉丁	六初
7 28午甲	6 29丑乙	5 30未乙	5 1寅丙	4 2酉丁	3 3卯丁	2 2戌戊	七初
7 29未乙	6 30寅丙	5 31申丙	5 2卯丁	4 3戌戊	3 4辰戊	2 3亥己	八初
7 30申丙	7 1卯丁	6 1酉丁	5 3辰戊	4 4亥己	3 5巳己	2 4子庚	九初
7 31酉丁	7 2辰戊	6 2戌戊	5 4巳己	4 5子庚	3 6午庚	2 5丑辛	十初
8 1戌戊	7 3巳己	6 3亥己	5 5午庚	4 6丑辛	3 7未辛	2 6寅壬	一十
8 2亥己	7 4午庚	6 4子庚	5 6未辛	4 7寅壬	3 8申壬	2 7卯癸	二十
8 3子庚	7 5未辛	6 5丑辛	5 7申壬	4 8卯癸	3 9酉癸	2 8辰甲	三十
8 4丑辛	7 6申壬	6 6寅壬	5 8酉癸	4 9辰甲	3 10戌甲	2 9巳乙	四十
8 5寅壬	7 7酉癸	6 7卯癸	5 9戌甲	4 10巳乙	3 11亥乙	2 10午丙	五十
8 6卯癸	7 8戌甲	6 8辰甲	5 10亥乙	4 11午丙	3 12子丙	2 11未丁	六十
8 7辰甲	7 9亥乙	6 9巳乙	5 11子丙	4 12未丁	3 13丑丁	2 12申戊	七十
8 8巳乙	7 10子丙	6 10午丙	5 12丑丁	4 13申戊	3 14寅戊	2 13酉己	八十
8 9午丙	7 11丑丁	6 11未丁	5 13寅戊	4 14酉己	3 15卯己	2 14戌庚	九十
8 10未丁	7 12寅戊	6 12申戊	5 14卯己	4 15戌庚	3 16辰庚	2 15亥辛	十二
8 11申戊	7 13卯己	6 13酉己	5 15辰庚	4 16亥辛	3 17巳辛	2 16子壬	一廿
8 12酉己	7 14辰庚	6 14戌庚	5 16巳辛	4 17子壬	3 18午壬	2 17丑癸	二廿
8 13戌庚	7 15巳辛	6 15亥辛	5 17午壬	4 18丑癸	3 19未癸	2 18寅甲	三廿
8 14亥辛	7 16午壬	6 16子壬	5 18未癸	4 19寅甲	3 20申甲	2 19卯乙	四廿
8 15子壬	7 17未癸	6 17丑癸	5 19申甲	4 20卯乙	3 21酉乙	2 20辰丙	五廿
8 16丑癸	7 18申甲	6 18寅甲	5 20酉乙	4 21辰丙	3 22戌丙	2 21巳丁	六廿
8 17寅甲	7 19酉乙	6 19卯乙	5 21戌丙	4 22巳丁	3 23亥丁	2 22午戊	七廿
8 18卯乙	7 20戌丙	6 20辰丙	5 22亥丁	4 23午戊	3 24子戊	2 23未己	八廿
8 19辰丙	7 21亥丁	6 21巳丁	5 23子戊	4 24未己	3 25丑己	2 24申庚	九廿
		6 22午戊			3 26寅庚		十三

月別	大月二十	大月一十	大月十	大月九	小月八	大月七
干支	丑 己	子 戊	亥 丁	戌 丙	酉 乙	申 甲
九星	白 六	赤 七	白 八	紫 九	白 一	黑 二
節氣	十二 五初 16立 21大 時春 時寒 4申 41亥 分時 分時	一廿 六初 4小 11冬 時寒 時至 22酉 3午 分時 分時	一廿 六初 17大 21小 時雪 時雪 13酉 50亥 分時 分時	二廿 七初 0立 0霜 時冬 時降 33子 28子 分時 分時	十二 五初 21寒 15秋 時露 時分 38亥 22申 分時 分時	十二 四初 6白 17處 時露 時暑 14卯 58酉 分時 分時
農曆	曆國支干	曆國支干	曆國支干	曆國支干	曆國支干	曆國支干
初一	1 16 戌丙	12 17 辰丙	11 17 戌丙	10 18 辰丙	9 19 亥丁	8 20 巳丁
初二	1 17 亥丁	12 18 巳丁	11 18 亥丁	10 19 巳丁	9 20 子戊	8 21 午戊
初三	1 18 子戊	12 19 午戊	11 19 子戊	10 20 午戊	9 21 丑己	8 22 未己
初四	1 19 丑己	12 20 未己	11 20 丑己	10 21 未己	9 22 寅庚	8 23 申庚
初五	1 20 寅庚	12 21 申庚	11 21 寅庚	10 22 申庚	9 23 卯辛	8 24 酉辛
初六	1 21 卯辛	12 22 酉辛	11 22 卯辛	10 23 酉辛	9 24 辰壬	8 25 戌壬
初七	1 22 辰壬	12 23 戌壬	11 23 辰壬	10 24 戌壬	9 25 巳癸	8 26 亥癸
初八	1 23 巳癸	12 24 亥癸	11 24 巳癸	10 25 亥癸	9 26 午甲	8 27 子甲
初九	1 24 午甲	12 25 子甲	11 25 午甲	10 26 子甲	9 27 未乙	8 28 丑乙
初十	1 25 未乙	12 26 丑乙	11 26 未乙	10 27 丑乙	9 28 申丙	8 29 寅丙
十一	1 26 申丙	12 27 寅丙	11 27 申丙	10 28 寅丙	9 29 酉丁	8 30 卯丁
十二	1 27 酉丁	12 28 卯丁	11 28 酉丁	10 29 卯丁	9 30 戌戊	8 31 辰戊
十三	1 28 戌戊	12 29 辰戊	11 29 戌戊	10 30 辰戊	10 1 亥己	9 1 巳己
十四	1 29 亥己	12 30 巳己	11 30 亥己	10 31 巳己	10 2 子庚	9 2 午庚
十五	1 30 子庚	12 31 午庚	12 1 子庚	11 1 午庚	10 3 丑辛	9 3 未辛
十六	1 31 丑辛	1 1 未辛	12 2 丑辛	11 2 未辛	10 4 寅壬	9 4 申壬
十七	2 1 寅壬	1 2 申壬	12 3 寅壬	11 3 申壬	10 5 卯癸	9 5 酉癸
十八	2 2 卯癸	1 3 酉癸	12 4 卯癸	11 4 酉癸	10 6 辰甲	9 6 戌甲
十九	2 3 辰甲	1 4 戌甲	12 5 辰甲	11 5 戌甲	10 7 巳乙	9 7 亥乙
二十	2 4 巳乙	1 5 亥乙	12 6 巳乙	11 6 亥乙	10 8 午丙	9 8 子丙
廿一	2 5 午丙	1 6 子丙	12 7 午丙	11 7 子丙	10 9 未丁	9 9 丑丁
廿二	2 6 未丁	1 7 丑丁	12 8 未丁	11 8 丑丁	10 10 申戊	9 10 寅戊
廿三	2 7 申戊	1 8 寅戊	12 9 申戊	11 9 寅戊	10 11 酉己	9 11 卯己
廿四	2 8 酉己	1 9 卯己	12 10 酉己	11 10 卯己	10 12 戌庚	9 12 辰庚
廿五	2 9 戌庚	1 10 辰庚	12 11 戌庚	11 11 辰庚	10 13 亥辛	9 13 巳辛
廿六	2 10 亥辛	1 11 巳辛	12 12 亥辛	11 12 巳辛	10 14 子壬	9 14 午壬
廿七	2 11 子壬	1 12 午壬	12 13 子壬	11 13 午壬	10 15 丑癸	9 15 未癸
廿八	2 12 丑癸	1 13 未癸	12 14 丑癸	11 14 未癸	10 16 寅甲	9 16 申甲
廿九	2 13 寅甲	1 14 申甲	12 15 寅甲	11 15 申甲	10 17 卯乙	9 17 酉乙
三十	2 14 卯乙	1 15 酉乙	12 16 卯乙	11 16 酉乙		9 18 戌丙

中華民國八十年

歲次 辛未

西曆一九九一年

太歲 姓李名素

肖羊

月別	正月小	二月大	三月小	四月小	五月大	六月小
干支	庚寅	辛卯	壬辰	癸巳	甲午	乙未
九星	五黃	四綠	三碧	二黑	一白	九紫
節氣	初五 雨水午時 11時58分 二十 驚蟄巳時 10時14分	初六 春分午時 11時11分 廿一 清明申時 15時17分	初六 穀雨亥時 22時30分 廿二 立夏辰時 8時51分	初八 小滿亥時 21時52分 廿四 芒種未時 13時14分	十一 夏至卯時 5時58分 廿六 小暑夜子 23時37分	十二 大暑申時 16時51分 廿八 立秋巳時 9時20分
農曆	國曆 干支	國曆 干支	國曆 干支	國曆 干支	國曆 干支	國曆 干支
初一	2 15 丙辰	3 16 乙酉	4 15 乙卯	5 14 甲申	6 12 癸丑	7 12 癸未
初二	2 16 丁巳	3 17 丙戌	4 16 丙辰	5 15 乙酉	6 13 甲寅	7 13 甲申
初三	2 17 戊午	3 18 丁亥	4 17 丁巳	5 16 丙戌	6 14 乙卯	7 14 乙酉
初四	2 18 己未	3 19 戊子	4 18 戊午	5 17 丁亥	6 15 丙辰	7 15 丙戌
初五	2 19 庚申	3 20 己丑	4 19 己未	5 18 戊子	6 16 丁巳	7 16 丁亥
初六	2 20 辛酉	3 21 庚寅	4 20 庚申	5 19 己丑	6 17 戊午	7 17 戊子
初七	2 21 壬戌	3 22 辛卯	4 21 辛酉	5 20 庚寅	6 18 己未	7 18 己丑
初八	2 22 癸亥	3 23 壬辰	4 22 壬戌	5 21 辛卯	6 19 庚申	7 19 庚寅
初九	2 23 甲子	3 24 癸巳	4 23 癸亥	5 22 壬辰	6 20 辛酉	7 20 辛卯
初十	2 24 乙丑	3 25 甲午	4 24 甲子	5 23 癸巳	6 21 壬戌	7 21 壬辰
十一	2 25 丙寅	3 26 乙未	4 25 乙丑	5 24 甲午	6 22 癸亥	7 22 癸巳
十二	2 26 丁卯	3 27 丙申	4 26 丙寅	5 25 乙未	6 23 甲子	7 23 甲午
十三	2 27 戊辰	3 28 丁酉	4 27 丁卯	5 26 丙申	6 24 乙丑	7 24 乙未
十四	2 28 己巳	3 29 戊戌	4 28 戊辰	5 27 丁酉	6 25 丙寅	7 25 丙申
十五	3 1 庚午	3 30 己亥	4 29 己巳	5 28 戊戌	6 26 丁卯	7 26 丁酉
十六	3 2 辛未	3 31 庚子	4 30 庚午	5 29 己亥	6 27 戊辰	7 27 戊戌
十七	3 3 壬申	4 1 辛丑	5 1 辛未	5 30 庚子	6 28 己巳	7 28 己亥
十八	3 4 癸酉	4 2 壬寅	5 2 壬申	5 31 辛丑	6 29 庚午	7 29 庚子
十九	3 5 甲戌	4 3 癸卯	5 3 癸酉	6 1 壬寅	6 30 辛未	7 30 辛丑
二十	3 6 乙亥	4 4 甲辰	5 4 甲戌	6 2 癸卯	7 1 壬申	7 31 壬寅
廿一	3 7 丙子	4 5 乙巳	5 5 乙亥	6 3 甲辰	7 2 癸酉	8 1 癸卯
廿二	3 8 丁丑	4 6 丙午	5 6 丙子	6 4 乙巳	7 3 甲戌	8 2 甲辰
廿三	3 9 戊寅	4 7 丁未	5 7 丁丑	6 5 丙午	7 4 乙亥	8 3 乙巳
廿四	3 10 己卯	4 8 戊申	5 8 戊寅	6 6 丁未	7 5 丙子	8 4 丙午
廿五	3 11 庚辰	4 9 己酉	5 9 己卯	6 7 戊申	7 6 丁丑	8 5 丁未
廿六	3 12 辛巳	4 10 庚戌	5 10 庚辰	6 8 己酉	7 7 戊寅	8 6 戊申
廿七	3 13 壬午	4 11 辛亥	5 11 辛巳	6 9 庚戌	7 8 己卯	8 7 己酉
廿八	3 14 癸未	4 12 壬子	5 12 壬午	6 10 辛亥	7 9 庚辰	8 8 庚戌
廿九	3 15 甲申	4 13 癸丑	5 13 癸未	6 11 壬子	7 10 辛巳	8 9 辛亥
三十		4 14 甲寅			7 11 壬午	

月別	大月二十	大月一十	大月十	小月九	大月八	小月七
干支	丑 辛	子 庚	亥 己	戌 戊	酉 丁	申 丙
九星	碧 三	綠 四	黃 五	白 六	赤 七	白 八
節	七十 二初	七十 二初	八十 三初	七十 二初	六十 一初	四十
氣	3大 10小 時寒 時寒 30寅 12巳 分時 分時	16冬 23大 時至 時雪 52申 3夜 分時 分子	3小 6立 時雪 時冬 39寅 23卯 分時 分時	6霜 3寒 時降 時露 17卯 28寅 分時 分時	21秋 12白 時分 時露 11亥 4午 分時 分時	23處 時暑 47夜 分子
農曆	曆國 支干	曆國 支干	曆國 支干	曆國 支干	曆國 支干	曆國 支干
初一	1 5 辰庚	12 6 戌庚	11 6 辰庚	10 8 亥辛	9 8 巳辛	8 10 子壬
初二	1 6 巳辛	12 7 亥辛	11 7 巳辛	10 9 子壬	9 9 午壬	8 11 丑癸
初三	1 7 午壬	12 8 子壬	11 8 午壬	10 10 丑癸	9 10 未癸	8 12 寅甲
初四	1 8 未癸	12 9 丑癸	11 9 未癸	10 11 寅甲	9 11 申甲	8 13 卯乙
初五	1 9 申甲	12 10 寅甲	11 10 申甲	10 12 卯乙	9 12 酉乙	8 14 辰丙
初六	1 10 酉乙	12 11 卯乙	11 11 酉乙	10 13 辰丙	9 13 戌丙	8 15 巳丁
初七	1 11 戌丙	12 12 辰丙	11 12 戌丙	10 14 巳丁	9 14 亥丁	8 16 午戊
初八	1 12 亥丁	12 13 巳丁	11 13 亥丁	10 15 午戊	9 15 子戊	8 17 未己
初九	1 13 子戊	12 14 午戊	11 14 子戊	10 16 未己	9 16 丑己	8 18 申庚
初十	1 14 丑己	12 15 未己	11 15 丑己	10 17 申庚	9 17 寅庚	8 19 酉辛
十一	1 15 寅庚	12 16 申庚	11 16 寅庚	10 18 酉辛	9 18 卯辛	8 20 戌壬
十二	1 16 卯辛	12 17 酉辛	11 17 卯辛	10 19 戌壬	9 19 辰壬	8 21 亥癸
十三	1 17 辰壬	12 18 戌壬	11 18 辰壬	10 20 亥癸	9 20 巳癸	8 22 子甲
十四	1 18 巳癸	12 19 亥癸	11 19 巳癸	10 21 子甲	9 21 午甲	8 23 丑乙
十五	1 19 午甲	12 20 子甲	11 20 午甲	10 22 丑乙	9 22 未乙	8 24 寅丙
十六	1 20 未乙	12 21 丑乙	11 21 未乙	10 23 寅丙	9 23 申丙	8 25 卯丁
十七	1 21 申丙	12 22 寅丙	11 22 申丙	10 24 卯丁	9 24 酉丁	8 26 辰戊
十八	1 22 酉丁	12 23 卯丁	11 23 酉丁	10 25 辰戊	9 25 戌戊	8 27 巳己
十九	1 23 戌戊	12 24 辰戊	11 24 戌戊	10 26 巳己	9 26 亥己	8 28 午庚
二十	1 24 亥己	12 25 巳己	11 25 亥己	10 27 午庚	9 27 子庚	8 29 未辛
廿一	1 25 子庚	12 26 午庚	11 26 子庚	10 28 未辛	9 28 丑辛	8 30 申壬
廿二	1 26 丑辛	12 27 未辛	11 27 丑辛	10 29 申壬	9 29 寅壬	8 31 酉癸
廿三	1 27 寅壬	12 28 申壬	11 28 寅壬	10 30 酉癸	9 30 卯癸	9 1 戌甲
廿四	1 28 卯癸	12 29 酉癸	11 29 卯癸	10 31 戌甲	10 1 辰甲	9 2 亥乙
廿五	1 29 辰甲	12 30 戌甲	11 30 辰甲	11 1 亥乙	10 2 巳乙	9 3 子丙
廿六	1 30 巳乙	12 31 亥乙	12 1 巳乙	11 2 子丙	10 3 午丙	9 4 丑丁
廿七	1 31 午丙	1 1 子丙	12 2 午丙	11 3 丑丁	10 4 未丁	9 5 寅戊
廿八	2 1 未丁	1 2 丑丁	12 3 未丁	11 4 寅戊	10 5 申戊	9 6 卯己
廿九	2 2 申戊	1 3 寅戊	12 4 申戊	11 5 卯己	10 6 酉己	9 7 辰庚
三十	2 3 酉己	1 4 卯己	12 5 酉己		10 7 戌庚	

本書參考書目

奇門遁甲天地統宗　諸葛武侯、張良

奇門遁甲天地書　劉伯溫

秘術奇門遁甲　林宜學譯

氣學推命法　宏業書局

元空占術　宏業書局

奇門遁甲新解　孔日昌

守護靈開運術　中岡俊哉

鍼灸與科學　周治華

易經集註　朱熹

觀梅易數　邵康節

拆字法　邵康節

老子　老子

河洛精蘊　邵康節

易數淺說　黎凱旋

醫宗金鑑

皇極經世推演　邵康節

中華易學月刊　一—二十期

唐宋詩選

孟子　孟軻

可蘭經

心經

國際百科全書

易經平衡式	陳照
易鑰	陳炳元
千古八字秘訣總解	何健忠
八字心理推命學	何健忠
五術新論	文機子
滴天髓闡微	孔日昌
神峯命理通考	張楠
現代八字粹言	李居璋
現代八字雜談	李居璋
現代八字實錄	李居璋
姓名學大全	張鶴齡
鍼灸經緯	楊維傑
鍼灸大成	楊繼洲
宮本武藏	吉川英治
佐佐木小次郎	村上三元
孫子兵法	孫武
鬼谷子兵法	鬼谷子
諸葛亮兵法	諸葛武侯
黃常內經靈樞經	王冰
孫　兵法	孫臏
姜太公兵法	姜尚
黃石公三略兵法	黃石公
司馬兵法	
吳子兵法	吳起
尉繚子兵法	尉繚子
李靖兵法	李靖
住宅風水與設計	林宜學
陽宅三要	
靈與禪的突破	相山靖雄
禪定與密宗	中岡俊哉

卦象占夢　觀象學人
周公夢解
密教主旨
禪與道概論　南懷瑾
中國禪學故事　程兆熊
太乙神數統宗
金剛般若波羅密多經
史記　司馬遷
三國演義　羅貫中
水滸後傳　施耐庵
明史
政治學　呂亞力
政治學　華力進
莊子　莊周

知道出版有限公司
台北縣新店市寶興路45巷6弄1號3F
電話：(02)9189099．9189105
傳真：(02)9189101　郵撥1293513-1